全国高等院校物流专业精品规划系列教材

供应链管理

王长琼　主编

黄花叶　陈建华　副主编

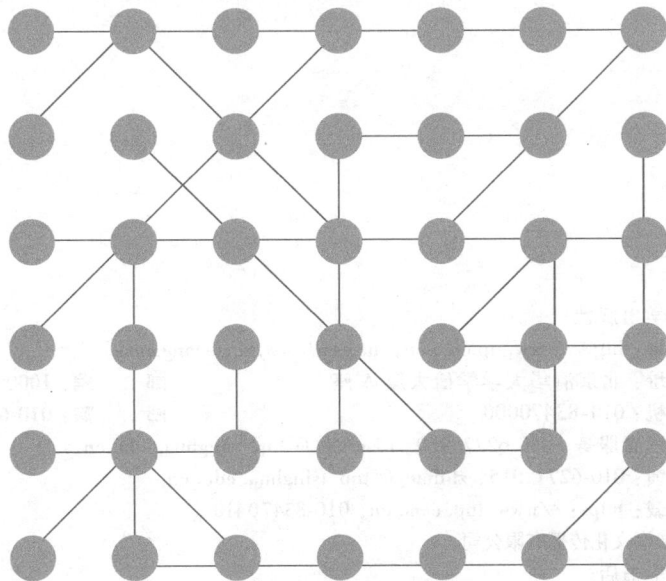

清华大学出版社

北京

内 容 简 介

　　本书从供应链管理的内涵及关键问题出发,系统介绍了供应链网络规划设计、供应链采购与外包战略、供应链系统库存管理与控制、供应链定价与收益管理、供应链环境下的物流管理、供应链协调管理、供应链风险管理及供应链绩效评价的理论与方法;最后介绍了供应链管理新进展。本书注重供应链管理理论方法与实践应用的结合,每章的教学指导及实训项目和练习题,有助于教师的教学组织和学生的自学。

　　本书适合作为高等学校物流、工商管理、工业工程、交通运输等专业的本科生教材,也可供相关管理人员参考。

图书在版编目(CIP)数据

供应链管理/王长琼主编. —北京:清华大学出版社,2017(2025.7重印)
(全国高等院校物流专业精品规划系列教材)
ISBN 978-7-302-46305-4

Ⅰ.①供… Ⅱ.①王… Ⅲ.①供应链管理−高等学校−教材 Ⅳ.①F252

中国版本图书馆 CIP 数据核字(2017)第 021377 号

责任编辑:王宏琴
封面设计:常雪影
责任校对:刘　静
责任印制:宋　林

出版发行:清华大学出版社
　　　　　网　　　址:https://www.tup.com.cn, https://www.wqxuetang.com
　　　　　地　　　址:北京清华大学学研大厦 A 座　　　　　邮　　编:100084
　　　　　社 总 机:010-83470000　　　　　　　　　　　邮　　购:010-62786544
　　　　　投稿与读者服务:010-62776969, c-service@ tup. tsinghua. edu. cn
　　　　　质量反馈:010-62772015, zhiliang@ tup. tsinghua. edu. cn
　　　　　课件下载:https://www. tup. com. cn, 010-83470410
印 装 者:涿州市般润文化传播有限公司
经　　销:全国新华书店
开　　本:185mm×260mm　　　印　　张:17.25　　　字　　数:392 千字
版　　次:2017 年 5 月第 1 版　　　　　　　　　印　　次:2025 年 7 月第 5 次印刷
定　　价:58.00 元

产品编号:064603-03

前　言

随着经济的全球化以及市场环境的改变,市场竞争已从企业与企业之间的竞争转变为供应链与供应链之间的竞争。供应链管理是一套以降低成本、增强企业优势为目的的新型管理理念和方法,其本质是对跨企业的资源及其流动的管理。由于供应链的普适性,各行各业都存在供应链。因此,高效的供应链管理不仅对制造行业非常重要,对服务业同样重要,是 21 世纪企业获取竞争优势的战略武器。本书的目的是让读者了解供应链管理的本质特征,掌握供应链网络规划设计、供应链采购与外包战略、库存管理与控制、供应链定价与收益管理、供应链物流管理、供应链协调管理、供应链风险管理及供应链绩效评价的理论、方法及实践应用;了解绿色供应链管理和服务供应链管理发展的新进展。

本书通过系统的基础知识、延伸阅读、案例分析、实训模拟、思考练习等形式,呈现给读者丰富、新颖的内容,注重训练读者应用理论知识解决实际问题的能力。本书的主要特色是:①强调供应链管理理论、方法的实践应用。②体例新颖,便于组织教学。每章开篇通过引导案例导出每章的关键内容,激发读者主动学习的欲望;再给出学习与教学的建议,指出学习要求和教学要点。③内容丰富,注重能力培养。除了基本知识的介绍,还提供知识拓展阅读、实践指导、实训模拟项目、练习题等延伸拓展内容,帮助读者检验知识掌握的程度,训练读者利用所学知识解决实际问题的能力。本书定位于培养高素质的创新应用型人才,适合作为高校物流、工商管理、工业工程及交通运输等专业的本科生教材,也可作为从事物流与供应链管理咨询、研究及管理工作者的参考书。

本书由武汉理工大学从事物流与供应链管理教学和研究工作的专业教师团队共同编写而成。全书由王长琼任主编,黄花叶、陈建华任副主编。其中,第一章、第二章、第九章和第十章由王长琼编写;第四章、第五章和第七章由黄花叶编写;第六章、第八章由陈建华编写;第三章由申文编写。袁晓丽、蒋娜、鲍晶晶、王彩虹、谢旸鑫、何芸梦等参加了书中案例的整理、图表绘制以及部分例题的计算工作。在此对他们表示诚挚的感谢!

在本书的写作过程中,参考了大量的国内外文献资料,作者已尽可能详细列出,在此对这些文献作者们表示深深的感谢! 感谢清华大学出版社工作人员为本书出版付出的劳动! 由于供应链管理是一个实践性和理论性都很强的研究领域,且仍处于发展过程中,限于作者的水平,书中疏漏在所难免,真心希望读者批评指正!

编者

2017 年 2 月

目 录

第一章　供应链管理概述 ··· 1

第一节　供应链的概念 ··· 4

第二节　供应链管理的实质及发展历程 ··· 11

第三节　供应链管理功能及决策内容 ·· 15

课后习题 ··· 18

第二章　供应链网络规划设计 ·· 19

第一节　供应链网络规划设计概述 ··· 21

第二节　供应链网络规划设计过程 ··· 24

第三节　供应链网络设施选址的影响因素 ······································ 28

第四节　供应链网络规划的数据输入和输出 ·································· 32

第五节　网络设施选址及产能分配定量方法 ·································· 35

课后习题 ··· 44

第三章　供应链采购与外包战略 ·· 46

第一节　从传统采购到供应链采购 ··· 49

第二节　采购与外包战略 ·· 54

第三节　战略供应商管理 ·· 60

第四节　电子化采购 ··· 68

课后习题 ··· 71

第四章　供应链系统库存管理与控制 ·· 73

第一节　库存管理基础概述 ··· 76

第二节　供应链的周转库存模型 ·· 78

第三节　供应链安全库存管理模型 ··· 92

第四节　供应链库存控制方法 ··· 99

第五节　供应链多级库存管理概述 ·· 106

课后习题 ·· 111

第五章　供应链的定价和收益管理 ··· **113**
　　第一节　差别定价与收益管理概述 ·· 114
　　第二节　收益管理对供应链的作用 ·· 116
　　第三节　多细分市场的定价和收益管理 ·· 119
　　第四节　易逝品的定价和收益管理 ·· 125
　　课后习题 ·· 130

第六章　供应链环境下的物流管理 ·· **132**
　　第一节　供应链环境下物流管理的核心问题 ·· 138
　　第二节　供应链物流一体化战略 ·· 140
　　第三节　基于 Supply-hub 的仓储与配送一体化管理 ····································· 146
　　第四节　供应链协同运输管理 ·· 152
　　课后习题 ·· 158

第七章　供应链协调管理 ··· **160**
　　第一节　供应链协调与失调概述 ·· 164
　　第二节　供应链牛鞭效应 ··· 166
　　第三节　弱化牛鞭效应的供应链协调方法 ·· 171
　　第四节　基于契约的供应链协调方法 ··· 175
　　课后习题 ·· 186

第八章　供应链风险管理 ··· **188**
　　第一节　供应链风险及其形成机理概述 ·· 190
　　第二节　供应链风险因素分析 ·· 198
　　第三节　供应链风险管理过程 ·· 201
　　第四节　供应链风险防范策略 ·· 210
　　课后习题 ·· 216

第九章　供应链绩效评价 ··· **217**
　　第一节　供应链绩效评价概述 ·· 220
　　第二节　供应链绩效的影响因素分析 ··· 223
　　第三节　供应链绩效评价模型 ·· 226
　　第四节　供应链绩效评价指标的选择 ··· 236
　　课后习题 ·· 242

第十章　供应链管理新进展 ··· **244**

第一节　绿色供应链管理概述 ··· 248

第二节　服务供应链管理 ··· 256

课后习题 ··· 263

参考文献 ··· **264**

供应链管理概述

Walmart(沃尔玛)神话般成功的关键——高效的供应链管理

2002 年,沃尔玛首次位居美国最大的公司财富排行榜 500 强之首,一举成为美国最大的企业,也是世界上最大的零售商。自从 1962 年 Sam Walton(1918—1992)在阿肯色州"Arkansas"的 Rogers 建立了第一家 Walmart 店,经历 50 年的发展,沃尔玛的连锁店已遍布全球。根据其官方统计数据,截至 2012 年 9 月 30 日,Walmart 的店面已扩展到全球 27 个国家,拥有 10 431 家门店,其中位于美国的 Walmart 店及 Sam 会员店共 4500 多家。2007 年开始通过其网站 walmart.com 提供网上销售。1979 年公司第一次实现年收入超过 10 亿美元,到 1993 年,公司每周的营业收入达到 10 亿美元,而到 2001 年,每 1.5 天就有 10 亿美元的营业收入。Walmart 如此神话般的成功历史引起经济学家们的高度兴趣,他们将如此快速的收入增长归功于 Walmart 不断地强调客户需求,持续降低成本,而这主要是得益于 Walmart 高效的供应链管理实践。

1. 采购与供应商管理

"The Lowest Prices Anytime,Anywhere"是沃尔玛战略的基础。公司能在最短的时间以最低的价格提供品种繁多的产品,吸引更多的顾客,从而维持更高的销售额,最主要的原因是其严格控制了供应链每一环节的成本,从而可以以最低价格出售商品。

沃尔玛一贯强调降低采购成本。为此,沃尔玛跳过所有中间商直接从制造商采购商品,并且对供应商实施严格的管理和深层次的合作,以求不断降低供应商的成本。

沃尔玛拥有一支顽强的价格谈判队伍,直到完全确信消费者不可能在其他地方以更低的价格买到某种产品,采购员才会最终确定一笔采购交易。

更重要的是,沃尔玛并不是被动地等待上游厂商供货或组织配送。沃尔玛会花大量时间与供应商进行交流,充分了解供应商的成本结构,并与供应商一道探讨如何更进一步降低成本;沃尔玛还会直接参与上游厂商的生产计划,与上游供应商共同商讨和制订产品计划、供货周期,甚至将顾客意见反馈给供应商,帮助供应商进行新产品研发和质量控制方面的工作。所有这些努力,就是让沃尔玛确信供应商确实是在尽最大努力降低成本。一旦对供应商的成本感到满意,沃尔玛就会与供应商建立长期的合作关系。即使与大型制造商宝洁(P&G)公司的合作也是如此。一般来说,沃尔玛更倾向于本地的或区域性的供应商。

另外,沃尔玛对供应商的要求范围广、标准高,不仅注重产品质量的考察,而且注重供应商的整体素质。从其官方网站对于供应商的要求标准来看,不仅包括供应商对当地法律的遵守,对其员工的劳动时间、健康方面的要求,还包括对于供应商的环保要求、与沃尔玛合作的商业机密要求等。

2. 配送网络

沃尔玛拥有完善的物流配送网络,这是沃尔玛供应链系统的重要组成部分。目前,沃尔玛在美国的配送网络包括 100 000 多家供应商、158 个配送中心、2 个数据中心及一个庞大的运输系统。

沃尔玛的配送中心与其商店一样重要,对提高经营效率、降低成本起到了非常重要的作用。配送中心的选址是由公司发展战略决定的,这种选址有助于降低运输里程和运输成本。1971 年沃尔玛在其总部 Arkansas 的 Bentonville 市建立了第一个配送中心。目前在美国拥有 158 个配送中心,每个配送中心面积超过 100 万平方英尺,负责为半径 200 英里范围内的 90～100 家门店提供一天 24 小时的商品配送,其中有 9 个是灾害物资配送中心,以便在面对突发性自然灾害时为民众提供物资供应。配送中心拥有高层货架和自动化的设备,使用条码技术、RFID(无线射频识别)技术和手持式电脑系统,大大提高了拣货、收货的作业效率和准确度,保证了配送中心产品流动的稳定性和一致性,也加快了订单拣选和货物计数的速度。沃尔玛可以以平均 2 天的时间快速补货,而其竞争对手可能需要至少 5 天的时间补货。

根据收货商品的数量不同,配送中心被分成不同的区间,对于托盘化商品和箱装商品进行同样方式的管理。来自美国国内的商品通常以托盘形式到达,进口商品则以可重复使用的包装箱到达。有些情况下,由供应商直接运送商品(如汽车配件、药品)到沃尔玛的门店,85% 的商品通过沃尔玛的配送中心送达门店。

每个雇员都可以获取配送中心所有产品的库存方面的实时信息。手持式电脑可以帮助员工快速定位某种商品在配送中心的位置和货架编号,同时帮助确认该商品是否是所需的商品;当员工将拣取的商品数量输入手持式电脑,公司计算机系统就会及时更新库存信息。手持式电脑还提供具体产品的包装信息、储存信息及装运信息,省去不必要的纸质记录工作,也使配送中心运营管理效率大大提高。

3. 运输管理

沃尔玛物流设施的一个重要特征就是它的快速反应运输系统。美国国内的运输主要是公路运输,沃尔玛拥有一支私营部门最庞大的运输系统。沃尔玛的车队由 6500 台牵引车、55 000 台拖车、7000 多名司机组成,为全美范围的配送中心及门店提供送货服务。

沃尔玛的每一台货物运输车辆上都装有卫星移动计算机系统,因此,配送中心和门店都可以跟踪货车行驶的轨迹,提前了解货车将要到达的时间信息,以便为收货做准备。

每个配送中心负责不同的零售店的送货,所以,零售店就是配送中心的客户。调度员将根据驾驶时间及配送中心到门店的距离制订送货计划,并通知司机。司机必须在门店计划的卸货时间段将卡车停在门店卸货平台,因此,司机一般是下午或晚上送货,门店在夜里进行卸货。

沃尔玛认为司机的忠诚度和对客户服务的奉献精神是非常重要的,因此,他们只雇用无故障驾驶里程超过 300 000 英里、且无重大交通违法记录的有经验的司机。另外,沃尔玛制定了《私有车队驾驶员手册》,该手册可记录每个司机的活动,手册上提供了关于与商店人员货物安全交接、资产安全等相关的知识和规范。

高效率的运输系统可以保证在 48 小时之内将商品运送到各门店,并降低了运输成本。沃尔玛的运输成本估计是总成本的 3%,而其竞争对手一般是 5%,另外,拥有自己的运输系统也使得沃尔玛的货架补货频率比其竞争对手快了 4 倍。

4. 库存管理

为更有效地跟踪全国范围所有门店的销售状况和商品库存,沃尔玛不惜投巨资在 IT 技术和通信系统上。随着沃尔玛门店在美国本土的快速扩展,一个良好的通信系统就显得非常必要,因此,沃尔玛在 1987 年建立了自己的卫星通信系统,这是当时美国最大的私营部门拥有的卫星通信系统,通过声音、视频和数据将公司的经营连接起来,以便更好地跟踪、掌握各门店和配送中心的经营情况,及时发现问题、解决问题。

沃尔玛允许各门店管理自己的库存,减少产品包装尺寸规格,及时降低价格,通过这些途径沃尔玛有效降低了非生产性库存。沃尔玛充分发挥 IT 系统能力,对顾客最需要的商品维持高库存,但同时降低公司的整体库存水平。公司通过计算机系统建立起与供应商的网络联系,将商品进货和库存管理职能移交给供应商,由供应商对沃尔玛的流通库存进行管理和控制,即供应商管理库存(Vendor Managed Inventory,VMI)。例如,公司与宝洁合作,允许宝洁管理其产品在沃尔玛各门店的库存,并建立自动再订货系统,该系统与宝洁及各门店和配送中心的信息系统连接,门店系统如发现某商品的库存水平很低,需要补货时就会发出订货信息给宝洁的系统,然后,系统通过卫星通信系统将再供应订单送到最近的宝洁工厂;宝洁随后配送商品到沃尔玛的配送中心或直接配送到门店。这是一种双赢的合作。沃尔玛可以随时监控其门店库存,保证商品快速移动,同时宝洁也降低了成本。

门店的员工都有手持式电脑,通过射频(radio frequency,RF)网络与门店终端系统相连,及时掌握门店库存、所需商品的配送及在配送中心的库存等情况。订单管理和门店的补货计划完全由计算机系统根据 POS(销售终端)信息确定。沃尔玛也利用复杂的数学算法,根据各门店的库存信息预测要配送的商品数量。

5. 成效

沃尔玛通过高效的供应链管理系统来降低各环节的成本,从而降低商品的价格,并将这种价格优惠传递给消费者,低价格保证了沃尔玛稳定的高销售量。高效的供应链管理带给沃尔玛的好处包括:减少了前置期,加快了库存周转速度、精确预测库存水平,增加了仓储空间,减少了安全库存,流动资产得到更充分利用,减少了对配送中心管理人员进行培训的费用,降低了配送中心人员的出错率,消除了缺货及缺货导致的经济损失等。总之,沃尔玛的供应链管理实践提高了经营效率,降低了成本,提高了客户服务水平,杜绝了陈货,保证了商品质量。

案例解析

供应链涵盖了企业从原料采购到产品交付客户手中的一系列活动和环节。高效的供应链管理是企业降低成本、提高竞争力的主要武器。然而,高效的供应链管理不是仅凭理念就能实现的。从以上案例可以看出,沃尔玛的供应链管理包括了采购与供应商管理、配送网络规划及管理、运输系统管理、库存管理等方面,而强大的信息技术和信息系统是沃尔玛提高各环节管理效率的关键。例如,沃尔玛拥有私营部门最大、最复杂的计算机系统,所有与销售、库存相关的信息通过卫星通信系统传递,沃尔玛对客户、供应商、股东及合作伙伴提供不间断的信息系统服务;另外,条码技术、无线射频识别技术(RFID)、电子数据交换(EDI)等技术都在其供应链的不同环节发挥了重要作用。

问题:

(1) 结合案例,讨论企业供应链管理主要包括哪些内容?

(2) 结合案例,讨论供应链管理对企业的重要性。

案例涉及主要知识点

供应链　供应链管理　供应商管理　供应链管理功能

学习导航

- 理解供应链的功能、供应链管理的概念。
- 了解供应链管理的发展历程。
- 了解供应链的结构和基本要素。
- 了解供应链管理的目标、功能及决策内容。

教学建议

- 备课要点:供应链及供应链管理的概念、供应链结构、供应链管理的功能、决策内容。
- 教授方法:案例教学、理论与实际相结合。
- 扩展知识领域:结合网络化和全球化发展趋势进行扩展。

第一节　供应链的概念

一、供应链的定义

供应链是目前国际上广泛使用的一个术语。美国生产与库存控制协会(American Production and Inventory Control Society,APICS)字典第 9 版(1998)中对供应链的定义是:供应链是由企业内部和企业外部的为顾客制造产品和提供服务的各职能部门所形成的价值链。美国供应链协会(Supply Chain Council,SCC)认为,供应链包括从供应商的供应商到顾客的顾客、与最终产品的生产和交付相关的一切努力。

可见,供应链始于顾客的需求。结合引导案例,我们先观察沃尔玛的供应链是怎样的,涉及的主要环节及主要成员有哪些。假设一顾客准备到沃尔玛商店购买洗发水,沃尔玛商店的货架上存放着供顾客选购的各种洗发水。这些存货是从哪里运送到零售店的货架上的?案例中沃尔玛零售店的商品 85% 是由沃尔玛的运输车队从沃尔玛的配送中心送达零售店的,但配送中心并不生产产品。配送中心的洗发水是从生产商(例如宝洁公司)的仓库运来的,宝洁公司是沃尔玛的供应商。宝洁公司为满足其客户沃尔玛的需求,需要从其供应商那里购进原料进行洗发水的生产,从包装生产商那里购进包装容器进行洗发水的包装;包装公司又需要从其供应商那里购进原料进行包装容器的生产……这样,就构成了一条关于洗发水产品的供应链。图 1-1 说明了洗发水的供应链及涉及的相关企业。

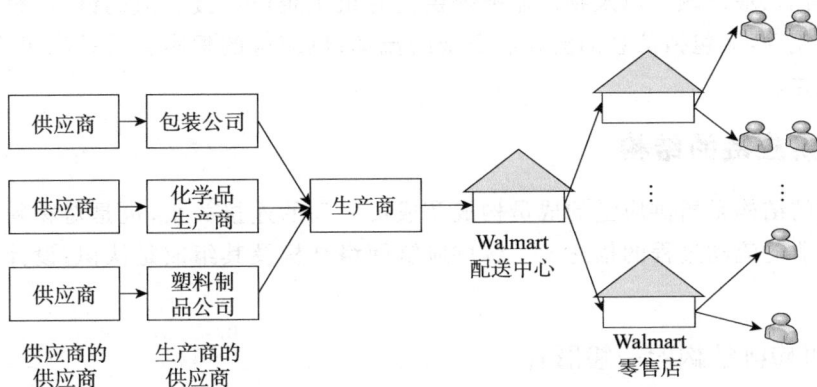

图 1-1 洗发水供应链的环节示意图

图 1-1 说明,供应链是一个从供应商的供应商、生产商、配送中心零售商、直到最终顾客连接而成的链,其重点是关于客户(顾客)和供应商的概念。其实关于顾客和供应商的概念自从有了商业活动就开始了。但是,供应链作为一个概念是最近 30 年才出现的。目前对供应链的定义,不同行业、不同背景、不同视角有很多不同的描述。

除了上面介绍的两个比较简洁的定义,还有很多学者给出了其他的描述。下面介绍其中几个典型的定义。

英国著名的物流专家 Martin Christopher(Christopher,2005)对供应链的定义是:在将产品或服务提供给最终消费者而产生价值的过程和活动中所涉及的组织,通过上下游的联系而建立起来的网络。

我国著名学者马士华教授对供应链的定义是:供应链是围绕核心企业,通过对工作流(Work Flow)、信息流(Information Flow)、物料流(Physical Flow)、资金流(Funds Flow)的协调和控制,从采购原材料开始,制成中间产品以及最终产品,最后由销售网络把产品送到消费者手中的将供应商、制造商、分销商、零售商,直至最终用户连接成一个整体的功能网链结构。它不仅是一条连接供应商到用户的物流链、信息链、资金链,而且是一条增值链,物料在供应链上因加工、包装、运输等过程而增加其价值,给相关企业带来收益。

我国国家标准《物流术语》(GB/T 18354—2006)对供应链的定义是：供应链是生产及流通过程中，涉及将产品或服务提供给最终用户活动的上游与下游企业所形成的网链结构。

2010 年，美国供应链管理专业协会(Council of Supply Chain Management Professionals，CSCMP)通过两个要点对供应链的定义进行了重新描述：①供应链是由从初级原料的处理开始，一直到使用最终产品的最终客户之间的全过程的相关企业连接而成的链；②在从原材料获取一直到最终产品配送给末端用户的整个物流过程中，伴随着物料与信息的交换，供应链将这个过程中的所有供应商、服务提供商和客户连接起来。该定义被国外大多数学者认为是目前最权威的一个定义。

与其他新的概念一样，尽管不同定义在表达方式上有所不同，但关于供应链的关键要点的理解是一致的，即供应链是由最初的原料供应商、零部件生产商、最终产品生产商、配送中心、零售店、最终顾客以及物流服务提供商等组织企业连接而成的链；在整个链中既包括物料的流动，又包括信息的流动和资金的流动；供应链的根本目的是满足客户需求，获取经济利益。

二、供应链的结构

供应链的结构是指供应链的成员构成及成员之间的连接关系，也是对物料从上游企业到下游企业的流动过程的描述。了解供应链网络结构及其组成是认识、设计和管理供应链的基础。

(一)供应链结构的一般形式

供应链虽然是由从供应商的供应商、供应商、生产商、销售商、一直到最终客户的所有成员构成的，但其中有一个是最核心的企业。核心企业可能是制造商，也可能是零售商；其他节点企业在核心企业的需求信息驱动下，通过上下游的协调与合作，实现物料、服务、信息等资源的高效流动。

供应链网络结构有不同的形式，主要取决于预期的供应链的核心企业是谁，以及该核心企业在供应链中处于什么位置。图 1-2 是供应链结构的一般形式。

直接为核心企业提供物料供应的是第一层供应商(一级供应商)，供应商的供应商称为二级供应商，这些供应商属于供应链的上游企业，核心企业的客户是链的下游企业，企业直接的客户是一级客户，客户的客户是二级客户……直到最终消费者。

如果核心企业是零售商(如沃尔玛)，那么最终消费者就是沃尔玛的一级客户，也是最终客户，即消费者端移到紧靠核心企业的右边。如果核心企业是一个钢铁企业，矿石生产企业就是它的一级(原料)供应商，在核心企业的下游，以钢材为直接原料进行生产制造的企业都是它的一级客户，如机械零部件生产商、汽车生产商、造船企业、冰箱生产商等，这些一级客户的直接客户就是钢铁企业的二级客户……直到最终消费者。与沃尔玛的供应链结构相比，钢铁企业的供应链结构具有较少的原料供应商，具有更多的客户层和客户数量。

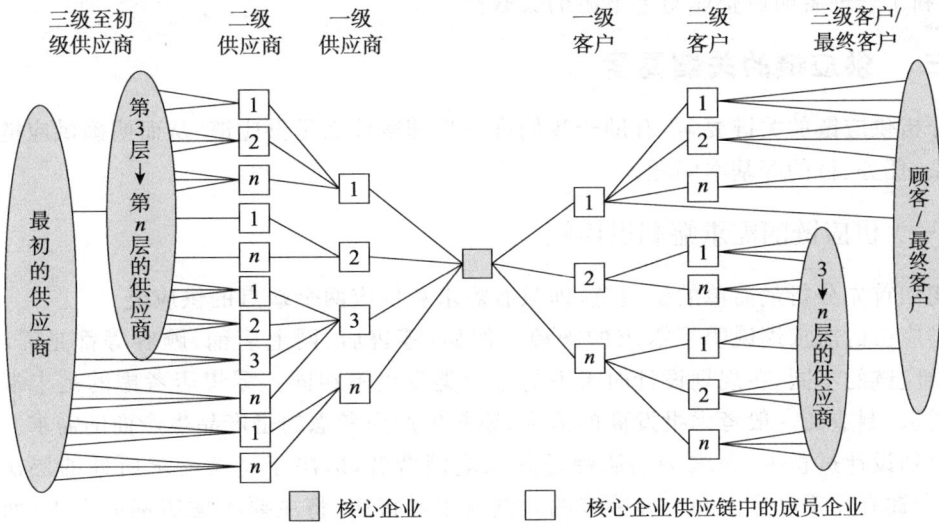

图 1-2　供应链结构的一般形式

（二）供应链网络结构

随着时代的发展，很多供应链事实上已形成网络，因此，用供应网络来描述供应链结构更加准确。以计算机行业为例，制造商 Dell（戴尔）从上游众多供应商处采购零部件装配成计算机整机，然后将产品直销给最终用户，中间越过了分销商和零售商，其供应链层级较少。而制造商联想则同时存在两种销售渠道，一种是传统的方式，即经分销商、零售商将产品销售给顾客；另一种是类似于 Dell 的方式，通过网络将产品直销给顾客，其供应链呈现出更复杂的结构。这两个制造商分别为不同供应链上的核心企业，但它们同时又拥有多家共同的供应商和经销商，如富士康同时为两家代工主板，京东商城则同时销售两品牌计算机。因此，供应链结构呈现为如图 1-3 所示的纵横交错的网络形态。

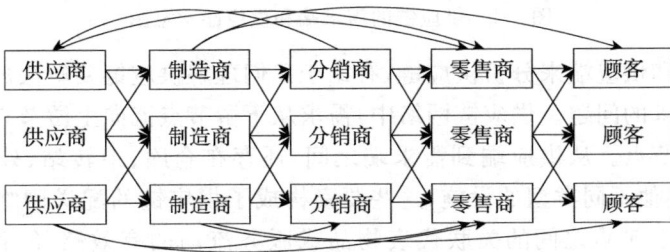

图 1-3　供应网络结构

通过分析供应链结构，认识企业在供应链中所占的位置，可以用企业是更靠近供应端还是更靠近消费端来衡量。例如，零售业供应链的核心企业（如沃尔玛）更靠近消费端，供应商的层次数很多，而客户端仅有一个层次；在矿业公司或钢铁企业供应链中，核心企业更靠近供应端，供应商层次数少，客户端的层次数很多。另外，每个企业都是其他企业的供应链的一部分，因此，每个企业在供应链上的水平位置是相对变化的。认识这种相对位置,有利于管理者明白企业与上下游的关联性。

三、 供应链的关键要素

分析供应链的关键要素,有助于我们进一步理解什么是供应链,从而明确供应链管理的对象、任务、目的等基本问题。

(一) 供应链的需求端和供应端

我们首先分析最简单的供应链,即只有需求和供应两个端点的供应链。

供应链的需求端说明了需求的来源。例如,零售店、网上店铺、顾客等都是需求端。根据供应链的不同,在规划设计时考虑的客户类型也不相同。零售店考虑的是末端消费者的需求,制造商一般考虑批发商的需求,原料生产商考虑的是产品生产商的需求。在供应链规划设计过程中,需求端是店铺还是末端消费者,取决于持续需求所处的层次。例如,一个拥有几千家店面和个体顾客的大型连锁零售店,将主要考虑店铺的需求;而像宝洁(P&G)这样生产消费品的制造商会考虑像 Walmart 这样的大型客户的需求。供应链的需求端通常被称为供应链的下游(Downstream)。

供应链的供应端表示供应的来源,例如,供应商的仓库或制造商的工厂。供应端提供的供应物资用来解决供应链另一端的需求,因而也是供应链的基本要素。供应链的供应端被称为供应链的上游(Upstream)。图 1-4 是对供应链需求端和供应端的示意说明。

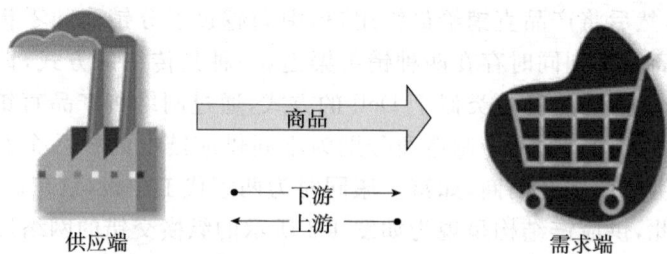

图 1-4 供应链的需求端和供应端示意图

根据需求端和供应端来分析供应链,有助于我们理解供应链要解决的核心问题,即如何平衡供应与需求的问题。供应链网络中,需求从下游节点流向上游节点,而物资则从上游节点流向下游节点。从供应端到需求端之间,还存在仓库、中转站、处理设施、装配车间、配送中心等其他不同类型的设施,这些要素构成了供应链的配送网络,我们称这些要素为节点(Node)。节点之间的关联代表物品或服务流动的有效路径,称为“流动路径”(Flow-paths)。由节点和流动路径构建的网络就是供应链网络,如图 1-5 所示。

(二) 供应链节点属性

供应链的节点是供应链业务活动所在的场所,如制造工厂、配送中心仓库、销售店铺、供应商仓库等,在设施点通过对库存物资进行一系列活动使其价值发生增值,因而节点是增加物料沿供应链流动价值的场所,而不只是一个简单建筑物。节点的输入、输出及内部属性示意如图 1-6 所示,即每个节点包括了库存、资源、操作、技能四个要素。

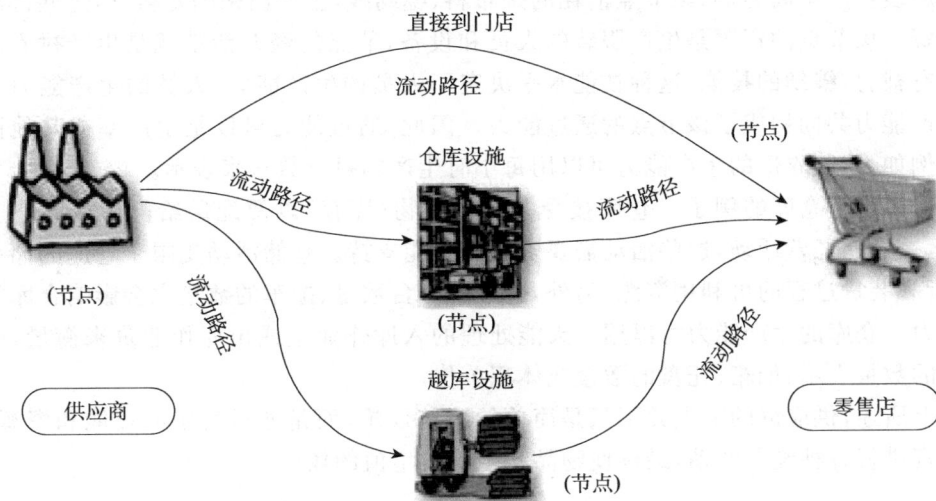

图 1-5　供应链的节点和流动路径示意图

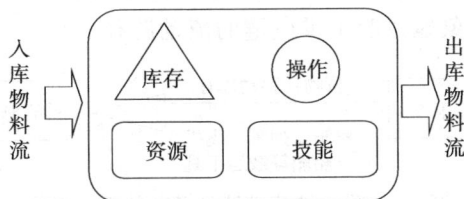

图 1-6　供应链节点解剖

（1）库存。库存包括在该节点消费掉的物料、生产出来的在制品或产品以及配送的物资，取决于节点的类型。例如，零售店的库存物资是在消费者购买商品时消耗的；工厂消耗了原材料、零部件，然后生产出了最终产品；仓库的库存物资是需要配送处理的货物等。

（2）操作。操作是指在这些节点执行的各种活动。设施点的功能不同，其具体操作也不相同，例如，工厂里的活动包括加工、组装等制造类活动，仓库的活动包括收货、装运等配送活动。有些特殊的作业活动可能只发生在某些特殊的场所，例如，单纯进行越库作业的仓库可能就没有库存，货物直接从入库车辆搬运到出库车辆上；另外，有些工厂可能只有零部件加工过程，最终产品的组装过程则在另一处的工厂进行。

（3）资源。节点的作业活动需要消耗资源，如人力、设备等，且资源的能力是有限的。例如，装配线组装 1 辆车要花费 1 小时，那么 8 小时工作时间内只能生产 8 辆车。这种能力的约束限制了货物或服务通过网络中某节点的流量，这就是节点的生产能力或通过能力（Throughput）。

（4）技能。资源不会自己进行操作，需要有技术、技能的支持，如仓库的搬运工需要用叉车等设备才能完成货物的装车活动。这就进一步限制了节点通过的流量。在规划阶段强调这些能力约束能确保供应链过程中各计划的可行性，因为这些计划能保证资源能力，保证各活动所需资源的可获得性。

以服装生产车间为例,该节点消耗的是布料、缝纫线,生产出来的是衬衣,这些都属于库存物资。该节点的资源是生产服装的人员和设备,节点的经营活动就是生产衬衣。人员需要有裁剪、缝纫的技能,这种技能水平决定了人员的生产能力,人员的生产能力与设备的生产能力共同构成了该节点的通过能力。因此,通过能力可以是生产率或其他活动比率。例如,该制衣厂的生产能力可以用每小时生产的衬衫数量来表示。

再看零售商仓库的例子。仓库接受并储存货物(库存)以便配送给门店或客户。收货、装运是仓储经营活动,这些活动需要资源和技能支持。仓储活动受限于仓库的储存能力、收货和装货过程的可利用资源,另外,仓库的月台数量、拖车的数量也会影响仓库的总生产能力。仓库的生产能力可以用一天能处理的入库作业量或出库作业量来衡量,或者用商品的数量表示,如箱、托盘的数量或体积单位。

综上所述,供应链的节点并不只是简单的建筑设施,而是通过特定的技能和资源,对库存物资进行各种经营活动,最终使物品产生价值增值的场所。

(三)供应链流动路径

流动路径连接供应链的节点。流动路径与节点构成了物料、信息及资源流经的实体供应链的网络。图1-7形象地说明了供应链的流动路径。

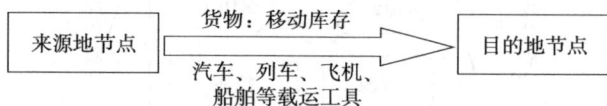

图 1-7　供应链流动路径及其特性示意图

供应链流动路径表示物品在节点之间流动的逻辑路径,它既可以是实体的路线或道路,也可以是这些实体的简单的逻辑形式。供应链节点的一些活动能产生价值增值,但流动路径只是简单地表示物料从一个节点转移到另一个节点,对于供应链来说,本质上没有价值增值。

流动路径上的货物属于移动库存,流动路径的经营活动就是物料从一个节点到另一个节点的转移。流动路径的生产能力表示两节点之间的运输能力,即受到载运工具或特殊设备可获得性或驾驶员可得性的制约而允许的最大运输能力。另外,流动路径也表示了不同的运输方式,如道路运输、铁路运输、航空运输或海运。

以连锁零售商仓库与其商店之间的线路为例,线路上的卡车和拖车表示流动路径的资源,驾驶员驾驶车辆的能力就是操纵资源所需的技能,两者共同决定了流动路径上的物料运输能力的大小。

总而言之,实体的供应链由工厂、仓库、零售店及其他场所构成,这些场所称为供应链的节点。人员、物料、信息、车辆、设备等是供应链的资源,资源在节点之间的流动称为流动路径。因现实资源条件的限制,节点和流动路径的通过能力也是有限的。因此,可以用节点和流动路径来建模反映实体供应链系统的某些特性,运用建模技术、数学手段、优化工具等进行供应链的管理决策,从而提供最优的供应链方案。

第二节　供应链管理的实质及发展历程

一、供应链管理的定义

与供应链的定义相比,国内外学术界对于供应链管理的定义更多,不同机构、不同时期还会对供应链管理的定义进行修订,这一方面说明了供应链管理的内涵和外延的广泛性,另一方面也说明对供应链管理的认识仍处于发展过程中。为便于多角度认识什么是供应链管理,下面介绍不同学者或专业机构不同时期的典型定义。这些定义实际上反映了对供应链管理认识的演变过程。

美国学者 Stevens(1989)认为,"管理供应链的目标是使来自供应商的物流与满足客户需求协同运作,以协调高客户服务水平与低库存、低成本目标之间的相互冲突"。

美国供应链协会(Supply Chain Council,SCC)1997 年对供应链管理的解释是:供应链管理包括管理供应与需求,原材料、备品备件的采购、制造与装配,物料的存放及库存查询,订单的录入与管理,渠道分销及最终交付用户。

Cooper(1997)认为,供应链管理是"一种管理从供应商到最终客户的整个渠道的总体流程的集成的哲学"。

美国俄亥俄州立大学的全球供应链论坛上(1998)对供应链管理的修订定义是:"供应链管理是从最终用户到最初供应商的所有为客户及其他投资人提供价值增值的产品、服务和信息的关键业务流程的一体化。"

美国生产与库存控制协会(APICS)第 9 版字典(1998)对供应链管理的定义是:"供应链管理是计划、组织和控制从最初原材料到最终产品及其消费的整个业务流程,这些流程链接了从供应商到顾客的所有企业。"

美国麻省理工学院的 David Simchi-Levi 教授等(2003)对 SCM 的定义:供应链管理是一套将供应商、制造商、仓库和销售商进行有效集成的方法集合,以保证能在正确的地点、正确的时间生产并配送正确数量的商品,在满足服务水平要求的同时,使整个系统的成本最小。

美国物流管理协会 2005 年发布的供应链管理定义为:"供应链管理包括了对涉及采购、外包、转化等过程的全部计划和管理活动以及全部的物流管理活动。"

Stock&Boyer(2009)对 SCM 的定义:供应链管理是对企业内部的以及独立的组织和企业之间的关系网络的管理,包括物料供应、采购、生产设施、物流、营销及相关系统,以使物料、服务、资金、信息在供应商与客户之间的前向流动和逆向流动能增加价值,在保证客户满意度的前提下实现利润的最大化。

我国《物流术语》(GB/T 18354—2006)对供应链管理的定义是:"利用计算机网络技术全面规划供应链中的商流、物流、信息流、资金流等,并进行计划、组织、协调和控制。"

上述定义强调:供应链管理必须考虑与产品的制造、送达相关的每一个组织、设施以及相关的成本,强调整体的观念,供应链管理的目标是整个供应链的成本最小化。

美国供应链协会 SCC 用 5 个词概括供应链管理的概念,即:规划(Plan)、采购

（Source）、制造（Make）、交付（Deliver）、回收（Return）。由于供应链的概念因产品、行业背景不同而有很大差异，因此，要进行统一的定义是很困难的，SCC 给出的这 5 个词的定义其实是对供应链本质和核心功能的基本描述。SCC 协会提出的 SCOR（Supply Chain Operations Reference）模型也是在此定义基础上形成的。

2010 年，美国供应链管理专业协会 CSCMP 对供应链管理概念进行了修订，新的定义是：供应链管理包括对采购、转换过程中所有活动的规划和管理，以及所有的物流管理活动；另外，还包括与供应商、中间商、第三方服务提供商、客户等渠道成员的协调和合作。从供应链管理的边界来看，供应链管理是对企业内及跨企业的供应管理和需求管理进行的集成，它包括了上述各节点的所有的物流管理活动，而且包括对制造过程的管理，追求市场、销售、产品设计、财务及信息技术相关的过程和活动之间的协调。

国际上很多学者认为 CSCMP 给出的定义是目前最权威的定义，该定义将供应链管理的范畴进一步扩大。

二、供应链管理的实质

从上述定义可以看出，供应链管理的实质就是以获取经济利益为目的的、对跨企业的资源流动的管理。

首先，根据 CSCMP 的定义，跨组织特性是供应链管理与物料管理、配送、企业物流的根本区别所在，对供应和需求的管理，对原料及零部件采购、制造及组装等过程的管理，仓储及库存管理、订单处理与订单管理，以及跨越所有渠道的配送等，这些活动跨越了不同的企业，因此要强调通过上下游企业间的协调与合作，来保证末端客户的需求得到充分满足且降低成本。供应链的所有活动都必须充分考虑客户需求，所有供应链存在的目的就是为了保证客户的需求能得到满足，并由此获得供应链的经济利益。

其次，供应链的资源包括物料、人力、信息、资金或其他任何经营所需的且能被管理的资源。物料指的是原材料、中间在制品或最终产品。零售端的物料主要是销售的商品。购买、储存、配送商品要花费成本，如果商品缺货，会减少销售额，影响收益；如果商品储存过多，又会增加库存，影响资金周转。有些商品的需求具有季节性，因此，需要根据季节性特点进行规划；还有一些商品的需求可能与地理特征、气候特征有关系。所有这些特点说明，商品是一种需要被管理的资源。通过供应链管理，使恰当数量的商品在恰当的时间到达恰当的地点，正是供应链管理的目的。

设施设备也是需要管理的实体资源。仓库的大小决定了吞吐能力和配送中心周转能力，工厂的生产能力影响生产计划的执行等，因此设施设备需要通过规划管理实现其利用率的最大化。

人力也是影响获利的需要被管理的要素。例如，配送中心的收货、装货等作业活动都需要进行合理的人员安排，否则会影响作业效率，增加成本支出。

信息流的管理对于保证运营的顺利进行非常重要。例如，如果仓库管理人员没有掌握入库车辆的相关装运信息，就会影响人力安排，并影响对下游零售店配送的执行计划。因此，需求、库存及订单等信息在整个供应链范围的可见性是极为重要的。

上述资源的流动及其管理是供应链管理的关键。有些资源会流经整个供应链，例如，商品就是从供应商的仓库流到销售商的仓库,一直流到客户的手中,通过这个流动过程,商品的价值实现了增值。而其他一些资源则是帮助实现商品的快速流动,如配送中心的人力、设备、信息等。供应链管理的目的就是对资源的流动及管理进行规划和实施,以实现供应链的整体利润最大化。

另外,由于供应链管理范围的广泛性,必须解决其中复杂的联系和冲突,因此,需要借助现代信息技术、网络技术及先进的优化模型和方法,实现从供应商的供应商到客户的客户之间的协调运作和一体化的优化管理,其实质是建立一个超越工厂厂门的"延伸的企业"并实行最优化管理。因此,物料和服务供应商,渠道提供商(批发商、分销商、零售商),客户本身,以及供应链管理咨询机构、软件产品提供商及系统开发商等,都是供应链管理过程中的重要角色。

三、 供应链管理的发展历程

与供应商和客户相关的概念自从有了商业活动就产生了,同样,供应链管理的各个组成环节也不是最近出现的,对各个组成部分的管理如采购、规划、库存控制、仓储、运输、配送等,早在几十年前就受到重视,但是供应链的理念直到20世纪末才逐渐受到重视。在供应链概念出现之前,并没有将这些环节看作一个整体链中的组成部分,没有认识到整体链观念的重要性。将供应链作为一个过程,作为一个跨越企业所有业务功能的集成的流,这是一个相对较新的观念。

供应链的概念最早可追溯到20世纪50年代后期麻省理工学院的Jay Forrester及其同事开始的相关研究。在此之前,美国的制造企业的重点是通过采用大规模生产技术来减少成本和提高产量,很少关注与供应商建立合作关系、改善流程等问题。当时,Jay Forrester开始研究供应商和客户之间的供应管道和渠道的相互关系,并发现了后来被称为"牛鞭效应"(Bullwhip Effect)的现象。Forrester注意到,在供应管道(即供应链)上,企业离末端客户越远,其库存的波动幅度就越大。一直到20世纪90年代,随着计算机技术的发展及其应用的普及,研究者们才借助计算机分析,理解了"牛鞭效应"产生的原因,而且还设计一些软件程序减少"牛鞭效应"的影响。供应链管理的产生从根本上说,就是从Forrester对这种需求波动现象的探究演化发展而来的,尽管Forrester并没有使用"Supply Chain"这一术语。

20世纪六七十年代,物料需求计划(Material Requirements Planning,MRP)、制造资源计划(Manufacturing Resource Planning,MRP Ⅱ)相继发展起来,制造企业逐渐认识到物料有效管理的重要性,认识到大量库存对制造成本和仓储成本的影响,但主要是通过企业内部的管理降低库存。20世纪80年代,运输、配送、物料管理等概念开始融入一个无所不包的术语"供应链管理"(Supply Chain Management,SCM)之中,该术语最早出现在1982年的一份出版物中。1985年哈佛大学教授Michael Porter在其著名的《竞争优势》一书中,通过从战略上分析5个主要过程,来阐述企业怎样获得更大的利润,这5个过程及其含义如下。

(1) 入场物流(Inbound Logistics):涉及的活动包括与产品生产有关的接收、储存、分发、物料输送、仓储、库存控制、运输规划、退货给供应商。

（2）运作（Operations）：指将输入转换成最终产品相关的活动，包括加工、包装、组装、设备维护、测试、设施管理。

（3）出场物流（Outbound Logistics）：最终产品流向买方所需的收集、保管、配送活动，即最终产商品的仓储、物料搬运、运输、订单处理和行程安排。

（4）销售与营销（Sales and Marketing）：包括在供应链范围内，促使买家购买产品的所有活动，如广告、促销、销售队伍、报价、渠道选择、渠道关系、定价等。

（5）服务（Service）：为增强或维持产品价值而提供服务的活动，如安装、维修、培训、零部件供应、产品升级。

这 5 个主要过程正是供应链框架构建的基础。至此，供应链管理理论逐渐兴起。

与 Forrester 一样，Porter 也认为，企业通过强调业务单元之间的相互关系可明显提高其运营效率，这些相互关系是降低成本、增强差异化和价值链活动的切实有效的途径。根据 Poter 的观点，企业强调横向战略——一套跨越彼此独立却又相互关联的业务单元的目标和政策是非常关键的。这种横向战略也是对供应链管理最简明的描述，是企业战略的精髓。

进入 20 世纪 90 年代，美国的市场竞争更加激烈，物流和仓储成本增加，市场出现全球化趋势，企业面临改进质量、提高生产效率和客户服务水平、新产品设计与开发的挑战。为应对这些挑战，制造企业越来越重视选择高质量的、有良好服务声誉的供应商，并让他们参与新产品的设计与开发，以及成本、质量和服务的改进工作过程中，即通过与供应商的战略合作来改进产品的设计、提高产品质量，降低成本。实践证明，与供应商的这种战略联盟是非常成功的。进入 21 世纪后，互联网技术和信息技术的飞速发展，为企业在全球范围内选择供应商和合作企业提供了技术保证，供应链管理进入全球化供应链管理新阶段。

2005 年，美国作者 Thomas L. Friedman 出版了畅销书《世界是平的》（*The World Is Flat*），分析了 21 世纪初期的全球化过程，并提出了使世界变平的十大动力因素，其中 5 个因素与供应链概念相关，即工作流软件（Workflow Software）、外包（Outsourcing）、离岸经营（Off-shoring）、供应链（Supply Chaining）、内包（In-sourcing），可见供应链已成为世界全球化的主要动力因素。经济的全球化又促使供应链变得越来越长，供应链管理越来越复杂。

前沿理论与技术

物联网和大数据时代的供应链管理

进入 21 世纪，物联网、大数据等新的技术得到不断发展和推广应用，对供应链管理的发展起到了积极作用，供应链管理也呈现出新的管理模式。

（1）大数据背景下的供应链管理。随着经济的全球化，企业供应链结构变得越来越长，数据越来越多、越来越复杂，供应链管理面对更大的挑战。大数据技术可用于供应链从需求产生、产品设计，直到采购、制造、订单管理、物流以及协同的各个环节，通过预先进行大数据分析来调节供应与需求，高效地发挥数据的最大价值，从而优化供应链战略和网络，实现供应链利益的最大化。目前，大数据技术在供应链管理领域的应用刚刚起步。随着供应链的日益复杂化,大数据分析、大数据存储等技术在供应链管理领域将发挥巨大的作用。

(2)基于物联网技术的供应链管理。物联网(Internet of Things)是一种新兴网络技术和产业模式,它通过射频识别技术、无线传感器网络技术、智能嵌入式技术等硬件技术,以及信息处理技术、自组织管理技术、安全技术等软件技术,实现物与物之间的信息交换,每个物体都是一个对象。物联网改变了人、物、服务的信息传递模式。应用物联网技术可以将企业内部和企业之间的生产活动进行整合,实时掌握生产状况,可方便地实现对原材料、零部件、半成品和成品信息的识别和跟踪,实现对物料流动过程的智能化管理,提高供应链管理的信息化和智能化水平,减少因不确定性带来的风险。尤其是将物联网技术应用到生鲜农产品供应链,使农产品供应链上下游企业信息实现无缝衔接,为生鲜农产品的跟踪与追溯提供技术支撑,增强农产品供应链抗风险能力,提高农产品供应链效益。

第三节　供应链管理功能及决策内容

一、供应链管理的目标

供应链管理的目标就是使供应链的整体利润最大化,供应链的整体利润是指供应链整体收入与供应链总成本之差。

不管多么复杂的供应链,其收入的唯一来源只能是最终顾客为购买最终商品支付的费用,其他环节之间的资金流动只能算是供应链内部的资金交换。例如,消费者支付了5000元人民币购买了一台 Dell 计算机,这就是 Dell 供应链中每台计算机的收入;至于Dell 支付给供应商的采购费,或支付给第三方的运输费,或供应商与其供应商之间的资金流动,都属于供应链内部的资金交流。

供应链的总成本包括为生产产品并将产品交付给顾客的整个过程的耗费,从原料采购、零部件的生产、产品制造、分销、配送等环节的成本消耗以及各环节之间物流、信息流和资金流等,都将产生成本。仍以 Dell 供应链为例,每生产一台计算机需要消耗的原料及零部件生产成本、组装成本、所有物料在各节点之间的库存和运输消耗的成本,以及各成员间的资金流动和信息流动等各项活动所耗费的成本,就是供应链的总成本。

供应链管理的目标是实现供应链整体利润的最大化,而不是某一局部环节的利润最大化,因此必须对整个供应链的物流、信息流和资金流进行有效的管理和决策。

二、供应链管理的功能

由于跨企业的资源范围很广,因此,供应链管理涉及的范围也是很广的。以供应链的核心企业为参照标准,企业供应链管理的功能可划分为核心功能和延伸功能两大类。

核心功能是指能在企业范围内进行的决策活动,例如需求规划、供应规划、制造过程、仓储过程、运输、供应链可视性、供应链网络优化等。进行这些功能活动所需的数据通常可在企业范围内获得,数据的变化与企业经营战略和政策有关系,因而是可预测的。

供应链延伸功能包括向上游供应端延伸的功能和向下游客户端延伸的功能。供应端的延伸功能如供应商关系管理 SRM(Supplier Relationship Management)是对供应链核心过程的补充,SRM 过程能增强投标管理、投标分析、战略采购、合作、供应商绩效评价、供应商记分卡管理等能力。

向客户端延伸的功能即客户关系管理 CRM(Customer Relationship Management),也是对供应链核心功能的补充,能增强订单管理、退换货、客户合作、客户市场细分、客户生命周期价值分析等方面的能力。CRM 将为定价、促销等市场功能提供支持。

三、 供应链管理决策的内容

为使供应链管理的目标最大化,需要进行与供应链整体及各环节之间的信息流、物流和资金流相关的一系列决策。其中既有影响深远的长期性的决策,也有日常运营过程的决策。一般可根据决策问题对企业的影响程度及考虑决策时间段的长短,将其分为供应链战略规划、供应链计划和供应链运作实施三个层次的决策。

(一)供应链战略规划决策

战略规划也叫战略设计(Design),是指对企业未来较长时期的经营活动进行的决策。战略规划具有更长的规划期,规划的层次更高,战略规划的结果为执行部门的行动计划提供指导。根据美国供应链专业协会 CSCMP 的定义,供应链战略规划是对供应链战略进行分析、评价和确定的过程,包括供应链网络设计、制造过程和运输战略确定、库存政策制定等。

在供应链战略规划阶段,根据企业战略中的产品营销战略和定价策略,决定企业今后若干年内供应链的结构,包括供应链的网络配置和网络结构设计、生产及仓库设施的选址和能力设计、资源分配、各环节的流程,业务外包决策(例如合同制造商的选择决策、第三方物流决策等),不同阶段的运输方式决策,所采用信息系统的类型决策等。

供应链战略规划应为企业未来几年的发展提供方向性指导,短期的改变将会给企业带来非常大的损失。因此,正确的供应链战略将为企业实现其战略目标并增加整个供应链的价值提供基础,不合理的供应链战略则给企业带来难以弥补的损失。

(二)供应链计划

供应链计划(Planning)介于长期战略决策和运作管理之间,是根据供应链战略规划决策的结果,制定公司短期运营的政策和策略,一般是一个季度到一年的时期。这一阶段的规划是在战略阶段确定的供应链配置前提范围内制定,计划的目标是供应链整体利润的最大化。供应链计划阶段始于对下一年(或下一规划期)的市场需求预测。

企业需要对供应链的采购、配送、销售等环节进行计划。与采购供应相关的计划包括供应源选择、供应商管理、补货规划等任务;与制造过程相关的规划问题包括各生产基地(设施点)的生产计划、目标市场的生产量计划等;与配送相关的计划包括库存计划、需求计划;与销售相关的计划包括营销和定价促销的时间安排、规模等。

与战略规划阶段相比,这一阶段的规划时期较短,问题涉及的范围较窄,所以不确定性程度会有所降低,但仍然存在决策期间内需求的不确定性、汇率变化等情况,准确的需求预测对于供应链计划结果非常重要。供应链计划阶段建立了供应链在一定时期运作需要遵循的参数,界定了一系列短期运营的管理政策。

例如,库存规划将决定各设施点的库存水平、订货频率、订货量;零售连锁店或配送中心的库存规划需要每周或每月的需求信息和供应信息;根据事先确定的客户服务水平,可以规划得到使库存成本最小的多个不同的库存配置方案。库存规划的结果将作为补货规划过程的输入。

(三)供应链运作实施

供应链运作实施(Operational Executing)层面的管理是指对每周或每日更短期的功能进行规划管理或需要马上实施的职能进行管理。

供应链各环节的运作管理决策主要有:采购阶段的订单管理,配送阶段的运输、仓储、库存管理,销售阶段的库存管理等。在运作阶段,企业主要是根据客户的订单进行决策。例如,企业按订单分配存货或安排生产,设置履行订单的时间,为客户送货提供运输执行方案、仓库的入库管理、库存管理、补货管理等。运作阶段的规划期虽然较短,但也会存在多种可能的方案,供应链运作规划的目标就是在配置和规划政策的约束下,减少不确定性,以最佳方式满足客户订单、优化供应链绩效。

运作规划的结果是具体的作业活动。例如,根据入库采购订单或事先的装货通知进行仓库的入库规划,其输出结果将为接下来几天的仓库接货或货物上架活动提供方案。在这种规划中,需要考虑微观层面的仓库信息,如月台、叉车、收货人员、工作区、仓库过道等信息。

因为运作决策是短期(小时或天)做出的,所以需求信息的不确定性较低。

综上分析,供应链上每个环节都有需要进行规划决策和运作管理的任务。战略规划的结果指明了公司未来几年的发展方向,确定了企业供应链的基本构架和基础设施布局,是供应链规划的前提条件和要实现的目标;供应链规划的结果又为运作管理界定了一系列短期运营的管理政策和需要遵循的参数。因此,三个层次的规划是互相关联的。本文后面章节将主要遵循供应链管理从战略规划到运作管理的逻辑结构进行编排,但更多的是按问题进行组织。

实训项目

(1)调查一家家电产品(如冰箱、电视机)生产企业,描绘以该企业为核心的家电产品供应链的结构,并分析该供应链的成员构成。

(2)选择一家零售连锁企业进行调查,了解该企业的上下游合作企业,讨论该企业供应链管理的主要目标和管理的重点内容。

课后习题

一、选择题

1. 在产品供应链中既包括物料的流动，又包括（　　）的流动。
　　A. 信息和成本　　　B. 资金和信息　　　C. 人员和设备

2. 供应链的主要成员包括原料供应商、产品生产商、批发商、零售商和（　　）。
　　A. 运输企业　　　　　　　　　B. 提供生产设备的企业
　　C. 提供贷款的银行　　　　　　D. 物流服务提供商

3. 根据 CSCMP 的定义，供应链管理与企业物流管理的根本区别在于（　　）。
　　A. 利润的最大化　　B. 不确定性　　C. 跨组织特性　　D. 满足客户需求

4. 供应链战略规划包括供应链网络配置、设施选址、（　　）等。
　　A. 业务外包决策　　B. 库存控制　　C. 运输路线规划　　D. 供应商选择

5. 供应链管理是一种全新的管理理念和方法，其核心是强调应用（　　）的思想和理念指导企业实践。
　　A. 合作　　　　B. 集成　　　　C. 共享　　　　　D. 纵向一体化

6. 每一条供应链的目标是（　　）。
　　A. 整体价值最大化　　　　　　B. 整体成本最小化
　　C. 整体收益最大　　　　　　　D. 整体资金规模大

二、填空题

1. 供应链是原料_____、生产商、零售商、最终顾客以及_____提供商等企业连接而成的链。

2. 整个供应链中既包括物料的流动，又包括_____的流动和_____的流动。

3. 供应链的资源包括物料、_____、信息、_____或其他任何经营所需的且能被管理的资源。

4. 供应链管理的目标是实现_____利润的最大化，而不是某_____利润的最大化。

5. 供应链管理是一套将供应商、制造商、仓库和销售商进行有效_____的方法集合，以保证能在正确的_____、正确的_____生产并配送正确数量的商品，满足顾客服务要求，使整个系统成本最小。

三、简答题

1. 供应链中包括的三个最重要的流是什么？
2. 什么叫供应链的结构？
3. 供应链的节点是指什么？什么是供应链节点的生产能力？
4. 举例说明什么是供应链管理的核心功能。
5. 根据美国供应链专业协会的定义，什么叫供应链战略规划？

第二章

供应链网络规划设计

吉列公司供应链网络改进

1. 吉列公司供应链配送网络的问题及改进目标

吉列有限公司(Gillette)是一家生产剃须刀等个人护理品、电池和其他消费品的制造企业。当吉列开始启动它的北美网络研究项目时,目标是很明确的,即确定一个最佳的配送网络,通过这个网络实现以最小的成本提供最好的客户服务的目的。Knabe(柯纳比)是负责该项目的经理,他的任务就是要确定吉列应该有多少配送中心以及各配送中心应该位于什么位置。Knabe 指出,成本最小化是公司考虑的非常重要的因素。因为如果吉列的目标只是单纯地提供最高的客户服务水平,那么只要在各个州都配置一个配送中心就可以了,但这样做的成本太高了。

Knabe 说:"从物流和配送角度来看,吉列通过订货周期(从客户下订单到他们收到货物的时间)和准时交货能力(货物准时到达的比例)来衡量客户服务。"由于配送中心位置影响货物到达顾客的运输时间,所以,配送中心网络规划也会影响订货周期。

当时,吉列在东海岸有两个配送中心,一个位于马萨诸塞州的波士顿附近,另一个靠近田纳西州东南部的查塔努加(Chattanooga)。位于田纳西州的仓库只储存金霸王电池,位于马萨诸塞州的仓库储存其他所有的产品,但是没有一家仓库储存所有的吉列产品。这样的网络有什么问题呢?"我们的项目分析显示,这种情况很难提供最优质的客户服务",Knabe 指出,"比方说我是一个弗吉尼亚州的客户,那意味着我从田纳西州得到一批电池,从马萨诸塞州购得其他产品,所以我得到两个显示吉列产品的货运信息,这有点麻烦"。

不过,吉列更大的问题是,由于没有一个仓库储存公司所有的产品,所以许多客户的货物不得不采用零担送货,零担送货比整车送货的成本高出许多,而且这种运输方式的运输时间更长、可靠性较低。因此,为了能够提供高质量服务,吉列需要找到一种方法尽可能使零担送货变为整车运输。

当吉列开始研究选址最佳方案时,目标就非常明确了,即开发一个使配送中心临近顾客所在地,并尽可能采用整车送货的网络结构。

2. 成本与服务水平的权衡

为了弄清楚到底需要多少个仓库以及各仓库的地理位置等问题,吉列首先进行了系统的理论分析。公司一方面考虑生产工厂和采购点的位置分布因素,另外,吉列还考虑了它的客户分布,弄清楚哪些客户订购了哪些产品、订购批量等重要因素。接下来,他们考虑如何将这两个方面的情况结合起来,来解决仓库应该选在什么位置的问题。

Knabe 说:"就配送成本来说,我们考虑了货物从工厂送到仓库的运费,也考虑了货物从仓库到客户的运费。"吉列利用最优化软件工具来评估每个可能的方案并提出了问题,例如,如果我们有三个仓库,我们应该将它们安置在哪里可以使运费最小?公司在分析时还考虑了其他配送成本,包括不动产、人工费、税收以及公共费(如电费)、库存搬运费等。

在服务水平方面,吉列要解决的问题是:配送网络的规划将如何影响客户服务水平?据 Knabe 所说,可以从两个方面进行分析。第一种途径如前面所述,通过完善配送网络,使所有仓库储存所有产品,从而能充分利用整车送货,降低运输成本,缩短运输时间,提高送货的可靠性。第二个途径是通过缩短订货周期提高服务水平。Knabe 已经认识到仓库的数量及位置分布将影响货物运达的时间。他们通过设置一系列不同的服务水平,然后分析寻找与各服务水平相应的仓库数量。例如,如果要求货物在 48 小时之内送达每个顾客手中,需要多少仓库?如果只保证 85% 的客户在 48 小时之内获得货物,又需要多少个仓库?等等。通过这样的分析,项目组从服务成本和服务水平两个角度进行权衡,综合考虑网络结构,最终从理论上找出了最合适的方案。

3. 将配送网络与企业的战略相匹配

然而,出于实际问题的考虑,受目前过高的仓库租赁费用的限制,且吉列利用这些仓库仅仅是为了包装和整理货物,最后,吉列公司不得不将理论分析结论放在了次要位置。这样,网络规划的问题就变成了"如何在不改变其基础设施的情况下,提供更好的客户服务"的问题。

"我们的目标是,在东海岸至少有一个储存吉列所有的产品的仓库。"Knabe 说。最终,吉列公司保留了位于马萨诸塞州和田纳西州的两个配送中心,但是对配送中心储存的货品、各配送中心服务的客户群及运作方式进行了改变。现在,两个配送中心都储存了吉列所有的产品。

到目前为止,一切进展很好。吉列发现可以在不投资新设施的情况下改善客户服务。然而,Knabe 也发现,两个仓库都储存所有产品将会显著增加公司的库存水平,这是一个禁忌。为了克服这个潜在的症结,公司对安全库存进行了统计分析,并进行了一些改变,重新设定了安全库存,进一步优化了配送网络。这样,公司在保持库存水平不变的情况下还提高了客户服务水平。

"公司的配送网络应该是企业战略的一个功能",Knabe 强调说,"如果企业战略是低成本,你就建立与战略相适应的网络结构。例如,沃尔玛建立它的配送网络实现其低成本战略。如果企业战略是快速响应市场需求,那公司就会建立另一种配送网络。例如,一个生产手术设备的公司,其战略是快速响应客户需求,因此,它的配送网络就不是成本最小化,而是将恰当的产品快速送达恰当的地点。"

最后,吉列在配置配送网络中坚持了最佳的实践方案,既能够最大限度利用整车送货,同时又提高了准时交货能力,从而实现了公司"以最低的成本提供最佳的客户服务"的目标。

案例解析

供应链系统的设施数目、各设施点的配置、产能分配、设施点之间的运输方式等,决定了供应链物流的效率、供应链运营成本和服务水平。供应链网络规划既要对设施点数量及其地理位置进行决策,还要求对各设施点之间的物流量进行决策,因此,供应链网络规划设计是供应链战略规划决策的重要内容。

问题:

(1) 从吉列公司的案例中,分析配送网络对企业经营成本有什么影响?

(2) 结合案例讨论配送网络的规划是如何影响客户服务水平的?

案例涉及主要知识点

供应链网络　配送网络　设施选址　配送成本　库存成本　服务水平　产能规划　网络规划模型　优化方法

学习导航

- 认识供应链网络规划的重要性。
- 掌握供应链网络选址决策的影响因素。
- 了解供应链网络规划设计的过程。
- 掌握供应链网络规划设计的优化方法和启发式方法。

教学建议

- 备课要点:供应链网络规划的任务、影响因素、网络规划的输入数据、优化模型、启发式模型。
- 教授方法:案例分析,任务驱动式教学。
- 扩展知识领域:结合实训项目,掌握 Matlab、Lingo 等软件的使用。

第一节　供应链网络规划设计概述

一、 供应链网络规划的任务

从引导案例可以看出,一个由布局合理的供应链设施点组成的供应链网络是企业商业成功的前提。有效的供应链网络能使企业高效、低成本地接收产品或向用户配送产品。而供应链设施点的数量及位置的选择决定了供应链系统的总成本和客户服务水平,因此,供应链网络规划需要综合分析并权衡各种影响因素,在库存、运输及其他成本之间取得平衡,保证在一定的客户服务水平前提下实现供应链总成本的最小化。

图 2-1 是供应链网络示意图。它是由供应商、仓库、配送中心和零售网点等节点组成的,也包括了原材料、在制品、最终产品等在各节点间流动的线路。供应链网络的关键要素是线路和节点。由于供应链网络中各节点的数量、规模及其位置分布对供应链总成本以及满足客户需求的能力产生影响,另外,节点与线路之间的相互关系、相对配置及联系方式的不同,也决定了供应链网络的不同特点、不同功效,因此一个结构合理的供应链网络对供应链的效率和效益的影响显得十分重要。

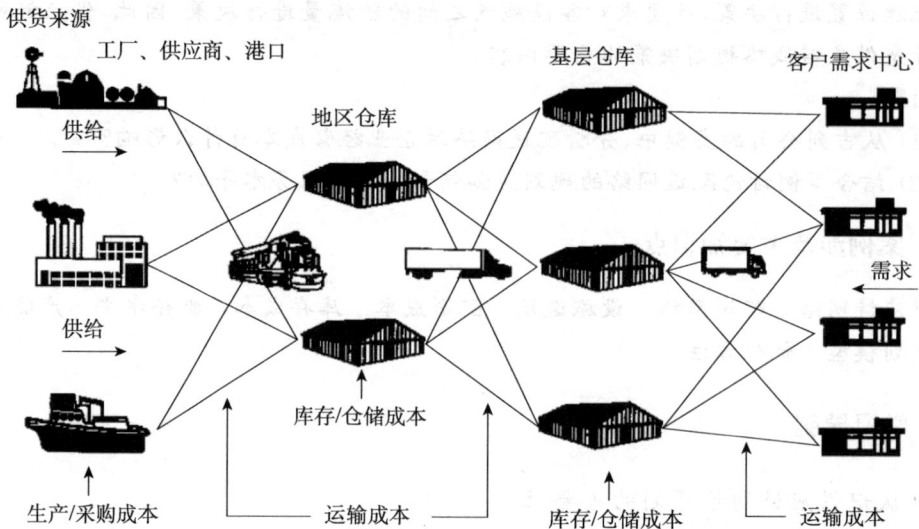

图 2-1　供应链网络示意图

供应链网络规划属于战略层次的规划,其目标是提出一种最经济的方式运输产品或接收原料及零部件,同时又维持或提高客户满意度要求。供应链网络规划的主要任务如下。

(1) 为满足当前和未来的需求模式,同时还要维持预期的服务水平和成本水平,最佳的网络配置应该是怎样的? 供应链网络需要多少设施? 每个设施具有哪些功能? 在每个设施中有哪些流程或操作? 各设施应该位于何处(即确定网络中的设施数量和各设施的地理位置)?

(2) 网络中各设施将分别为哪些客户提供服务? 工厂的仓库将为哪些配送中心供货? 各配送中心为哪些店面提供补货服务? 配送中心如何向供应商订货? 解决这些问题就是要为各设施点分配合适的客户对象,使得网络服务的总成本最低。

(3) 现有设施点或仓库是否有足够的能力满足现在及未来运营的需要? 对于所有类型的产品,能否实现仓库内最优的产品流动? 每个设施应该分配多大的产能? 配送中心应该备有多少库存?

(4) 使产品在网络中高效流动的最佳的运输模式是什么? 即要确定产品在设施之间的运输方式和运输线路,哪种运输方式成本最小? 哪种运输线路时间最短? 网络中每条路径是否有足够的谈判能力?

(5) 维持和运营现有网络的成本是多少? 在设施关闭、扩大或缩小规模、或新建设施等各种不同的情况下,对成本的影响如何? 对服务水平的影响如何?

上述任务中,既涉及空间问题,又涉及时间问题。供应链网络规划的空间问题就是要确定最佳的网络分销层次数、设施的类型、数目与位置、设施所服务的客户群体与产品类别,网络中的存货配置,以及产品在设施之间的运输方式等。简单地讲,就是要确定网络中的节点数目、相对位置及连接关系。供应链网络规划的时间问题是解决为满足顾客响应方面的要求,即客户得到产品的时间问题,涉及库存管理和运输管理。

二、 供应链网络规划的重要性

供应链网络规划对供应链的运营具有战略性的重要作用。

1. 供应链设施布局对供应链的绩效具有长远的影响

供应链网络设施的建设需要较大的固定投入。一个选址不当的设施要想使供应链有效地运作是非常困难的。如果某设施因地理位置不合理导致经营成本太高或企业缺乏竞争优势时,要关掉一个设施或转移到其他地方的成本是非常高的。因此,设施布局决策的失误将给应链运营带来很大影响。

例如,北京一家中日合资的生鲜连锁超市,市场定位是出售精加工、小包装且价格昂贵的生鲜和蔬果食品,并提供现场制作和烹饪教学,显然,这针对的是中高端的年轻市场。但是,它的几家连锁门店却选址在北京传统的住宅区,门店周边多是老式居民楼,没有大型的写字楼和商业区。在这样的传统居民区,高端生鲜超市的定位难以获得当地主流消费人群的认可,因而很难获得预期的市场回报,导致几家门店大多在开业不久就关闭的结局。零售行业门店关门的原因多数是因为经营不善,而经营不善的根源,主要在于选址失误。选址是零售商经营的命脉。

合适的设施地理位置能使企业以较低的成本维持供应链的运营,一个好的选址决策能帮助供应链在保持低成本的同时具有较高的市场响应能力。

2. 网络设施决定了供应链的构架

网络设施的地理位置会影响供应链系统的供应源选择和市场配置,对供应链中原料获取及产品分销中运输方式的选择、合作企业选择、库存策略等均有重要影响,因而会影响供应链的构架,影响总的生产、库存和运输成本。从供应链系统整体看,核心企业的设施选址还会影响供应商的设施选址决策。例如,摩托罗拉的气体供应总是由北方气体公司供给,当摩托罗拉在中国天津建立生产基地后,北方气体公司就要相应地建立自己的工厂和销售机构。

同样,市场配置决策对于满足客户需求的分销成本、市场的响应度等具有重要影响。当市场条件发生变化时,必须调整市场配置。例如,亚马逊早期只有一个建在西雅图的仓库,通过这一个仓库,要想低成本、快速地满足全美国范围的图书供应是非常困难的。因此,当亚马逊的顾客群增加时,公司在美国的其他地方建立了新的仓库,并调整了每个仓库所供应的市场,结果降低了成本并改进了响应性。

另外,网络中各设施功能的规划也非常重要,合理的功能有利于增加供应链的灵活性,更好地适应不同的市场需求。例如,丰田汽车公司为满足全球范围内的市场需求,设立了许多工厂。1997 年以前,每个工厂的功能是只为当地市场提供服务。在 20 世纪 90

年代后期的亚洲经济衰退时期,丰田公司在亚洲的工厂出现大量空闲产能,但是由于设施配置的本地性,不能用来服务其他有过量需求的市场,因此导致丰田公司的经济损失。后来,丰田公司增加了每个工厂的灵活性,使其能够服务当地之外的市场。这种增加的灵活性帮助丰田公司能更有效地应付日益变化的全球市场环境。

3. 优化供应链网络有利于降低配送成本、提高配送效率

对于一些配送活动频繁的行业(例如零售业)来说,供应链网络规划是一个极其重要的过程。因为在这些行业,商品配送成本在其总运营成本中占了相当大的比例。大型零售企业(如沃尔玛)通常拥有几千家商店,几百家配送中心或仓库,它们构成了一个错综复杂的网络结构。配送中心的数量及地理位置分布实际上决定了商品在整个供应链网络中可行的流动路径。很显然,最优的流动路径加上最佳的运输方案,可以提高配送效率,加快供应链对客户需求的响应;或者针对不同的客户需求,通过采取低成本的运输方式降低配送成本。

对大型制造企业来说也是如此。大型制造企业一般有很多的供应商、工厂以及产品仓库,需要跨越不同地域进行产品配送,优化供应链网络能降低采购成本和配送成本,提高效率。

另外,供应链网络的产能分配决策对供应链的绩效也会有重要影响。设施分配的产能过高会导致该设施的利用率低,固定投资回报率低,增加了企业成本;如果分配的产能过低,又不能满足市场需求,导致响应性水平低,客户服务水平下降。当然,产能分配与设施布局决策相比,更容易进行更改。

第二节　供应链网络规划设计过程

供应链网络规划可以是为一家新的企业或新产品新建一个供应链系统,也可以是为一家企业的现有供应链系统进行改进设计。无论哪一种情况,供应链网络规划都是一个非常复杂的过程。本章主要针对实体产品的供应链进行分析。

供应链网络规划的根本目标是在满足顾客需求和服务水平要求的同时使供应链成本最小化或收益最大化。为了实现供应链网络规划设计的任务和目标,还需要对企业的市场、客户需求、产业环境等进行分析,为具体的设计任务提供所需的基础信息。总体上,供应链网络规划包括战略规划、网络设计、潜在设施点初步选择、选址决策及产能分配四个阶段。图 2-2 对各阶段的主要任务进行了简要描述。

一、供应链战略规划阶段

该阶段围绕企业发展战略和竞争战略的目的,对供应链应该具备哪些功能进行规划,以支持企业战略的实现。这阶段的任务包括明确界定企业竞争战略,分析企业内外部环境,以此为基础确定供应链设计的目标。

(一)界定企业竞争战略

企业竞争战略由企业的产品和服务可以满足顾客需求的类型所决定。例如,沃尔玛、

按单同步化生产组织模式

```
来自顾客的信息    确定合适    生产变    重视确切    准时化供应
(最新的来自   →  的生产计划 → 更减少 → 的保证供 →
销售订单的信                        货的数据
息)
```

良性循环 ← 生产周期短、在制品少 →

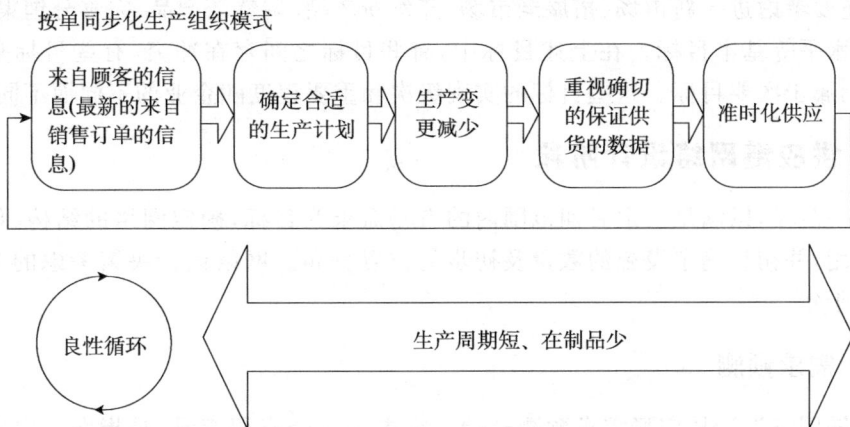

图 2-2　供应链网络规划总体框架

家乐福等零售商采取的是成本领先型竞争战略；联想、海尔、宝洁等制造企业采取的是品牌领先型竞争战略；UPS[①]、DHL[②] 等物流企业采取的是时间领先型竞争战略。总之，企业竞争战略是建立在顾客对产品成本、送达及反馈时间、产品种类和质量偏好的基础上的。

以企业的竞争战略为指导，管理者通过对内、外部环境的分析确定供应链战略，即供应链网络应该具备哪些功能以支持企业的竞争战略的实现。

（二）分析内外部环境

通过市场调查手段，收集与企业产品市场有关的信息，并结合企业供应链管理目标进行统计分析。内外部环境分析涉及的主要内容如下：

（1）通过调查手段，分析政策环境、市场环境的变化，了解竞争对手的实力和市场份额；

（2）通过市场需求调查了解产品和服务的细分市场状况；

（3）通过对供应商、零售商、用户等市场主体的专项调查，了解原材料的市场行情和供应商的基本状况、零售商的市场拓展能力和服务水准；

（4）对企业的供应、需求现状和设施现状进行分析，考虑自身可利用资金的约束，决定是改造现有设施，还是建立新的设施。

（三）明确设计目标

在调查与统计分析的基础上，进一步明确供应链设计目标。基于产品和服务的供应链设计的主要目标是在多个目标之间取得平衡，如获得高品质的产品、降低公司成本（降低库存、生产成本及分销费用等）、提高客户满意度（提高交货的可靠性和灵活性）等。除

---

① UPS：联合包裹速递服务公司，是世界上最大的快递承运商与包裹递送公司。

② DHL：中外动敦豪，一家创立于美国，目前为德国邮政集团 100% 持股的快递货运公司，是目前世界上最大的航空快递货运公司之一。

此之外,还要考虑进入新市场、拓展老市场、开发新产品、调整老产品、完善分销渠道、提高售后服务水平等基本目标。在上述目标中,有些目标之间存在冲突,有些目标是首要目标,有些则属于次要目标。这些目标的实现级次和重要程度随企业的不同而不同。

二、供应链网络设计阶段

在这一阶段,以满足一定时期范围内的市场需求为目标,确定网络的结构、各设施的功能及作用,并初步确定设施的数量及初步的位置分布。网络设计决策考虑的时间范围通常是若干年。

(一)需求预测

供应链网络设计从市场需求预测开始。需求是一个累积变量,是指在一定空间范围内、一段时间段内对某产品的需求量的累积。因此,进行需求预测之前,先要确定需求结构,然后根据统计数据,选定合适的方法进行需求预测。预测方法可参见其他教材,下面主要介绍需求结构。

需求结构由需求的时间维度、空间维度和产品维度决定。

时间维度是指需求产生的时间段,如年、季、月、周、日等。无论是实际需求还是预测的需求,都可表示为时间序列。网络规划属于战略规划,需求时间一般以"年"为单位。但是,运作层的决策问题(如订货决策),则选用较小的需求时间单位,如月、周或日。

空间维度是指产生需求的地理范围,也就是客户范围。所有的需求来源于不同范围的客户,由于产品销售的零售点多,如果按照各个零售店进行销售量统计,数据量将非常大,且增加了网络设计计算的工作量和难度。因此,为便于供应链系统规划设计,有必要对一定空间范围的客户需求进行汇总。客户汇总方式根据规划目的的不同而不同,典型的方法有行政区划法、企业自己定义的市场区域、按国家邮政编码进行划分等。

产品维度是指客户对产品需求的衡量单位。随着顾客对产品需求的多样化、个性化,企业生产的产品也具有多品种、多规格的特征。例如,一家洗发水生产企业的产品,按照功能性质的不同,可分为柔顺型、去屑型、止痒型等不同类型;按照包装的不同又可分为400mL、750mL、1000mL等不同规格。再如,某饮料公司生产的产品,可按照包装不同分为塑料瓶装、玻璃瓶装、易拉罐装几种类型;也可按照成分的不同分为茶饮、果汁、碳酸型、纯水等不同类型;还可按照功能的不同分为运动型、常规、低糖型等类型。因此,最终产品可分成很多种不同的类型。为减少数据收集处理的工作量,提高需求预测的准确度,一般可按照某种方式进行产品需求汇聚后再进行预测。供应链不同部门因决策内容和目标的不同,产品分组汇总的方式也有差异。例如,销售部门倾向于根据饮料的口味不同分组汇集数据;生产管理部门则倾向于按照产品功能分组汇总;物流部门则倾向于根据产品的物流特征进行分组汇集,如将所有源头、目的地相同的产品汇聚成一类。

(二)确定供应链网络的结构

根据产品需求特点,选择合适的供应链网络结构形式,并确定各设施点的具体功能。根据产品从制造商到末端客户所经过的环节的多少,供应链网络可分为单层结构和多层结构,如图 2-3(a)和(b)所示。单层结构网络是指产品从制造工厂直接到客户的直送模式,这种模式更有利于制造商实行延迟化策略,降低库存水平,减少供应链设施建设的固定成本,但运输成本会增加,响应时间也会延长,一般适合客户对产品需求量很大的情况。

在图 2-3(b)所示的多层结构网络中,制造商不直接对客户发货,而是先将产品统一发送到分销商或零售商的分拨中心,再由分销商根据客户订单执行送达计划。多级结构需要更多数量的设施,库存量会上升,但订单响应速度快,尤其是便于供应链系统的退货处理,因为分拨中心可以兼具回收退回品的功能。

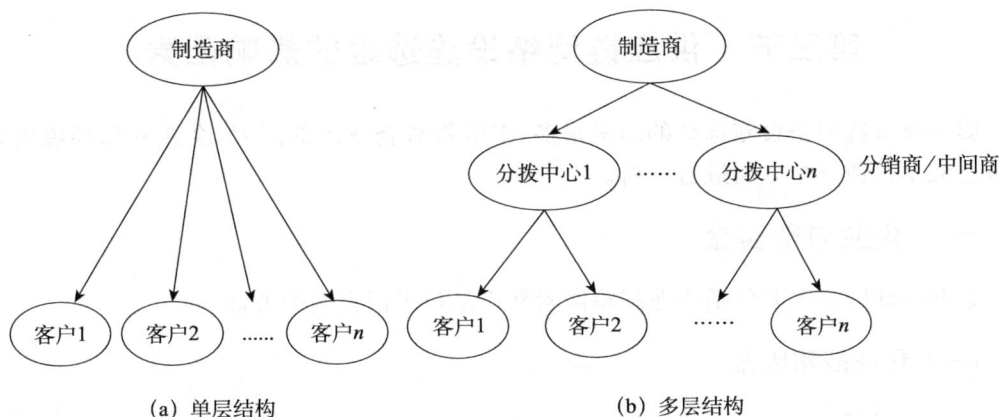

(a) 单层结构　　　　　　(b) 多层结构

图 2-3　产品从制造商到达客户的两种不同网络形式

(三)选择合理的网络设施布局

即确定供应链网络中各级设施的初步数量,决定设施选址的区域以及各设施服务的初步市场范围。网络设施数量的选择取决于多种因素,理论上的最佳值一般很难得到,所以,实际上通常是结合产品的具体情况初步选择几个备选地址。

初步选址遵循的原则是:如果产品具有明显的规模经济效应,适合建设少量的大型设施来满足较多的市场需求,如计算机芯片等高技术含量的产品;反之,像食品、饮料之类低技术含量的产品,建设分散的、数量多的较小型设施更合适。另外,初步选址还应该考虑政治因素、汇率、竞争对手及其他因素的影响。

三、初步选择潜在设施点

在初步的选址分析的基础上,在将要布局设施的区域范围内选择一组理想的潜在地点。理想的地点数量比将要建立的设施数量多,以便下一步通过更详细的分析,找出精确的区位。

地点的选择应综合考虑基础设施条件,以确保预期的生产方式能正常运行。其中,硬件基础设施条件包括供应商的可获得性、运输服务、通信、公共设施以及仓储等基础设施状况;软件基础设施条件包括可雇用的熟练劳动力、工资水平、当地政府及社区对企业的接受程度等。

本章第三节将详细分析选址决策的影响因素。

四、精确选址及产能分配

最后一阶段是为每个设施选择一个准确的位置并分配产能,并计算供应链网络总成本。这一阶段需要借助定量模型和方法(详见本章第四节、第五节),从第三阶段所选择的理想备选地址中选取最满意的方案,并同时对各设施的物流量和能力进行合理分配。对于网络中的生产性设施,设施能力指产品的生产供给能力;对于存储性设施,设施能力包括货物存储量和吞吐量;对于零售店,其能力可用销售产品的种类和数量来衡量。

第三节　供应链网络设施选址的影响因素

影响供应链网络设施选址的因素很多,本节将从企业内部因素、企业外部环境因素、物流总成本权衡三个方面进行分析。

一、企业内部因素

企业内部因素主要包括企业战略因素和产品技术因素两个方面。

(一)企业战略因素

企业的不同战略目标决定了供应链的不同战略,进而决定了供应链网络规划的不同,因此企业战略对供应链网络规划具有方向性的指导作用。

基于成本最小化战略的企业,主要考虑降低企业经营成本,因此更倾向于将设施布局在成本更低的区位。例如,目前大多数的美国服装生产企业将其制造设施转移到了劳动力成本更低廉的国家或地区;而随着中国沿海地区劳动力成本的上升,国内很多企业也将其生产设施从沿海地区转移到劳动力成本更低廉的内陆地区。当然,这种布局导致制造基地离市场更远,可能导致产品运输成本上升或市场反应时间延长。

强调市场反应速度的企业,倾向于将设施布局在靠近目标市场的区域,以便企业能对市场的变化迅速做出反应,即便这种布局会增加成本。例如,西班牙的服装制造商 Zara,其战略目标是快速响应欧洲服装市场快速变化的流行趋势,为此,公司将大部分生产基地布局在葡萄牙和西班牙的地区,尽管这样做的设施成本较高,但当地的产能使得企业能快速地响应服装市场的变化需求。

零售连锁店的竞争战略也是快速响应客户需求,为此,连锁店的选址应该靠近市场客户区域,数量多且分布广。而对于实施低价战略的折扣店来说,其连锁店的数量较少,但每个店的规模较大。

基于全球化战略的供应链系统,在进行网络规划时,首先需要明确每一个设施的战略作用,再根据设施的功能定位进行选址决策。例如,为全球市场提供低成本供应的生产设施,应该选择劳动力成本及其他成本较低的国家和地区;对于生产支撑型物流设施,其主要使命是为生产活动提供物流支持,应该建立在设有海外生产基地的国家或地区;对于市场导向型设施,其使命是为当地市场提供独具特色的服务,因此,应该选择在具有较大市场规模或特定需求的地区;对于战略投资型设施,其重要使命是建立公司的长期竞争优势,便于与竞争对手进行战略竞争,因此,应该在具有全球战略意义的国家或地区进行设施布局。另外,还有一种政策引致的布局策略,主要是为了享受优惠政策或规避政策限制,选择在有优惠政策或没有行业限制的国家和地区进行设施布局。

(二)产品技术因素

与产品相关的技术因素包括产品生产工艺、设施和设备、原料获取代价等方面的特征。

如果产品生产工艺复杂、生产设施和设备投资高,则说明生产技术的规模经济效应明显,适合采取数量少而规模大的设施布局策略,即设立少数的高产能的设施是最有效的布局策略,通过充分发挥各设施的规模经济效应,降低生产成本。如计算机产品、半导体产品的生产需要非常大的投资,就适合采取这种设施布局策略。相反,如果设施的固定投资成本较低,适合采用分散的网络布局策略,在接近市场的地区建立设施,以利于降低运输成本。例如,可口可乐的装瓶厂的固定成本不是很高,为了降低运输成本,可口可乐在全世界范围建立了很多装瓶厂,各自服务于当地的市场。

我们可借用"产品技术弹性"来描述产品技术因素对供应链网络规划的影响。产品技术弹性指同一种产品在不同市场的适用程度。例如,不同区域市场的计算机都使用相同的英特尔处理器,说明计算机处理器这种产品具有较高的技术弹性,那么这类产品的生产性设施适合采取数量少而规模大的集中布局策略;如果不同市场对同种产品的技术要求各不相同,则说明产品技术弹性小,如可口可乐在中国和美国的市场就具有不同的销售组合,那么这类产品的供应链就应该在不同的市场分别设立生产设施。

另外,当获取原材料的运输代价较大而产成品运输代价相对较低时,设施点应向原料产地靠近,以降低原料运输成本;当获取原材料的运输代价较低而产成品运输代价相对较高时,为降低产品的运输费用,设施点应该向市场移动。

二、企业外部环境因素

企业外部环境因素包括宏观经济环境、政治环境、基础设施条件、市场竞争状态等因素。随着经济的全球化和市场竞争的激烈化,外部环境因素对供应链系统运营的成败将产生很大的影响。因此,在供应链网络设施规划决策时必须考虑这些因素的影响。

(一)政治环境与宏观经济环境

在全球供应链网络布局中,政治环境是必须要考虑的关键因素。企业倾向于将固定设施布局在政治稳定的国家或地区。政治稳定、经贸规则完善、立法制度健全的国家能为企业的正常运营提供外部保障。但是,政治稳定性很难量化,所以在规划全球供应链网络时,只能进行主观评价和判断。

宏观经济环境包括税收及关税优惠政策、汇率波动及汇率风险等因素,这些因素也是影响企业设施布局决策的重要因素。对于全球化供应链网络的规划,如果一个目标市场所在国的关税高,企业要么放弃该国市场,要么在该国布局生产设施以规避关税。

税收优惠是指一些国家或地区政府或地方城市的政府,为了吸引更多的企业到特定经济区域进行设施建设而给予的税收减免优惠政策。很多企业的选址正是受当地税收优惠政策的吸引所致。例如,美国通用汽车选择在田纳西州建立其生产基地、德国的宝马公司选择在美国的南卡罗来纳州斯帕坦堡市建立其美国工厂,主要原因都是由于这些提供的税收减免优惠政策。

(二) 基础设施条件

在网络设施选址决策中,所选地址的基础设施条件非常重要,主要包括场地供给、劳动力供给、交通条件、地方性公共设施等。良好的基础设施有利于企业将来的运营,选址所在地的基础设施落后将增加企业的运营成本。

美国学者 King 和 Keating 提出从 10 个方面评价一个地区的物流环境,并评出了美国 100 个最适合物流选址的地区,这 10 个因素是:

(1) 运输业与配送业的整体环境,如交通运输设施及配送设施的数量、财政收入与人均收入。

(2) 物流人力资源,主要考察物流相关行业的劳动力价格、招聘人员的易得性、员工的技术水平等。

(3) 道路基础设施及其资金投入状况,主要考察人均拥有公路里程数、高速公路比例。

(4) 公路的密度、堵塞情况、运输的安全性。

(5) 路况,即考察市区与郊外的洲际高速公路及其他主要道路状况、桥梁状况等。

(6) 道路税费,即对车辆使用汽油和柴油的征税。

(7) 铁路通达性,考察货运铁路及一级铁路的数量、铁轨长度、铁路货运吨数及铁路运输的安全记录等。

(8) 港口与水路运输情况,考察内河、湖、海码头设施及水路运输量。

(9) 航空运输,包括统计航空货运量及货运机场设施、航空客运量。

(10) 洲际高速公路,考察区域内洲际高速公路及环城高速公路的长度。

这 10 个因素中,除第(2)项外,其余因素均与交通设施及其收费状况有关。

许多全球化的公司将设施布局在我国的北京、上海、广州等大城市,尽管这些地方的劳动力成本不菲、地价较高,但是这些城市拥有完善的基础设施,综合交通区位优势突出,配套服务全面,有利于企业的长远发展战略。

(三) 竞争因素

设计供应链时,企业还必须考虑到竞争对手的战略、规模和布局。企业首先面临的布局决策是邻近竞争对手还是远离竞争对手进行设施布局? 其他的决策问题还包括企业如何进行竞争,如何获得竞争优势等。

如果市场竞争氛围是倡导共赢,则企业可考虑在竞争对手附近选址。例如,总部位于美国硅谷的思科公司是世界最大的网络产品供应商,它的竞争特点很大程度上影响了整个网络产品市场的竞争氛围。该公司并不热衷于野蛮吞并周边的中小型竞争企业,相反的,它会主动向市场上的新秀企业提供技术和财力支持,壮大起来的新秀企业都乐意与这家公司开展广泛的技术共享,结果是促进了共赢发展。

如果处在瓜分市场的竞争环境下,企业应尽量把设施建在尚待开发的新市场中,这样做的目的首先是避免其他已瓜分市场的进入风险,其次是尽快抢占新市场的市场份额,形成对竞争对手的无形进入壁垒。对于已存在的竞争局面,企业需要思考的问题是如何通过差异化服务,突出自己的竞争优势。

例如,零售商家乐福在门店选址时会考虑未来潜在销售区域内的竞争对手情况,家乐福对未来潜在的竞争对手的销售情况、产品线组成、经营环境、产品价格、生鲜产品的新鲜程度等情况进行调研和分析,然后依据这些调研结果制订针对性的行动计划,突出自己的竞争优势。

三、物流总成本权衡

供应链系统的物流总成本包括物流运营成本和设施成本。供应链网络中的设施数量、规模、生产能力配置发生变化时,物流运营成本及设施建设成本也会发生变化。设施建设成本与所选区位的地价、人力成本有关,属于企业外部因素的影响;物流运营成本主要指设施建成后的运输成本和库存成本,属于企业内部影响因素。增加仓库数量一般能减少仓库到客户的运输时间,提高服务水平,减少仓库到客户的运输成本;但是,会导致安全库存增加,库存成本增加,且管理成本和准备成本也相应增加。仓库设施数目对物流运营成本和设施建设成本的影响如图2-4所示。

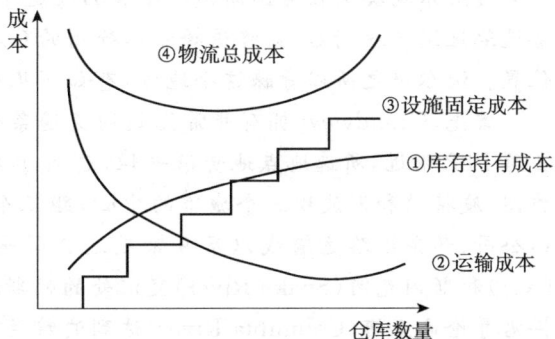

图 2-4　设施数目对物流成本的影响

(一)物流运营成本

物流运营成本主要包括设施建成后的运输成本和库存成本。企业在规划供应链网络时必须考虑库存成本和运输成本对设施数量及选址的影响。

1. 库存成本

物流设施数目增加,在同样安全系数的情况下,库存量会增加,将会引起库存成本上升(见图2-4中曲线①)。为了减少库存成本,宜采取合并物流设施、集中库存的形式。

2. 运输成本

运输成本包括进货运输成本和送货运输成本。一般来说,单位进货运输成本比单位送货运输成本要低,因为进货量一般都比送货量大,利用大运量产生的规模经济效益,可使单位进货运输成本降低。例如,亚马逊公司的仓库采用整车装运进货,但送货时却只向顾客寄出一个小包裹,数量很少。

增加仓库数量,能使仓库更加接近顾客,从而减少了运输成本。但是,如果设施数量增加到一定程度,会导致进货批量规模很小,导致进货成本大幅上升,而送货成本降幅很小,从而使运输总成本增加(见图 2-4 中曲线②)。

(二)物流设施成市

设施成本主要是指设施的建设成本和租赁成本,也包括维持设施运营的相关成本(例如水电费、维修费等),其中大多数是与通过设施点的货流量无关的。减少设施数量能减少设施的固定投资成本,也会使相应的运营费用降低(见图 2-4 中曲线③)。

物流总成本主要是由上述库存成本、运输成本和设施成本三部分构成,即物流总成本曲线(见图 2-4 中曲线④)。它是随着设施数目的增加先下降再上升的。这就是说存在一个最佳的设施数目。如何取得最佳或最满意的设施数目,正是供应链网络规划的任务之一。

📖 知识链接

沃尔玛的配送中心选址

当沃尔玛决定在美国新建一个食品配送中心来服务美国西北部市场时,通过对几个备选地址进行权衡后,最终选择华盛顿州的 Grandview 作为其 80 万平方英尺配送中心的位置。沃尔玛之所以青睐这个地方,有如下几个原因。

首先,Grandview 拥有非常优越的交通条件及地理位置。Grandview 位于美国洲际公路 I-82 附近,所选地点地势很平坦,这对于零售商来说是非常重要的。备选地位于西雅图、波特兰和斯波坎三个城市的中心,距三个城市的距离在 200 英里以内。60 多家货运公司、两条铁路运输线以及 9 家航运公司坐落在当地。另外,坐落在雅吉瓦(Yakima river)和斯内克河(Snake River)交汇处的帕斯科港口(Port of Pasco)也位于附近,能够提供沿哥伦比亚河(Columbia River)达到波特兰港口的集装箱货运服务。

其次,沃尔玛发现,Grandview 地区的平均工资水平较低。例如,该地区仓库工人的平均工资为每小时 8.11 美元,而西雅图地区的仓库工人平均每小时工资是 10.58 美元;卡车司机每小时的平均工资为 14.02 美元,在西雅图却是 17.62 美元。

其他一些因素也对沃尔玛最终选择 Grandview 发挥了重要作用。例如,雅吉瓦县非常重视沃尔玛的业务,渴望新配送中心在此落户所带来的就业机会,还为沃尔玛提供了雇员选择和培训员工的支持,将最好的求职者送至沃尔玛参加最后面试。这些都为沃尔玛的最终选址决策提供了支持。

第四节 供应链网络规划的数据输入和输出

供应链网络规划时要求收集大量数据,并对数据进行处理。

一、 供应链网络规划所需的输入数据

一个具体企业的供应链网络规划设计需要很多输入信息,主要可划分为如下 5 个类别。

1. 产品相关的信息

(1) 产品线上的产品清单信息,如产品名称、型号、规格、尺寸、形状、比重、材质、用

途等。

（2）产品的物理或化学方面的信息，如是否易脆、存储及运输过程对温度是否有特殊要求等。

（3）产品的运输批量，即产品一次运送的数量，可以是一辆卡车的载重量、一个集装箱的容量、一个托盘的容量或一个包装箱的容量等。

2. 客户的相关信息

（1）客户群的地理分布，可以在地图或电子地图中将它们的位置清楚地标注出来。但对于网络的虚拟店铺，他们没有任何实体店，他们的客户群市场位置可定位在每笔订单的配送位置。对于网络上的厂商，如阿里巴巴上的大部分店铺，这也是他们客户的仓库位置。

（2）各区域客户对每种产品的预测需求。可以画出客户—产品对应表，建立不同区域客户的数据库和产品数据库，从客户信息知道所需产品种类及数量，从产品信息中知道有哪些客户需要。

（3）客户历史订单的频率、批量、季节性波动情况。订单的频率是指一段时间内发出订单的数量，订单批量是指一个订单中每种产品的数量，季节性波动是指产品受季节的影响情况。

（4）客户服务目标。即不同客户对于交货时间、准时交货率、订单执行周期等要求。

3. 地理信息

（1）网络中已有的或潜在的仓库/工厂的地理分布信息、主要供应商的仓库位置。

（2）设施点之间的距离信息。

4. 成本相关的信息

成本最小化是供应链网络规划的最主要的目标。网络规划时涉及的成本主要包括如下几项。

（1）网络中各节点的设施成本、劳动力成本和原材料成本。设施成本包括税收、新建、改建和租赁设施所产生的费用、管理费用、资产折旧等项目，新建、改建、关闭设施点所产生的费用。设施的建设成本可采用备选地基准地价与设施建设规模来计量。劳动力成本是指因雇用社会劳动力而支付的费用，包括工资、薪金和实物发放，社会保障、技术培训等形式的福利。原材料成本是购入产品原材料所支付的费用。

（2）设施点之间的运输成本和费率。收集设施点之间可行的运输方式及相应的运输成本统计数据，查找或计算运输费率。运输成本是承运人为完成特定货物的移动而消耗的物化劳动与活化劳动的总和，包括在车队、燃料、设备维护、劳动力、保险、装卸等方面的费用支出。

（3）仓储成本和费率。仓储成本指库存产品在存储期间的费用，仓储费率是指每件产品每天存储的费用。该费用由提供仓储服务的外部企业按照某种方式收取，例如，按照每次出/入库收取，或者按照商品实际占用的仓储空间和储存时间收取，或者按照合同协议收取。如果是企业自营仓库，则需要根据物料搬运系统产生的内部成本进行计算。这种情况下的仓储成本构成非常复杂，包括税率、仓库及设备的维修费、折旧费、保险、办公费用、人工成本、易耗件费用等。具体可参考仓储系统成本计算。

(4) 采购/制造成本。采购成本指产品原材料、标准件、成品、半成品的采购成本以及自制件的制造成本。采购成本的构成比较复杂,并不仅仅取决于采购商品的价格,它包括不同订货批量下的产品价格或制造成本、生产启动成本、订单经过财务和采购部门的处理成本、订单传输费用、在收货地的物料搬运费或加工费,有时还包括运输成本(若采购价格是离岸价格)。

5. 网络中各设施点的能力限制信息

网络中各设施点的能力限制信息指网络中各节点(如工厂和仓库)的最大作业能力,包括生产商的生产能力限制、仓库的周转能力或吞吐量限制、运输能力限制等,通常设施有上、下限的能力约束,如果作业量太低达不到最低能力的要求,就没有建设新设施的必要。

二、数据的来源

上述数据信息涉及面广,来源多,不仅包括企业的信息,还涉及客户、供应商及链中其他成员甚至管理部门的统计数据。主要的数据来源包括业务运作文件、财务报告、物流研究报告、公开出版物、直接调查等。

1. 业务运作文件

企业的经营业务管理会生成一些业务报告文件,这些文件可以作为供应链网络规划的原始数据来源。例如,可以从订单管理中获取有关顾客地理位置分布、各产品的历史销售数据、订单批量数据和订单满足率数据;从运输管理中获取运输批量和运输成本数据;从库存管理中获取存货水平数据等。

2. 财务报告

财务会计报告的作用在于提供包括物流活动在内的所有经营活动的成本数据。尽管这些数据没有细分,没有直接提供管理人员所关心的库存持有成本和库存损失成本等重要数据,对某些物流成本的描述也含混不清,但财务报告提供的一些内部信息仍是成本数据的主要来源。

3. 物流研究报告

物流研究报告描述和定义一些十分重要的基本的关系,如销售与服务的关系、运输费率与运输距离的关系等。物流研究可以由企业内部人员、企业外部咨询机构、大学及研究机构进行。国外一些专门的研究机构经常开展行业性的物流研究,其研究咨询报告也是供应链网络规划的数据来源之一。

4. 公开出版物

公开出版物,如统计年鉴、物流行业杂志、研究报告、学术期刊、行业协会网站等,包含了大量关于物流成本、产业发展趋势、物流技术新发展、物流活动业务水平以及市场预测等重要信息。

另外,相关政府部门网站、行业网站也提供了与物流发展相关的统计数据。在我国,中国物流与采购联合会、交通运输部、国家发展与改革委员会等均提供了与物流运行相关的统计数据。

5. 直接调查

直接调查是决策者对企业的物流主管、咨询顾问、销售人员、物流运作人员、供应商等进行直接调查和访问,获取相应的信息。他们是企业数据的宝贵来源。

三、 供应链网络规划的输出数据

供应链网络规划的输出结果也就是供应链网络规划的目标任务。使用不同的供应链网络规划设计方法,输出的具体数据结果可能各不相同,主要的输出数据包括以下四个方面。

(1) 网络中各节点设施的布局方案,包括确定供应链网络中各设施的类型、功能、数量与位置。

(2) 网络中节点的容量配置,包括生产力、运输量和存货量等在不同设施间的分配。

(3) 设施的供应源和市场的分配。如从工厂到仓库的入库策略、配送中心覆盖的客户群、市场区域策略等。

(4) 供应链建设和运营的总成本估算,包括设施成本、劳动力成本、原材料成本、运输成本、仓库存储成本及运营成本等。

第五节　网络设施选址及产能分配定量方法

供应链网络选址及产能分配的定量方法有很多,主要可分为优化方法和启发式方法两类,此外还有仿真方法等。

一、 优化方法

(一)供应链网络规划优化方法概述

优化方法是指通过建立一定假设条件下的优化问题数学模型,应用优化算法求出最佳方案的过程。应用优化方法进行供应链网络规划设计的关键,首先是能够将实际问题用数学模型进行描述,其次是应用某种算法求解优化模型。

应用优化方法求解供应链网络选址及产能分配问题可分为如下 4 个具体步骤:

(1) 给定现实问题的假设条件,描述优化问题;

(2) 建立优化数学模型,包括决策变量、目标函数和约束条件方程;

(3) 选定或设计优化算法;

(4) 应用优化软件工具或编程求解,得到最佳方案。

由于实际问题的复杂性,而数学模型无法考虑现实问题所有因素的影响,往往只能处理明确的、结构化的因素,因此,建模之前需要对某些现实条件进行简化,建立假设。另外,由于求解优化模型的算法的复杂性,很多时候只能得到近似最优解。

常见的优化模型主要有线性规划模型和非线性规划模型。对于单设施的选址问题,重心法是一个计算简便、快捷的方法。应用最广泛的是混合整数线性规划(Mixed Integer Linear Programming,MILP)模型,它能同时解决设施地址和设施间产能分配问题,是本书介绍的重点。建立了优化模型之后,可以运用运筹学中的线性规划方法或遗传算法、模拟退货等现代优化算法求解优化模型。现实的供应链网络规划问题涉及的节点多、变量多,需要借助软件工具(如 Matlab、Lingo 等)编程求解。

（二）优化问题描述

为简化问题,供应链网络规划的典型问题可描述如下。

某企业计划在一定区域范围内布局一定数量的工厂、中转仓库(分销中心)和零售店。通过市场调查和分析,已选定了企业的目标市场区域,并确定了零售店的数量、位置,估计出各零售市场对工厂生产的不同类型产品的需求量。另外,通过初步的选址分析,初步选出了一组潜在的工厂和仓库设施备选地址,估算出不同工厂生产不同产品的生产成本和生产能力、潜在仓库的建设成本和作业成本,以及产品在不同设施点之间运输的单位运输成本。要求从这组备选的工厂及仓库中选出最合理的设施位置,并确定从工厂到零售端的产品最佳运输方案。

通常情况下,以供应链网络总成本的最小化为优化目标。总成本由各设施的固定建设成本、产品在设施之间的运输成本以及产品在各设施点的作业成本构成。对于不同功能的设施,其作业成本是不同的,例如,对备选的工厂设施,作业成本是指产品在工厂的单位生产成本,对于中转仓库、分拨中心,作业成本是指单位产品的仓储作业成本。如果产品在各工厂的单位生产成本相同,则优化目标函数不必考虑生产成本的影响;同样,如果各仓库的单位作业成本相同,仓库作业成本也不必出现在优化模型的目标函数中。

为便于数学模型的表述,用以下符号来表示上述问题涉及的变量及数据:

l 表示工厂编号,$l=\{1,2,\cdots,l\}$;

j 表示仓库编号,$j=\{1,2,\cdots,j\}$;

i 为零售店编号,$i=\{1,2,\cdots,i\}$;

k 为产品类型编号,$k=\{1,2,\cdots,k\}$;

W 为选定的仓库数量;

c_{ljk} 表示单位产品 k 从工厂 l 运输到位于地址 j 的仓库的运输成本;

d_{jik} 表示产品 k 从仓库 j 运输到零售店 i 的单位运输成本;

h_{lk} 表示产品 k 在地址 l 的工厂生产的单位生产成本(元/件);

v_{lk} 表示工厂 l 生产产品 k 的生产能力;

f_j 表示在地址 j 建仓库的固定成本;

g_j 表示产品经中转仓库 j 中转的单位操作费(元/件);

w_{ik} 表示零售店 i 对产品 k 的需求量;

q_j 表示仓库 j 的周转能力。

另外,建模之前还要设置一些假设条件。例如,每个零售店要求同一种产品的需求只能由一个中转仓库来供应,但是不同的产品可以来自不同的仓库;而中转仓库可以接收来自任何工厂的、任何类型的产品。

需要决策的问题包括:工厂及中转仓库应选在什么位置? 从各工厂运到各中转仓库的产品数量,以及从各仓库运到各零售店的产品数量各是多少?

（三）优化模型

优化模型一般包括了决策变量、目标函数及约束条件三个方面。

1. 决策变量

(1) 用 0-1 变量 y_j 表示仓库是否选在某地点 j：若仓库位于地址 j，则取值 1，否则取值 0。

(2) 用 0-1 变量 X_{jik} 表示零售商 i 是否接收来自仓库 j 的产品 k："是"则取值 1，"否"则取值为 0。

(3) U_{ljk} 表示从工厂 l 运往仓库 j 的产品 k 的量，$l \in L, j \in J, k \in K$，$U_{ljk}$ 是连续变量。

2. 目标函数

一般以网络总成本最小为目标，总成本由产品在工厂的生产成本、从工厂到仓库、从仓库到零售商之间的运输成本、仓库作业成本、仓库固定成本等部分构成。根据上述变量和符号定义，各项成本的表达式如下：

$$总生产成本 = \sum_{l=1}^{L} \sum_{j=1}^{J} \sum_{k=1}^{K} h_{lk} U_{ljk} \tag{2-1}$$

$$仓库作业成本 = \sum_{j=1}^{J} \left(g_j \sum_{l=1}^{L} \sum_{k=1}^{K} U_{ljk} \right) X_{jik} \tag{2-2}$$

$$从工厂到仓库的运输成本 = \sum_{l=1}^{L} \sum_{j=1}^{J} \sum_{k=1}^{K} c_{ljk} U_{ljk} \tag{2-3}$$

$$从仓库到零售店的运输成本 = \sum_{i=1}^{I} \sum_{j=1}^{J} \sum_{k=1}^{K} d_{jik} w_{ik} X_{jik} \tag{2-4}$$

$$仓库固定成本 = \sum_{j=1}^{J} f_j Y_j \tag{2-5}$$

根据上述 5 个表达式，可写出目标函数：

$$\min \sum_{l=1}^{L} \sum_{j=1}^{J} \sum_{k=1}^{K} (c_{ljk} + h_{lk}) U_{ljk} + \sum_{i=1}^{I} \sum_{j=1}^{J} \sum_{k=1}^{K} d_{jik} w_{ik} X_{jik}$$
$$+ \sum_{j=1}^{J} \left(g_j \sum_{l=1}^{L} \sum_{k=1}^{K} U_{ljk} \right) X_{jik} + \sum_{j=1}^{J} f_j Y_j \tag{2-6}$$

3. 约束条件

约束条件主要是考虑客户需求、生产基地和仓库的能力限制，流入量与流出量的平衡，以及变量范围限制等。

$$\sum_{j=1}^{J} X_{jik} = 1, \quad \forall i \in I, k \in K \tag{2-7}$$

$$\sum_{i=1}^{I} \sum_{k=1}^{K} w_{ik} X_{jik} \leqslant q_j Y_j, \quad \forall j \in J \tag{2-8}$$

$$\sum_{i=1}^{I} w_{ik} X_{jik} = \sum_{l=1}^{L} U_{ljk}, \quad \forall j \in J, k \in K \tag{2-9}$$

$$\sum_{j=1}^{J} U_{ljk} \leqslant v_{lk}, \quad \forall l \in L, k \in K \tag{2-10}$$

$$\sum_{j=1}^{J} Y_j = W, \tag{2-11}$$

$$Y_j, X_{jik} \in \{0,1\}, \quad \forall i \in I, j \in J, k \in K \tag{2-12}$$

$$U_{ljk} \leq 0, \quad \forall l \in L, j \in J, k \in K \tag{2-13}$$

式(2-7)表示一个零售商的同一种产品只能由一家仓库供货；

式(2-8)表示仓库的作业量不能超过其最高作业能力限制；

式(2-9)保证每个仓库的产品流入量与流出量的平衡，即各工厂送入仓库的数量等于从仓库运到零售商的产品量；

式(2-10)表示工厂供应量的限制，即每个工厂能供应的产品量不超过其生产能力的限制；

式(2-11)保证选出的仓库数量的一致性；

式(2-12)、式(2-13)对变量的值域进行限制。

上述模型是基本的网络规划优化模型。根据网络结构或设施点功能的不同，总成本项应进行相应调整。例如，各备选工厂(或仓库)的单位生产(或仓储)成本相同，则优化目标函数中就可忽略生产成本(或仓储成本)的影响。如果网络中的某节点功能是回收再制造，则相应的再制造成本就要增加到优化目标函数中。

(四)供应链网络优化应用举例

【例 2-1】　某企业拟筹划建立公司食品供应链，供应链网络由生产基地、中转仓库和超市构成。经过调研分析，已确定了如下信息。

(1) 对产品市场及客户需求进行调查分析后，计划建 3 个专卖超市，超市位置已基本选定，各超市对两类产品的需求量估计如表 2-1 所示。

表 2-1　超市对两类产品的需求量估计　　　　　　单位:件

产品	超市 C_1	超市 C_2	超市 C_3
产品 A	50 000	100 000	50 000
产品 B	20 000	30 000	60 000

(2) 初步选定了两个备选的生产基地 P_1 和 P_2，以生产产品 A 和产品 B，其中，P_1 的生产能力有限制，能生产 A 类产品 60 000 件，生产 B 类产品 50 000 件，P_2 的生产能力足够满足所有市场需求；产品 A 在两个基地的生产成本均为 32 元/件，产品 B 在基地 P_1、P_2 的生产成本分别为 24 元/件、16 元/件。

(3) 根据专卖超市的数量、位置分布及其他交通条件，考虑建设 1~2 个中转仓库，备选的仓库地址已定。备选仓库 1 的搬运成本估计为 16 元/件，周转能力为每年 110 000 件，仓库固定建设成本约 80 万元；仓库 2 的搬运成本为 8 元/件，周转能力没有限制，仓库的固定建设成本约为 400 万元。

(4) 两类产品从生产基地到仓库、从仓库到超市的单位运输费用分别如表 2-2 和表 2-3 所示。

表 2-2　产品 A 在设施点之间的运输费用　　　　　　单位:元/件

仓库	生产基地 1	生产基地 2	超市 C_1	超市 C_2	超市 C_3
仓库 1	0	4	4	3	5
仓库 2	5	2	2	1	2

表 2-3　产品 B 在设施点之间的运输费用　　　单位:元/件

仓库	生产基地 1	生产基地 2	超市 C_1	超市 C_2	超市 C_3
仓库 1	0	4	3	3	4
仓库 2	5	2	3	2	3

解:按照如下步骤解决问题。

(1)描述问题。

首先,根据题目条件,绘制拟建的供应链网络示意图(见图 2-5)。

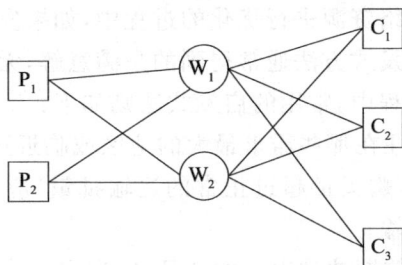

图 2-5　拟建供应链网络示意图

由题意可知,索引参数为:$L=2,J=2,I=3,K=2$。

其次,要求确定供应链网络的最佳方案,也就是需要解决如下具体问题。

① 建设几个中转仓库?如果建立一个中转仓库,应建哪一个?如果建立两个中转仓库,仓库向超市的供货量如何分配?

② 建立几个生产基地?如果只需要 1 个生产基地,该选择哪一个?如果需要两个生产基地,怎样分配各基地的生产数量?怎样为中转仓库供货?

(2)数学模型的具体化。

根据本例题的具体已知参数,按照式(2-1)~式(2-13)所表示的优化模型,建立本例题具体的网络规划优化模型。本题中,不同备选设施点具有不同的生产成本、不同的仓库搬运成本,因此,其目标函数、约束条件与式(2-1)~式(2-13)一致,只需要带入具体的参数。

(3)选择模型求解算法及工具。

对于混合整数线性规划问题,如果变量规模较小,约束条件方程式较少,可应用运筹学中的线性规划方法,借助 Excel 中的规划求解,得到最佳结果。当问题规模较大时,可借助 Lingo 或其他数学工具求解(详细方法可参看专门的软件使用教程)。

针对本例题,利用 Lingo 工具求解上述混合整数规划模型,可得出如下方案:

① 建设一个生产基地;

② 由生产所需的全部产品;

③ 建设一个中转仓库向 3 个超市卖场供货;

④ 运输总成本=122 万元/年;

⑤ 中转仓库维持成本=248 万元/年;

⑥ 中转仓库固定成本=200 万元/年;

⑦ 生产成本=816 万元/年;

⑧ 中转及运输总成本＝570万元/年；

⑨ 总成本＝1386万元/年。

二、启发式方法

（一）启发式方法概述

启发式模型属于一种混合模型方法，是以启发式方法为基础建立的系统模型。启发式方式以直觉或经验为基础，针对具体的问题，求解之前事先设计好的一套指导问题求解的原理和经验法则。在对网络资源进行优化的过程中，如果发生资源冲突，就依据事先确立的经验法则进行调整。启发式方法通常得到的是满意解，无法保证获得最优解。

在网络选址问题求解过程中，常用的启发式法则如下：

（1）仓库的最佳选址往往在那些需求最大的地区或临近这些最大需求的地方；

（2）购买量大的客户（其购买量超过正常的运输批量）应该直接由供应点直接供货，而不必通过中转仓库二次运输；

（3）对需求量及需求提前期波动很小的产品，应当实行准时制管理，尽量减少库存；

（4）在现有配送网络中增加新设施（如仓库）的前提条件是新增加的设施能最大限度地节约物流总成本；

（5）从分拨角度看，成本最高的客户是那些以小批量购买且位于运输线末端的客户；

（6）所谓经济运输批量，是将配送网络中从运输起点到最偏远客户之间的运输线路上的小批量需求累加起来而实现的满载运量。

（二）启发式方法举例

【例2-2】　考虑如图2-6的配送系统：某企业在A地有P_1、P_2两个工厂，经仓库W_1、W_2向客户市场C_1、C_2、C_3供应某类产品。工厂的产能不限，工厂实际产能为60 000件。两个备选仓库具有相同的仓库搬运成本。三个市场C_1、C_2和C_3的产品需求分别为50 000件、100 000件和50 000件。各设施点之间的单位运输费用如图2-6中数据所示。

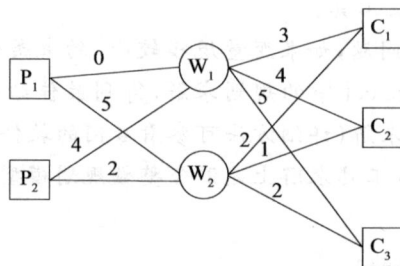

图2-6　某企业的配送系统

现在要求确定一种合适的配送策略，即在满足各市场需求的同时又不超过产能约束，并使总运输成本最小。这是一个简单的设施选址及产能分配问题，通过分配产能决定是否选择某设施点，如果某设施点没有分配产能，则该设施没有被选中。

解：启发式方法的关键是确定启发式规则，通常一个问题可应用多种启发式规则，不同的规则可能得出不同的结论。本例题应用如下两种启发式法则求解。

（1）启发式法则一：对于每个市场，选择最便宜的仓库来满足需求。

按照这一规则，需求点 C_1、C_2 和 C_3 都将使用仓库 W_2 来供货。

然后，为仓库 W_2 选择配送成本更低的制造厂供货。因此，首先考虑工厂 P_2，工厂 P_2 的所有产能 60 000 件产品供应到 W_2，剩下的 140 000 件由 P_1 供应。

该方案的总运输成本＝2×50 000＋1×100 000＋2×50 000＋2×60 000
$$+5×140 000＝1 120 000（元）$$

（2）启发式法则二：对于每个市场，选择仓库使经过该仓库的总配送成本最低。

该法则同时考虑了入库成本和出库成本，使经过某仓库中转的总配送成本最小。

首先，为每个客户市场选择合适的供应仓库。

对每个客户市场，枚举所有可行的配送方案，再比较成本选择成本更低的方案。

对于市场 C_1，共有 4 种可行配送路径：$P_1 \rightarrow W_1 \rightarrow C_1$，$P_1 \rightarrow W_2 \rightarrow C_1$，$P_2 \rightarrow W_1 \rightarrow C_1$，$P_2 \rightarrow W_2 \rightarrow C_1$；各可行路径的单位配送成本分别是 3、7、7、4，因此，C_1 的最佳配送路径是 $P_1 \rightarrow W_1 \rightarrow C_1$，即为 C_1 选择由仓库 W_1 供货。

同理，为 C_2 选择仓库 W_2 供货；为 C_3 选择仓库 W_2 供货。

其次，为每个仓库选择最合适的工厂供货。

由上一步的结论可知，仓库 W_1 需要向客户市场供应 50 000 件产品，仓库 W_2 需要向客户市场供应 150 000 件产品。先考虑 W_1，最好的供应是选择工厂 P_1 来提供，这时单位运费为 0，即 P_1 向仓库 W_1 供应全部所需的 50 000 件产品。对于仓库 W_2，优先考虑由 P_2 供应，P_2 的产能是 60 000 件，剩余的 90 000 件产品由工厂 P_1 供应。因此，从工厂到仓库的供应方案是：工厂 P_1 向仓库 W_1 供应 140 000 件产品，P_2 向仓库 W_2 供应 60 000 件产品。

该方案的总运输成本＝5×90 000＋2×60 000＋3×50 000＋2×100 000＋2×50 000
$$＝920 000（元）$$

显然，这两种启发式算法都没有得到成本最小的策略。

由于启发式算法较多依赖主观经验和直觉，通用性和移植性较差，并且在对复杂的网络进行规划求解时，求解时间较长，通常得到的是满意解。

实训项目

（1）仔细阅读例 2-1，根据例题中的数据，写出详细的优化数学模型，并借助 Excel 的规划求解或 Lingo 软件，求出该问题的最佳方案。

（2）根据下面所给出的 Efes 啤酒公司实际信息，为公司提供供应链网络规划方案。

① 公司背景及产品分销渠道简介。

Anadolu Efes 啤酒公司（以下简称 Efes 公司）自 20 世纪 80 年代以来就成为土耳其啤酒市场的领导者。目前，公司的生产基地和市场遍布土耳其、俄罗斯、哈萨克斯坦、格鲁吉亚、乌克兰等国。公司在 21 世纪面临的两项主要挑战是如何开展企业多样化战略及巩固自己在土耳其啤酒酿造行业的核心地位。

啤酒生产的主要成分是麦芽、水及啤酒花。啤酒酿造过程包括四步：第一步是将麦芽、蔗糖、啤酒花和水混合进行一系列操作变为麦芽汁;第二步是酿造,将麦芽汁冷冻并放入发酵箱中;第三步加入酵母,并进行 3～10 天的发酵过程;第四步根据不同类型啤酒产品进行后续处理。根据 Efes 实际生产工艺,对于国产及进口麦芽,每 1000 吨麦芽可酿造的啤酒量分别为 8333 万公升及 9091 万公升。

Efes 的啤酒生产实际过程是:先由麦芽生产厂产出麦芽等原材料,再经酿造厂酿造处理后得到啤酒;啤酒再经由分销渠道运送至各市场。Efes 在土耳其有 3 个麦芽生产渠道,其中,国内现有 2 个麦芽生产厂,分别位于大麦主种植区科尼亚和阿菲永,另有 1 个通过伊兹密尔港口进口的国外麦芽产品。Efes 的 2 个酿造厂分别为于伊斯坦布尔和安卡拉。产出的啤酒通过 5 个渠道销出,分别是位于伊斯坦布尔、安塔利亚、布尔萨、开塞利的分销中心分别配送至所在区域,以及通过伊兹密尔港口出口到其他国家。

② 公司面临的问题。

Efes 亟待解决的问题是企业的产能无法跟上市场对啤酒的需求。与此同时,越来越激烈的竞争也成为企业面临的另一个重要问题。Efes 的最大竞争对手 Turk Tuborg 被 Danish Carlsberg 啤酒公司收购,然后推出了 Carlsberg 品牌啤酒以对抗 Efes。虽然 Efes 公司的老牌产品 Efes Pilsen 拥有较高数量的忠实客户群,但面对巨大竞争压力,Efes 管理层依旧认为重新设计并强化 Efes 产品分销网络是获取竞争优势的关键。

由于预测到啤酒市场的需求将在未来几年内增长,为了保持现有市场份额,Efes 将扩大产能提上决策日程。但由于旧厂已投入运营,无法在现有的旧厂基础上进行扩建,Efes 管理层需要对是否新建酿造厂进行决策。新的酿造厂将装备最新制造工艺,能够达到每年 7 亿公升的产能;如果在新酿造厂基础上进行扩建,则可以达到每年 120 亿公升的产能,但由于资金的限制,扩建成本需要用年利率为 10% 的贷款实现。公司管理层从水源及原料质量等方面慎重考虑,将伊兹密尔、萨卡利亚和阿达那作为 3 个潜在的新建工厂地点。

管理层面临的决策问题是:a. 在哪些地点建立新的酿造厂? b. 是否对某个新建酿造厂进行扩建? c. 如何分配各厂的生产数量以满足各地市场需求?

要求:根据以下数据(见表 2-4～表 2-9),建立该问题的优化模型并求解,帮助管理者进行决策。由于建造成本的回收周期,可以将建造成本分摊至 20 年进行成本计算。

表 2-4 麦芽制造厂至酿造厂的运输费用

单位:千万美元/千万公升

酿造厂 麦芽制造厂	现有酿造厂		待建酿造厂		
	伊斯坦布尔	安卡拉	伊兹密尔	萨卡里亚	阿达纳
阿菲永	0.026	0.017	0.020	0.019	0.032
科尼亚	0.037	0.017	0.031	0.030	0.022
出口(伊兹密尔)	0.032	0.033	0.004	0.028	0.048

表 2-5 酿造厂至分销中心的运输费用　　　　　单位：千万美元/千吨

酿造厂		伊斯坦布尔	伊兹密尔	安塔利亚	布尔萨	开塞利	出口（伊兹密尔）
现有	伊斯坦布尔	0.000	0.040	0.052	0.017	0.055	0.042
	安卡拉	0.032	0.041	0.039	0.027	0.023	0.043
待建	伊兹密尔	0.040	0.000	0.032	0.023	0.062	0.002
	萨卡里亚	0.011	0.034	0.041	0.011	0.045	0.036
	阿达纳	0.067	0.064	0.040	0.060	0.024	0.066

表 2-6 分销中心未来每年需求预测量　　　　　单位：千万公升/年

年数 分销中心	第一年	第二年	第三年
伊斯坦布尔	103	110	125
伊兹密尔	74	80	90
安塔利亚	50	53	60
布尔萨	60	75	85
开塞利	102	110	125
出口（伊兹密尔）	13	13	15
总　计	402	441	500

表 2-7 麦芽制造厂生产能力　　　　　单位：千吨/年

麦芽制造厂	生产能力值
阿菲永	30
科尼亚	68
出口（伊兹密尔）	20

表 2-8 酿造厂生产能力　　　　　单位：千万公升/年

酿造厂 生产能力值	现有酿造厂		待建酿造厂		
	伊斯坦布尔	安卡拉	伊兹密尔	萨卡里亚	阿达纳
生产能力	220	200	70	70	70
扩建后可增加生产能力	不可扩建	不可扩建	50	50	50

表 2-9 待建酿造厂新建及扩建费用　　　　　单位：千万美元

待建酿造厂	新　建　费　用	扩　建　费　用
伊兹密尔	75	30
萨卡里亚	70	27
阿达纳	68	25

课 后 习 题

一、选择题

1. 在维持同样客户服务水平的情况下，增加网络设施数目，将会导致库存水平的（　　）。

  A. 增加   B. 下降   C. 先增加后下降   D. 没有明显变化

2. 增加供应链网络的设施数目，运输成本将会呈现（　　）的变化规律。

  A. 增加   B. 下降   C. 先增加后下降   D. 先下降后增加

3. 对于计算机芯片这类具有较高技术弹性的产品，其生产设施布局适合采取（　　）的布局策略。

  A. 数量少而规模大   B. 数量多而分散

  C. 数量多而规模大   D. 数量少而规模小

4. 进行需求预测时，产品种类划分越多，对各类产品的需求预测越（　　）。

  A. 准确 B. 不准确 C. 无法确定   D. 没有影响

5. 网点布局模型通常是以（　　）为目标函数。

  A. 库存成本最低   B. 运营成本最低

  C. 运输成本最低   D. 系统总成本最低

6. 物流设施选址过程中考虑的主要因素包括（　　）。

  A. 土地成本 B. 交通条件 C. 自然条件   D. 人力成本

  E. 货物属性

二、填空题

1. 供应链网络的关键要素是_____和_____。

2. 网络设施的地理位置会影响供应链系统的_____选择和_____配置，影响供应链的构架和总成本。

3. 供应链网络规划的根本目标是在满足_____和_____的同时使_____最小化或_____最大化。

4. 需求的三维结构包括需求的_____、_____和_____。

5. 供应链系统的物流运营成本主要包括设施建成后的_____和_____。

三、简答题

1. 著名的计算机生产厂商戴尔（Dell）公司在全球的生产基地很少。分析为什么这种方式适合计算机产业？

2. 全球最大的饮料公司可口可乐的生产基地遍布全球 200 个国家，其分销网络也是遍布全球。为什么这种网络布局策略适合饮料产业？

3. 供应链网络设计过程中，物流总成本主要由哪些部分构成？

4. 产品从制造商直接送达客户的单层网络结构具有哪些优点和缺点？

5. 供应链网络规划决策中，产能分配的任务是什么？

三、计算分析题

1. 某公司在 A 市拥有一家年产量 30 000 件产品的工厂。产品被运输到位于三个不同地区的分销中心,分别用代号 DC_1、DC_2、DC_3 表示。根据市场分析,这三个分销地的市场需求将大幅增加,预测年需求量分别为 30 000 件、20 000 件和 20 000 件。因此,公司计划从 B、C、D、E 4 个备选地区选择一个或多个地区建立新的工厂以增加生产能力。4 个备选地区建厂的固定成本和年生产能力估计如表 2-10 所示。

表 2-10　备选工厂的固定成本和年生产能力

目标工厂	年固定成本(万元)	年生产力(件)
B	175	10 000
C	300	20 000
D	375	30 000
E	500	400 000

每件产品从备选工厂到分销中心的运费如表 2-11 所示。

表 2-11　单位产品从工厂到分销中心的运费表　　　　单位:元/件

运输成本 分销中心 工厂	DC_1	DC_2	DC_3
B	5	2	3
C	4	3	4
D	9	7	5
E	10	4	2
A	8	4	3

问题:该公司应该在哪一个或哪几个地区建立新的工厂? 新工厂的生产规模各是多少? 如何向 3 个分销中心供货?

2. 如图 2-7 所示分销网络:现有 P_1、P_2 两个工厂,经仓库 W_1、W_2 向客户 C_1、C_2、C_3 供应某类产品。工厂 P_1 产能不限,P_2 的产能为 50 万件。2 个仓库的搬运成本相同。三个市场需求量分别为 40 万件、100 万件和 60 万件。各设施之间的单位运费如图中数据所示。试应用某种启发式法则确定合适的配送策略,既满足市场需求又不超过工厂产能约束,使总运输成本尽量小。

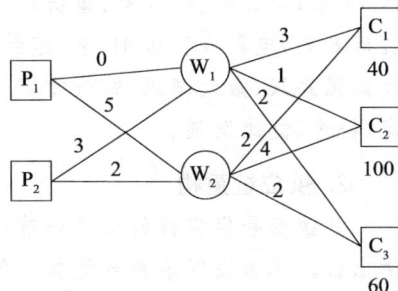

图 2-7　分销网络示意图

第三章

供应链采购与外包战略

导入案例

中百集团:改造采购供应链,赢取竞争优势

中百仓储超市有限公司(以下简称中百仓储)成立于 1997 年 12 月,是中国上市公司中百控股集团股份有限公司(以下简称中百公司)的全资公司。中百公司围绕消费者息息相关的"饭桌子、米袋子、油瓶子、菜篮子",以其"低价无假货"的经营宗旨,通过实施仓储超市与便民超市并举的发展战略,逐步形成以连锁经营为基础,多元化、多业态、跨地区的大型连锁集团,成为湖北省规模最大、网点最广、最具影响力的一家大型商业流通企业。

1. 连锁经营模式

连锁经营、现代物流和电子商务是现代商业流通模式的基本特征。1997 年,中百公司借鉴国外商业发展道路,大力拓展连锁经营模式。自 1998 年 6 月开设第一家卖场以来,中百公司始终秉承"低价无假货"的经营理念,潜心致力于连锁超市新业态的开拓和探索,尝试并创新地糅合了国际标准与本土化管理。

2004 年,中百公司被国家商务部列为重点扶持的全国 20 家大型流通企业之一。2005 年,中百公司进军重庆,公司连锁经营实现跨省发展。

截至 2012 年 9 月,武汉中百的营业网点 921 家,其中,中百仓储超市 236 家(武汉城区 74 家;湖北省内 80 家;重庆市 82 家);中百便民超市 631 家(含加盟店 48 家);中百百货店 8 家,电器专卖店 46 家,连锁店经营面积达 102.36 万平方米。展望未来,公司将坚持做强武汉、做大湖北、做好重庆、区域领先的长期发展战略,不断推进连锁超市持续、稳定、快速、健康发展。

2. 供应链重构

分销商是供应链的重要环节,零售商、批发商或其他分销商购买他们所需要的东西以供出售。零售商以消费者能够支付的价格购买想要的商品,改善品种和质量,这是他们取得成功的关键。零售业约占整个国内生产总值的 2.3%。少部分大型零售商承担了大多数零售销售活动(70%),其余部分则由小型的独立经销商和多种经营商组成,"采购是零售业中最具魅力的工作"。零售采购人员需要寻找更多的系列产品来填充不断扩大的商店规模。采购员的压力就是提供更具创新性和适应市场需求的合适的商品。

零售业供应链运作的三大关键环节是门店管理、货物配送和商品采购。零售业特别是连锁超市企业主要是由三个环节的作业组成的：一是采购；二是配送中心运作；三是门店管理，三个环节缺一不可，都是非常重要的。中百公司运用供应链管理，推行采购、配送和销售三大环节运作创新，取得显著成效（见图3-1）。

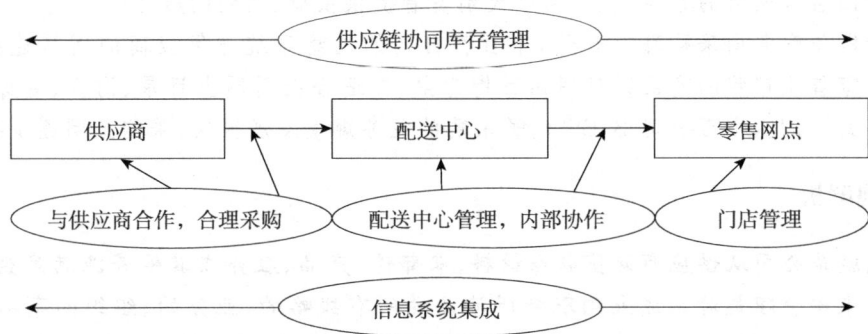

図 3-1　中百公司的采购与供应链管理

3. 供应商战略和商品战略

中百公司对供应商的选择非常严格，有一套考核评价供应商资格的标准和程序，所以一个企业要想成为中百公司的供货商实属不易。当然中百公司对合格的供应商也会本着长期合作、互利共赢的精神，给予供应商极大的信任和支持，与供应商保持积极的沟通联系，除了始终监控供应商供货质量之外，也给供应商提供必要的帮助和改进建议。中百公司通过定期对供应商的评估，对不合格供应商或出现产品问题的供应商采取产品下架，直至取消供应商资格。

中百公司与长期合作的主要供应商逐步形成了供应链协同机制，通过合同设计分配责任及分享利益和分担风险，建立信息系统保持采供双方的业务沟通和信息交流，在订货流程、物流运输、库存管理等方面实现供应链协同管理，以提高运作效率和降低成本。

在采购环节对供应商品进行分类管理，制定合适的商品战略，强调合理化采购策略，不仅获得具有竞争力的采购价格，更注重从采购总成本角度保证采购物品质量，追求物美价廉，"低价无假货"，所销售商品具有较强的市场竞争力。同时，公司在武汉东西湖台商投资区和阳逻开发区兴建华中地区最大的商品物流配送中心和农产品加工配送基地，并利用自身商业网点多、物流配送及时等有利条件，积极发展农副产品的深加工、精加工业务，大力开发自有品牌产品，精心构建商品供应链，支撑中百连锁超市的快速发展。

4. 电子商务和电子采购

中百公司是以实体连锁店起家，最初并没有考虑网上销售。但随着电子商务的蓬勃发展，中百公司敏感地认识到网络的巨大商机和销售能量，公司开始不断强化流通现代化建设，实体店和网上销售并举发展，将新技术与传统的方法结合起来，形成公司的在线电子商务和传统零售渠道相结合的运营策略。

中百商网是中百集团旗下的购物网站。2000年4月，中百集团投资9000余万元，建立了计算机商务管理系统，实现了超市连锁经营网点计算机联网和数据实时传输；建设开通了中百商网,开创了湖北地区零售企业 B2C[①] 网上购物的先河。中百商网经过多年的发展,受到了政府相关部门和广大消费者的关注和支持。2010 年被商务部确定为"全国电子商务示范单位"。中百商网依托中百集团的商品优势、网点优势及配送优势,利用互联网技术,秉承"诚信第一、服务第一、质量第一"的经营理念,扎根于本土,服务本地人群,通过实体门店与网店的紧密配合,为广大消费者提供快捷、周到的服务。

随着电子商务向采购环节延伸,中百将自己的网络系统与供应商的网络连接起来。由于超市零售业销售的商品以日用品百货为主,更适合应用网上目录、询价、竞标和招投标采购方式,因此,中百公司 B2B[②] 电子采购的业务规模发展很快,采购范围逐步扩大。

案例解析

采购就是公司从供应商处获取原材料、零部件、产品、服务或其他资源满足企业运作和需求。采购管理是对完成采购职能所涉及的所有战略的、业务的、组织的事项进行计划、实施和控制,以提高采购工作的效率。随着信息技术、业务外包和供应链管理趋势的增长,采购与供应管理的地位更加凸现出来。供应链环境下,传统采购向战略采购发展,通过采取合适的商品战略和进行战略供应商管理,能更好地提高采购对供应链整体利益的贡献;而信息技术和电子商务的发展,又促进了采购过程的电子化,能进一步降低采购成本、提高供应链整体效益。

问题:

(1) 结合案例讨论,零售企业如何通过采购管理提高企业竞争优势?

(2) 结合案例分析采购管理对企业有什么重要作用。

案例涉及主要知识点

采购管理　供应链采购　战略供应商管理　商品战略　电子化采购

学习导航

(1) 理解采购的概念、过程及供应链采购管理的基本思想。

(2) 掌握供应链环境下的采购与外包战略决策。

(3) 掌握供应链环境下的战略供应商管理。

(4) 理解供应链环境下的电子化采购模式。

教学建议

(1) 备课要点:供应链采购的含义、流程和特点,采购与外包战略,战略供应商管理和电子采购等相关内容。

(2) 教授方法:案例引导,理论与实际相结合。

---

① B2C:商对客电子商务模式。

② B2B:企业与企业之间通过专用网络或互联网,进行数据信息的交换、传递,开展交易活动的商业模式。

（3）扩展知识领域：结合电子商务、互联网技术、全球化进行适当拓展。

第一节　从传统采购到供应链采购

一、采购的定义和过程

（一）采购的定义

采购（Purchasing）与供应（Supply）职能是组织的一项基本职能（见图 3-2）。任何组织的存在或生存都需要不断地输入、转换和输出活动。因此，所有的组织，包括公司、企业等营利性组织，以及政府、公共部门、事业单位等非营利性组织都需要供应商，它们需要从外部的供应商（Supplier）或商人（Vender）手中购买原料、商品或服务。采购与供应职能就是要对组织资源输入环节和供应商有关的事务承担责任，而营销和销售是对组织的顾客一方负责。

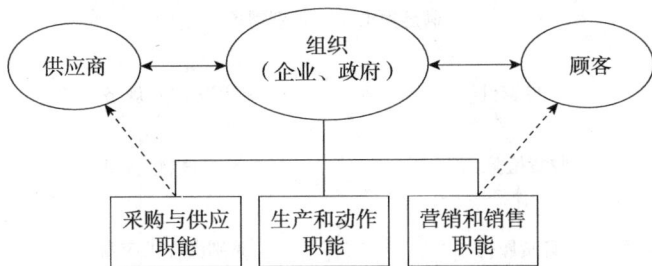

图 3-2　采购职能的定位和责任

一般认为，采购包含供应，采购是从下订单到货物供应前后相继的过程，因此采购是前提，供应是后续。在国外，供应的含义更大些，一般包含采购。供应（Supply）在经济学中多翻译为“供给”，与需求相对应，满足客户需求的全部活动都属于供给过程或供应链过程。供应管理包括订货、输入物流、库存、购买、供应源搜寻等内容。因此，采购或购买只是供应的一项业务。

采购是一个复杂的过程，根据环境的不同可以对它有不同的定义。狭义的采购，简单来讲就是以货币换取物品的交易方式，即各企事业单位及个人，为获取商品，对获取商品的渠道、方式、质量、价格、时间等进行预测和决策，把货币资金转化为商品的交易过程。广义的采购就是从环境获取所需的有形或无形物质的行为。广义的采购除了以购买的方式占有物品之外，还可以通过其他途径如租赁、借贷、交换、外包等获得物品的所有权或使用权，来达到满足需求的目的。

可以从以下三个方面来理解采购的概念。

（1）采购是从资源市场获取资源的过程。资源市场由能够提供这些资源的供应商组成，包括生活资料和生产资料；物质资源和非物质资源；商品资源和劳动力、资本、服务等要素资源。

（2）采购是商流和物流的统一。商流是资源的所有权或使用权从供应商转移到用户手中，主要通过商品交易、等价交换来实现，这是采购的商务活动；物流是资源的物质实体从供应商转移到用户手中,通过运输、仓储等物流活动来实现,通常称为供应物流。采购是这两方面的完整结合,缺一不可。

(3)采购是一种经济活动,既有经济效益,也要发生成本。科学的采购和管理就是要在追求效益和节省成本之间实现平衡。

(二)采购过程

采购就是企业根据需求提出采购计划、审核计划、选好供应商、经过商务谈判确定价格和交货条件,最终签订合同并按要求完成收货付款的过程。传统的采购过程包括一系列的基本活动,如需求的识别和确认、需求规格描述、自制和外购决策、确定采购类型、进行供应市场分析、识别潜在的供应商、对供应商进行评估和选择、协商和签订合同、执行订货合同、接受产品的发运和服务、进行购买后的绩效评价等。这些活动从识别需求开始,经过中间多个环节,以满足需求为止完成一个循环过程,因此,采购过程又称为采购周期(见图3-3)。

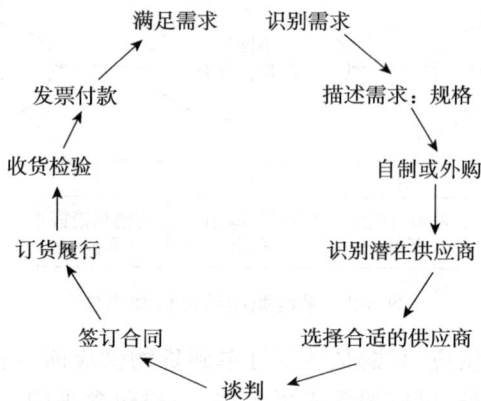

图 3-3 采购周期:采购业务过程的主要步骤

采购周期大致以采购合同为界分成两个阶段,合同签订之前所有活动围绕供应市场资源搜寻和供应商管理为主,称为前期采购;合同履行过程基本上是一些具体的订货处理流程,以完成商品的订购执行和运送接收为主,称为后期采购。这种分析在现代采购中具有重要意义,前期采购活动涉及企业的供应资源管理,或者说与供应链上游的供应商有关的管理活动,这是许多跨国企业的采购部门在当前的供应链管理中的职能性任务,这部分逐渐发展为战略采购或战略供应管理。而后期采购涉及具体的商品采购计划及订货处理活动,这些业务逐渐从采购职能中分化出来,被下放到物流管理部门来处理,成为供应物流的主要业务。

(三)采购管理的定义

在很多理论研究和实践应用场合,采购与采购管理并没有加以区分。前述采购周期描述了采购活动的一般业务内容,对这些方面的管理正是采购管理的基本范围。但是,采购周期只反映了采购的交易活动,有很多采购和供应管理的内容还没有反映出来。

采购管理也称为供应管理,就是对采购和供应过程的计划、组织、协调、控制等决策行为。它包括管理获取商品、服务和工程项目所从事的一系列相关活动,也包括管理供应商关系所必需的所有活动。因此,采购管理有内部管理和外部管理两个方面。

内部采购管理是指从企业内部来看采购管理的主要工作内容和范围,包括开发采购战略、计算总采购成本、确定采购方式、编制采购计划和预算、进行采购决策、制订采购任务实施方案、采购组织和信息系统建设、协议执行、重复性订货与接收、检查合同执行情况、经济效益评价等一系列商品有关的战略、外包和采购决策。

外部采购管理是指从企业外部来看采购管理的主要业务和管理范围,包括分析供应市场和机会、负责与客户共同确定规格、评价潜在的供应商、供货企业的选择、识别供应源和确保供应连续性、签订长期商业合同、开发供应源战略、发展与供应商的关系、评估供应商绩效、供应源改进和优化等一系列与供应商管理相关的活动。

二、供应链采购

(一)传统采购模式的特点及局限性

传统采购是指那种商业交易性的采购。采购商与供应商之间利益具有对立性,一方获益是建立在另一方必然受损的基础上的,即"零和"博弈,不存在合作共赢。因此,在交易过程中重视同供应商进行价格谈判,采供双方经常要进行多轮的讨价还价过程,尽可能降低采购价格。由于重视供应商的价格比较,往往通过多个供应商的价格竞争,从中选择价格最低的供应商。在传统的采购方式下,质量、交货期等问题虽然也很重要,但只能通过事后把关的办法进行检验和控制。

传统企业采购在技术和管理方面存在以下问题。

(1)信息不能共享。由于组织之间信息私有化、未经集成,采购信息没有实现有效共享,包括采购方与供应方之间、企业采购部门与相关部门之间以及管理者与实施者之间信息流通不畅,信息传递失真,从而导致时间延误和效率降低的不良后果。

(2)采供双方未建立稳定的合作关系。过去的采购模式以临时的或短期的合作机制为主,造成了竞争多于合作,进而导致了采购过程的不确定性。这种不稳定的合作关系使供应商搜寻过程变得复杂,供应中断的概率大为增加,给企业的经营带来不利影响。

(3)与预测和物料需求计划结合不紧。即不能根据生产需要有效组织采购,实现物料的供应计划与当前需求的平衡,也不能做到与企业的库存投资和策略一致。

(4)无法跟踪采购情况,事后把关、质量控制难度大。包括请购单处理、采购单处理、询价单和报价单处理的流程复杂,时间耽搁严重;运输、收货、质量控制等不确定性增加,企业难以掌控。

(5)缺乏制约。采购事务的授权、签发、批准、执行和记录没有进行职务分类,容易导致暗箱操作。

(6)缺乏对供应商的评价和管理。与供应商的关系是交易式为主,采购方式通常以现货采购来完成,双方缺乏长期合作的计划,因此,采购方对供应商的选择没有建立一套完善的评价标准和管理系统。

(7)对客户需求的反应迟钝。由于采供双方信息流不畅通,当市场需求发生变化时,采购方不能单独改变订货合同,导致采购方在需求增加时出现供不应求、需求减少时库存积压的情况。因此,供需双方对用户需求的响应不能同步,缺乏应对需求变化的柔性能力。

(二)供应链环境下的采购模式

采购与供应管理是供应链管理的重要环节,是实行供应链管理的基础。采购部门在供应链中承担与上游供应商有关的责任,是企业与供应商联系的纽带。有两个方面原因导致供应链中采购与供应管理地位的变化:①业务外包(Outsourcing)的增长,它促使采购职能日益受到管理者的重视;②信息技术(Information Technology,IT)的广泛应用及其优势为采购管理方式的变革提供了新的契机,信息传递和在线交易已经普及化到企业的日常操作中。

在供应链环境下,企业的采购模式与传统采购方式有很大不同,这些差异主要表现在以下几方面。

1. 从为库存采购转向为订单采购

传统采购的目的和动机很简单,就是为了补充和储备存货,即为库存而采购。采购部门不参与、不关心生产过程,也不了解生产的进度和产品需求的变化,只是被动地按照需求部门的物料要求来准备物资和供应物资。而在供应链运作环境下,企业根据预测制订计划,让订单驱动采购行动。生产过程是以订单拉动的 JIT(准时制采购)方式组织生产,JIT 生产拉动 JIT 采购和 JIT 配送。这种基于 JIT 机制的订单驱动模式,使供应链系统能够更好地响应客户需求,同时降低供应链中的库存和库存成本。

2. 从采购管理向外部资源管理转变

传统的采购管理是以获取商品为核心,以协商价格为重点,以保障物资供应为目的的战术层面的职能,采购与供应商缺乏合作,供应商对采购方的需求缺乏快速响应和柔性,关于产品质量控制只能进行事后把关,双方的信息沟通不流畅,这些缺陷导致供应链企业之间无法实现同步化运作。外部资源管理或战略供应管理是选择由谁来从事特定的生产、储存、运输或信息服务等供应链活动,以寻求合适的供应商为核心,而不是购买产品为核心;以资源搜寻而不是物料管理为目标。也就是说,当企业任何一项业务都可以通过外包完成时,采购就不仅是传统意义上给生产提供原料的采购,而是代表供应链的功能由谁来完成这样的重大决策。在战略层次上,这些决策是最能体现现代采购管理思想革命性的方面。同时外部资源管理也将采购管理职能的地位提升到战略高度,外部资源管理强化了采购与其他功能更好的跨功能集成,也是供应链企业从内部功能集成走向外部组织集成的一个重要步骤,采购成为提升供应链绩效的最重要驱动因素之一,促进了供应链管理的系统性、集成性和协同性。

3. 从一般买卖关系向战略合作伙伴关系转变

在与供应商的关系上,旧的采购模式以临时的或短期的合作机制为主,造成了竞争多于合作,进而导致了采购过程的不确定性,这种不稳定的合作关系会给企业的经营带来不利影响。如图 3-4 所示,"交易"的采购观点认为采购就是单纯的购买,在这种简单的买卖活动中,买方根本利益是用尽可能少的钱获取尽可能多的资源,买卖双方保持一定的距离相互影响。"合作"的采购观点强调多维的互动关系和互利共赢。近年来,大多数组织对买卖双方相互关系的发展给予了更多的关注。在相互关系中,分享和交换的理念使双方在共同交易的过程中都得到好处,取得共同满意的结果。由于供应商和制造商建立了战略合作伙伴关系,重复的供应商搜寻过程大大减少,供应合同的签订手续也大为简化,从而降低了交易费用。

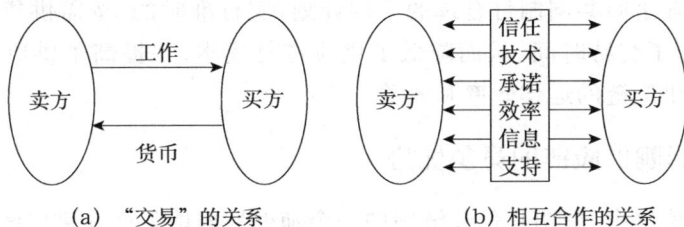

图 3-4 交易关系与合作关系

4. 从被动反应向主动采购的转变

供应链日益增加的错综复杂性有一个新的更贴切的称呼,即供应网。采购职能积极参与供应链投入部分的发展和提高,采购供应部门需要自身发展良好和增强主动性。通过整合协调实现费用最低前提下的快速响应,采购与其他功能更好地跨功能集成,企业与供应商、客户更好地跨组织集成,大型组织中采购人员的角色和责任发生了很大改变,他们只花很少时间用在行政管理和业务活动上,而将精力集中在如何同供应商建立和发展恰当的关系上。这些组织的重点已经超出了简单地在用户需求出现时才对需求做出反应,而是发展成为一种前瞻性的主动采购方法。

三、采购在供应链中的地位

采购与供应管理是企业管理的一个重要职能。供应链上游的物资采购通过对质量、交货时间和成本的控制从而对供应链下游企业的产品质量、成本及交货期产生重要影响,甚至对供应链的整体竞争力和利润产生重大影响,所以,采购在供应链中具有重大作用。

(一)采购增强了供应链系统的稳定性

首先,采购过程把供应链成员联结起来,保证货物供应不中断,保证供应链运作的连续性,这是采购对供应链最基本的作用。其次,在供应链环境下,供应商与需求方之间建立战略合作伙伴关系,有利于保持供应链上供需双方的信息共享、供需同步。因此,在供应链体系中,采购管理又具有协调供需关系的纽带作用。另外,供应链内部的各个构成环节之间的关系既是合作关系,同时也存在一定的竞争关系,因此整条供应链是动态的。在信息共享环境下,采购策略始终以供应链体系为依托,强调供应链上各企业之间的互动,因此,必然能增强供应链系统的稳定性。

(二)合理的采购能显著提高供应链整体的效益和效率

在许多行业中,原材料的投入成本占产品总成本的比例很大,投入原材料的质量也在很大程度上影响成品的质量,并由此影响顾客的满意度和企业的收益。例如,在制造业中,原材料的采购费用占到产品总成本的 50% 以上;在批发零售业中,与商品采购相关的费用一般占到总成本的 70%~90%。

供应链环境下的采购活动中,供应商和下游需求方之间不是简单的买卖关系,而是一种战略合作伙伴关系。采购与供应可以协调整个供应链体系中的各种计划的执行。这样有利于上下游企业之间共同制订合理的采购计划,实行准时的、按需供货,既降低了采购相关成本,又缩短了交易时间,从而降低了供应链总成本,并提高了供应链的反应速度。因而提高了整个供应链的运作效率和效益。

(三)采购影响供应链的竞争优势

在波特的价值链中,采购是价值链中的一个辅助性职能。而在供应链管理时代,采购职能的定位被提升到战略高度,现代采购在供应链中的供应地位、质量地位、价值地位和战略地位更加突出。采购活动向前通过管理供应商扩大了其战略性影响;向后通过参与内部战略决策和接触最终客户,提高了最终产品的竞争优势。

自 20 世纪 80 年代以来,越来越多的企业意识到采购的发展能够带来战略性优势。特别是近 20 年来,采购职能发生了一系列的变化,一些决策更具战略性,如供应商群体结构设计、自制与外包决策、战略供应商整合等。因此,采购管理已从战术性职能演变为战略性职能。采购与供应逐渐成为一个由跨组织的多功能团队实施的业务流程,而不再是一个仅仅对企业其他部门的请求做出被动响应的职能部门。

目前,在采购职能中出现了新的功能分化和个体角色,采购职能分成两组。第一组是采购计划人员和物料经理,他们对日常物料供应负责,满足组织当前对产品资源的采购需求,主要关注效率指标,如提前期和交货可靠性;第二组是专门负责供应源开发、供应商管理等决策活动,确保供应商有能力支持公司对供应链功能的需求,以及规划未来的需求类型。成功的企业把采购看作一种具有重大战略意义的活动,很多大型组织都在利用专业采购供应团队所提供的专业化服务。

由于采购在供应链中具有重要作用,目前,采购供应的战略性关注不再将重点放在订货、补货等日常事务上,而是更多地关注通过协商建立长期合作关系、开发供货商、降低总成本等活动。

第二节　采购与外包战略

一、采购战略的主要内容

战略是企业目标的实现模式或长期性的全局性的谋划。供应链环境下的采购管理的一项基本原则就是创建采购战略,并使采购战略与公司整体战略一致,因此,供应链环境下的采购也称为战略采购。采购与供应战略主要包括以下三个方面的内容。

1. 资源和流程战略

资源和流程战略主要包括产品自制还是外购决策、对使用标准件和常见部件的决策、采购供应商一定比例的产品、准时制采购（JIT）、建立和实行总拥有成本（Total Cost of Ownership，TCO）、在线逆向拍卖（Online Reverse Auction）等内容。

2. 供应商战略

供应商战略包括供应库优化策略、战略性供应商联盟、供应商全面质量管理（TQM）、建立长期供应关系、供应商早期参与设计（ESI）、供应商发展（Supplier Development）、全球采购等方面的战略。

3. 应急战略计划

应急战略是指针对采购过程可能出现的不确定性情况，制定的应急性策略和风险管理预案。

公司不同发展阶段侧重采用不同的采购战略，具体如表 3-1 所示。

表 3-1　采购战略的发展阶段

初 始 阶 段	中 期 发 展	有 限 整 合	完全整合的供应链
质量/成本团队	跨功能采购团队	全球采购	以外部客户为中心的全球供应链
更长期合同	跨区域供应团队	战略供应商联盟	跨企业决策
数量杠杆	供应基础优化	供应商全面质量管理	完全服务供应商
供应基础巩固	国际采购	总拥有成本（TCO）	供应商开发
供应质量中心	电子化逆向拍卖	非传统的采购焦点	自制/外包决策
	专业供应商联盟	零件/服务标准化	电子系统
		早期供应商参与	核心竞争力
		长期供应商关系	

二、自制与外包决策

外包（Outsourcing）是供应链管理发展的基础。技术变革的影响促使组织重新审视他们如何保持发展，重新布局其业务和工作，更多的企业将管理的焦点集中在自身所专长的核心活动，而将更多的非核心业务外包，外包出去的不仅仅是零部件的制造加工，还包括零部件的设计。例如，波音公司在 787 梦幻客机项目上采取了不同于以往的供应链模式，其中一个主要特征就是更大比例的外包。原来的机型如波音 737 客机零部件外包的比例大约是50%；而波音 787 客机生产中的 70% 业务外包给了供应商，且大量的供应商分布在美国以外的其他国家。例如，发动机的生产分布在美国的俄亥俄州和英国，飞机翼尖在韩国生产，机翼后缘在澳大利亚和日本两地生产，等等。波音公司甚至开发了一种货运飞机专门运输这些大型零部件（如机翼和机身），零部件被运输到位于美国华盛顿州的装配厂进行装配。

自制—外包决策从根本上讲就是外包决策，它确立了企业将来要参与竞争的运营领域和将要放弃竞争的领域，因此，是供应管理领域的重要问题。

（一）外包的优势

业务外包被看作提高企业竞争优势的一种有效途径，其实质是企业重新定位，重新配置企业的各种资源，将资源集中于最能反映企业优势的领域，构筑核心竞争力。外包具有的主要优势如下。

1. 降低成本

当今的市场中,提供外包服务的企业都是专注于某一领域的专业性企业,立足于整个产品价值链条的一个环节。它们拥有能比本企业更有效、更低成本完成业务的技术和知识。一方面,企业将非核心业务外包,避免在设备、技术、研究等方面的大额投资,从而降低资本投入。另一方面,专业化的供应商利用其专业化的技能和规模,将许多不同购买者的订单(外包业务)聚集起来,能获得更大的规模效应,从而降低生产成本。外包企业生产成本的降低也会使需求方受益。

2. 提高企业整体竞争力

企业将非核心的业务外包给以该业务为核心能力的外部企业,一方面使企业自身专注于自己的核心竞争力,另一方面可以获得外部供应商的专业化知识和技能。因此,能提高企业的整体竞争能力。例如,耐克公司将重点放在产品创新和营销上,而产品的生产则是通过外包从外部专业的企业获取。

3. 分担风险,提高柔性

一个企业自身的资源、能力是有限的,通过外包,企业可以与供应商建立战略联盟,利用战略伙伴的优势资源,缩短产品开发、设计、生产的时间,减少由于技术或市场需求的波动所造成的投资风险。因此,外包可将需求的不确定性转嫁给合同生产商,即外包企业。更重要的是,通过这种风险分担,企业能更好地应对需求的变化,利用外包企业的技术优势还可缩短产品开发周期,从而快速响应市场需求。因此,通过外包,企业更能适应外部环境的变化,即提高了企业的柔性。

尽管外包具有上述许多优点,但也存在一定的局限性和风险。首先是信息安全的风险。企业在外包合作过程中,必须向服务商披露大量信息,如企业战略、经营方案、产品信息等,因此存在信息泄露给竞争对手而带来的风险。其次是外包加大了依赖风险。企业将关键零部件外包,会导致企业竞争性知识的丢失或关键技术的失败;尤其是外包企业再将部分业务外包给更低一层的供应商,企业对产品质量的监控和管理难度进一步加大,甚至失去对供应链的控制。

(二)业务外包决策的过程

自制或外包决策决定了企业要参与供应链价值增值过程中的哪些环节,即在供应链网络中的位置以及它们希望向上游、下游延伸的组织边界。很少有组织可以拥有整个产品设计和制造所需的所有技能和资源。因此,管理者必须确定选择哪些物料内部生产,哪些需要从外部采购。当组织决定将某种供应链功能纳入组织内部来完成时,显示为自制决策,组织边界扩大;当组织将某种供应链功能放到市场上去由其他企业来执行时,显示为外包决策,组织边界缩小。企业边界的位置对供应链管理具有明显的意义,企业边界就是采购过程的起点,它告诉管理者什么时候需要企业与外部供应商打交道。如果决策的结果是外包产品或服务,将触发采购过程。

外包决策通常是企业面临的最重要也是最困难的问题。如果决策失误,不仅会造成企业效益的损失,还可能会导致企业竞争优势的降低。外包决策主要包括三个步骤。

1. 战略思考

这一步要详细评估外包决策如何与企业战略(长期计划)相结合,以及识别核心竞争力,对产品的加工技术是否成熟做一个评估。核心能力的概念与外包紧密相连。所谓"核心能力"就是指那些确定公司战略定位最为基础的资源。很多学者建议,只有那些最特殊的技术即核心业务才适合保留在企业内部,其他补充性业务则可通过战略联盟或外包来完成;对一些战略价值不高的商品,则可以在公开的市场上获取,即外购。除此之外,专用性和不确定性高的活动也应该在企业内部完成。

需要注意的是,随着时间的推移和技术的扩散,越来越多的产品部件可以通过战略联盟或在公开市场中获取,因此,企业的战略核心也必须不断地进行调整。

2. 深度成本分析

对外包或内包的所有备选方案进行总成本分析,对非成本因素也要考虑。从成本效率的角度来看,通过自制完成某种供应链功能,会增加内部生产成本;如果从市场上外购某种产品或服务,则产生交易成本。比较两种成本是自制/外购决策的重要依据之一。也就是说,企业交易成本越高,它越可能自制而不是去外购。因此,外包决策应基于是否有利于整体供应链的盈利能力增长。如果第三方能比企业自身创造更多的供应链利润,则外包给第三方是有意义的;反之,如果第三方不能增加供应链利润或者外包的额外风险巨大,公司则要在内部保持供应链功能。

3. 实施

成功的实施外包战略受到三个关键活动驱动:有效的供应商选择;信息分享;采购企业的资源配置,以支持外包战略的转变顺畅,并在发展的过程中解决问题。

三、发展商品战略

企业可以应用多种采购策略组织其供应过程。具体策略的选择与很多因素有关。ABC分类管理法是一种比较简单的策略,这种策略仅仅考虑了采购产品或服务的价值或对企业的重要性。管理者必须决定直接物料供应(A类)、间接物料供应(B类)以及一般物资供应(C类)的结构和战略。比如对于直接原材料,买主和供应商应保持良好的协调,建立良好的供货机制,确保供应不中断。相比而言,对于MRO产品(Maintenance,Repair and Operations,指维护、维修、运行设备的物料和服务)的供应要恰当组织,以确保交易成本最低。总之,无论哪种情况,确定能增加供应链利润的关键方法都是重要的。

Kraljic(1983)开发了采购产品和服务的组合矩阵(见图3-5)。组合矩阵模型不仅考虑采购产品对采购方的重要价值,还考虑供应市场的竞争和产品的技术复杂性所带来的供应风险。基于这两个维度,把企业采购的产品分为四种类型:关键产品、瓶颈产品、杠杆产品和常规产品。尽管Kraljic提出产品组合策略的时间已经很久,但它仍然是商品采购和供应策略的核心,如今每个企业的采购部门都在普遍应用这个矩阵,它已成为思考商品供应管理决策的主要战略定位工具。

Kraljic组合矩阵模型提出了四种不同的采购方法或策略供买方选择,并进一步影响

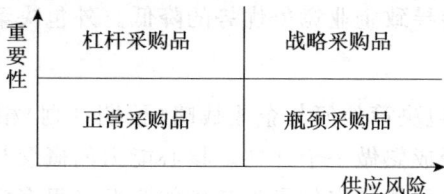

图 3-5　基于风险—价值的供应品分类

企业的供应结构和供应商关系定位。

1. 常规产品采购策略

常规产品是采购价值低和供应风险小的产品或服务,这类产品包括制造业中的螺母螺帽、标准零件、ORM 产品(Operating Resource Management,运营资源管理,指企业采购的日常办公用品和服务)等。购买这类产品应该使用基于效率的策略,不应在这些产品的采购中花费过多的精力和时间,利用供应市场的激烈竞争获取最有竞争力的交易价格购买这些产品,利用系统性采购方法,简化购买流程,减少购买成本。在这类采购活动中供求结构可能是经常变动的,买方与供应商建立的是现货交易性关系。

2. 杠杆产品采购策略

杠杆类产品市场风险较低而项目的成本或价值较高,如汽车装配中汽车座椅的泡沫等,这类产品标准化、通用性较高,而差异化程度较低,购买该类产品和服务的策略重点是获取最佳的交易。例如,可以把企业不同工厂的相似产品或同类产品集中采购,以提高合同规模,增强买方的议价能力;也可以把购买产品集中到更少的供应商,实现买方的规模经济性,得到更强的谈判地位。

3. 瓶颈产品采购策略

瓶颈类产品往往是相对价值较低,但在供应市场上相对比较稀缺的产品或服务,如计算机芯片、财务和法律咨询等。相对总的购买价格来说,这类项目的成本支出不高,但供应商占据着技术垄断或更强的专业性。这类项目的短缺会对买方的产品服务的交付产生严重的影响。因此,需要维护这类产品供应的稳定性,买方最好与供应商建立长期性合同来保障供应,买方应把重点放在总成本的衡量,而不能放在购买价格上,必要时可能还要提高价格,最好还要有应对供应中断的预案。

4. 关键产品采购策略

这类产品对买方有战略性影响,而供应商的供应也存在高风险,提供这些产品或服务的供应商就是企业的战略供应商,对这类产品采购适宜采取合作策略,或者建立战略联盟。采供双方的关系是长期的,并且相互依赖,管理的重点是以谋求双方的合作和共同发展,而不应放在价格消减和短期竞争性策略上。

四、 总成本战略

(一)总成本概念

战略采购过程中,不仅关注原材料或零部件的采购价格本身,更将于采购相关的交货、运输、包装、售后服务等相关成本因素综合考虑,即关注与采购相关的总成本。

一个公司如何决定将某种产品或服务外包给众多供应商中的一位,这项决策应该看哪位供应商最有可能给公司创造最高的客户价值,这是一条首要原则。从供应商处获得一项产品或服务的价值取决于公司将最终产品或服务出售给自己的客户所得到的利润,这种利润是公司销售产品的收入与从供应商处采购的总成本之差。因此供应商之间总成本的差异很可能就是最终价值的最大决定因素。

采购总成本模型主要有以下三种。

1. 质量成本

企业针对某项产品或某类产品因产品质量、服务或工作质量不符合要求而导致的成本增加。质量成本包括的项目有退货成本、返工成本、停机成本、维修服务成本、延误成本、仓储报废成本等。

2. 总采购成本

总采购成本也称为"总购置成本""综合采购成本"。总购置成本就是完成全部采购任务所需要付出的各种成本之和。在采购领域中,总采购成本一般包括采购价格及运送成本,另加间接手续费用、检验、品管、重(返)工、维护、后续作业及其他所有与采购相关的成本。

3. 总拥有成本

总拥有成本(Total Cost of Ownership,TCO)所包含的成本内容有采购物品价格、运送成本、采购相关的成本(搬运、检验、品质、重(返)工、维修等)以及运营过程成本(使用、存储、维修等)。整体拥有成本主要应用在资产设备类的资本采购,并且有后续保护维修服务的项目上,如公司车辆、复印机、注塑机、冲床等生产设备。除了设备本身的采购价格外,了解每一供应商所提供的整体拥有成本,可以发现有时 A 厂商的价格虽然比较便宜,但是购置 B 厂商的设备其整体拥有成本更低,因此选择 B 更好。

(二)降低采购总成市的策略

1. 大量购买策略

企业通过采购增加效益的一个有效方式是寻找和创造大量购买的机会。因为大量购买给供应商带来更大的业务量,因此供应商通常采取价格上的折扣优惠来鼓励采购商增加采购数量,这反过来减少了采购方的支出,对双方都有利可图。对客户相似材料的需求合并,对杠杆物资的集中采购都是增加采购量的方法。此外,通过对供应商划分类型和优化,将更多数量转移给一个主要供应商,或将零部件标准化、减少零部件的种类,都是可以获得"数量折扣"优惠条件的重要手段。

2. 合同设计策略

买卖双方订立的合约规定了交易的条件和状况,合同不仅是一种管理工具,更是一种采供双方的协调机制,它是合理分配双方利益、责任和分担风险的有用工具。仔细设计供应合同,通过在供应链伙伴之间分配利益,可以实现供应链整体利益更优化。

3. 谈判策略

谈判在采购和供应管理中扮演着十分重要的角色。价格谈判是降低采购价格最有效的手段之一。即使在以竞价或招投标方式选择供应商的条件下,买卖双方也需要通过协商合同的非价格条款及其他事项,同样能够帮助企业改善交易条件,获得更多的利益。

第三节 战略供应商管理

一、优化供应商数量

(一)供应库消减的动机

20世纪90年代,供应商整合的加强推动了供应库合理化(Supply Base Rationalization/Optimization)或供应库消减(Supply Base Reduction)策略的出现。这种策略的原理相对比较简单,它注重与少数的供应商保持密切联系,将过去的多供应源供货改变为少数供应商供货,甚至每种零部件只有单源或双源供应。这种观念认为,企业的资源数量有限,通过减少供应商的数量可以消减管理费用,把企业的资源集中使用。即巩固与少数的主要供应商的业务而不是把业务分配给大量的竞争性供应商,这种策略可使企业显著减少花费,实现短期的成本节约,也能够适应JIT这样的生产系统的要求。

削减费用是这种策略的主要动机之一,如运营成本、管理成本方面。短期来看,该策略的确实现了成本减少,但是,供应商减少之后,由于买方变得更加依赖少数供应商,战略风险成本增加,如供应商更强势,投机行为的能力增强,单个供应商的供应保险系数降低,出现故障引起的风险变数增大。此外,尽管企业减少了直接供应商的数量,但在很多情况下,整个供应链中供应商的实际数量却很难改变,因为直接供应商变成了间接供应商。实际上,这种策略带来的是两种结果。第一种结果是通过拥有关键的供应商来减少直接供应商的数量。采购商越来越强调对单个供应商的重视,导致公司减少直接供应商基数这一决策。如将生产供应商数量由3000个减少到500个。显然供应商的数量越少,可以花费在每个供应商上的时间越多。另一种结果就是供应商分级,把供应商分成一级供应商、二级供应商等不同的供应商等级,这种策略实质上并没有显著减少供应商的数量,只是对供应商实现了重组和分级控制。

供应商库减少是适应JIT生产方式和供应链管理发展要求的一种必然趋势。过去,制造企业通常有太多供应商,与供应商之间无法发展为十分紧密的关系,供应链的双赢采购模式要求缩减供应商数量。目前,制造企业的供应商数量有越来越少的趋势,某些零部件的采购仅有单一供应商或双供应商。但通常的做法是在采取双供应源或多供应源时,可以对供应商划分轻重主次,分配给它们不同的订货量,即划分为主要的供应商、备选的供应商,它们所获得的采购订单比例不一样,从而达到减少供应风险、有效优化供应库的目的。

📖 **前沿理论与技术**

波音787客机核心供应商管理

波音公司在787梦幻客机项目上采取的供应链管理新模式的另一特征是核心供应商数量的大幅减少。波音737客机的供应商有上千家,而波音公司只与全球23个一级供应商直接联系,并赋予了供应商极大的责任。它委托一级供应商设计、生产子系统,而自己则承担系统集成者的角色。波音公司实际上从飞机制造商变成了飞机组装集成商。例如,机翼委托给日本的重工三巨头富士、三菱和川崎公司,由他们负责细化设计、组装和整合,然后运到波音公司进行最后组装。在这种模式下,波音与供应商之间的纵向沟通、交流很频繁,供应商之间的横向合作也很紧密。再如,日本三巨头各负责机翼的一部分,波音公司只制定了各模块之间的粗略搭接规范,而细节则由供应商们协作制定。这要求供应商不但要有先进的技术能力,还要求供应商具有优秀的管理能力和协作能力。波音公司之所以采用这种供应链管理的新模式,一方面是由于波音供应商能力的提高,如日本企业与波音公司合作了几十年,已经系统掌握了机翼设计、加工的核心技术;另一方面是波音公司为了降低投资成本。根据美国《西雅图时报》的估计,整个项目投资大致要 320 亿美元,包括 150 多亿美元的开发成本。供应商承担一次性的研发投入,降低了波音公司的投资风险。当然,波音公司的这次变革,也是一次充满风险的尝试。一级供应商将一些零部件生产任务外包给自己的供应商。例如,负责波音 787 发动机研发的 GE 公司又把发动机挂架、短舱以及反推装置外包给自己的供应商。但高度外包的结果也使波音公司在整个 787 客机的设计和生产中的份额下降,导致主机厂对供应商的依赖大幅增加,波音公司实际上降低了对整个供应链的控制力。因为二级、三级供应商只听从一级供应商而不是波音公司的指令。

(二)供应库消减的途径

供应商供应库优化也是影响对战略供应商选择和管理的一个前提。在选择供应商之前,公司必须明确某种商品的采购是采用单一的供应源还是多个供应源。单一供应源保证了供应商有充足的订货需求,供应商也必须为特定的采购方付出更大的投资。采购方减少了管理供应商的负担,但是也增加了供应商出错导致供应中断的风险。减少供应商改变了企业与市场供应之间的依赖关系,企业与供应商由相互独立变成相互依赖,对供应商的评价和关系管理也要相应改变,买方需要考虑如何来管理这种关系,可能用原来管理很多种供应商那样的方法来管理这种关系已经不再合适。因此,采供双方应该建立更加紧密的合作关系,信息交流和沟通也须更加频繁。要判断一个公司的供应商数量多少最合适,简单直观的方法是考察增加或减少一个供应商后所产生的影响。

具体来说,公司可通过以下几种途径来减少供应商数量。

(1)最佳供应商:尽量与其发生多业务来往,从而放弃其余供应商。这样做减少了供应商搜寻的成本,可以发展同供应商之间广泛的业务,甚至有更多机会对供应商提供支持和帮助,采供双方的关系也变得更加密切和长远,这种趋势也恰好符合供应链发展的要求。

(2)受限制的供应商:从单一的供应商处购买,可能存在较大的供应风险。降低风险的办法是保留两家或少数几家后备供应商,作为供应商的替补或应急补货的预防措施。采购方对某个供应商提供的数量占其总产量的比例加以限制,或者按照不同的比例在供应商之间进行重新分配,采用有差别的供应政策。不同的供应比例体现了供应商的重要性差异,通常从 20% 到最大限度的 50%。50% 以上的供应量会使供应商依赖于采购方,同时也限制了采购方变动的自由度。

（3）标准化和减少种类：与减少供应商基数相关联，缩小产品购买的范围可能导致有业务往来的供应商减少，如大众集团在各种汽车点火器中使用 26 个不同点火器，现在只使用 5 个；以前规定使用 53 种不同的外镜，现在只用 7 个。

二、供应商评价和选择

在做出自制还是外购决策和采购资源配置战略之后，下一个决策问题就是选择合适的供应商。传统上，在潜在供应商中做出选择的问题并没有提升到公司战略的高度，买方习惯从出价最低的供应商中做出选择。但是，供应链环境下，这种方法越来越不可靠。随着业务外包、供应库优化、长期合作关系和供应商参与产品研发等新做法的出现，不仅改善了买方的经营绩效，也提高了买方公司对供应商的依赖。供应商的专业性更强，核心竞争力差异更大，因此，战略性供应商的评估与选择更加复杂，也更加重要。

供应商评估是给供应商评分和评定等级的过程。评估不仅要考虑供应商的价格，还要考虑供应商的其他特点，如供货提前期、可靠性、质量、设计能力、合作意愿等要素。供应商选择就是使用供应商评价的结果对各供应商进行比较，确定合适的供应商。然后再与供应商进行谈判，就合同条款进行协商。

战略供应商评价和选择过程包括四个主要步骤。

（一）初始供应商的资格认证

初始供应商的资格认证是供应商选择的第一步。这一步的目的就是要从众多供应商中找出那些具有基本资格的供应商。所谓基本资格就是能达到买方所要求的产品和工艺标准，有能力支持买方的采购目标。不同的企业用于资格评估的具体指标会有所不同，但通常都会评估供应商合法经营资质以及在制造能力和财务可视性方面的基本情况。通过初步的资格认证识别，把潜在的供应商数量减少到一个比较便于甄别的数目，从而进行更详细的评估和筛选。供应商的资格与供应商的能力紧密相关，也要符合采购方的便利和适宜性标准，供应商必须达到买方所设定的最低标准要求才有资格进入到选择程序。有关资格识别的信息可以通过调查或询问的方式获得，比如通过在线查询供应商资料，或者要求供应商提供报价单、项目建议书或者直接提供资格证书。

（二）确定供应商评价指标体系

在供应商评估影响因素分析的基础上，提炼形成供应商评价的指标体系。指标既要与战略采购的要求相符合，指标数量还要合适。评价指标体系的建立是供应商评价的难点。

供应商评价指标的一个变化趋势是从强调采购价格转变为总成本分析。战略供应商选择通常要考虑成本、质量、交付期、灵活性、合作意愿等指标，这些指标还可以进行细分，从而形成一个可量化的多层次指标体系。比如总成本指标可以分为采购价格、折扣条件、汇率、税费以及其他财务指标。在选择供应商时，所有这些指标都对供应链的总成本有影响，综合这些指标才能全面评价和比较不同供应商的绩效，这就是基于总成本模型的供应商评价。

（三）获取相关信息

为确定评价指标值，需要获取相关信息，这些信息应该具有可比性、时效性和准确性等特点。获取这些信息的来源很多：由供应商提供、通过调查获得、历史数据间接获得等。

（四）综合评价做出选择

最终的选择需要借助一些综合评价模型和方法。常见的评价模型包括简单的加权求和法、层次分析法、模糊综合评价法等。具体选用哪种模型应该考虑对业务的影响和市场的复杂性，通常将定性模型和定量模型组合运用效果可能更好些。对于战略供应商的选择，还可使用更复杂得多目标综合评价模型或成本效率模型。

三、供应商关系管理

（一）供应商关系的类型

供应商关系的基础是供应商关系分类。在供应商管理中，须将供应商关系分为不同的类别，根据各供应商对本公司企业经营影响的大小设定优先次序，区别对待，以利于集中精力重点改进、发展最重要的供应商。

所选择的供应商关系类型应该与所采购部件以及市场的特性相适应。确定供应商关系类型应该考虑以下四个重要因素。

1. 所采购部件的战略重要性

如独家占有的技术秘密，对竞争差异化至关重要，最好内部生产或者与有能力的供应商建立密切联盟。而大多数非生产原料性质的工业用品几乎没有战略价值，因而极少与MRO供应商建立紧密关系。

2. 能够提供部件或服务的供应商的数量

如果只有一个供应商，企业必须与其保持密切关系。

3. 复杂性

复杂性即考虑采购部件与最终产品之间界面的复杂性，以及供应商自身的复杂性。

4. 不确定性

如果一种采购关系会造成高度的不确定性，就应该发展更密切的关系。

可根据不同的基准对供应商进行分类，从简单的二分法、三分法，到更复杂的细分方法，企业根据自身的需要来确定。例如，将供应商分成普通供应商和重点供应商；根据80/20法则，将供应商分为市场交易型、伙伴型、战略联盟等；根据采购商品组合矩阵，将供应商分为一般供应商、杠杆供应商、瓶颈供应商和战略供应商等。

"供应商关系谱"描述了供应商关系的分类系列，认为供应商关系是介于市场交易和纵向一体化之间的多个中间形式的连续统一体（参见表3-2），例如，不可接受的供应商、可考虑的潜在供应商、已认可的供应商、需持续接触的供应商、运作相互联系的供应商、共担风险的供应商、自我发展型的伙伴供应商等。为应对全球化、外包和技术的发展趋势，核心企业已经采取明显不同的方式来管理它们的供应商:一些企业推崇伙伴关系和战略联盟,而其他企业则致力于充满竞争的在线采购。

表 3-2　采购供应商关系介于市场交易和纵向一体化之间

市场购买	发展中关系	合作伙伴关系	战略联盟	后向一体化
保持距离	中期合作	较长期合约	长期合作关系	拥有供应商的所有权
清楚的零件说明	一定程度的信息共享	信息的广泛共享	信息和计划的完全共享	信息和计划的完全共享
与竞争对手有很多业务	与竞争对手有一些业务	限制与竞争对手的业务	禁止与竞争对手的业务	与竞争对手没有业务
可以通过计算机化交互	良好的管理关系	提高的信任	广泛的信任和融合的文化	同一种文化

(二)供应商关系的基本趋势

公司与供应商保持何种关系会影响企业投资和信息技术的类别,同时与供应商关系的性质也影响买方的采购策略。长期的供应商/买方合作伙伴关系、一次性的供应商/买方交易关系可以看作供应商/买方关系统一体中的两个极端情况,如图 3-6 所示。

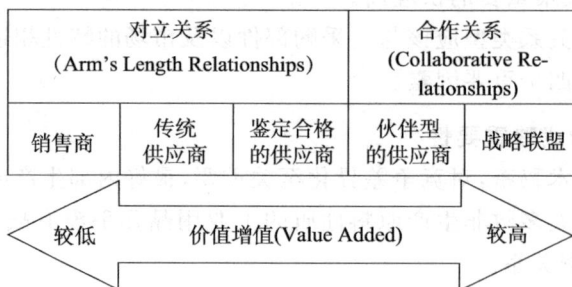

图 3-6　供应商关系的基本趋势

1. 市场交易关系和在线采购

市场采购是指在广泛的市场上通过竞争(如竞标、拍卖)的方式采购所需要的原材料。一家生产企业往往需要从数百家供应商处采购数千种原材料或部件。传统的电话和传真采购转向基于网络的方式,网络采购得到迅猛发展,从网上价目表到网上拍卖,都将在未来数年内繁荣兴盛。网上采购已经成为一种典型的市场采购方式。但是,人们忽略了进入每一项网络采购活动之前的准备工作及投入的时间,例如,事先寻找资质好的供应商,了解其成本结构和能力;编写全面细致的报价请求说明书。

2. 合作伙伴和战略联盟

很多行业专家将建立双赢的供应商伙伴关系看作持续改进战略供应的一部分,供应商伙伴关系管理创造了贸易伙伴间的无缝连接,允许更广泛的信息交换,包括产品设计规格、现有库存水平、生产和配送计划、采购订货和实时单据。战略联盟是两个贸易伙伴之间的一种紧密合作关系,这种关系包括多个职能领域的交互:从工程设计和市场营销到生产计划、库存决策和质量管理,企业为这种关系设立了许多目标,如降低成本、改进质量、更好的交付绩效或提高引入新产品的柔性。

Dyer 等研究发现,到 2001 年全球 500 强企业已经平均各自拥有 60 个主要的战略联盟供应商,一家大型消费品零售巨头的采购主管希望他的所有供应商关系成为战略联盟。战略联盟趋向垄断,应该引入更多竞争元素:对每种部件应该尽量维持不止一个供应商;通过与供应商密切合作改善效率和成本,促使供应商持续支持联盟;建立一个联盟协调管理部门:拥有这种部门的企业在战略联盟上的成功率为 63%,没有这种部门的企业成功率只有 49%。战略联盟中的供应商应该努力维持竞争能力,即使不存在竞争对手威胁,也不应利用其垄断地位。垄断供应商的明智做法是时刻保持竞争性压力,确保与客户之间是双赢的。

图 3-7 显示了交易关系和战略联盟关系的不同特点。蝴蝶图表示传统交易关系,其中贸易伙伴之间只有一个交互点,即采购人员与销售人员。钻石图表示战略联盟中所能看到的联系,其中有多个交互点。

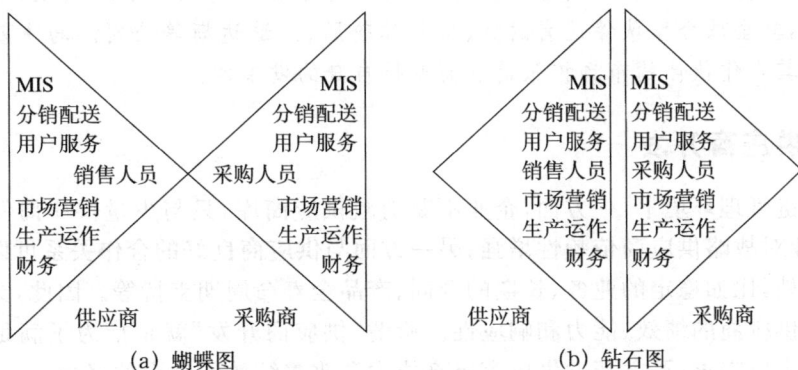

图 3-7 传统供应商关系和战略联盟

(三)供应商关系管理策略

供应商关系管理(Supplier Relationship Management,SRM)是指企业要决定同供应商建立何种关系,怎样建立这种关系? 确定了关系类型的决策之后,如何积极地管理这些关系?

供应商关系管理过程包括建立、维持、终止三个阶段,重点是对供应商关系采取控制、改善或淘汰等策略。

对于实施战略采购的物品,企业应该同供应商建立深层次的战略伙伴关系。为此,可通过两个阶段来发展战略伙伴关系:初期合作关系和稳定的战略伙伴关系。在初期合作阶段,双方建立信息平台和沟通机制,采购方将采购数量及交货时间等报表提交给供应商,共同分析这些数据,培养合作的默契感和信任度。时机成熟后,再过渡到较高层次的稳定的战略伙伴关系:采购方企业将自身的活动与供应商集成起来,将供应商作为自己的制造部门来控制,或者建立联合小组共同参与产品开发设计,双方相互促进,共享利益和分担风险,达到双赢的目的。

📖 前沿理论与技术

宜家和马士基公司的战略合作伙伴关系

全球著名的家居产品供应商宜家公司（IKEA，瑞典）是马士基公司极其看重的一个全球供应链合作伙伴。马士基公司承揽宜家公司在全球 29 个国家、2000 多家供应商、164 家专卖店、10 000 多种家具材料的物流任务。两家公司长期的合作关系越来越紧密，双方可以开放地谈判，一起协调成本，制定战略。

1995 年宜家在中国设立办事机构，1998 年，宜家公司的亚太战略重心开始向中国转移。同年它在上海开了中国第一家家居商场，随后宜家家居开始风行中国，两年内在中国的销售额增长了 43%，全球采购量也有 10% 转移到了中国。随着宜家公司的发展，马士基公司已有的办事处显然不能满足宜家的物流需求。经过努力，马士基将"有利集运"注册成了独资子公司。该独资子公司又在上海等设立分公司和办事处，迅速扩张网络。马士基公司的物流业务几乎是随着宜家公司的扩张而扩张的。只要宜家公司在新的地区找到了市场，马士基就立即扩张到那里。当然，马士基物流的跨国发展链条上，不只连接宜家公司一个，其全球合作伙伴还有耐克、米其林轮胎、阿迪达斯等公司。马士基公司就是靠不断满足其合作伙伴的市场扩张需求而取得自身的发展的。

四、 供应商开发

在供应链管理环境下，一方面，企业不断消减供应商库，只与少量供应商保持密切关系，导致企业对战略供应商依赖性增强；另一方面与供应商良好的合作关系可以给企业带来更大的好处，比如稳定的业务、长期的合同、产品全寿命周期支持等。因此，买方企业越来越关注其供应商的绩效、能力和响应性。所谓"供应商开发"就是指为了满足企业的短期或长期的供应需求，买方帮助供应商提高能力和改善绩效所做出的努力。

买方介入供应商的业务可以是直接参与帮助，也可以是从外部对供应商施加影响。直接帮助包括非正式的供应商评价和绩效改善请求，对供应商人员提供培训，对供应商的运营提供投资。买方利用外部市场增加影响对供应商提供了一种外部竞争压力，帮助其克服组织惯性，建立对供应商的激励机制，建立评价认证系统是更有效的供应商开发策略。从供应商开发的目标来看，短期的目标就是改善供应商的运作水平，这种开发方案集中于与供应商共同工作，来直接改善供应商有关成本、质量和交货方面的表现。长期的目标注重提高供应商的能力，从本质上讲，它是买方企图将自己的内部能力跨越组织边界转移给供应商，这种方法实现起来更加困难，但从长期来看这种绩效改善的幅度更大。

Handfield（汉德菲尔德）等（2000）提出了供应商开发的七步流程图。

1. 识别关键商品

根据图 3-5 所示的 Kriljic 组合矩阵，关键的商品种类通常是战略重要性的、瓶颈性的商品，有很少的可替代物，有很少可供选择的供应商，具有供应风险高且采购价值量大的特征，这些产品的供应商就是值得买方投入支持的目标。

2. 识别关键供应商

不是所有的供应商关系都是合作伙伴，也有一般性交易供应商，同样的准则也适合供应商开发,并不是所有的关系都需要买方开发。供应商开发需要大量的时间、资源和资金的投入,买方必须把选择可开发的供应商作为战略问题,而不是一个反应性策略。企业选择即将开发的供应商时需要考虑以下几个因素:企业支付高额采购费用的供应商、战略上非常重要的零部件供应商、具有建立长期合作伙伴关系的供应商、改进最弱的供应商。

3. 组建跨职能团队

买方应该从公司内部相关领域挑选人员并组建一个跨职能团队,这个团队必须知道自己的供应商策略和采购供应职能的角色,并且以一个统一的整体面对供应商,能向供应商传递出希望供应商做什么、如何做的一致信息。

4. 约见供应商的高层管理者

高层管理者的支持是组织创新成功的一个关键因素,得到供应商高层管理者支持的有效方法就是展示供应商开发所能带来的利润增长和质量改善。与供应商高层一起分享经验,一旦供应商的经理们意识到这是一个机会,供应商开发的实施就容易推行了。

5. 识别关键项目

可能有许多需要改进的项目,因此,应对每一个项目进行可行性、风险和回报、资源及时间需求方面的分析。对成功的供应商开发来说,正确理解问题并选择合适的项目非常重要。

6. 定义合同细节

供应商开发项目的实施常常会带来好的效果,这些价值应该由买卖双方共同分享,双方应该就利润的度量标准在项目开发之前就达成共识,对于改善或创新的成败,双方需要建立相同的评价标准。

7. 监控状态和修改策略

对供应商开发过程实施控制,必要时需要适时调整准则和策略。尤其是要使供应商开发的成果得以保持,需要对供应商的操作活动保持监控,使供应商的改进能得以延续。

五、 利用供应商创新

(一)新产品开发与供应商早期参与

对企业而言,新产品开发(New Product Development,NPD)是其竞争优势的关键来源。从历史上看,许多企业都曾进行过内部新产品开发。然而,当今的经营环境表明,单个企业难以独自实施新产品开发计划,因而把目光转向了供应链上的其他实体。变革和挑战是推动企业创新的动力,逐步升级的研发费用、日益复杂化的产品、缩短的产品生命周期、管理技术变革中的困难,以及创新所需要的大量的资源和知识是主要的驱动力量。因此,作为供应链中的主要参与者,供应商通常是寻求改善NPD成果的首选对象之一。

供应商早期参与(Early Supplier Involvement,ESI)到NPD过程中的现象已经日益普遍。这个概念也称为产品设计协作,就是在产品设计初期,选择让具有伙伴关系的供应商参与新产品开发小组。经由早期供应商参与的方式,新产品开发小组对供应商提出性能规格上的要求,借助供应商的专业知识来达到降低成本的目的。

首先,ESI要求改变传统的供应商评价选择标准,从以价格为主转化为"前采购"式的供应商选择。"前采购"是指将选择供应商的流程提早至新产品开发中产品概念发展阶段,并尽量将特定零件或系统的设计责任交给供应商,生产商与供应商之间的关系从交易导向转变为关系导向。供应商的选择标准也要反映这些方面的要求,至少以下几个方面的要求至关重要:①设计和工程能力;②参与设计的意愿;③与买方企业文化的兼容性;④满足开发进度的能力;⑤与设计和工程人员合作的意愿;⑥共同承担费用和共享产品信息的意愿。

其次,供应商在产品设计阶段的积极参与非常关键。研究表明,产品成本的 80% 是在设计阶段确定的。供应商参与产品设计和协作使供应商与制造商可以进行有效的交流,共同设计最终产品或设计零部件,使产品的生产和零部件供应都更有保障。当产品设计好后,物料的采购就是供应商根据购买方所下订单发货的过程。采购的目标就是以最低的总成本按时下订单并交付产品。

(二)ESI 三个关键因素

在创新中要真正实现企业与供应商的一体化,真正达到协同设计的效果,必须重视三个关键概念:范围限制、共享技术规划、目标成本。

首先,为了尽可能提高经营的业绩,公司必须把终端产品分解为部件或功能模块,然后决定如何给供应库中的供应商下达某些部件或功能模块的供应任务。有的供应商分配到的任务可能是单一部件或很少量的部件,有的分配的可能是一大堆零件。这种分给指定供应商的责任大小称为范围边界。范围边界的界定是相当复杂的,由于终端产品经常要加入新功能或新技术,因此范围边界总是在变化的。

其次,共享技术规划对利用供应商创新提出了技术泄露的挑战。一般而言,供需双方都会很注意产品的技术信息保密问题。客户害怕供应商将信息透露给竞争对手,供应商害怕客户将自己最好的构思和设计转售给那些不投资进行创新的低成本制造商。供应商技术论坛和技术路径图是目前两种较为流行的共享技术的方法。

最后,不论直接用户反馈信息的程度如何,团队都必须把消费者需求转换为产品规格,在此过程中,可以运用质量功能分析和竞争力分析等技术,为终端产品设计一个成本目标是 ESI 的重要步骤。成本目标可以是基于价格的目标,也可以是基于成本的目标或基于价值的目标。

第四节　电子化采购

一、　电子采购系统的构建模式

(一)电子采购及其优点

电子采购也称网上采购,是指在网络平台基础上直接进行的采购,利用数字化技术将企业、海关、运输、金融、商检和税务等有关部门有机连接起来,实现从浏览、洽谈、签约、交货到付款等全部或部分采购业务的电子化处理。

电子采购的优势表现在:节省采购时间,提高采购效率;采购成本显著降低;优化了采购供应链管理;加强了对供应商的评价管理;增强了服务意识,提高了服务质量;增加交易的透明度,减少"暗箱操作"。位于美国波士顿的著名的 Mercer 管理顾问咨询公司,分别就施乐、通用汽车、万事达信用卡三个极具行业代表性的企业,作了详尽的电子化采购调查,比较了三大公司运用互联网技术前后的采购流程和成本控制。人们通常会很容易地意识到在采购领域中运用互联网技术后,产品成本方面会得到非常有效的控制和节省,却很少留意到电子化采购对采购自身流程所带来的巨大利益。

(二)电子采购系统构建方式

1. 卖方系统(Sell-side System)

卖方系统是供应商为增加市场份额,将计算机网络作为销售渠道而实施的电子商务系统,它包括一个或多个供应商的产品或服务。登录卖方的系统通常是免费的。使用这一系统的好处是访问容易,能接触更多的供应商,买方无须任何投资。

2. 买方系统(Buy-side System)

买方系统是买方企业控制的电子商务系统,它通常连接到企业的内部网络(Intranet),或企业与其贸易伙伴形成的外部网络(Extranet)。这一系统通常由一个或多个企业联合建立,目的是把市场的权力和价值转向买方。如 GE 塑料全球供应商网络;美国三大汽车公司的全球汽车零配件供应商网络。这一系统的好处是快速响应客户需求、节省采购时间和利于对采购过程进行控制和跟踪;缺点是大量的资金投入和维护成本。

3. 第三方系统(Third-party System/Portals)

门户(Portals)是描述在 Internet 上形成的各种专门市场的术语。独立门户网站是通过一个单一的整合平台,给多个买方和卖方提供交汇点,并进行多种商业交易的专门站点。

根据电子市场的业务构成方式,目前有两类基本门户网站。

(1)垂直门户(Vertical Portals)是经营专业/行业产品市场,如钢材、化工、能源等,如 MetalSite 是专门买卖金属材料和产品的垂直门户;而 CheMatch 是专门经营石油化工和塑料制品的垂直门户。

(2)水平门户(Horizontal Portals)是集中了种类繁多的产品的综合门户。如 Ariba[1]、Commerce One[2]、Free Markets[3]、京东商城、阿里巴巴等都是水平门户。

二、电子化采购的业务模式

影响采购与供应管理的最令人振奋的技术之一就是 B2B 电子商务技术。电子商务新技术运用已经极大地改变了供应管理的效率和效益。电子采购的巨大功能就是高效率地处理信息和传递信息,与供应链中其他伙伴实时有效的共享信息,进而对采购流程带来

---

[1] Ariba:一家软件技术服务公司,位于美国加利福尼亚州的森尼维尔。
[2] Commerce One:第一商务,美国的一家商务公司。
[3] Free Markets:著名的全球供应链管理解决方案提供商。

革命性改变,实现更高效的订货与交易过程,支持战略性和全球性供应源搜寻。

(一)电子化寻源

20世纪90年代,信息技术在欧美的不断发展终于结出硕果。欧美企业富有独创精神、奉行"技术至上"理念,它们坚信计算机网络化集成的"网状"结构无论如何要胜过通过人际交往的"链状"结构。在经历了物料需求计划(MRP)、计算机集成制造系统(CIMS)、企业内部的管理信息系统(MIS)和企业之间的电子数据交换(EDI)等阶段之后,企业运作管理进入互联网和供应链管理时代。以美国福特公司为例,1999年11月,福特公司完成了向供应链时代和电子商务的初步转型,正式将它们庞大的采购业务部门转移到互联网上,并吸引了克莱斯勒公司的参加。福特公司每年通过网上进行的交易金额达到800亿美元,每年为福特公司节约成本达到20%;福特公司的零部件供应商多达3万多家,它们每年的销售总额为3000亿美元,这些公司通过福特公司建立的网站可以互通有无,建立广泛的业务联系,由此带来的商机可以说是无法估量的。

在电子市场的基础上进行电子化的采购寻源(E-Sourcing)已经开始成为一种趋势。制造商在网上可以确定潜在供应商,并在网上组织招标和投标。招标方式可以是网上拍卖,也可以是网上提交投标书。目前电子化采购寻源已经成为推动B2B电子商务的重要力量。例如,2002年,戴姆勒—克莱斯勒公司在互联网上就克莱斯勒的航行者小型载货汽车和梅赛德斯奔驰M级轿车的后续车型的整个白车身进行了在线拍卖。通过Convisint系统,采购寻源的过程只用了4天的时间即告完成,而以前手工操作方式至少需要3个月的时间。电子寻源意味着流程可以更加透明,减少采购时间周期,降低库存和获得更好的产品质量。

(二)电子化订购

1. 电子化订购的信息流
电子化订货(E-Purchasing)需要在采购供应链中传递四种基本的商务信息流。

(1)企业内部传向供应部门的信息流,包括使用部门的需求信息及对需要采购的原材料和服务的描述。

(2)企业内供应部门流向其他职能部门的信息流,主要是采购预测信息,包括供应商的定价到现金流预算信息。

(3)从企业外部流向供应部门的信息流。比如来自供应商有关价格和交付的信息,来自其他信息来源的有关市场条件和进口关税等信息。

(4)从供应部门流向外部供应源的信息流。比如传送给供应商的关于原材料和服务要求的信息。

2. 电子化订购的业务活动
利用电子采购系统可以完成以下4种业务交易活动。

(1)网上目录采购。供应商按目录类别将产品信息列示在网络上,采购方通过查阅网上目录,了解产品价格、规格和质量等信息,并能方便地查阅多个供应商产品目录,通过对同类产品进行比较,从而做出购买决策。由于互联网平台信息容量大,可以展示的产品种类多,产品信息详细,因此,给采购方提供了多样化的选择。

(2) 网上议价采购。议价采购(Negotiated Price)即竞争性谈判。议价采购适用于对物品的需求具有连续性的采购项目,必须选择特定的厂商供货;由于同类厂商数目较少,不适于相互竞争,且产品性能有所差异。通过与特定的供应商进行议价,可以节省费用,节省时间;减少失误,增加弹性;适当的时候可发展与供应商的互惠关系。

(3) 网上竞价采购。又称为网上询价、逆向拍卖。询价采购(Request for Quotation)是对几个供货商的报价进行比较以确保价格具有竞争性的一种采购方式。询价采购适用于采购现成的并非按采购实体的特定规格特别制造或提供的货物或服务;采购合同的估计价值低于采购条例规定的数额;用于对合同价值较低的标准化货物或服务的采购。询价采购一般要求邀请报价的供应商数量至少为三个;只允许供应商提供一个报价;采购合同一般应授予符合采购实体需求的最低报价的供应商或承包商。

(4) 网上招标采购。网上招标是通过网络发布招标邀请信息,供应商提供投标文件参与应标,从而完成供应商选择的过程。通过网上招投标方式选择产品供应商或业务分包商通常是为了降低物流成本、实现产品质量、交货期以及财务状况的改善和提高,并且选择供应商时不仅考虑价格、质量,还必须考虑资质和信誉。网上招标过程与现实招投标方式的操作流程没有很大差别,但是互联网强大的信息传递能力可以大大提高招投标的效率。

实训项目

对校内超市进行调查,分析确定超市的主导销售商品2~3种。

(1) 针对主导商品,制定供应商评价选择的标准,建立评价指标体系;

(2) 调查、收集产品的主要生产企业的信息,建立供应商信息库;

(3) 为超市提出供应商关系管理建议。

课后习题

一、选择题

1. 采购是整体供应链管理中节约成本和增加利润的主要来源,表明采购的( )。

　　A. 供应地位　　　B. 价值地位　　　C. 质量地位　　　D. 战略地位

2. 从发送订单到采购物品接收之间的时间期限,称为( )。

　　A. 盘存周期　　　B. 采购间隔期　　　C. 再订货点　　　D. 采购提前期

3. 现代供应链中,采购与供应商的关系强调( )。

　　A. 零和博弈　　　B. 市场交易　　　C. 合作双赢　　　D. 激烈竞争

4. 有少数几个卖方而有很多买方的供应市场称为( )。

　　A. 完全垄断市场　　　　　　B. 完全竞争市场

　　C. 不完全竞争市场　　　　　D. 垄断性竞争市场

　　E. 寡头垄断市场

5. 现代采购供应链管理中的两大革命是指（　　　）。

　　A. 全球采购　　　　B. 战略采购　　　　C. 电子采购　　　　D. 集中采购

　　E. 准时采购

6. 下面情况中不适合采用竞争性报价的是（　　　）。

　　A. 供应商早期参与　　　　　　　　B. 合格供货者足够多

　　C. 采购量足够大　　　　　　　　　D. 没有优先考虑的供应商

　　E. 建立了供应商合作伙伴关系

二、简答题

1. 什么是采购周期？

2. 什么是总拥有成本？

3. 传统采购与供应链采购有什么不同？

4. 比较分析供应商选择模式和开发模式。

5. 简述业务外包决策的过程。

6. 战略采购的组织能力有哪些方面？

7. 网上采购的主要业务模式有哪些？

第四章

供应链系统库存管理与控制

戴尔的库存管理模式

在企业生产中,库存是由于无法预测未来需求变化,而又要保持不间断的生产经营活动必须配置的资源。但是,过量的库存会诱发企业管理中的诸多问题,如资金周转慢、产品积压等。因此很多企业认为,如果在采购、生产、物流、销售等经营活动中能够实现零库存,企业管理中的大部分问题就会随之解决。零库存便成了生产企业管理中一个不懈追求的目标。

1. 基于供应商的零库存

所谓的零库存,是指原材料、半成品和产成品等物料,在采购、生产、销售、配送等一个或几个经营环节中,不以仓库存储的形式存在,而处于周转的状态。零库存只是一种理想的状态,这里的"零"并非存储数量真正为零,而是通过存储策略,实现库存最小化。

目前条件下,任何一个单独的企业要向市场供货都不可能实现零库存。通常所谓的"零库存"只是节点企业的零库存,而从整个供应链的角度来说,产品从供货商到制造商最终到达销售商,库存并没有消失,只是由一方转移到另一方。成本和风险也没有消失,而是随库存在企业间的转移而转移。

戴尔电脑的"零库存"也是基于供应商的"零距离"之上的。假设戴尔的零部件来源于全球四个市场:美国市场20%,中国市场30%,日本市场30%和欧盟市场20%,然后在中国香港基地进行组装后销售全球。那么,从美国市场的供应商A到达中国香港基地,空运至少10小时,海运至少25天;从中国市场供应商B到达中国香港基地公路运输至少2天;从日本市场供应商C到达中国香港基地,空运至少4小时,海运至少2天;从欧盟市场供应商D到达中国香港基地,空运至少7小时,海运至少10天。若要保持戴尔在中国香港组装基地电子器件的零库存,则供应商在中国香港基地必须建立仓库,或自建或租赁,来保持一定的元器件库存量。供应商则承担了戴尔制造公司库存的风险,而且还要求戴尔制造公司与供应商之间要有及时的、频繁的信息沟通与业务协调行为。

2. 两种库存管理模式

戴尔制造公司与供应商之间可能存在两种库存管理模式。

模式1：戴尔制造公司在中国香港的基地有自己的存储库存。这种模式要求中国香港基地的库存管理由戴尔制造公司自行负责。一旦缺货，即通知供货商4小时内送货入库。供应商要能及时供货必须也要建立仓库，从而导致供应商和企业双重设库降低了整个供应链的资源利用率，也增加了制造商的成本。

模式2：戴尔制造公司在中国香港的制造基地不设仓库，由供货商直接根据生产制造过程中物品消耗的进度来管理库存，比如采用准时制物流、精细物流组织模式、按销售订单排产等。这种模式中的配送中心可以是四方供应商合建的，也可以和中国香港基地的第三方物流商合作。此时，供应商完全了解计算机组装厂的生产进度、日产量，不知不觉地参与到戴尔制造厂的生产经营活动之中，但也承担着零部件库存的风险。特别是在 PC（个人电脑）行业，原材料价格约以每星期下降1％的速度变化着；而且供应商至少要保持二级库存，即原材料采购库存和面向制造商所在地——中国香港进行配送业务而必须保持的库存。面对"降低库存"这一令人头痛的问题，供应商实际上处在被动"挨宰"的地位。

在这种情况下，对供应商而言，所谓的战略合作伙伴关系以及与戴尔的双赢都是很难实现的。在供货商—制造商—销售商这根链条中，如果只有制造商实现了最大利益，而其他两方都受损，这样的链条必定解体。因为各供应商为了自身的生存，必然扩展自己新的供货合作伙伴，如对宏碁电脑、联想电脑制造商供货，扩大在中国香港配送基地的市场业务覆盖范围。供货商这种业务扩展策略就会降低戴尔电脑产品的市场竞争力。很显然，当几家计算机制造商都用相同的计算机元件组装时，各企业很难形成自身的产品优势，而且还有泄露制造企业商业秘密的危险。这种缺乏共兴共荣机制的供应链关系，也必然给制造商埋下隐患。

3. 实现双赢的战略合作伙伴关系

实行供应链管理，提升企业的核心竞争力，关键不在于企业所采用的信息技术的先进性，而在于采用合理的管理体制和运行机制以及构建整个供应链健康的利润分配机制。按法国物流专家沙卫教授的观点，戴尔电脑制造商要想与其供应商建立良好的战略合作伙伴关系，就应该在多方面照顾供应商的利益，支持供应商的发展。

首先，在利润上，戴尔除了要补偿供应商的全部物流成本（包括运输、仓储、包装等费用）外，还要让其享受供货总额3％～5％的利润，这样供应商才能有发展机会。

其次，在业务运作上，还要避免因零库存导致的采购成本上升。制造商一般都要向供应商承诺长期合作，即一年内保证预定的采购额。然而一旦采购预测失误，制造商就应该把消化不了的采购额转移到全球别的工厂，以尽可能减轻供应商的压力，保证其利益。

最后，戴尔制造商应调动供应链上各个企业的积极性，变供应商的被动"挨宰"地位为主动参与，从而充分发挥整个供应链的能量。比如，让各地区的供应商同时作为该地区的销售代理商之一，这样供应商又可以从中得到另外一部分利润。这种由单纯的供应商身份向供货及销售代理商双重身份的转变，使物品采购供应—生产制造—产品销售各环节更加紧密结合，也真正实现了企业由商务合作向战略合作伙伴关系的转变，真正实现了风险共担、利润共享的双赢目标。

事实上，戴尔公司就是采用了这种战略，使得戴尔每年用于产品创新的支出不到5亿美元，平均占公司销售额的1.5％，而其主要的竞争对手惠普公司每年用于产品创新的支出高达 40 亿美元,平均占到公司销售额的 6.3%。

戴尔与供应商构建战略联盟关系后,供货商—生产商—销售商紧密地联系在一起,具有供货及销售双重身份的第三方专业物流公司,全面地参与了戴尔公司的供应链生产经营活动。一个可以给各方参与者都带来盈利的真正的供应链终于建立起来。至此,第三利润源得到深层次的开发,并真正实现各方的共赢。

案例解析

库存是一把双刃剑,为应对需求的变化,维持生产经营活动的连续性,需要持有一定库存;但过量的库存会隐藏很多企业问题,如积压资金、增加成本等。因此,管理好库存对供应链至关重要。零库存是众多生产企业追求的目标之一,但零库存是一种理想状态,在整个供应链中,库存并没有消失,节点企业的"零库存"是基于库存转移的相对零库存。然而单纯的零库存管理往往使供应商处于被动"挨宰"地位,这会给供应链埋下很多隐患。戴尔公司成功实施了零库存管理,这与他们和供应商建立良好的战略合作伙伴关系分不开。戴尔多方面照顾供应商的利益,支持供应商的发展,最终实现了风险共担、利润共享的双赢目标。

问题:

(1) 结合案例,分析零库存管理存在的风险有哪些。

(2) 结合案例,分析戴尔成功实现零库存的关键要素有哪些。

案例涉及主要知识点

库存管理 零库存 供应商管理库存 战略合作伙伴关系

学习导航

- 了解库存含义、类型,以及供应链中库存的作用,掌握经济订货模型、价格折扣模型和多产品联合订货模型。
- 熟悉影响安全库存的因素,掌握基于需求不确定性、基于供应不确定性的安全库存确定方法。
- 熟悉供应链环境下库存控制方法:供应商管理库存和联合库存管理。
- 了解供应链多级库存控制策略。

教学建议

- 备课要点:价格折扣模型,全部产品联合订货模型,连续检查补货策略下安全库存管理,供应商管理库存。
- 教授方法:案例教学,模型讲解,计算练习。
- 扩展知识领域:结合"互联网+"的时代背景进行扩展。

第一节　库存管理基础概述

一、库存的含义与类型

（一）库存的含义

库存（Inventory）是为了满足未来需要而暂时闲置的资源。狭义的库存指处于储存状态的物品，广义的库存还包括处于制造加工状态和运输状态的物品。只要处于闲置状态，无论物资是否存放在仓库，是否处于运动状态，都被称为库存。如汽车运输的货物处于运动状态，但这些货物暂时为未来需要而闲置，同样为库存，看作一种在途库存。

在制造企业里，库存以原材料、在制品、产成品、备件、维修件和低值易耗品等形式存在。在流通企业里，库存一般以销售的商品以及用于管理的低值易耗品形式存在。

库存具有二重性。一方面，从理论上讲，库存属于闲置的资源，不但不会创造价值，反而会因占用资源而增加企业的成本，本身是一种浪费；另一方面，从现实看，库存不可避免，没有库存，企业的生产和生活就不能正常进行。因此，在库存管理中既要保持合理的库存数量，防止缺货和库存不足而给企业带来损失；又要避免库存水平过高，发生不必要的库存费用，而给企业带来成本的上升。

（二）库存的类型

库存的分类方法有多种，可以从库存资源存在的形式、库存的目的、客户对库存的需求特性三个方面进行分类。

1. 按照库存资源存在的形式分类

（1）原材料库存，是指由于企业采购用于制造产品并构成产品实体的物品而形成的库存。它的作用是用来支持企业内制造或装配。

（2）在制品库存，是指已经经过一定的生产过程、尚未完全完工、需要进一步加工的中间产品形成的库存。由于生产产品需要一定的时间，就形成了在制品库存。

（3）维护、维修库存，是指用于维护和维修设备而储存的配件、零件等。由于维护和维修的时间是不确定的，因此有必要持有维护、维修库存，以备不时之需。

（4）包装物及低值易耗品库存。企业为了包装产品，通常需要储备各种包装容器、包装材料，从而形成库存。另外，企业还随时需要一些价值低、易损耗、不能作为固定资产的各种物资。

（5）产成品库存。由于生产和消费在时间和空间上是有距离的，产成品不可能在生产出来的第一时间就被消费，而企业又无法准确预测出消费者的需求量。这就决定了企业必须保有一定量的产成品库存来满足不断变动的消费者需求。

2. 按照持有库存的目的分类

（1）周转库存（Cycle Inventory），通常也被称为周期库存，是企业为了维持正常的经营活动、满足日常的需要而必须持有的库存。这种库存需要不断补充，当低于某一个水平

（订货点）时，就要进行及时补充。

（2）安全库存（Safety Inventory），是指为了应对超出预期部分的需求而持有的库存。如为防止需求波动或订货周期不确定而持有的库存。安全库存与市场需求特性、订货周期的稳定性密切相关。市场需求波动越小或需求预测准确，订货周期确定，所需的安全库存越少。如果企业能对市场做出完全准确的预测、订货周期固定，就可以不必保有这部分库存。

（3）季节性库存，是指为满足具有季节性特征的需要而建立的库存，如水果等农产品、空调、冬季取暖用煤、夏季防汛产品。

（4）促销库存。在企业促销活动期间，一般会出现销售量增长现象，为满足这类预期需求而建立的库存，称为促销库存。

3. 按客户对库存的需求特性分类

（1）独立需求库存，是指客户对某种库存物品的需求与其他种类的需求无关，表现出这种库存需求的独立性。从库存管理的角度来说，独立需求库存是指那些随机的、企业自身不能控制而是由市场所决定的需求所形成的库存。如客户对自行车的需求即为独立需求，自行车厂的待售自行车就是独立需求库存。独立需求库存无论在数量上还是在时间上都有很大的不确定性，但可以通过预测方法粗略地估算。

（2）相关需求库存，是指与其他需求有内在相关性而形成的库存。如自行车厂的零部件是相关需求库存，对零部件的需求可根据自行车的产量来确定。根据这种相关性，企业可以精确地计算出它的需求量和需求时间，是一种确定型需求。

二、 库存在供应链中的作用

库存成本是供应链成本的主要来源，库存策略的改变会在很大程度上影响供应链整体盈利水平和响应能力。因此，库存是供应链的一个重要驱动要素。

供应链中之所以存在库存是因为供应与需求之间不匹配。周转库存用于满足连续两次补货之间所发生的需求，通常企业生产或采购的批量大于需求量，其目的是利用规模经济优势。如果世界是完全可预测的，则只需要周转库存。然而供应链中存在多种不确定性，主要来自三个方面：供应商的不确定性，生产者的不确定性和顾客需求的不确定性。这些不确定性影响供应与需求的匹配。持有安全库存则是为了应对在实际需求超过预测值时导致的短缺。

总之，库存在供应链中的作用一方面表现为在生产和物流过程中利用规模经济降低成本；另一方面则通过备货，尽可能多地随时满足顾客需求，提高顾客服务水平。

三、 库存管理概述

（一）库存管理的主要内容

库存管理就是为保障供给，使库存商品数量最少所进行的预测、计划、组织、协调、控制等有效补充库存的一系列工作。库存管理的重点是确定如何订货、订购多少、何时订货。

　　库存管理的核心是库存控制,其重点是对周转库存的控制。市场是瞬息万变的,超时过量的库存占用企业资金,增加了库存风险和库存损耗等;过低的库存增加了缺货发生的可能性,降低了客户服务水平,还会导致违约罚款或机会损失。因此,库存管理一方面要考虑客户服务水平,即在正确的地点、正确的时间,有足够数量的合适物品;另外,还要考虑与订货相关的成本。因此,库存管理的宗旨是在满足客户服务要求的前提下通过对企业的库存水平进行控制,尽可能降低库存水平、降低库存成本。

(二)库存相关成本构成

　　与库存相关的成本包括购买成本、固定订货成本和库存持有成本。

1. 购买成本

　　购买成本与单位购买价格和订货数量有关。当加大订购的数量能减少平均购买价格时,采购者往往会加大订货批量。订购批量用 Q 表示,单位购买成本用 C 表示。例如某服装供应商对牛仔裤的报价是:当 $Q<500$ 条时,$C=200$ 元/条;当 $Q\geqslant500$ 条时,$C=180$ 元/条,则采购者为获得更低的购买价格就至少要订购 500 条牛仔裤。

2. 固定订货成本

　　固定订货成本是不随订货批量大小变化,却在每次订货时都要发生的所有成本的总和,包括发出订单、运输货物、接收货等活动发生的成本。每次发生的订货成本用 S 表示。总订货成本与订货的次数有关。在总需求一定的前提下,每次订货的批量越大,订货的次数就少,总的固定订货成本就低。

3. 库存持有成本

　　库存持有成本(Holding Cost)是指一定时期内(通常为 1 年)持有单位产品库存所支付的成本,包括资金成本、实际仓储成本和产品陈旧带来的成本。单位产品每年的库存持有成本用 H 表示,也可以通过库存持有成本系数 h 和库存价值(C)来表示,即 $H=hC$。其中 h 表示将价值 1 元的库存物资持有 1 年的成本。库存持有成本随订货批量 Q 增加而增加。

　　库存决策的主要任务是运用合适的模型对库存品种、订货量的大小、订货时间等进行决策。考虑的实际问题不同,库存决策模型也不同。例如,需求是确定型还是不确定型?购买价格是一致的还是有折扣的?有无前置期?前置期可变还是固定?考虑单产品还是多种产品?连续检查还是周期检查?一次订货还是多次订货?等等。因此,库存决策模型种类非常多。本章主要介绍几种典型的库存模型。

第二节　供应链的周转库存模型

　　周期库存产生的原因在于,大批量生产或订货有利于供应链的某个阶段获得规模经济效应,降低成本。与订货相关的固定成本、采购定价中的数量折扣等,将促使供应链不同阶段获取规模经济,并进行大批量订货。本节介绍三种周转库存模型。

一、经济订货批量模型

经济订货批量即 EOQ 模型（Economic Order Quantity，EOQ），最早由哈里斯（Harris，F.）在 1915 年建立模型，并确定最优解，即最优批量。经济订货批量模型从经济的角度来确定最优的订货量，从根本上改变了人们对库存问题的传统认识，是对库存理论研究的一个重大突破。

1. 模型建立的假设条件

只考虑一种产品需求，且需求是已知的常数，即需求是均匀的，年需求以 D 表示，单位时间需求率以 d 表示；订货提前期（Lead Time，LT）已知，且为常数；一次订货量无最大最小限制；每次的订货成本与订货批量无关；单位购买成本与批量无关，即无数量价格折扣；库存维持费是库存量/订货量的线性函数；不允许发生缺货；补充率可无限大，全部订货一次交付。

2. 经济订货批量的确定

在以上假设条件下，库存量的变化如图 4-1 所示。系统的最大库存量为 Q，最小库存量为 0，不存在缺货。库存按固定需求率减少。当库存量降到订货点（Reorder Point，ROP）时，就按固定订货量 Q 发出订货。经过一个固定的订货提前期 LT，刚好库存变为 0 时，新的一批订货 Q 到达，库存量立即达到 Q。

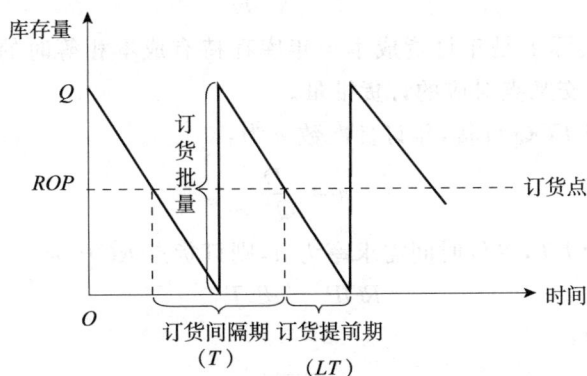

图 4-1 库存量变化

若年总需求量为 D，每次订货成本为 S，单位购买成本为 C，单位产品年库存持有成本为 H，每次的订货批量为 Q，则

年订货成本为：
$$C_R = S\frac{D}{Q}$$

年库存持有成本为：
$$C_H = H\frac{Q}{2}$$

年购买成本为：
$$C_P = CD$$

年库存总成本 TC，即为年订货成本、年库存持有成本和年购买成本之和为：

$$TC = S\frac{D}{Q} + H\frac{Q}{2} + CD \tag{4-1}$$

用图 4-2 表示各项成本随订货批量变化的情形,并反映各项成本之间的关系。库存总成本曲线(TC)为库存持有成本曲线(C_H)、订货成本曲线(C_R)和购买成本曲线(C_P)的叠加。当库存总成本最低时对应的订货批量即为最优订货批量。

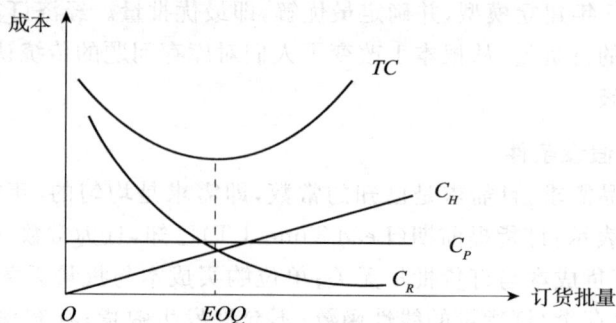

图 4-2 库存成本曲线

为求出最佳订货批量,将库存总成本函数对 Q 求一阶导数,并令其等于 0,即:

$$\frac{d(TC)}{dQ} = -S\frac{D}{Q^2} + \frac{1}{2}H = 0 \tag{4-2}$$

由式(4-2)求出 Q,即为最优订货批量 EOQ:

$$EOQ = \sqrt{\frac{2DS}{H}} \tag{4-3}$$

最优订货批量实际上是年订货成本与年库存持有成本相等时的订货批量,即图 4-2 中 C_R 曲线和 C_H 曲线交叉点对应的订货批量。

按最优订货批量 EOQ 订货,年订货次数 n 为:

$$n = \frac{D}{Q^*} \tag{4-4}$$

若订货提前期为 LT,单位时间需求率为 d,则订货点 ROP 为:

$$ROP = dLT \tag{4-5}$$

年库存总成本为:

$$TC = \sqrt{2DSH} + CD \tag{4-6}$$

【例 4-1】 某零售商的计算机月需求量为 100 台。每次订货的固定订货成本为 4000 元。每台计算机的进价为 2000 元,零售商的库存持有成本为每台每年 60 元。求该零售商每次应该订购计算机的最优批量。

解:因为 $D=100×12=1200$ 台/年,$S=4000$ 元/次,$H=60$ 元/台·年,$C=2000$ 元/台。

根据式(4-3)计算最优订货批量为:

$$EOQ = \sqrt{\frac{2DS}{H}} = \sqrt{\frac{2×1200×4000}{60}} = 400(台)$$

根据式(4-5)计算库存总成本为:

$$TC = 2000×100×12 + \sqrt{2×100×12×4000×60} = 264\,000(元)$$

若已知订货提前期 $LT=3$ 周,一年按 52 周计算,则订货点为:

$$ROP = \frac{100 \times 12}{52} \times 3 \approx 69（台）$$

年订货次数为：
$$n = \frac{D}{EOQ} = \frac{100 \times 12}{400} = 3（次）$$

3. 经济订货批量模型的敏感性分析

敏感性是指当经济订货批量模型中的系数或变量发生变化时对最佳订货批量的影响，以及经济订货批量对总库存成本的影响。假设条件与本节前面一致，若以 Q、H、D、S 和 TC 分别表示订货批量、单位库存持有成本、年需求量、每次固定订货成本和年总成本，以 ΔQ、ΔH、ΔD、ΔS 和 ΔTC 分别表示各参数的变化比率，以 Q'、H'、D'、S' 和 TC' 分别表示变化后的参数，即：

$$Q' = (1 + \Delta Q)Q, \quad H' = (1 + \Delta H)H, \quad D' = (1 + \Delta D)D$$
$$S' = (1 + \Delta S)S, \quad TC' = (1 + \Delta TC)TC$$

当参数分别变为 H'、D' 和 S' 时，经济订货批量则为：

$$Q' = \sqrt{\frac{2D'S'}{H'}} = \sqrt{\frac{2D(1 + \Delta D)S(1 + \Delta S)}{H(1 + \Delta H)}} = \sqrt{\frac{2DS}{H}} \times \sqrt{\frac{(1 + \Delta D)(1 + \Delta S)}{1 + \Delta H}}$$
$$= Q\sqrt{\frac{(1 + \Delta D)(1 + \Delta S)}{1 + \Delta H}}$$

因此，
$$\Delta Q = \frac{Q' - Q}{Q} = \sqrt{\frac{(1 + \Delta D)(1 + \Delta S)}{1 + \Delta H}} - 1 \tag{4-7}$$

由式(4-7)可推导出当仅有一个参数发生变化，其他参数不变时，经济订购批量发生的变化。

当其他参数不变，仅需求量变化率为 ΔD 时：

$$\Delta Q_D = \frac{Q' - Q}{Q} = \sqrt{1 + \Delta D} - 1 \tag{4-8}$$

当其他参数不变，仅每次固定订货成本的变化率为 ΔS 时：

$$\Delta Q_S = \frac{Q' - Q}{Q} = \sqrt{1 + \Delta S} - 1 \tag{4-9}$$

当其他参数不变，仅单位库存持有成本的变化率为 ΔH 时：

$$\Delta Q_H = \frac{Q' - Q}{Q} = \sqrt{\frac{1}{1 + \Delta H}} - 1 \tag{4-10}$$

由式(4-8)、式(4-9)和式(4-10)可发现，总需求量和固定订货成本的变化对经济订货批量的影响相同。当总需求量或固定订货成本增长的比率为 k 时，经济订购批量增长的比率均为 $\sqrt{1 + k} - 1$。单位库存持有成本的变化对经济订货批量的影响没有总需求量或订货成本的影响大，且当单位库存持有成本增加率为 k 时，经济订货批量将会减少，比率为 $1 - \sqrt{\dfrac{1}{1 + k}}$。

分析经济订货批量的变化对总成本的影响时，假设单位购买成本不变，当其他参数不变，仅订货批量的变化率为 ΔQ，则有：

$$TC' = \frac{SD}{Q(1+\Delta Q)} + \frac{HQ(1+\Delta Q)}{2}$$

$$= \frac{SD}{\sqrt{2\frac{DS}{H}} \times (1+\Delta Q)} + \frac{H\sqrt{2\frac{DS}{H}}(1+\Delta Q)}{2}$$

$$= \frac{1}{2} \times \sqrt{2DSH} \times \left(1+\Delta Q + \frac{1}{1+\Delta Q}\right)$$

则总成本变化率为：

$$\Delta TC = \frac{TC'-TC}{TC} = \frac{1}{2} \times \left(1+\Delta Q + \frac{1}{1+\Delta Q}\right) - 1 = \frac{\Delta Q^2}{2(1+\Delta Q)} \tag{4-11}$$

在实际运作中，由于 EOQ 模型得出的最优经济订货批量通常不是整数，或与供应商提供的供货批量不等，或不满足运输批量的要求，所以，常常需要根据实际情况对经济订货批量进行调整。如例 4-1，若每次订货成本为 $S=4030$ 元，则零售商的经济订货批量为 $Q=401.5$ 台。如果整车运输的批量为 200 台，显然，供应商不愿意单独运输剩余的 1.5 台。如果零售商按 400 台批量订货，则订货批量的变化率 $\Delta Q = -0.37\%$，总库存成本的变化率为 $\Delta TC = 0.07\%$，变化幅度很小。因此零售商会修改订货批量为 400 台，避免供应商索要额外费用。

二、价格折扣模型

在经典 EOQ 模型中，假设单位购买成本不变。而在供应链的实际运作中，供应商往往为了诱发更多的购买行为，会提供价格折扣。当购买成本发生变化时，如何通过批量订货来实现规模经济？

如果供应商视一次订货数量多少提供购买价格折扣，这种折扣称为批量折扣；如果视一定时期购买总量多少提供价格折扣而不管该期间的采购批次，则这种折扣称为总量折扣。无论是基于批量还是基于总量的折扣都称为基于数量的价格折扣。

另一类折扣是基于时间的折扣，即在一段时间内采购的所有产品都可以获得折扣，无论采购的批量或总量是多少，折扣都是一样的。这种折扣称为短期折扣，这是供应商或制造商开展商业促销的一种手段。

基于批量的价格折扣分为两种情况：一种是基于全部批量单位的数量价格折扣；另一种是基于边际单位的数量价格折扣。

（一）基于全部批量单位的数量价格折扣（All Unit Quantity Discounts）

基于全部批量单位的数量折扣是指在一定的订货批量范围内，每批订货的所有产品都享受一样的折扣价格。如图 4-3 所示，若订购批量为 Q，当 $0 \leqslant Q < q_1$ 时，购买单价为 C_0；当 $q_1 \leqslant Q < q_2$ 时，购买单价为 C_1；当 $q_2 \leqslant Q < q_3$ 时，购买单价为 C_2。其中 $C_2 < C_1 < C_0$。

订货批量与每批购买成本之间的关系如图 4-4 所示。

不失一般性，假设订购批量为 Q，购买单价为 C，数量折扣点为 q，当 $q_i \leqslant Q < q_{i+1}$ 时，购买单价为 C_i，$i = 0,1,2,\cdots,r$，且 $C_r < C_{r-1},\cdots,<C_0$。

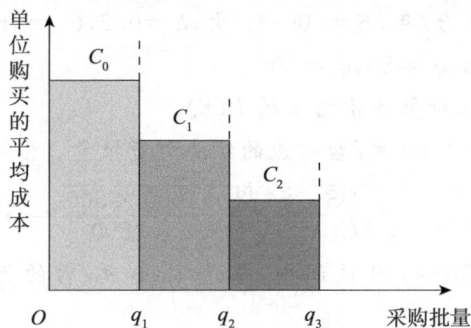

图 4-3 基于所有批量单位的数量价格折扣

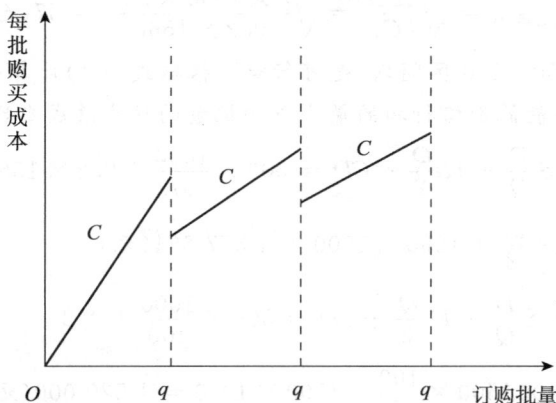

图 4-4 基于所有批量单位数量折扣下的订购批量与每批购买成本关系

当单位购买成本随订货批量而变化时,最优的订货批量就是使库存总成本最小的批量。求解最优订货批量可按以下步骤进行。

步骤 1:计算最低价格 C_r 下的最优订货批量 Q_r,若 $Q_r \geqslant q_r$,则 Q_r 可行,即为最优订货批量。否则转入步骤 2。

步骤 2:计算次低价格 C_i 下的最优订货批量 Q_i,若 $q_i \leqslant Q_i < q_{i+1}$,计算订货量为 Q_i 时的库存总成本,并与价格为 C_{i+1} 时、订货批量为 q_{i+1} 的总库存成本比较,取最低成本对应的批量为最优经济订货批量,停止计算。其中 i 的取值从 $r-1$ 依次减小为 0。

步骤 3:若 $Q_i < q_i$ 或 $Q_i \geqslant q_{i+1}$,则重复步骤 2。

【例 4-2】 某空调专卖店某种型号的空调年需求为 1000 台。每次订货成本为 500 元,库存持有成本率为 20%。供应商的报价如表 4-1 所示。计算专卖店应该每次订购多少台空调。

表 4-1 供应商报价

订货量(台)	单位价格(元)
0~50	1600
50~100	1560
100 或以上	1500

解：依题意，$D=1000$ 台/年，$S=500$ 元/次，$h=0.2$，$C_0=1600$ 元/台，$C_1=1560$ 元/台，$C_2=1500$ 元/台，$q_0=0$，$q_1=50$，$q_2=100$。

按价格从低到高，依次计算各价格下的 EOQ。

先计算最低价格 $C_2=1500$ 元/台对应的经济订货批量。根据式(4-3)可得：

$$Q_{(C_2=1500)} = \sqrt{\frac{2DS}{hC_2}} = \sqrt{\frac{2 \times 1000 \times 500}{0.2 \times 1500}} = 58（台）$$

由于 $Q_{(C_2=1500)}$ 落在 $50\sim100$ 区间内，不是 1500 元/台的优惠范围内，因此不是可行解。

计算次低价格 $C_1=1560$ 元/台对应的经济订货批量。

$$Q_{(C_1=1560)} = \sqrt{\frac{2DS}{hC_1}} = \sqrt{\frac{2 \times 1000 \times 500}{0.2 \times 1560}} = 57（台）$$

$Q_{(C_1=1560)}$ 在区间 $50\sim100$ 区间内，是可行解。根据式(4-1)计算当 $Q_{(C_1=1560)}=57$ 时的库存总成本，并与取得最低价格折扣的最小订购批量的库存总成本比较，即：

$$TC_{(Q=57)} = S\frac{D}{Q} + H\frac{Q}{2} + CD = 500 \times \frac{1000}{57} + 0.2 \times 1560$$

$$\times \frac{57}{2} + 1560 \times 1000 = 1\,577\,664（元）$$

$$TC_{(q_2=100)} = S\frac{D}{Q} + H\frac{Q}{2} + CD = 500 \times \frac{1000}{100} + 0.2$$

$$\times 1500 \times \frac{100}{2} + 1500 \times 1000 = 1\,520\,000（元）$$

因为 $TC_{(q_2=100)} < TC_{(Q=57)}$，所以最优的订货批量为 100 台，可以使库存总成本最低。

（二）基于边际单位的数量价格折扣（Marginal Unit Quantity Discount）

基于边际单位的数量价格折扣又称为多区间价目表。假设订购批量为 Q，当 $0<Q\leqslant q_1$ 时，购买单价为 C_0；当 $q_1<Q\leqslant q_2$ 时，Q 单位产品中的 q_1 单位产品的购买单价为 C_0，超出 q_1 部分的产品，即 $Q-q_1$ 单位产品的购买单价为 C_1；当 $q_2<Q$ 时，Q 中 q_1 单位产品的购买单价为 C_0，q_2-q_1 单位产品的购买单价为 C_1，$Q-q_1-q_2$ 部分的购买单价为 C_2。其中 $C_2<C_1<C_0$。如图 4-5 所示，基于边际单位的数量折扣不是每单位产品的平均成本，而是随间断点减小的边际成本。

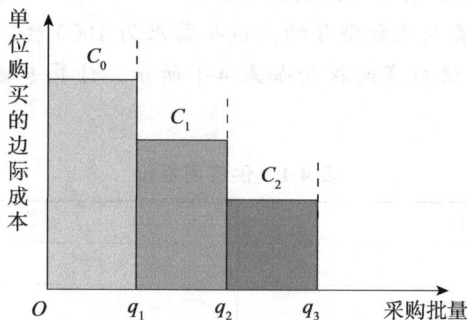

图 4-5　基于边际单位的数量折扣

基于边际单位数量折扣情形下的订货批量与每批的购买成本之间的关系如图 4-6 所示。

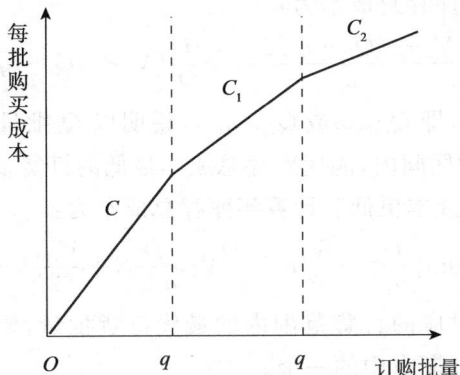

图 4-6　基于边际单位数量折扣下的订购批量与每批购买成本关系

当供应商提供基于边际单位数量折扣时，购买方的目标是确定最优的订货批量使库存总成本最小。

在求解经济订货批量过程中，先计算每个边际价格 C_i 下的最优订货批量，由此来确定使总成本最小的订货批量。

对于每一个 i 值，$0 \leqslant i \leqslant r$，设 V_i 表示订购 q_i 单位的成本，定义 $V_0 = 0$，V_i 如式（4-12）所示（$0 \leqslant i \leqslant r$）：

$$V_i = C_0(q_1 - q_0) + C_1(q_2 - q_1) + \cdots + C_{i-1}(q_i - q_{i-1}) \qquad (4-12)$$

对于每一个 i 值，$0 \leqslant i \leqslant r-1$，当 $q_i \leqslant Q \leqslant q_{i+1}$，每次以批量 Q 订货的购买成本为 $V_i + (Q - q_i)C_i$；则与该订货策略相关的各项成本如下：

$$年订货成本 = \frac{D}{Q}S$$

$$年库存持有成本 = \frac{Q}{2}h\frac{V_i + (Q - q_i)C_i}{Q} = \frac{V_i + (Q - q_i)C_i}{2}h$$

$$年购买成本 = \frac{D}{Q}[V_i + (Q - q_i)C_i]$$

年库存总成本等于上述三项成本之和，即：

$$年库存总成本 = \frac{D}{Q}S + \frac{V_i + (Q - q_i)C_i}{2}h + \frac{D}{Q}[V_i + (Q - q_i)C_i]$$

将库存总成本函数对批量 Q 求一阶导数，并令导数等于 0，可得价格为 C_i 时的最优订货批量为：

$$Q_i = \sqrt{\frac{2D(S + V_i - q_iC_i)}{hC_i}} \qquad (4-13)$$

将式（4-13）与 EOQ 式（4-2）对比，二者非常相似，不同的是式（4-13）中数量折扣会使每次订货的固定成本上升（$V_i - q_iC_i$）。对于最优订货批量 Q_i 有以下三种可能的情况。

第一种：$q_i \leqslant Q_i \leqslant q_{i+1}$；

第二种：$Q_i < q_i$；

第三种：$Q_i > q_{i+1}$。

第一种情况,即 $q_i \leqslant Q_i \leqslant q_{i+1}$,说明 Q_i 批量是在 C_i 价格下的批量区间内,可享受折扣价格,按照此策略订货,年库存总成本为:

$$TC(Q_i, C_i) = \frac{D}{Q_i}S + \frac{V_i + (Q_i - q_i)C_i}{2}h + \frac{D}{Q_i}[V_i + (Q_i - q_i)C_i]$$

第二种和第三种情况,即 $Q_i < q_i$ 或 $Q_i > q_{i+1}$,说明以 Q_i 批量订货不能享受 C_i 的折扣价。在 C_i 价格对应的订货区间内,能使库存总成本最低的订货批量可能为 q_i 或 q_{i+1},这取决于哪个批量的年库存总成本更低。计算年库存总成本为:

$$TC(C_i) = \min\left[\frac{D}{q_i}S + \frac{V_i}{2}h + \frac{D}{q_i}V_i, \frac{D}{q_{i+1}}S + \frac{V_{i+1}}{2}h + \frac{D}{q_{i+1}}V_{i+1}\right] \tag{4-14}$$

因此,每个折扣价格对应的订货范围内的最优订货批量,要么是该价格下计算出的 EOQ,要么就是该区间的间断点中的一个。

在求解边际单位数量折扣下的最优订货批量时,首先求出每个折扣价格 C_i 所对应的最优订货批量和年库存总成本,然后从中选择年库存总成本最小的订货批量为最优订货批量。

【例 4-3】 若例 4-2 中的供应商采用如表 4-2 所示的边际单位折扣报价。

表 4-2 供应商报价

订货量(台)	边际单位价格(元)
0~50	1600
50~100	1560
100 或以上	1500

每次订购成本和单位库存持有成本与例 4-2 相同,计算专卖店应该每次订购多少台空调使年库存总成本最小。

解:依题意,$D = 1000$ 台/年,$S = 500$ 元/次,$h = 0.2$,$C_0 = 1600$ 元/台,$C_1 = 1560$ 元/台,$C_2 = 1500$ 元/台,$q_0 = 0$,$q_1 = 50$,$q_2 = 100$。

$V_0 = 0$

$V_1 = C_0(q_1 - q_0) = 1600 \times (50 - 0) = 80\,000$(元)

$V_2 = C_0(q_1 - q_0) + C_1(q_2 - q_1) = 1600 \times (50 - 0) + 1560 \times (100 - 50) = 158\,000$(元)

先分别求 C_i 对应的 Q_i。将 C_i 代入式(4-13),计算 Q_i:

$$Q_0 = \sqrt{\frac{2D(S + V_0 - q_0 C_0)}{hC_0}} = \sqrt{\frac{2 \times 1000 \times (500 + 0 - 0 \times 1600)}{0.2 \times 1600}} = 56\,(台)$$

$$Q_1 = \sqrt{\frac{2D(S + V_1 - q_1 C_1)}{hC_1}} = \sqrt{\frac{2 \times 1000 \times (500 + 80\,000 - 50 \times 1560)}{0.2 \times 1560}} = 127\,(台)$$

$$Q_2 = \sqrt{\frac{2D(S + V_2 - q_2 C_2)}{hC_2}} = \sqrt{\frac{2 \times 1000 \times (500 + 158\,000 - 100 \times 1500)}{0.2 \times 1500}} = 238\,(台)$$

$Q_2 > q_2$,则 Q_2 是 C_2 对应的最优订货批量,年库存总成本为:

$$TC(Q_2, C_2) = \frac{D}{Q_2}S + \frac{V_2 + (Q_2 - q_2)C_2}{2}h + \frac{D}{Q_2}[V_2 + (Q_2 - q_2)C_2]$$

$$= \frac{1000}{238} \times 500 + \frac{158\,000 + (238 - 100) \times 1500}{2} \times 0.2 + \frac{1000}{238}$$

$$\times [158\,000 + (238 - 100) \times 1500]$$
$$= 1\,572\,214(元)$$

由于 $Q_0 > q_1$，$Q_1 > q_2$，因此，Q_0、Q_1 都不是 C_0 和 C_1 对应的最优订货批量，C_0 和 C_1 对应的最优订货批量是间断点中的一个。

C_0 对应的间断点批量为 q_1，令 $Q = q_1 = 50$，对应的最小年库存总成本为：

$$TC(q_1, C_0) = \frac{D}{q_1}S + \frac{V_1}{2}h + \frac{D}{q_1}V_1$$
$$= \frac{1000}{50} \times 500 + \frac{80\,000}{2} \times 0.2 + \frac{1000}{50} \times 80\,000$$
$$= 1\,618\,000(元)$$

C_1 对应的间断点批量为 q_2，令 $Q = q_2 = 100$，对应的最小的年库存总成本为：

$$TC(q_2, C_1) = \frac{D}{q_2}S + \frac{V_2}{2}h + \frac{D}{q_2}V_2$$
$$= \frac{1000}{100} \times 500 + \frac{158\,000}{2} \times 0.2 + \frac{1000}{100} \times 158\,000$$
$$= 1\,600\,800(元)$$

比较各个 C_i 对应的最小年库存总成本，发现订货批量为 238 台时的总成本最小。因此该专卖店应该每次订 238 台空调。

（三）价格折扣和固定订购成本对供应链的影响

由例 4-2 和例 4-3 计算的结果分析，当供应商提供价格折扣时，需求方为减少年库存总成本会加大订购的批量，如表 4-3 所示。只要有价格折扣，订购批量都比没有价格折扣时大，且边际单位价格折扣比全部批量单位价格折扣对最优订货批量的影响更大些。当订购批量（Q）增大时，供应链中的平均库存（$1/2Q$）也会增大。需求方利用价格折扣进行批量采购，使年库存总成本减少，从而带来规模经济。

如例 4-2 和例 4-3 中的固定订货成本由 $S = 500$ 元/次减少为 $S = 100$ 元/次，则最优订货批量也会发生变化，如表 4-3 所示。经济订货批量随固定订货成本的降低而减小，供应链上的平均库存也随之减小。同时，在无折扣时，年库存总成本随固定订货成本的减少而减少。因此，如果能有效降低固定订购成本，将能减小供应链成本的同时，还能减小平均库存。

表 4-3　价格折扣、固定订购成本对经济订货批量和年库存总成本的影响

项　目	固定订货成本（$S = 500$ 元/次）			固定订货成本（$S = 100$ 元/次）		
	无价格折扣（C_0）	全部批量单位价格折扣（C_0, C_1, C_2）	边际单位价格折扣（C_0, C_1, C_2）	无价格折扣（C_0）	全部批量单位价格折扣（C_0, C_1, C_2）	边际单位价格折扣（C_0, C_1, C_2）
经济订货批量（台）	56	100	238	25	50	232
年库存总成本（元）	1\,617\,888	1\,520\,000	1\,572\,214	1\,608\,000	1\,569\,800	1\,570\,514

三、多产品联合订货批量模型

从上一节分析可知,要有效减小订购批量,可以通过减小固定订购成本实现。固定订购成本由订货、收货和运输成本组成。当订购的产品不止一种时,可通过集中订购、共同运输,让固定订购成本在多产品中分摊,从而降低每一种产品的固定订购成本,使其订购批量减少而不增加库存总成本。

通常,一个订单的订货、运输、接收成本会随着产品数量或装载点数量的增加而增加。订单的固定成本一部分与运输有关,另一部分与装载和接收有关,其中运输成本与重量有关而与产品种类多少无关,装载和接收成本随装载产品种类的增加而增加。

考虑多种产品订购时,假设以下条件已知:

D_i——产品 i 的年需求量;

S——每次订货时的订购成本,与订单中产品种类无关;

s_i——如果订单中包含产品 i,产品 i 的附加订货成本。

多产品的批量订购采用以下三种方式:

(1) 每种产品独立订货。

(2) 多种产品集中订货,每一批订购所有类型产品,即全部产品联合订货(Joint Ordering for all Products)。

(3) 多种产品集中订货,但并非每一批订单都要包含所有类型产品,即每一批订单中的产品类型可以是可供选择的所有产品的一部分,这种订货方式被称为精选子集产品联合订货(Joint Ordering for a Selected Subset of Products)。

按第一种方式订货,每种产品都采用 EOQ 公式确定最优订货批量,然后计算年库存总成本。以下重点讨论第二种和第三种方式订货。

(一) 全部产品联合订货模型

假设有 k 种产品需要订购,全部产品联合订货策略下每次订货则包括 k 种机型,联合订货的固定订货成本计算公式为:

$$S^* = S + \sum_{i=1}^{k} s_i$$

设 n 为年订货次数,则年总成本为:

$$年总成本 = S^* n + \sum_{i=1}^{k} \left(\frac{1}{2} \frac{D_i}{n} h C_i \right) + \sum_{i=1}^{k} (D_i C_i)$$

将总成本函数对 n 求一阶导数,并令导数为 0,可得最优订货频率,通过它可以使年总成本最小化。最优订货频率用 n^* 表示,则:

$$n^* = \sqrt{\frac{\sum_{i=1}^{k} D_i h C_i}{2S^*}} \tag{4-15}$$

如果还要考虑车辆的运载能力,则可以将最优的运载批量与车辆的运载能力比较,如果前者超过后者,就需要增大 n^*,直到运载批量与卡车运载能力相等。每种产品每次订购的最佳批量可通过以下公式求出：

$$Q_i = \frac{D_i}{n^*}, \quad i = 1, 2, \cdots, k \tag{4-16}$$

【例 4-4】　某零售商销售三种手机（$k=3$），且由同一个地区的三个不同供应商提供，可以采用集中订购、共同运输的模式采购。三种产品的年需求量分别为 $D_1 = 12\,000$ 台，$D_2 = 1200$ 台，$D_3 = 120$ 台。手机的购买成本为 $C_1 = C_2 = C_3 = 500$ 元/台。每次订货的固定运输成本为 $S = 4000$ 元/次。若每种机型共同订购和运输，订货和接收的附加成本为 $S_1 = S_2 = S_3 = 1000$ 元/次。零售商的库存持有成本比率为 $h = 20\%$。计算全部产品联合订货策略下的最佳订货批量，以及年库存持有成本和年订货成本，并与三种产品独立订货时的情形做比较。

解：全部产品联合订货时一批订货中包含全部三种产品，联合订货成本为：

$$S^* = S + S_1 + S_2 + S_3 = 7000（元/次）$$

最佳的年订货频率为：

$$n^* = \sqrt{\frac{\sum_{i=1}^{k} D_i h C_i}{2 S^*}} = \sqrt{\frac{0.2 \times (12\,000 \times 500 + 1200 \times 500 + 120 \times 500)}{2 \times 70\,000}} = 9.75（次）$$

因此，如果零售商每次订购和运输都包括三种机型，则每年应订货 9.75 次。订货量和成本如表 4-4 所示。

表 4-4　完全联合订货的批量和成本

项　目	机型 1	机型 2	机型 3
年需求量（D）（台）	12 000	1200	120
年订货频率（n^*）	9.75	9.75	9.75
最优订货批量（Q）（台）	1230	123	12.3
周转库存（台）	615	61.5	6.15
年库存持有成本（元）	61 500	6150	615
年订货成本（元）	—	68 250	—
年库存持有成本与订购成本之和（元）	—	136 515	—

如果每种产品独立订货，则订货的批量和成本如表 4-5 所示。

表 4-5　独立订货的批量和成本

项　目	机型 1	机型 2	机型 3
年需求量（D）（台）	12 000	1200	120
固定成本（S）（元）	5000	5000	5000
最优订货批量（Q）（台）	1095	346	110
周转库存（台）	548	173	55
年库存持有成本（元）	54 800	17 300	5500
年订货频率（n^*）	11	3.5	1.1
年订货成本（元）	55 000	17 500	5500
年库存持有成本与订购成本之和（元）	155 600		

将独立订货与全部产品联合订货的年总成本进行比较,发现联合订货可以使年总成本减少 19 085 元,降幅为 12.3%。

全部产品联合订货的主要优点在于易于操作,缺点是在联合订购的机型组合没有足够的选择性。如果产品的附加订货成本较高,则采用全部产品联合订货的成本将非常高昂。假如所有产品有共同采购期,但不是每次每种产品都订购,将低需求量产品的订货频率降低,则总成本也将降低。以下讨论这种经挑选的部分产品联合订货策略,即精选子集产品联合订货。

(二)精选子集产品联合订货模型

虽然这里讨论的组合式产品联合订购并不一定是最优方案,但由此确定的订货策略接近最优。

假设产品标记为 $i(i=1,2,\cdots,k)$(共有 k 种产品)。产品 i 的年需求量为 D_i,单位成本为 C_i,产品附加订货成本为 s_i,联合订货成本为 S,库存持有成本系数为 h。

假设每种产品都以固定的时间间隔订购,其中有一种产品的订货频率最高,以这种产品的订货间隔为基本订货周期,其他产品的订货周期是基本订货周期的整数倍。按这种策略订货,则订货频率最高的产品每次都被订购,而其他产品每间隔几个周期就被订购 1 次。订货策略的关键是确定最频繁订货产品的订货频率,以及其他产品的订货频率与最频繁订货频率的关系。

具体计算步骤如下。

(1)假设每种产品的订购相互独立,先找出订货频率最高的产品。这种情况下,产品 i 的固定订货成本为 $S+S_i$,假设产品 i 的订货频率为 $\overline{n_i}$,根据式(4-15)计算为:

$$\overline{n_i} = \sqrt{\frac{hC_iD_i}{2(S+S_i)}}$$

设 $\overline{n}$ 为订货频率最高产品的订货频率,则订货频率最高的产品包含在每次订货中。

(2)确定其他产品与最频繁订购产品在一起订货的频率。也就是计算每种产品的订货频率是最频繁订货频率的多少倍。最频繁订购产品每次都订货,所有固定成本 S 都分摊到这种产品上,其他产品 i 仅有附加固定成本 S_i。因此仅用式(4-15)中的附加订购货成本来计算出所有其他产品的订货频率。对于其他产品 i(最频繁订购产品除外),订货频率为:

$$\overline{\overline{n_i}} = \sqrt{\frac{hC_iD_i}{2S_i}}$$

计算产品 i 的订货频率是最频繁订购产品订货频率的相关系数 $\overline{m_i}$:

$$\overline{m_i} = \frac{\overline{n}}{\overline{\overline{n_i}}}$$

通常 $\overline{m_i}$ 含有小数部分。对于每种产品 i(最频繁订购产品除外),确定它与最频繁订购产品一起订购的频率 m_i,可由下式求出:

$$m_i = \lceil \overline{m_i} \rceil$$

式中,[ ] 是取整运算符号,即将小数圆整为最接近的整数。

（3）重新计算最频繁订购产品的订货频率 n。

若最频繁订购产品的订货频率为 n，则产品 i 的订货频率则为 $\frac{n}{m_i}$。当某个产品 i 为最频繁订货产品时，则 $m_i=1$。此时的订货策略是，最频繁订货产品订购 n 次，其他产品订购 $\frac{n}{m_i}$ 次，也就是说其他产品每 m_i 个周期就与最频繁订货产品一起被订购。订货的年库存持有总成本计算如下：

$$TC = nS + \sum_{i=1}^{k}\left(\frac{n}{m_i}s_i\right) + \sum_{i=1}^{k}\left[\frac{1}{2}\frac{D_i}{\frac{n}{m_i}}hC_i\right] + \sum_{i=1}^{k}(D_iC_i)$$

$$= nS + \sum_{i=1}^{k}\frac{ns_i}{m_i} + \sum_{i=1}^{k}\frac{m_iD_ihC_i}{2n} + \sum_{i=1}^{k}D_iC_i$$

要求使 TC 最小的 n，可通过上式对 n 求一阶导数，并其等于零，求得 n 如下：

$$n = \sqrt{\frac{\sum_{i=1}^{k}m_iD_ihC_i}{2\left(S + \sum_{i=1}^{k}\frac{s_i}{m_i}\right)}}$$

（4）其他每一种产品，订货频率为 $n_i = n/m_i$，计算该订货策略的总成本。

【例 4-5】　考虑例 4-4 中的数据。采用精选子集产品联合订货策略订货，计算订货批量和成本。

解：回顾前例，$S=4000$ 元，$S_1=S_2=S_3=1000$ 元/次，$D_1=12\,000$ 台，$D_2=1200$ 台，$D_3=120$ 台，$C_1=C_2=C_3=500$ 元/台。

（1）

$$\overline{n}_1 = \sqrt{\frac{hC_1D_1}{2(S+S_1)}} = 11.0,\quad \overline{n}_2 = 3.5,\quad \overline{n}_2 = 1.1$$

显然 1 号机型是最频繁订购产品，因此令 $\overline{n}=11.0$。

（2）计算 2 号和 3 号机型与 1 号机型一起订购的频率。先计算 $\overline{\overline{n}}_i$：

$$\overline{\overline{n}}_2 = \sqrt{\frac{hC_2D_2}{2s_2}} = 7.7,\quad \overline{\overline{n}}_3 = 2.4$$

然后计算 $\overline{m}_i$：

$$\overline{m}_2 = \frac{11.0}{7.7} = 1.4,\quad \overline{m}_3 = 4.5$$

再计算　　　　　　　　$m_i: m_2 = [\overline{m}_2] = 2,\quad m_3 = 5$

注意 $m_1=1$。

（3）重新计算最频繁订购产品的订货频率，即：

$$n = \sqrt{\frac{\sum_{i=1}^{k}m_iD_ihC_i}{2\left(S + \sum_{i=1}^{k}\frac{s_i}{m_i}\right)}} = \sqrt{\frac{0.2\times500\times(1\times12\,000+2\times1200+5\times120)}{2\times\left(4000+\frac{1000}{1}+\frac{1000}{2}+\frac{1000}{5}\right)}} = 11.47$$

则 $n_1=11.47$ 次/年，$n_2=11.47/2=5.74$ 次/年，$n_3=11.47/5=2.29$ 次/年。订货策

略和由此得到的三种产品的成本如表 4-6 所示。

表 4-6　精选子集产品联合订货策略下的订货批量和成本

项　　目	机型 1	机型 2	机型 3
年需求量(D)(台)	12 000	1200	120
年订货频率(n)	11.47	5.74	2.29
最优订货批量(Q)(台)	1046	209	52
周转库存(台)	523	104.5	26
年库存持有成本(元)	52 307	10 461	2615
年订货成本(元)	—	65 380	—
年库存持有成本与订购成本之和(元)	—	130 763	—

　　由表 4-6 可知,总成本与全部产品联合订购(该策略下的总成本为 136 515 元)相比,精选子集产品联合订货使总成本下降了 5752 元(降幅约为 4%)。其原因在于每种产品的附加订货成本并不是在每次订货时都发生。

(三)联合订货的启示

　　从例 4-4 和式 4-5 中我们可以看到联合订货策略产生了明显的作用,它大大节约了成本,也降低了供应链的周转库存水平。当产品的特别订货成本较低时,即附加订货成本占固定订货成本比重较低时,采取全部产品联合订购的策略非常有效。反之,则采用精选子集产品联合订货策略更有效。

第三节　供应链安全库存管理模型

一、影响供应链安全库存的因素

　　供应链的安全库存与供应链的不确定性有着密切的关系。安全库存的存在就是为了应对各种各样的不确定性,保持供应链系统的稳定性。供应链的不确定性来自四个方面:需求的不确定性、供应的不确定性、期望的周期服务水平和补货策略。

1. 需求的不确定性

　　顾客对产品的需求通常是变化的,包含了系统成分和随机成分。需求预测的目的是预计系统成分,对随机成分进行估计。通常用需求的平均值(用 D 表示)来描述需求的系统成分,用标准差(用 σ_D 表示)来衡量随机成分。一般需求预测方法是建立在一定的假设前提下,即假设需求表现为一定的规律特征,但是任何需求预测方法都存在局限性,预测总是不准确的,即便是最先进的预测技术,也不可能精确估计特定产品的需求。当实际需求量超出预测值时会导致供应链上产品的短缺,因此,为避免缺货带来的损失,提高服务水平,供应链需持有安全库存。需求的变动幅度越大,维持同样服务水平需持有的安全库存水平越高,供应链的库存成本也越高。因此,需求的不确定性对设置合理的安全库存水平有重要影响。

2. 供应的不确定性

供应的不确定性主要表现为供应商的供货提前期不确定。供货提前期的变化是由供应商和收货方的行为导致的,例如,供应商的生产系统发生故障导致生产延迟、供应商的供应商的延迟、意外的交通事故导致运输延迟等。而收货方也可能会集中在同一天向所有的供应商发出采购订单,结果使供应商的送货在同一天到达,蜂拥而至的送货使厂家无法按计划完成入库登记,导致所谓的提前期延长且不稳定的现象。即使需求稳定,由于供货提前期的不稳定,也会导致缺货发生。因此,提前期的不确定也会影响安全库存的确定。

3. 期望的周期服务水平

周期服务水平(Cycle Service Level,CSL)是指在所有的补货周期中,能满足顾客所有需求的补货周期所占的比重。补货周期是指连续两个订货交付的时间间隔。CSL 相当于在一次补货周期内不出现缺货的概率。一家希望服务水平达到 99% 的企业比服务水平只有 60% 的企业会持有更多的安全库存。前者允许的缺货率不超过 1%,相当于要满足随时到达的需求,要应对需求的所有变化,因此不得不持有较高的安全库存。后者允许缺货率达到 40%,可以持有低的安全库存,甚至不需要安全库存。所以企业自身期望的服务水平也影响安全库存水平。

4. 补货策略

补货策略包括订货时间及订货数量等问题的决策。这些决策决定了周转库存、安全库存以及服务水平。补货策略可以采取多种形式,这里只关注两种类型。

(1)连续检查补货策略。这种方法对库存进行不间断盘点,当库存下降至再订货点(ROP)时,就在此时订购批量为 Q 的产品。需求是变化时,每次订货的时间间隔可能不等,但每次订货的数量不变。在发出订货至订货到达之前这段时间内,即订货提前期内(LT)的实际需求有可能超出了再订货点库存而导致缺货发生。因此,为了减少缺货,除了按提前期内的平均需求储备库存外,还需要增加储备安全库存来减少超出预期的需求。安全库存等于再订货点库存减提前期内的平均需求。

(2)周期性检查补货策略。这种方法是每隔一段时间 T 对库存进行盘点,并发出一次订货,把现有库存补充至最大库存水平 S。如果检查时,库存量为 I,则订货量为($S-I$)。间隔期 T 是固定的,而每次的订货量($S-I$)却是波动的。在一个检查周期 T 加上一个订货提前期内,即($T+LT$)时间段内最大的库存水平为 S,如果这段时间内的实际需求超出了 S,则出现缺货。这时安全库存等于最大库存水平 $S-$($T+LT$)时间段内的平均需求。

二、 基于需求不确定性的安全库存管理

(一)连续检查补货策略下的安全库存管理——(R,Q)订货策略

在连续检查补货策略下,当持有库存下降至再订货点 R 时就订购批量为 Q 的货物。假设条件如下。

需求率服从正态分布且独立,均值为 D,标准差为 σ_D;提前期 L 已知,且为常数;允许缺货,但缺货在下个周期货到后必须补上;全部订货一次交付;每次订货成本为 S,单位时间单位库存持有成本为 H,单位购买成本为 C,单位缺货损失费为 C_s;无价格折扣。

如图 4-7 所示,在持有库存下降到订货点 R 之前是不会缺货的。缺货只会发生在提前期内。管理者为了减少缺货风险,在设定订货点 R 时通常考虑设置安全库存。安全库存用 ss 表示,它是一种额外持有的库存,是作为一种缓冲器用来补偿在订货提前期内实际需求量超过期望需求量时产生的需求。因此,订货点 R 可通过公式(4-17)表示,其中 D_L 为提前期内需求的期望值。订货量 Q 则通常用经济订货批量公式确定。

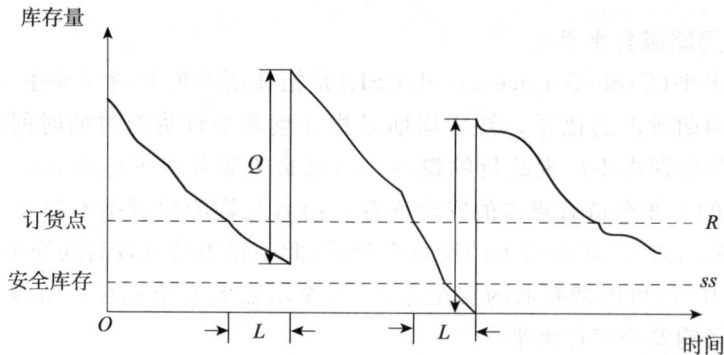

图 4-7 连续检查补货策略 (Q,R) 库存系统

$$R = D_L + ss \tag{4-17}$$

1. 订货点 R 已知时安全库存的确定

通过式(4-17)可求出安全库存表示如下:

$$ss = R - D_L \tag{4-18}$$

2. 订货点 R 未知时安全库存的确定

当提前期已知时,安全库存水平的设置取决需求率的变动情况,以及所设定的服务水平 CSL 或缺货概率。缺货概率用 α 表示,与服务水平之间的关系为:$CSL = 1 - \alpha$。对于特定的服务水平,需求率变动越大,则达到该服务水平所需的安全库存量也越大。同样,对应于特定的需求率的变化量,提高服务水平需要增加安全库存量。较高的安全库存会使缺货风险降低,提高服务水平,但会使库存成本增加。因此管理者需要权衡缺货损失与库存成本,确定适当的安全库存量。

CSL 是指一个补货周期不缺货的概率,而缺货只可能发生在订货提前期内,因此:

$$CSL = 概率\ P(提前期内的需求量 \leqslant R) \tag{4-19}$$

为计算这种概率,需要得到提前期内的需求分布。假设提前期内需求的分布为正态分布,需求均值 D_L 和标准偏差 σ_L 如下:

$$D_L = D \times L, \quad \sigma_L = \sqrt{L}\sigma_D \tag{4-20}$$

已知需求率服从正态分布,均值为 D,标准差为 σ_D。需求率的概率密度函数用 $f(x, D, \sigma_D)$ 表示,累积分布函数用 $F(x, D, \sigma_D)$ 表示。则周期服务水平 CSL 可表示为:

$$CSL = \int_0^R f(x, D_L, \sigma_L) \mathrm{d}x = F(D_L + ss, D_L, \sigma_L) = F\left(\frac{ss}{\sigma_L}, 0, 1\right) \qquad (4\text{-}21)$$

设随机变量 X 服从均值为 μ、标准差为 σ 的正态分布。已知随机变量小于 x 的概率为 p，则正态分布累积函数的反函数 $F^{-1}(p, \mu, \sigma)$ 的值为 x。因此，如果 $F(x, \mu, \sigma) = p$，那么 $x = F^{-1}(p, \mu, \sigma)$。标准正态分布的累积分布函数用 $F_s(x)$ 表示，若 $F_s(x) = p$，则其反函数 $x = F_s^{-1}(p) = F^{-1}(p, 0, 1)$。

根据以上定义和式(4-21)，可得如下公式：

$$ss = F_s^{-1}(CSL)\sigma_L \qquad (4\text{-}22)$$

上式中的 $F_s^{-1}(CSL) = \mathrm{NORMSINV}(CSL)$，可通过 Excel 查询函数 NORMSINV (probability)求得。

将式(4-22)变换形式，可表示如下：

$$ss = Z_a \sigma_L \qquad (4\text{-}23)$$

式(4-23)中的 Z_a 是服务水平为 CSL 的标准正态分布系数，也称为安全因子。$\alpha = 1 - CSL$，α 即为缺货率。Z_a 的取值可查标准正态分布表得到。服务水平 CSL 和缺货率 α 以及提前期内需求和安全库存的关系如图4-8所示。

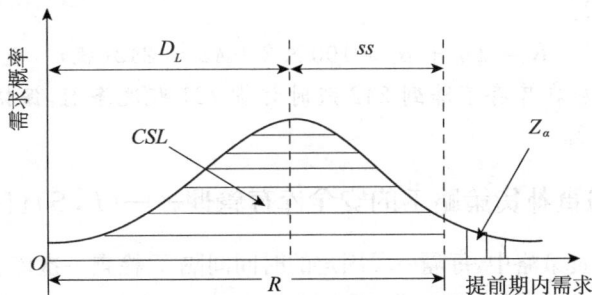

图 4-8　提前期内需求近似服从正态分布的情况

3. 最优服务水平 CSL^* 的确定

安全库存设置高，一方面将减少缺货概率，降低缺货损失；但另一方面，安全库存必然使库存持有成本上升。合理的安全库存水平是使缺货损失与库存持有成本之和最小。如前面假设条件所示，若年平均需求为 D，单位缺货成本为 C_s，年单位库存持有成本为 H，在最优 CSL^* 下，额外增加一单位安全库存使缺货发生的概率为 $(1 - CSL^*)$，一年内发生缺货的周期数为 $\dfrac{D}{Q}$，则使缺货损失减少的边际成本应等于使单位时间内库存持有成本增加的边际成本。即：

$$(1 - CSL^*)\frac{D}{Q}C_s = H \qquad (4\text{-}24)$$

由式(4-24)可求出最优的 CSL 为：

$$CSL^* = 1 - \frac{HQ}{DC_s} \qquad (4\text{-}25)$$

式(4-25)中，H 和 D 的时间单位要保持一致。如 H 为单位时间单位产品库存持有成本，则 D 应为单位时间平均需求量。

【例 4-6】 已知某零售商销售的洗涤液每周需求服从正态分布，均值为 100 瓶，标准差为 20 瓶。订货提前期为 2 周，每次订货成本为 100 元，每瓶洗涤液每年的库存维持费为 2 元，单位缺货成本为 4 元。若该零售商采用连续检查补货策略，试确定最佳库存策略。

解：已知 $D=100$ 瓶/周，$\sigma_D=20$ 瓶/周，$L=2$ 周，$S=100$ 元/次，$H=2$ 元/瓶·年，$C_s=4$ 元/瓶。

先用经济批量订货公式计算 Q，其中一年按 52 周计算。

$$Q=\sqrt{\frac{2DS}{H}}=\sqrt{\frac{2\times(100\times52)\times100}{2}}=721(\text{瓶})$$

然后用式(4-25)计算最优服务水平：

$$CSL^*=1-\frac{HQ}{DC_s}=1-\frac{2\times721}{(100\times52)\times4}=0.9307$$

根据式(4-22)计算安全库存 ss：

$$ss=F_s^{-1}(CSL)\times\sigma_L=\text{NORMSINV}(0.9307)\times\sqrt{2}\times20$$
$$=1.48\times1.41\times20=42(\text{瓶})$$

计算再订货点 R：

$$R=D_L+ss=100\times2+42=242(\text{瓶})$$

因此，该零售商应在库存下降到 242 瓶时订货 721 瓶洗涤剂，保持安全库存为 42 瓶，服务水平可达 93.07%。

（二）周期性检查补货策略下的安全库存管理——(T,S) 订货策略

在周期性检查补货策略中，每隔一段固定的时间间隔 T 检查一次库存，并进行一次订货，使现有库存量加上补货批量达到一个预先设定水平，即最大库存水平(Order-up-to Level, OUL)，这里最大库存水平用 S 表示。每次订货批量可能发生变化，这取决于连续两次订货期间的市场需求量和发出订货时的剩余库存量。周期性检查补货策略不需要具备实时监控库存的能力，而且补货订单是以固定的时间间隔发出，供应商也更愿意接收这种订货策略。

以零售商采用周期性检查补货策略为例，先给出如下假设：零售商的需求率服从正态分布且相互独立，均值为 D，标准差为 σ_D；提前期 L 已知，且为常数；允许缺货，但缺货在下个周期货到后必须补上；全部订货一次交付；每次订货成本为 S，单位时间单位库存持有成本为 H，单位购买成本为 C，单位缺货损失费为 C_s；无价格折扣。

如图 4-9 所示，零售商在 0 时间订购第一批货物，订购批量和现有库存量之和达到最大库存水平 S。订单发出后，经过提前期 L 补货批量到达。每隔 T 时间检查一次库存。零售商订购的第二批货物到达的时点为 $T+L$，在 0 到 $T+L$ 期间内可用于满足需求的库存量为 S。如果在 0 到 $T+L$ 的时间间隔内，需求量超过 S，则零售商将出现缺货。

根据以上分析，零售商要确定的最大库存水平 S 应使下列等式成立：

$$\text{概率 } P(L+T \text{ 期间的需求} \leqslant S)=CSL$$

先求出 $T+L$ 间隔期内需求的分布，根据式(4-20)得：

$T+L$ 期间需求的均值　　　$D_{T+L}=(T+L)D$

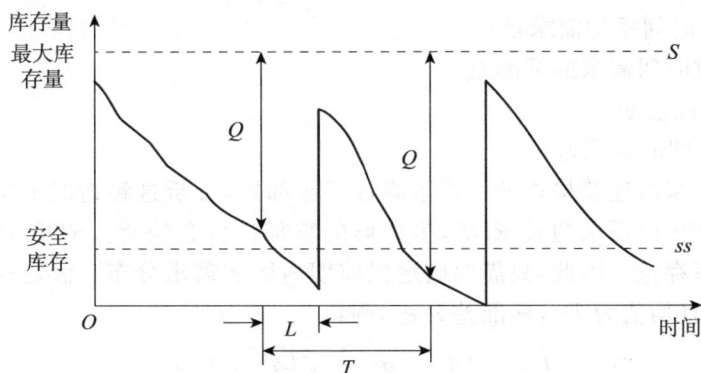

图 4-9　周期性检查补货策略 (T, S) 库存系统

$T+L$ 期间需求的标准差　　$\sigma_{T+L} = \sqrt{T+L}\sigma_D$

安全库存即为零售商在 $T+L$ 间隔期内持有的超过均值 D_{T+L} 的库存量。S 和安全库存 ss 的关系如下：

$$S = D_{T+L} + ss \qquad (4\text{-}26)$$

在既定的服务水平 CSL 下，在 $T+L$ 间隔期内，根据式(4-22)可计算安全库存为：

$$ss = F_s^{-1}(CSL)\sigma_{T+L} = \text{NORMSINV}(CSL)\sigma_{T+L} \qquad (4\text{-}27)$$

根据式(4-23)，在 $T+L$ 间隔期内，安全库存也可以表示为：

$$ss = Z_\alpha \sigma_{T+L} \qquad (4\text{-}28)$$

式中，Z_α 是服务水平为 CSL 的标准正态分布系数，$\alpha = 1 - CSL$。

订购批量等于检查周期 T 期间的平均需求量，即：

$$Q = D_T = DT \qquad (4\text{-}29)$$

【例 4-7】　回顾例 4-6 中情况，若零售商采用周期性检查补货策略，每 4 周检查一次库存，其他条件不变，如要服务水平达到 93.07%，则零售商该如何确定库存策略？

解：已知 $D=100$ 瓶/周，$\sigma_D=20$，$L=2$ 周，$T=4$ 周。

再求 $T+L$ 间隔期内需求的标准差。

$T+L$ 期间需求的标准差：

$$\sigma_{T+L} = \sqrt{T+L}\sigma_D = \sqrt{4+2} \times 20 = 48.99$$

再根据式(4-27)计算安全库存 ss：

$$ss = F_s^{-1}(CSL)\sigma_{T+L} = \text{NORMSINV}(0.9307) \times 49 \times 20$$
$$= 1.48 \times 48.99 = 73(瓶)$$

最大库存量 S 为：

$$S = D_{T+L} + ss = 100 \times (4+2) + 73 = 673(瓶)$$

零售商每 4 周订一次货，使订货的批量 Q 与现有库存量之和达到 673 瓶，安全库存为 73 瓶，服务水平可达到 93.07%。

三、基于供应不确定性的安全库存管理

在上一节中假设提前期是固定的，本小节考虑提前期不确定的情况对安全库存的影

响。假设顾客单位时间的需求和供应商的提前期都服从正态分布,设定如下:

D——单位时间平均需求量;

σ_D——单位时间需求的标准差;

L——平均提前期;

s_L——提前期的标准差。

假设生产商采取连续检查的补货策略管理零部件,分析这种情况下生产商的安全库存。如果提前期内的需求超过 ROP,生产商的零部件就会缺货。ROP 是生产商发出订货单时持有的库存量。因此,只需要确定提前期内顾客需求分布。假定提前期内需求量服从正态分布,且均值为 D_L,标准差为 σ_L,则:

$$D_L = DL, \quad \sigma_L = \sqrt{L\sigma_D^2 + D^2 s_L^2} \tag{4-30}$$

当已知期望的 CSL,利用式(4-27)就可以计算出生产商零部件的安全库存。

【例 4-8】 某生产商的关键零部件每天的需求量服从正态分布,均值为 2000,标准差为 400。关键零部件的供应商的平均补货提前期为 7 天。生产商对其关键零部件设定的 CSL 为 90%。如果提前期的标准差为 7 天,计算该生产商必须持有的关键零部件安全库存量。该生产商计划与供应商合作将提前期的标准差为 0。如果这个目标实现了,则该生产商的安全库存将降低多少?

解:依题意可知,$D=2000$ 件/天,$\sigma_D=400$,$L=7$ 天,$s_L=7$ 天,$CSL=0.90$。

先计算提前期的需求分布。由式(4-20)可得:

提前期内的平均需求量

$$D_L = DL = 2000 \times 7 = 14\,000$$

提前期内的标准差

$$\sigma_L = \sqrt{L\sigma_D^2 + D^2 s_L^2} = \sqrt{7 \times 400^2 + 2000^2 \times 7^2} = 14\,040$$

由式(4-27)计算安全库存为:

$$ss = F_s^{-1}(CSL)\sigma_L = \mathrm{NORMSINV}(0.90) \times 14\,040$$
$$= 1.28 \times 14\,040 = 17\,971(件)$$

表 4-7 中列出了生产商通过与供应商合作将提前期的标准差降低至 0 的情况下,生产商需要的安全库存量。从表 4-7 可看出,提前期不确定性的降低,使生产商零部件安全库存量显著下降。当提前期的标准差由 7 天变为 0 时,安全库存量由相当于 9 天的需求量降为不超过 1 天的需求量。压缩提前期给生产商带来库存成本的降低,然而却需要供应商付出巨大努力。因此生产商应将成本节约带来的一部分利益与供应商分享,这样才能激发供应商压缩提前期。

表 4-7　提前期的不确定性对安全库存的影响

s_L	σ_L	ss(单位)	ss/D(天)
7	14 040	17 971	8.99
6	12 047	15 420	7.71
5	10 056	12 872	6.44
4	8070	10 330	5.16
3	6093	7799	3.90
2	4138	5297	2.65
1	2263	2897	1.45
0	1058	1354	0.68

第四节 供应链库存控制方法

传统库存管理中,供应链上每一个环节都是自己管理库存,然而每个成员都有自己的库存控制目标和相应的策略,而且相互之间缺乏信息沟通,彼此独占库存信息,因此,不可避免地产生了需求信息的扭曲和失真,使供应商无法快速响应客户需求。针对出现的种种问题,相继出现了一些适应供应链管理的库存控制新方法,如供应商库存管理(Vendor Managed Inventory,VMI)、联合库存管理(Jointly Managed Inventory,JMI)。

一、供应商管理库存 VMI

(一)VMI 的基本思想

VMI 是供应链环境下用户和供应商之间的一种合作性策略,以供应商和用户都获得最低成本为目标,在一个共同的协议下,由供应商对库存进行管理,并不断监督协议执行情况和修正协议内容,使库存管理得到持续地改进。

我国国家标准《物流术语》(GB/T 18354—2006)将 VMI 定义为:按照双方达成的协议,由供应链的上游企业根据下游企业的物料需求计划、销售信息和库存量,主动对下游企业的库存进行管理和控制的管理模式。

在 VMI 模式下,用户把库存决策权交给供应商,由供应商代理用户行使库存管理和订货决策的权利。一方面实现了由终端销售信息拉动的上下游信息共享,使得供应商在下游用户的协助下更有效地做计划;另一方面,通过寄售方式的运作,在一个合作协议下由供应商管理甚至拥有库存直到用户将其售出。

VMI 本质上是将多级供应链问题变为单级库存管理问题,通过掌控销售数据和库存信息作为需求预测和库存补货的解决方法。相对于按照用户发出订单进行补货的传统做法,VMI 是根据实际或预测的消费需求做补货决策。

理想的 VMI 是一种基于合作伙伴关系,强调信息共享、利益共享、风险分担的库存管理实现模式。与传统的库存控制方法相比,VMI 具有以下几个特点。

(1)合作性。VMI 的成功实施客观上需要供应链上各企业在相互信任的基础上密切合作。信任是基础,合作是保证。

(2)互利性。互利性是合作性的基础,VMI 追求供求双方的双赢,考虑如何降低双方库存成本。

(3)互动性。VMI 要求企业在合作时采取积极响应的态度,以事先反应快速化,努力降低因信息不畅引起的库存费用过高的状况。

(4)协议性。VMI 的实施要求企业在观念上达到目标一致,并明确各自的责任和义务,具体的合作事项都通过框架协议明确规定,以提高操作的可行性。

通过 VMI 模式,能够突破传统的条块分割的管理模式,以系统的、集成的管理思想管理库存,使供应链系统实现同步化运作。

（二）VMI 的主要形式

VMI 在实施中有多种形式，根据 Carolyn（卡洛琳）和 Mary（玛丽）的研究，依据存货所有权来划分，VMI 主要有下列四种形式。

（1）供应商提供包括所有产品的软件系统进行存货决策，用户使用软件系统执行存货决策，用户拥有存货所有权，管理存货。在这种方式下，供应商对库存的管理和控制力有限，所以供应商受到用户的制约比较多，实质上不是完全意义上的供应商管理存货。

（2）供应商在用户的所在地，代表用户执行存货决策，管理存货，但是存货的所有权归用户。信息技术不是很发达的时候，由供应商在用户地直接管理存货，同时供应商也可以了解到充分的存货信息，但是存货的所有权不属于供应商，所以供应商在进行存货决策时的作用有限。

（3）供应商在用户的所在地，代表用户执行存货决策管理存货，拥有存货所有权。这种方式下，供应商几乎承担了所有责任，他们的活动也很少受到用户的监督或干涉，是一种完整意义上的供应商管理库存方式。供应商可以十分清楚地了解到自己产品的销售情况，供应商也可以直接参与销售。

（4）供应商不在用户的所在地，但是定期派人代表用户执行存货决策，管理存货，供应商拥有库存的所有权。在此情况下，供应商采取在用户地或在分销中心保存库存的方式，以实现根据需要及时快速补货的目的，库存的水平由供应商决定。

（三）VMI 的工作流程

VMI 系统的主要业务由预测、库存管理、订单处理和配送等组成，其工作流程如图 4-10 所示。

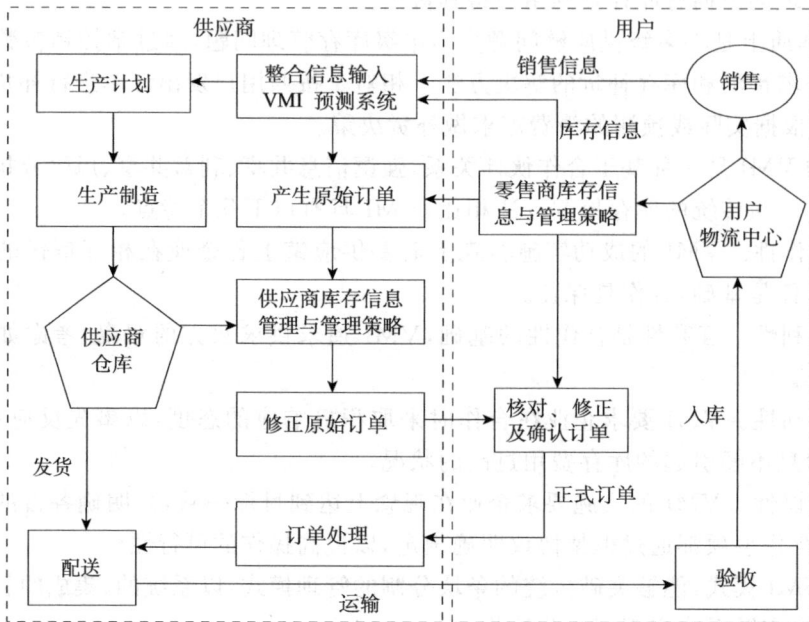

图 4-10　VMI 的工作流程

（1）用户的物流中心传送结余库存量与出货量等信息至供应商（其中用户对其顾客的缺货量与在途库存量两项信息可选择性提供）。

（2）供应商于收到信息后先行确认信息的有效性，如资料是否完整或重复等，再进一步将没有约定进行 VMI 的产品信息分离出来，最后将剩余的信息合并到 VMI 的销售预测系统中。

（3）供应商依据预测系统提供的预测需求量、零售商的安全库存量、产品配送提前期以及客户服务水平等信息，经由 VMI 系统计算出最初的原始订单，包括需要配送产品的类别和数量。

（4）供应商查询库存管理系统以确认实际库存量，并以此修正原始订单为实际可以出货量的订单；另外，供应商可以选择锁定库存，以避免其他渠道或部门于 VMI 流程尚未决定出货前先行调用库存。产生修正订单后传送给用户的物流中心。

（5）用户的物流中心收到修正订单后，依据自身的经验与相关的信息进行订单的核对与再修改，确认后回复给供应商。

（6）供应商收到用户确认的正式订单后，依订单进行配送的一系列作业，同时把实际出货信息传送给用户，以便其进行后面的物流验收和资金结算。

（7）用户物流中心依据供应商提供的出货信息，采用电子扫描方式验收产品入库。

（四）VMI 实施方法与步骤

要实施 VMI 策略，首先要做好以下两个方面工作。

（1）改变订单的处理方式，建立基于标准的托付订单处理模式。供应商和用户一起确定供应商的订单业务处理过程所需要的信息和库存控制参数，然后建立一种订单的处理标准模式，如 EDI 标准报文，最后把订货、交货和票据处理等各个业务功能集成在供应商一边。

（2）库存状态透明化。这是实施 VMI 的关键，供应商要能够随时跟踪和检查销售商的库存状态，从而对市场需求变化进行快速响应，对企业的生产（供应）状态做出相应调整。为了使供应商能够共享用户的库存信息，需要建立起通畅的信息传输网络，实现信息的及时传输和处理。

VMI 策略的具体实施可分为以下八个步骤。

（1）建立战略伙伴协议。供应商和用户双方签订实施 VMI 的战略伙伴协议，确认双方的权利和义务，特别是成本的分摊和利润的共享。在双方高层建立初步共识的基础上，开始由双方中层管理人员来进行具体事宜的磋商，以制定出共同的目标框架，并进一步扩大共识的范围，最后签订执行协议，以承诺和规定在合作实施 VMI 过程中的责任、权利及遵守的约定。

（2）组建 VMI 项目实施小组。建立一个供需双方都参与的跨企业、跨地域、跨职能的多功能团队，以疏通双方的沟通渠道和监督 VMI 的实施进度。团队的联合以执行协议维系，供应商作为组织者在团队中起着协调的作用，成员并不对团队负责，而是向各自所在的企业负责。因此，一般而言团队负责人很难掌控所有成员，需通过主管间的沟通或将实施效果列入其绩效考核中来要求成员。

（3）改造更新库存补充业务流程,签订具体的库存补充协议。VMI 项目小组成员分析原有双方库存补充流程,并对其进行改造,构建起基于 VMI 的新库存补充业务流程。双方签订具体的库存补充协议,包括确定订单处理业务流程以及控制库存的有关参数(如再订货点、最低库存水平等)、库存信息的传递方式、库存信息的传递方式(如 EDI 或 Internet)等,确认系统实施达到预期目标。

（4）构建 VMI 信息系统。VMI 的有效实施一定程度上依赖于双方大量信息高频率、准确的交换。为此,供应商需要做两方面的基础性工作:一是应用条码技术使其商品标志代码化,解决商品数据录入与采集的"瓶颈";二是在此基础上借助于 EDI 或 Internet(互联网)网络信息技术,一方面构建客户管理信息系统动态地掌握需求的变化,加强市场预测分析的准确性,另一方面构建完善的销售管理信息系统,加快供需双方各种信息依据新的业务流程传递。

（5）试运行 VMI 库存系统。这是个过渡阶段,供应商所决定的订货量会以修正订单的方式送达用户物流中心,通过确认后才能发货。而在正式的 VMI 中供应商直接依预估的原始订单进行出货。

（6）检查与修正。依据试运行结果,检查阶段性系统是否达到预期目标,否则转入第(3)步,进一步优化流程和系统,修正预期目标。双方不断调整彼此的作业方式与流程,以逐步适应对方直至达到同步,所以会有较频繁的沟通会议,双方也必须在问题发生时记录问题的主要原因,在沟通会议时才能得到具体的解决方案。当系统与作业方式趋于稳定时即可正式实施。

（7）投入使用。当用户物流中心修改原始订单的频率下降到一定程度时,可以正式进入 VMI 阶段,此程度依据双方的信赖程度与约定情况而定。此外,双方也可决定部分类别或数量的产品先实行 VMI 管理,待效果明显和积累经验后,逐步迈向完整的 VMI 运作。

（五）VMI 的优点与局限性

成功实施 VMI 不仅能给供应商带来收益,也能给分销商及消费者带来收益,实现共赢。

供应商在 VMI 系统中的收益主要体现在以下三个方面。

（1）通过共享分销商的销售和库存信息,供应商能够更好地预测需求,有效地安排生产和运输,从而提高资源的利用率,减少成本。

（2）供应商通过管理分销商的库存可以了解市场需求的变动情况,从而掌握顾客的消费水平和消费倾向,为改进产品结构和设计、开发适销对路的新产品提供了很好的信息支持。

（3）供应商根据分销商的实际需求拉动补货,减少了分销商的订货偏差,削弱了牛鞭效应,从而减少自身的安全库存。

分销商在 VMI 中的收益主要有:

（1）将库存管理工作转移给供应商,减少了库存占压资金与库存管理运营费用,能够集中更多的资金、人力、物力用于提高其核心竞争力。

（2）通过与供应商的协作,提高了供货速度,减少了缺货现象的发生,提高了服务水平。如当需求异常波动时,供应商能够及时获取需求信息,并快速调整补货策略;而且生产部门和运输部门也能同步做出快速反应,调整作业计划,从而使分销商能快速响应顾客需求。

另外,通过实施VMI,供应商和分销商均能降低交易成本。因为供需双方是基于互信的合作伙伴关系之上的,分销商将其库存的补货决策权完全交给了供应商,从而减少了传统库存补货模式下的协商、谈判等事务性工作,大大节约了交易费用。

虽然VMI是一种有效的库存管理策略,但也有如下局限性。

(1) VMI对企业间的信任度要求较高,要求供需双方建立互信的合作伙伴关系。如果企业间缺乏信任,实行信息共享是不可能的。另外,供应商和客户间共享库存信息,存在滥用信息与泄密的可能。

(2) VMI中的框架协议虽然是双方协定,但处于主导地位的是核心企业,核心企业的决策是单向过程,如果决策过程中缺乏足够的协商就会造成失误。

(3) 责任与利益不统一。虽然VMI的实施可以减少系统总库存费用,但在VMI系统中,供应商比以前承担了更多的管理责任,库存费用、运输费用和意外损失(如物品毁坏)不是由客户承担,而是由供应商承担。从长期来看,供应商的利润能否增加仍然是不确定的。VMI实施过程中供应商短期成本的增加及长期利润增长的不确定性会直接影响供应商参与VMI的积极性。因此,从长远利益考虑,购买方应采取一些激励措施来激发供应商积极性,如通过合约将一定比例的利润转移给供应商,减少供应商的风险。

(4) 理想与现实存在差距。VMI要求合作成员间具有较高水平的协作,而实际中供应商和客户的协作水平是有限的,供应链没有实现真正的集成,导致库存水平较高,订单处理速度慢。

(5) 需要有较大的IT(信息技术)投资。信息共享必须依赖于现代信息技术平台,而开发信息系统又需大量资金投入,因此企业必须对VMI进行成本效益分析,并结合企业的财力及所能承受的风险,对VMI的可行性进行论证,然后才能决定是否有必要实施VMI。

二、联合库存管理JMI

(一) JMI的概念和基本思想

为了克服VMI系统的局限性,规避传统库存控制中的需求信息扭曲,联合库存管理(Jointly Managed Inventory,JMI)随之出现。JMI是一种在VMI的基础上发展起来的供应商与用户权力责任平衡和风险共担的库存管理模式。JMI体现了战略供应商的新型企业合作关系,强调了供应链企业双方的互利合作关系。

JMI的基本思想是建立协调中心。这种模式下强调供应链节点企业同时参与、共同制订库存计划,从而使供应链管理过程中的每个库存管理者都能从相互的协调性角度来考虑问题,保证供应链相邻两节点之间的库存管理实体对需求预测水平的高度一致,实行同步化运作,从而部分消除由于供应链环节之间的不确定性和需求信息扭曲现象导致的供应链库存波动与需求变异放大现象。

JMI 在供应商与用户之间建立起合理的库存成本、运输成本及意外损失的分担机制，将 VMI 系统中供应商的全责转化为各个用户的部分责任，从而使双方成本和风险共担，利益共享，有利于形成成本、风险与效益平衡，避免了供需双方的短视行为及供应链局部最优现象的出现。

（二）JMI 的基市运作模式

联合库存模式是一种基于协调中心的库存管理模式，相邻节点需求的确定都是供需双方协调的结果，库存管理不再是独立运作过程。供应链环境下的联合库存管理有三种模式。

（1）集中库存模式。一种情况是各个供应商的零部件都直接存入制造企业的原材料库中，也就是变各个供应商的分散库存为核心企业的集中库存。集中库存要求供应商按制造企业的订单或订货看板组织生产，产品完成时，立即实行小批量多频次的配送方式直接送到制造企业的仓库中补充库存。另一种情况是，各个分销商的需求产品集中存储在制造企业产销联合总库中，由总库承担产品储备中心的职能，按需求为各分销商供货，分销商不独立备货。JMI 的集中库存模式如图 4-11 所示。在这种模式下，库存管理的重点在于制造企业根据生产和销售的需要，保持合理的库存量，既能满足需要，又要使库存总成本最小。

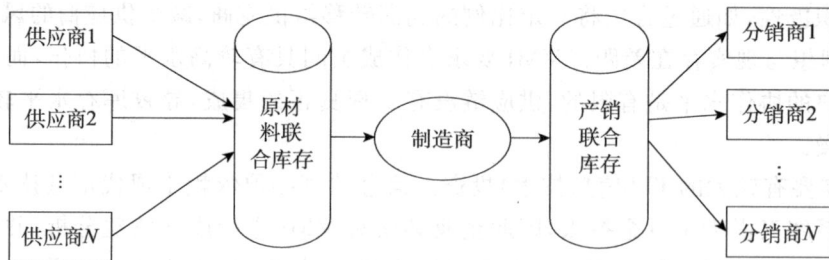

图 4-11　JMI 的集中库存运行模型

（2）无库存模式。供应商和制造企业都不设立库存，制造企业实行无库存的生产方式。此时供应商直接向制造企业的生产线上进行连续小批量、多批次的补充货物，并与之实行同步生产、同步供货的操作模式。这种准时化供货模式，完全取消了库存，效率高成本低。但是对供应商和制造企业的运作标准化和配合程度要求更高，操作过程要求更严格，而且二者不能距离太远。

（3）第三方物流集成模式。第三方物流系统是供应链集成的一种技术手段。它为用户提供各种服务，如产品运输、订单选购、库存水平等，在供应商和用户之间起到了桥梁作用。在联合库存管理中，供方和需方都直接与第三方物流系统和联合库存管理中心相连，如图 4-12 所示。供应与需求双方都取消了各自独立的库存，增加了供应链的敏捷性和协调性。

（三）JMI 的实施策略

联合库存管理作为一种合作创新管理模式，更多地体现在供需协调管理的机制上。

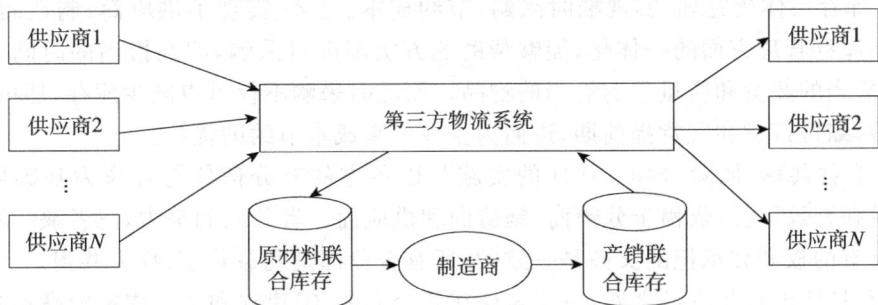

图 4-12　JMI 与第三方物流集成运行模式

在供应链环境下,联合库存管理的实施策略如下。

(1) 建立一个有效的协调管理机制,明确各自的目标责任,建立合作沟通的渠道,为供应链联合库存管理提供有效的机制。从以下四个方面考虑建立供需协调的管理机制:①建立供需双方共同合作目标;②建立协调控制机制,由联合库存管理中心协调供需双方利益,如明确需求预测方法、库存控制参数制定、库存在多个需求方之间进行调节与分配方法等内容;③建立一种公平的利益分配和激励机制。

(2) 建立信息支持系统,在联合库存管理中加强对信息的快速响应。信息系统通过供应链节点企业 EDI 平台或电子商务来建立,将条码技术、POS 系统、订单自动处理系统等集成起来。在信息系统中,通过信息共享以及信息获取的透明性和及时性,保证订货与交货的间隔时间,消除供需交接工作中的延误,以便提高供货系统效率,降低成本。

(3) 充分利用 MRP Ⅱ 和 DRP 系统。在联合库存管理中应分别在原材料联合库存管理中心采用制造资源计划系统(MRP Ⅱ),在产销联合库存管理中心采用物资配送需求计划(Distribution Requirements Planning,DRP)系统,在供应链系统中将这两种资源计划系统很好地结合起来,提高供应链资源的集成度,加强供应链中各环节的协调平衡与协作关系。

(4) 充分发挥第三方物流系统的作用。用户把库存管理部分功能外包给第三方物流公司,不仅可以使企业专注于自己的核心业务,而且能通过专业的物流公司来改善企业的客户服务水平和物流运作效率。

(四)JMI 的优势与局限性

JMI 是解决供应链系统中由于各节点企业相互独立的库存运作模式而导致的需求信息扭曲现象,提高供应链同步化程度的一种有效方法。与传统的库存管理模式相比,联合库存管理具有以下优点。

(1) 共享库存信息,减少供应链中的需求扭曲现象。JMI 通过在供应链上下游企业之间建立起一种战略合作伙伴关系,实现企业间库存管理信息的共享,而信息是企业的一项重要的资源。通过信息共享,不仅供应链的上游企业可以通过下游企业及时准确地获得市场需求信息,而且供应链上所有企业的一切活动都可围绕顾客需求的变化而开展,从而减少供应链中的需求扭曲现象,降低库存不确定性,提高供应链的稳定性。

（2）库存一体化管理，实现准时采购，节约成本。JMI 实现了供应商、制造商和分销商三者在库存管理方面的一体化，能够帮助三方实现准时采购，即在恰当的时间、恰当的地点，以恰当的数量和质量采购恰当的物品。而准时采购不仅可以减少库存，还可以加快库存周转，缩短订货和交货提前期，进而为企业带来成本节约的优势。

（3）利益共享，风险分担。JMI 的实施是以各方的充分信任与合作为基础展开的，JMI 的顺利有效运行，依赖于分销商、制造商和供应商三者共同的努力，三者缺一不可；而且各方享有的权利和承担的义务是一致的，所有企业都是利益共享、损失共担。

然而，JMI 也有其不足之处，主要表现在几个方面：①建立和协调成本较高；②企业合作联盟的建立较困难；③建立的协调中心运作困难；④联合库存的管理需要高度的监督。

第五节　供应链多级库存管理概述

现有的供应链库存管理模式大都是对供应链的局部优化控制，而要对供应链进行全局性的优化与控制，则必须采用多级库存优化与控制。多级库存控制是在单级库存控制的基础上形成的，是一种对供应链资源全局性优化的库存管理模式。

一、供应链多级库存的基本思想

供应链管理将供应链中所有节点企业看成一个整体，覆盖了从供应商到最终用户的采购、制造、分销、零售等全过程。供应链多级库存正是这种整体性观点的体现。多级库存研究要比单级库存复杂得多，因为不同节点之间的库存有关联，节点之间的库存决策相互影响。

最早开始研究多级库存的学者是 Clark 和 Scarf(1960)，他们认为，供应链的级库存等于某一库存节点现有的库存加上转移或正在转移给其后续节点的库存。这是基于完全对其下游的库存状态掌握的基础上提出的。也就是说，对一条完整的供应链，库存是多级的，检查库存状态时，不仅要检查本库存节点的库存量，还要检查其下游节点的库存数据。

多级库存控制是在单级库存控制的基础上形成的，是一种对供应链资源全局性优化的库存管理模式。多级供应链库存控制一般由分销中心汇总各零售商的订单，产生总订货单，传递给制造商，由制造商根据订单以及部分零售商与客户信息决定生产计划，同时对上游供应商发出物料订单。根据配置方式的不同，多级库存系统可分为串行系统、并行系统、树行系统和一般系统等形式。

多级库存管理适用于大规模生产组装型企业。这类企业下游有多个分销商，上游有很多供应商，且原材料和产成品的物流量较一般企业更大。因此，适合由这类企业作为核心企业实施多级库存控制。供应链多级库存优化的目标是使供应链库存成本最小。

二、供应链多级库存控制策略

多级库存的控制与优化主要有两种策略：集中式（中心化）策略和分布式（非中心化）策略。

（一）集中式（中心化）库存控制策略

集中式（中心化）库存控制策略是将控制中心放在核心企业上，由核心企业对整个供应链系统的库存进行控制，协调上游和下游企业的库存活动，即核心企业成为供应链的数据中心（数据仓库）。负责处理订单数据、电子交付、货运单处理、需求预测以及计划协调等功能。集中式多级库存控制系统往往是网络性供应链，即包括多个供应商和多个零售商，甚至包括多个分销中心。供应链集中式库存控制模型如图 4-13 所示。

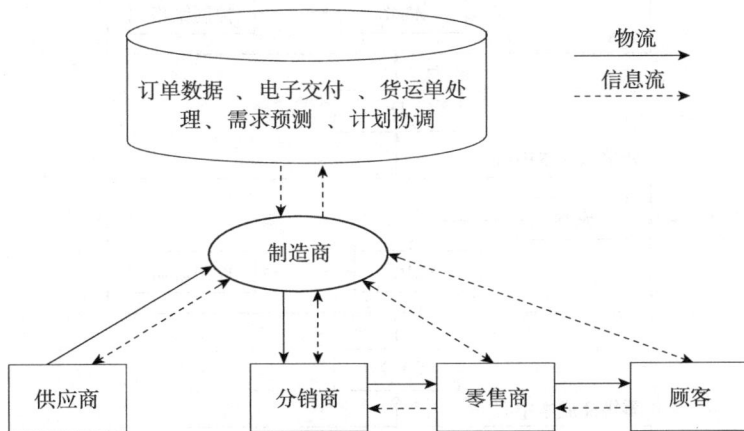

图 4-13 供应链集中化库存控制模型

集中式库存策略通过采用级库存取代点库存来体现供应链的中心化控制思想。根据 Clark 和 Scarf 的定义：

$$供应链的级库存 = 某一库存节点现有的库存 + \begin{array}{c}转移到或正在转移给\\其后续节点的库存\end{array}$$

采用级库存控制策略后，每个库存点不但要检查本库存点的库存数据，而且要检查处于下游库存点的库存状态。这明显与单点库存控制不同，单点库存控制没有考虑供应链中相邻节点的库存信息，只从自身的需求来制定库存策略，因此很容易造成需求放大现象。级库存策略的库存决策是基于对其下游企业的库存状态完全掌握的基础上的，因此避免了库存信息传递过程中的扭曲现象。

集中式库存策略的优势在于能够对整个供应链系统的运行有一个较全面的掌握，能够协调各节点企业的库存活动。集中式控制是将控制中心放在核心企业上，由核心企业对供应链系统的库存进行控制，协调上下游企业的库存活动。集中式库存策略的缺点是只以目标总成本作为唯一目标，忽略了供应链的客户服务水平以及对市场的快速反应能力，并且在目标总成本最低时考虑各个库存点的相互关系，对供应链各个节点库存进行协调和调整，这样无形中增加了库存管理协调的难度。

（二）分布式（非中心化）库存控制

分布式（非中心化）库存控制是把供应链上的库存控制分为三个成本归结中心，即制造商成本中心、分销商成本中心和零售商成本中心，各自根据自己的目标成本做出优化控制策略,如图 4-14 所示。分布式库存控制要取得整体的供应链优化效果,需要增加供应链的信息共享程度,使得供应链的各个部门都共享统一的市场信息。为了解决信息共享问题,需要将分布在供应链各个节点的库存信息很流畅地联系在一起,从而达到信息集成、库存一体优化的目标。

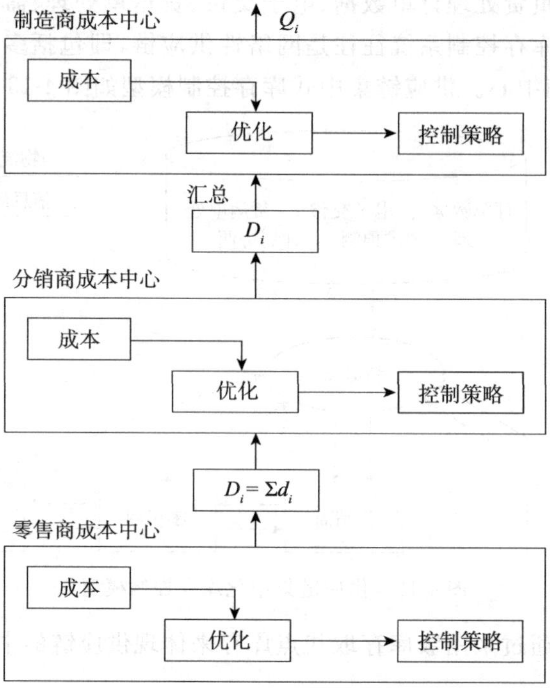

图 4-14　分布式多级库存控制模式

分布式策略是各个库存点独立地采取各自的库存策略。这种库存思想类似于传统的纵向一体化企业各下属企业库存控制,它能使节点企业根据自己的实际情况独立地做出决策,有利于发挥自主性、灵活机动性和决策迅速性等特点,在管理上也比较简单,但是并不能保证整体供应链的优化。分布式库存确定订货点,可以完全按照单点库存的订货策略进行,即每个库存点根据库存的变化,独立地决定库存控制策略。因此它只有在企业之间协调性好、信息能完全共享时才能充分利用供应链资源,否则有可能导致各自为政的局面,在实际应用中达不到理想效果。

三、简单多级库存订货模型

要得到多级库存系统的最优订货策略是十分困难的。从一个节点到另一个节点发送一批订货的最优决策通常会依赖于所有节点的库存状态。集中式库存决策系统决策时需要大量的信息,这会导致成本增加。因此,通常采取适当程度的集中化,而且采用相对简单、类似于单级库存控制中使用的本地库存控制规则。所以多级库存方法意味着以适当的方法尽量调整本地库存决策规则。例如,在多级库存中采用订货点法,目标是确定不同设施的订货点,对整个系统达到满意的协调控制。分布式库存控制策略更常见于分销系统,而不是生产系统。在分销系统内,各设施位于不同地点,相距较远,各自独立地进行库存补充策略。

下面介绍一个简单的多级库存订货批量优化模型。

考虑一个简单的两级分销系统。该系统由一个制造商和一个零售商组成。假设生产是即时的,即制造商可在任意顾客需要的时候生产出产品。如果两节点不同步,制造商可能会在向零售商发送一批量为 Q 的产品后立即生产新的批量 Q。两节点中的库存如图 4-15 所示。此时,零售商持有的平均库存为 $Q/2$,而制造商持有的平均库存约为 Q。

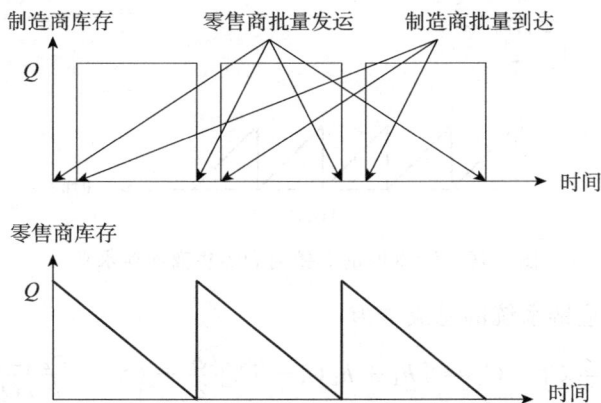

图 4-15 非同步情况下零售商和制造商的库存状况

如果制造商能将产品完工时点与产品发送给零售商的时点协调同步,则供应链的总库存将降低。在这种情况下,制造商持有库存为 0,而零售商持有的平均库存为 $Q/2$。生产和补货的同步使供应链的平均库存由 $3Q/2$ 降为 $Q/2$。

对于每个阶段仅有一个成员的简单的多级供应链而言,如果每个上游成员的订货批量都是其直接下游客户订货批量的整数倍时,则这种订货已近似最优。下面以一个分销商和一个零售商组成的二级供应链系统为例,说明零售商和分销商的最优订货策略。

假设提前期为零,零售商的需求 d 为常量且连续;零售商和分销商的固定订货成本分别为 S_1、S_2,单位库存持有成本分别为 h_1、h_2,不允许缺货。下面确定零售商和分销商的最优订货批量 Q_1、Q_2。

首先,计算零售商的成本:

$$C_1 = h_1 \frac{Q_1}{2} + S_1 \frac{d}{Q_1} \tag{4-31}$$

分销商的需求是离散不连续的,假设其订货批量 Q_2 是 Q_1 的若干倍:

$$Q_2 = kQ_1 \tag{4-32}$$

式中,k 为正整数。当 $k=3$ 时,分销商和零售商的库存水平的变化情况如图 4-16 所示。

其次,计算分销商的成本:

$$C_2 = h_2 \frac{(k-1)Q_1}{2} + S_2 \frac{d}{kQ_1} \tag{4-33}$$

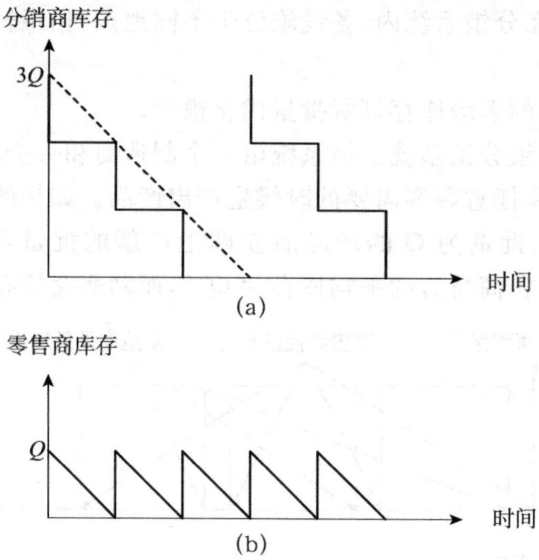

图 4-16　$k=3$ 时的分销商和零售商库存水平

因此，该两级供应链系统的总成本为：

$$C = C_1 + C_2 = \left[h_1 + h_2(k-1)\right]\frac{Q_1}{2} + \left(S_1 + \frac{S_2}{k}\right)\frac{d_1}{Q_1} \tag{4-34}$$

对特定的 k，可以由式(4-34)求得最优的 Q_1。

$$Q_1 = \sqrt{\frac{2\left(S_1 + \dfrac{S_2}{k}\right)d}{h_1 + (k-1)h_2}} \tag{4-35}$$

将式(4-35)代入式(4-34)，可得出给定 k 时的最优成本如下：

$$C(k) = \sqrt{2\left(S_1 + \frac{S_2}{k}\right)d\left[h_1 + (k-1)h_2\right]} \tag{4-36}$$

$$C^2(k) = 2\left(S_1 + \frac{S_2}{k}\right)d\left[h_1 + (k-1)h_2\right] \tag{4-37}$$

式(4-37)是关于 k 的凸函数。先不考虑 k 必须为整数，可得：

$$k^* = \sqrt{\frac{S_2 h_2}{S_1(h_1 - h_2)}} \tag{4-38}$$

当 $k^* < 1$ 时，k 的最优值为 1。假设 $k^* > 1$，令 k' 为小于或等于 k^* 的最大整数，也就是 $k' \leqslant k^* < k' + 1$。如果 $k^*/k' \leqslant (k'+1)/k^*$，则令 $k = k'$，否则 $k = k' + 1$ 为最优。

当供应链上下游成员订货批量呈倍数关系时，可通过越库配送(Cross-dock)将上游成员订货到达的产品不入配送中心或仓库，而是直接在站台上对下游成员进行配送，这样可以降低物流成本。越库配送实施程度依赖于供应链每一阶段成员的固定订货成本 S 与库存持有成本 H 的比值。当两个阶段成员的该项比值越接近，则将上游成员订货的产品实施越库配送至下游成员的比重就越高。

前沿理论与技术

基于时间竞争的多级库存控制

随着市场竞争的激烈,竞争已从传统的成本优先的竞争模式转向时间优先的竞争模式。基于时间竞争的核心是快速反应,即对于消费者市场和潜在市场得以了解和把握,能根据市场需求很快地制定出管理决策、运营模式、生产控制、产成品营销等过程。因此,供应链的库存优化不能仅仅以成本最小为目标,还应该考虑对时间的优化,例如库存周转率的优化、供应提前期的优化等。从整个供应链系统我们可以看到,从原材料供应到产成品生产再到产成品营销,把产成品送到每个顾客手中的整个过程中,时间占用的少意味着企业运营资金被占用的短,可显著增加公司收益。

基于时间竞争的供应链多级库存优化控制策略的主要目标快速响应市场需求,满足销售商对核心生产商的产品需求,降低成本,使得总时间最短,从而达到基于时间竞争的优化。因此,库存模型的目标函数一般可考虑以下两方面:一是在整个供应链系统内满足顾客需求的备货时间成本;二是整个供应链系统满足顾客需求时在供应链多级库存系统中所产生的总的时间成本,具体包括:原材料供应商对核心生产商在原材料运输过程中所产生的运输时间成本和延迟运输时间成本、核心生产商在生产产成品的过程中所产生的生产时间成本和生产延迟时间成本、核心生产企业对原材料库存和产成品库存分别进行库存管理时所产生的时间成本、核心生产企业对销售商在产成品运输过程中所产生的运输时间成本和延迟运输时间成本以及销售商对客户的缺货损失时间成本等。

实训项目

(1) 选择一家国内或国外知名企业,调查该企业库存管理现状,分析存在的问题,并提出改进建议。

(2) 调查一家轿车生产企业实施供应商管理库存 VMI 的实际情况,分析 VMI 实施的条件、优势和存在的局限性。

课 后 习 题

一、选择题

1. 不随订货批量变化,而每次订货都会发生的成本是( )。

    A. 原材料成本   B. 固定订购成本   C. 库存持有成本   D. 购买成本

2. 如果需求增长率为 k,则经济订货批量的增长率为( )。

    A. k B. $k/2$ C. $\sqrt{1+k}-1$ D. $\sqrt{k}$

3. 与每种产品独立订货情形相比,精选子集产品联合订货使( )。

    A. 每种产品的订货批量都增加   B. 每单位库存持有成本减少

    C. 每单位的购买成本会减少   D. 每种产品的订货批量都减少

4. 适合选择更高 CSL 的场合是( )。

    A. 高可变性   B. 长提前期

C. 产品需求量低　　　　　　　　　　D. 产品利润率高

5. 下列情形使安全库存降低的是（　　　）。

A. 订货提前期变短　　　　　　　　　B. 订货批量变小

C. 服务水平变高　　　　　　　　　　D. 需求波动变大

二、填空题

1. 由于生产或采购的批量大于需求量而产生的平均库存为_____库存。

2. 影响供应链安全库存的主要因素有：需求的不确定，_____的不确定，期望的周期服务水平，_____。

3. 多级库存的控制与优化主要有两种策略：_____策略和分布式策略。

4. 在供应商与用户之间建立起合理的库存成本、运输成本及意外损失的分担机制的库存管理模式是_____。

三、简答题

1. 简述价格折扣对供应链的影响。

2. 简述联合订货的启示。

3. 集中式多级库存控制策略有何优势和劣势？

4. 与传统的库存控制方法相比，VMI 有何特点？

5. 供应商在 VMI 中的收益主要有哪些？

6. 联合库存管理有哪些实施策略？

7. 实施 JMI 的管理优势体现在哪里？存在哪些不足之处？

四、计算分析题

1. 制造商的某零部件月需求量为 1000 件，每次订货的固定订货成本为 2000 元，库存持有成本为每件每年 10 元，求该制造商的经济订货批量。

2. 在题 1 中，若供应商提供价格折扣：订货批量小于 2000 件时，报价为 15 元/件；订货批量小于 3000 件而大于或等于 2000 件时，报价为 12 元/件，订货批量大于或等于 3000 件，报价为 10 元/件。求该制造商的最佳订货批量。

3. 家电零售商的电视机月需求服从正态分布，均值为 100，标准差为 10。订货提前期为 2 周，每次订货成本为 1000 元，每台电视机每年的库存维持费为 50 元，单位缺货成本为 200 元。若该零售商采用连续检查补货策略，试确定最佳库存策略。

第五章

供应链的定价和收益管理

一家乡村小理发店的差别定价

卡洛尔太太在乡下小镇上经营一家小小的理发店,由于手艺精湛,很受当地人欢迎。小店只有卡洛尔太太一位理发师,周末的时候人们常常要排两小时队才可能等到服务,因此许多人并不太愿意光顾她的理发店。罗伯特先生就是其中的一位,由于工作在外,他只有周六上午可以理发。虽然罗伯特先生很欣赏卡洛尔太太的手艺,但他无法接受长时间的等待。罗伯特先生也曾劝说卡洛尔太太接受预约安排,但卡洛尔太太担心这样会疏远顾客,不愿意改变目前的经营状况。作为一名收益管理专家,罗伯特先生同卡洛尔太太一起详细分析理发店面临的问题,并提出调整价格的建议。

1. 理发店面临的问题

(1) 理发店一周内的顾客需求分布不均匀,如周六的顾客过于拥挤,周二却很少有顾客上门。

(2) 理发师人手不足,周六顾客流失严重。

(3) 不同顾客需求偏好不同,如工作繁忙的顾客只会在周六来理发店,而其他退休的或上学的顾客可以在一周的任何一天理发。

(4) 涨价得不到顾客认同。很多顾客认为不能因理发店租金等费用增长而提高服务价格。

(5) 卡洛尔太太对改变现状没有把握。她曾考虑过再增加一张椅子和一个兼职理发师,但她不知道这样要花费多少钱,又能增加多少收入。

2. 服务价格的调整及实施

根据上面的分析,罗伯特先生提出,应当提高周六的价格而降低周二的价格。原因是有些顾客情愿多花钱换取周六的便利;而另一些顾客为了省钱也会乐意在周二来理发,用收益管理的术语来讲,叫认清细分市场上顾客对价格与便利的取舍。

开始,卡洛尔太太不太情愿这样做。她认为自己提供了相同的服务,不应根据服务时间的不同来设定不同价格。但后来的一件事让她改变了自己的想法。某个周六,卡洛尔太太正在为罗伯特先生理发,有一个人站在门口不断张望,当他看到等候室里坐满人时,摇摇头走开了。罗伯特先生问卡洛尔太太："他是你的老顾客吗？"卡洛尔太太回答说："不是。"罗伯特先生说："他今天会去找另外一位理发师，如果不是手艺特别糟，他将再也不会到你这里来。你不只是今天失去了一个顾客，而是永远失去了这位顾客。"听到这里，卡洛尔太太决定实行改革。

卡洛尔太太将周六的价格调高了 20%，同时把周二的价格降了 20%。结果，原本喜欢在周六等候聊天的退休老人和带小孩的母亲大都改在周二来理发，周二生意不再清淡；顾客的分流使得周六理发店不再拥挤，卡罗尔太太一个人就可以服务更多情愿多花点钱换取时间便利的客人，那些摇头离去的顾客又被吸引回来。一年后，卡罗尔太太惊喜地发现，理发店收入增长了 20%。

案例解析

差别定价是一种根据顾客支付意愿来制定不同价格的定价法。案例中卡洛尔太太对不同时段的理发服务制定了不同的价格，将周六的服务价格提高了 20%，而将周二的服务价格降低了 20%。通过这种价格的差异化，将周六的部分顾客需求分流到了周二，这种改变最终使理发店的收益得以增加。以上案例说明，相同的产品或服务，针对不同顾客制定差别价格，可以增加总收益。

问题：

（1）案例中的小理发店为什么要对不同的顾客差异化区分？

（2）通过差异化定价，卡罗尔太太想要达到什么目的？

案例涉及主要知识点

收益管理　细分市场　差别定价

学习导航

- 了解定价和收益管理在供应链中的作用。
- 掌握多细分市场、易逝品的定价和收益管理方法。

教学建议

- 备课要点：差别定价与收益管理概念，确定型需求多细分市场定价，易逝品的动态定价。
- 教授方法：案例引导，理论与实际相结合。
- 扩展知识领域：结合物流行业服务定价与收益管理进行拓展。

第一节　差别定价与收益管理概述

定价与收益密切相关。本节先简要介绍定价与收益管理的基本概念。

一、 基本定价方法概述

定价方法有很多种。基本的定价方法一般分为以下三大类。

1. 成本导向定价法

成本导向定价法通常是以成本加上一个标准的或固定的利润来决定产品价格的方法，具体包括成本加成定价法、目标利润定价法、盈亏平衡定价法。成本导向定价法简单易用，因而被广泛采纳。但由于该方法未考虑市场价格与需求变动的关系以及市场的竞争问题，仅通过一个个假想的期望销售量计算出定价，一旦销售量没达到预期要求，则无法达到预期利润。

2. 竞争导向定价法

竞争导向定价法是一种根据竞争状况确定价格的定价方法。公司以市场主要竞争者的产品价格为其定价的基准，结合考虑公司与竞争者之间的产品特色，制定具有竞争力的产品价格并随时根据竞争者价格的变动而进行调整。竞争导向定价法主要包括随行就市定价法、投标定价法。

竞争导向定价法的最大优点在于考虑了产品价格在市场上的竞争力。其主要缺点在于：①过分关注在价格上的竞争，容易忽略其他营销组合可能造成产品差异化的竞争优势；②容易引起竞争者报复，导致恶性地降价竞争，致使公司毫无利润可言；③实际上竞争者的价格变化并不能被精确地估算。

3. 需求导向定价法

需求导向定价法是一种根据市场需求状况和消费者对产品的感觉差异来确定价格的定价方法。需求导向定价法的特点是将定价的焦点集中于买者身上，减少公司定价的一厢情愿错误。但它要求确定消费者对于各种不同的产品感受的价值量的大小，这很难衡量，并且费时费力。

以上每种定价方法都忽略了定价问题的某些重要方面，因此大多数公司都不是"单纯主义者"，通常会使用上述三种定价方法的某种组合，且随时间进行改变。其中差别定价就是公司增加利润的一种强有力的手段，它利用分析技术来提高计算的准确性并及时更新价格。

二、 差别定价的含义

引导案例中卡洛尔太太为相同服务制定了不同的价格，这在经济学上称为差别定价（Differential Pricing）或价格歧视（Price Discrimination）。差别定价策略可以是就同一商品针对不同的顾客（或者顾客群体）制定不同的价格；也可以是对同一商品的不同款式制定不同的价格，或者是这二者的结合。

差别定价既是一门艺术也是一门科学。它的艺术性体现在寻找到一种细分市场的方法，这种方法使销售者可以对有高支付意愿的顾客收取高价，对低支付意愿的顾客收取低价。不存在一个适用于所有可能市场的顾客细分方法，它应由市场的性质、竞争的环境和商品或服务的特征来决定。差别定价的科学性体现在通过制定和更新价格，可以最大化所有细分市场的总收益。

引导案例中,罗伯特先生根据顾客对时间和价格的不同敏感度把理发店顾客划分为两类:第一类顾客非常在意理发时间,只选择周末理发,而对价格不敏感,属于高支付意愿顾客群;第二类顾客有较多自由时间,在一周任何时间理发都可以,但是他们对价格非常敏感,如退休的老人和在家带孩子的妇女,属低支付意愿顾客群。按照罗伯特先生的差别定价思想,要向高支付意愿顾客收取高价,则必须满足他们的周末理发需求,这需要把周六的高峰需求转移一部分到其他时间段。周二的服务能力相对于需求出现闲置,如果降低周二的服务价格,则会吸引低支付意愿顾客自觉转移到这个时段,因为他们不大可能接受周六的高价服务。当卡罗尔太太将周六的价格调高 20%,周二的价格下降 20%之后,果然顾客的需求分布如罗伯特先生所预料般发生了变化,最终理发店的收益增加了20%。这个案例直观地说明了对于同样的产品/服务,不同的顾客具有不同的需求偏好、价值判断和支付意愿,如果对产品/服务采取差别定价比单一定价能给销售者带来更多收益,这正是收益管理的基本思想。

三、收益管理的实质

收益管理(Revenue Management 或 Yield Management)是一种企业最优化选择所服务的顾客,使收益最大化的实践,同时也是一种收益最大化的技术。早在 20 世纪 70 年代初,许多航空公司就开始在同一架飞机上针对不同的顾客提供高价票和限制性的折扣票,以实现公司收益最大化,从而揭开了收益管理蓬勃发展的序幕。

收益管理就是指企业基于对消费行为的理解与不确定环境的预测,通过选择能力、价格和时机等决策要素,有效分配资源,从而管理需求以实现收益的最大化。收益管理的实质是基于市场细分,将适当的产品以适当的价格在适当的时间销售给适当的顾客,从而实现收益最大化。

收益管理一经产生,就在学术界和工业应用上取得了长足的发展。其应用已经从航空公司的初级阶段,发展到了企业实践的主流。目前,它正被广泛应用于酒店、汽车出租、电视广告、公路运输、电信和能源供应以及旅游等服务业,并逐渐朝着金融业、零售业、制造业和互联网等新兴的应用领域发展。收益管理在提高企业收益、增加利润方面的作用和潜力是巨大的,华尔街杂志称为"头号涌现式经营战略"。

第二节　收益管理对供应链的作用

一、收益管理的适用条件

收益管理适合以下几种场合。

1. 产能固定
企业最大生产或服务能力在相当长一段时间内固定不变,短期内不可能改变其生产或服务能力来满足需求变化。如果企业能够很容易且毫无成本地通过供给差异适应需求的变化,那么就不存在需求管理的复杂性。企业只要提供足够的产品就可以了。而有产能限制的企业则必须考虑自身所拥有的现有资源,并做出有效的分配决策,才能保证企业的收益。正如一个邮轮公司,当某一航线的一艘邮轮从 A 地开往 B 地时,无论有多少游客,船上房间和床位数量都是固定不变的。邮轮公司必须通过容量控制来充分利用有限的舱位容量,最大化自身利润。

2. 市场可细分

不同顾客对企业产品或服务的感知和敏感度各不相同,采用单一价格策略将会造成顾客流失或潜在收入流失。对市场进行有效细分,为不同需求层次的顾客制定不同价格和分配不同资源,是解决企业资源闲置或潜在收益流失的重要途径。如航空市场存在两类顾客:商务乘客和休闲乘客。前者对时间和服务敏感,对价格不敏感,愿意为满足他们行程的航班支付更高的价格;而后者则对价格敏感,对时间和服务不敏感,愿意改变他们的行程以得到更便宜的机票。因此有航空公司设置订票限制(比如,周六晚上不准登机、提前预订要求以及退票惩罚等)从而鼓励价格敏感型消费者提前订票,而时间敏感的商务乘客则往往无法享受这种低价票。能从商务乘客那里获得比休闲乘客更高票价的航空公司肯定比向所有乘客提供同一票价的航空公司更赚钱。

3. 产品或服务具有易逝性或损耗性

易逝性也叫时效性,是指产品或服务的价值随着时间递减,不能通过存储来满足顾客未来的需要,如果在一定时间内销售不出去,企业将永久性地损失这些资源潜在的收益。最有代表的易逝性产品是时装和季节性产品。生产能力、仓储能力及运输能力如果不使用就会浪费掉,它们也是典型的易逝品。对于航空公司而言,在某次航班飞行中,如果某些座位未被利用,则这些座位的本次价值就永远消失了。因此,在这种情况下,收益管理的目标就是随时调整价格在有限的库存和产能下获取最大的利润。

4. 产品或服务可预售

产品和服务可以预销售使得企业可以在高需求来临时通过提高价格降低需求同时增加收益,而在低需求来临时又可以通过降低价格刺激需求,卖出更多的存量,同样可以提高收益。然而,在产品预订的过程中,企业又会面临许多的不确定性:多少存量可以用于预订? 在不同的提前期里应该设置多高的折扣? 对于企业来说,预订本身就意味着机会损失。在这种情况下,收益管理便是行之有效的方法。

5. 需求具有季节性或其他波动性

需求在时间上的波动性,使得企业必须在有限的销售周期内有效控制存量的分配,并通过价格等手段管理需求,从而最大化收益。如亚马逊网上书店的订单就具有明显季节性波动,需求高峰出现在圣诞节前的 11 月。为满足这个高峰需求,亚马逊网上书店需要花费较高的成本来获取大量的零星订货能力。亚马逊网上书店应用收入管理的思想,在11 月高峰到来之前提供免费运输服务,这样做可以将一部分需求从高峰季节转移到非高峰时期,从而增加总利润。

6. 高生产成本/低可变成本

适合收益管理行业的成本结构一般是较高的固定成本和较低的边际成本。对于邮轮、酒店或航空业来说,服务一个新顾客的成本将比增加一个座位或房间的成本小得多。对于其他类似的存量限制行业,必须通过某些技术增加收益来抵消边际成本和至少部分固定成本。较低的边际成本和较高的固定成本使得企业具有更高的定价灵活性,从而可在低需求的时候通过降低价格提高收益,而在高需求的时候提高价格增加收益。

7. 产品可以同时批发和零售

每个产品或每单位产能既能在批发市场又能在零售市场销售。如仓储公司必须决定是否将整个仓库租给愿意签订长期合同的顾客,或者为零星租户预留一部分仓库空间。长期合同更可靠,但是它的平均租金通常比零星租用的租金低。通过为长期合同和零星租用顾客分配适当比例的仓库,收益管理可以增加利润。

收益管理对于供应链中的每个资产所有者而言都是一种强大的工具。供应链上所有阶段,只要满足以上一个或更多条件时,任何形式能力(生产、运输或仓储)的所有者都可以应用收益管理获得相似影响。

二、 收益管理在供应链管理中的应用

定价是一种重要的杠杆,通过定价可以更好地匹配供应和需求,从而提高利润。供应链的收益管理就是在供应链资产的约束下,通过调整价格来提高利润。供应链资产主要有两种:产能资产和库存资产。产能资产是为了满足生产、运输和存储的需要;库存资产存在于整个供应链,主要是用来提高产品的可获性。显然,供应链的资产是有限的。

为提高供应链资产的总利润,传统的做法是通过增加投资或者减少资产来减少供需不匹配,即在需求增长时期增加额外的产能;在需求低迷时期减少一些产能。而收入管理的思想认为企业应该首先使用定价来尽量达到供需的平衡,然后再考虑是否增加投资或减少资产。

例如,一家拥有 20 辆卡车的物流公司,通常情况下,公司会设定一套固定的运输服务价格体系,只有产能出现多余时才采用广告促销来刺激需求。要应用收益管理的思想,公司应采取多种差别定价方法。第一种方法是根据运输订单的紧急程度的不同进行差别定价,即对那些提前下订单的顾客给予低价,对那些要求立即运输的顾客索要高价。第二种方法是根据双方合作期限提供不同定价,即对有长期合作关系的顾客给予低价,对临时的、紧急需求的顾客采用高价。第三种方法是根据市场需求波动差别定价,即在需求旺季采用高价;在需求低迷时采用低价。物流公司采用这些差别定价策略比采用固定价格可带来更多的利润。

因此,差别定价是收益管理策略中利润最大化的关键。供应链的收益管理又可以定义为基于顾客分类、使用时间、产品或产能可获性的差异定价来提高供应链盈余。下面以航空业差别定价的经典案例来说明收益管理对供应链绩效的巨大作用。

20 世纪 80 年代中期,美洲航空公司通过成功地应用收入管理对付并最终打败大众捷远航空公司(People Express)。大众捷运航中公司位于新泽西州纽瓦克市,它提供比其他航空公司低 50%~80% 的票价。开始,其他航空公司忽视大众捷运航空公司,因为它们对低端票价市场不感兴趣。但是到 1983 年,大众捷远航空公司拥有 40 架飞机,载客率高于 74%。大众捷远航空公司和其他新进入者不断侵蚀着现行航空公司的市场。现

有的航空公司不能通过降价来竞争。因为它们的运作成本非常高。美洲航空公司最早使用收入管理进行有效反击，它将一部分座位的价格降到大众捷运航空公司提供的价格或更低。不久，其他航空公司，例如，联合航空也跟着降价，从而吸引了许多大众捷运航空公司的乘客。这一招足以将大众捷运航空公司的载客率降到 50％ 以下，航空公司在这个水平是无法生存的。1986 年，大众捷运航空公司倒闭了。

美洲航空公司成功的主要原因是它使用了差别定价策略，以较低的价格出售一部分座位，从而吸引了部分可能乘坐大众捷运航空公司的乘客。美洲航空公司没有降低商务旅客所乘坐的座位的价格，因为这些乘客不会乘坐大众捷运航空公司的飞机。因此，有目标的差别定价是收益管理成功的核心。

第三节　多细分市场的定价和收益管理

收益管理思想在供应链中应用的主要问题包括：多细分市场的收益管理、易逝品的收益管理、超订模型等。本节及下一节分别进行介绍。

一、 供应链细分市场差别定价的基本问题

供应链中存在很多类似于航空业的细分市场例子。以某货运公司为例，该公司拥有 6 辆货车，提供 A 城市至 B 城市之间的运输服务，运输总容量为 6000m³。每辆货车的每月租金、司机工资和维护费合计为 5000 元。市场研究发现运输容量的需求函数为：$d=9000-200p$。其中 d 是来自每个细分市场的需求，p 是每立方米货物的运输价格。

公司若定价 15 元/m³，则有 6000m³ 的需求，可实现 90 000 元的收入和 60 000 元的利润。如定价为 30 元/m³，需求降为 3000m³，也可实现 90 000 元的收入和 60 000 元的利润，但有 3000m³ 的运输容量空闲。假定所有运输需求来自同一个市场，通过计算，该公司制定的最优单一价格应为 22.5 元/m³，可带来 4500m³ 的需求，101 250 元的收入，如图 5-1 所示。

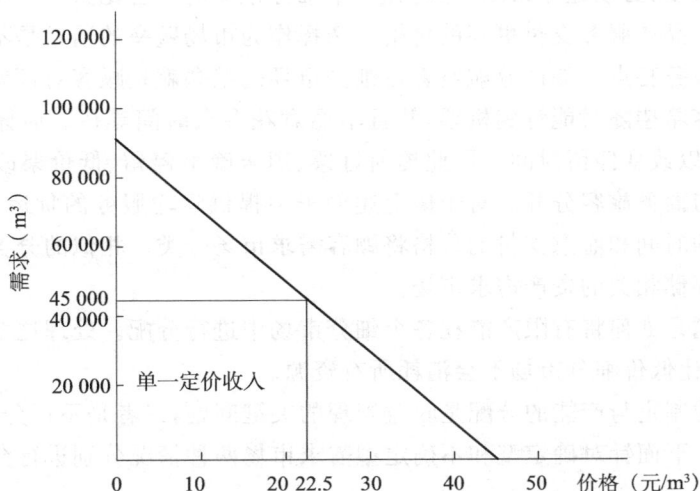

图 5-1　货运公司单一定价时价格与需求关系

如果该公司能将愿意支付 30 元/m³ 的需求细分市场与只愿意支付 15 元/m³ 的细分市场区分开,则该公司可以应用收益管理提高收入和利润。例如,货运公司满足愿意支付 30 元/m³ 的高价市场全部需求,即提供 3000m³ 运输容量。对于只愿意支付15 元/m³ 的低价市场仅提供 3000m³ 运输容量,满足一半需求。差别定价的结果是,公司从高价市场获取 90 000 元收入,从低价格市场获取 45 000 元收入,如图 5-2 所示。当存在对运输能力有不同支付意愿的细分市场时,收益管理将收入从 101 250 元提高到 135 000 元,极大地提高了利润。

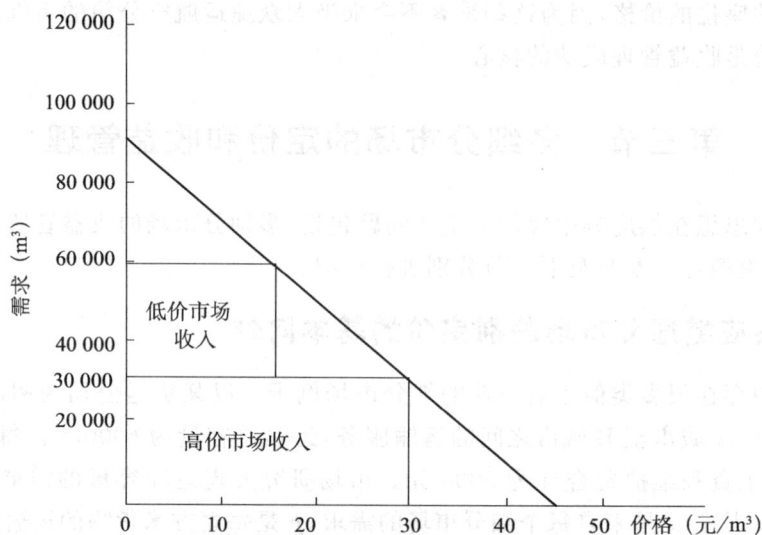

图 5-2　货运公司差别定价时价格与需求关系

理论上,差别定价可以增加利润,但实践中必须处理好两个基本问题才可能实现这一目标。

第一个问题是如何区别不同的细分市场,构建定价机制,确定每个细分市场的价格。为了区分细分市场,必须建立市场壁垒,让一个细分市场的顾客比另一个细分市场的顾客更愿意为相同产品或服务支付更高的价格。选择作为市场壁垒的通常是不同细分市场所重视的产品或服务特点。如区分航空客运细分市场的壁垒就是顾客对订票提前期的敏感性。像商务旅客希望随时能订到机票,并且不愿意花多余时间等待。而休闲旅客愿意提前订票,而且可以改变停留时间。因此提前订票、周末晚上停留、低价票改签惩罚等措施可将休闲旅客与商务旅客分开。对于像上述例子中提供运输服务的货运公司,则可根据顾客预订服务的时间和愿意支付的价格将顾客需求市场分类。相似的分类也适用于供应链中与生产和存储相关的资产需求市场。

第二个问题是如何将有限产能在各个细分市场中进行分配。处理这个问题的关键是如何控制需求,让低价细分市场不会消耗所有资源。

差别价格的制定与产能的分配是收益管理的关键问题,二者是不可分的,最终目的是使收益最大化。下面针对确定型和不确定型需求市场两种情况分别进行介绍。

二、 确定型需求多细分市场的收益管理

确定性需求是一种较简单的情形。公司已经明确了区分细分市场的标准,希望为每个市场制定合适的价格以获得最大收益。以一家产品供应商为例,该供应商已经确认了 k 个细分市场,每个细分市场 i 的需求函数为(为简化分析,假设为线性需求):

$$d_i = A_i - B_i p_i$$

式中,p_i 是产品在细分市场 i 的售价,d_i 是来自细分市场 i 在售价 p_i 下的需求。供应商的单位生产成本为 c,需要确定每个细分市场的售价 p_i。此定价问题可以用式(5-1)表示。

$$\max \sum_{i=1}^{k} (p_i - c)(A_i - B_i p_i) \tag{5-1}$$

供应商的产能没有约束时,问题可以按细分市场进行分解,每个细分市场 i 的利润为 $(p_i - c)(A_i - B_i p_i)$,供应商的目标是使每个市场的利润都最大化。则每个细分市场 i 的最优价格为:

$$p_i = \frac{A_i}{2B_i} + \frac{c}{2} \tag{5-2}$$

如果供应商的产能有约束,且最大产能为 Q 时,则定价问题可用式(5-3)表示。

$$\max \sum_{i=1}^{k} (p_i - c)(A_i - B_i p_i) \tag{5-3}$$

约束条件:

$$\sum_{i=1}^{k} (A_i - B_i p_i) \leqslant Q \tag{5-4}$$
$$A_i - B_i p_i \geqslant 0, \quad i = 1, 2, \cdots, k$$

上式可以用 Excel 中的工具"规划求解"来求得最优解。

【例 5-1】 一家自行车制造商确认了两个顾客细分市场:一个市场的顾客喜欢定制自行车,愿意支付较高的价格;另一个市场的顾客愿意接受标准自行车,但是对价格较敏感。假设生产两类自行车的成本都是 600 元。定制市场的需求函数为 $d_1 = 30\,000 - 10p_1$,对价格敏感的标准市场的需求函数为 $d_2 = 40\,000 - 25p_2$。如果制造商的目标是使利润最大化,它将如何为每个市场制定价格?如果该制造商为两个市场制定相同的价格,最优价格为多少?差别定价可以增加多少利润?如果制造商可供产能为 20\,000 辆自行车,该制造商又该如何定价?

解:
(1) 无限产能时差别定价。
通过式(5-2)可以分别计算出每个市场的价格:

$$p_1 = \frac{30\,000}{2 \times 10} + \frac{600}{2} = 1800(元)$$

$$p_2 = \frac{40\,000}{2 \times 25} + \frac{600}{2} = 1100(元)$$

两个细分市场的需求分别为：

$$d_1 = 30\,000 - 10 \times 1800 = 12\,000(\text{辆})$$

$$d_2 = 40\,000 - 25 \times 1100 = 12\,500(\text{辆})$$

总利润 $= 12\,000 \times (1800 - 600) + 12\,500 \times (1100 - 600) = 20\,650\,000(\text{元})$

（2）无限产能时单一定价。如果制造商为两个市场制定单一价格，它将使下式最大化：

$$(30\,000 - 10p)(p - 600) + (40\,000 - 25p)(p - 600) = (p - 600)(70\,000 - 35p)$$

则最优价格为：

$$p = \frac{70\,000}{2 \times 35} + \frac{600}{2} = 1300(\text{元})$$

两个细分市场的需求分别为：

$$d_1 = 30\,000 - 10 \times 1300 = 17\,000(\text{辆})$$

$$d_2 = 40\,000 - 25 \times 1300 = 7500(\text{辆})$$

总利润 $= (17\,000 + 7500) \times (1300 - 600) = 17\,150\,000(\text{元})$

可见，制造商的差别定价比单一定价能多获得 3 500 000 元利润。

（3）有限产能时差别定价。考虑制造商的总产能仅有 20 000 辆的情况。最优差别定价带来的需求超过了产能，需要采用式（5-3），求解下式：

$$\max(30\,000 - 10p_1)(p_1 - 600) + (40\,000 - 25p_2)(p_2 - 600)$$

约束条件：

$$(30\,000 - 10p_1) + (40\,000 - 25p_2) \leqslant 20\,000$$

$$(30\,000 - 10p_1) \geqslant 0, \quad (40\,000 - 25p_2) \geqslant 0$$

用 Excel 中的"规划求解"计算，在有限产能下，制造商为每个市场制定的最优价格、分配的产能以及获得利润如表 5-1 所示。可见在有限产能约束下，制造商为每个市场制定的价格比没有产能约束时的价格要高。

表 5-1　有限产能差别定价 Excel 求解结果

细分市场	价格（元）	需求	收入（元）
1	1928.57	10 714.29	14 234 693.9
2	1228.57	9285.71	5 836 734.7
合计	—	20 000	20 071 428.6

在考虑多细分市场差别定价时，有两个重要假设在实际中可能不成立。第一个假设是当价格公布以后，高价细分市场的顾客不会转到低价市场，即假设用来区分市场的壁垒（如提前期）能完全起作用。在实际中可能不是这种情况，如某些商务旅客一旦确定了出行日期（如开会），他们也会提前预订机票，以获得折扣票价。第二个假设是一旦价格确定了，顾客需求就可以预测，然而很多情况下的需求通常是不确定的。

三、不确定型需求细分市场的收益管理

通常供应商不同细分市场的需求不是同时出现的，往往低价市场的需求要比高价市

场的需求先到来。供应商可以为提前下订单的顾客制定较低的价格，为最后时刻下订单的顾客制定较高价格。为了充分利用收益管理，供应商必须要控制好提供给低价购买者的产能，以免在低价市场消耗掉所有可用的产能。这时供应商要考虑的关键问题就是如何为高价市场保留合适的产能。如果需求可以预测，这个问题就很简单。但现实中，很多情况下需求是不确定的，因此供应商在制定决策时要面对更复杂的问题。

供应商在权衡产能在低价市场和高价市场分配时，面临两种风险，即产能虚耗（Spoilage）和需求溢出（Spill）。产能虚耗是指供应商为高价市场保留的产能因高价市场的实际需求未出现导致产能闲置或浪费现象。需求溢出的情况正相反，是指由于产能分配给了低价市场，而不得不拒绝来自高价市场的需求，即高价市场的实际需求相对于为高价市场保留的产能而言有过剩。供应商在确定为高价市场保留的产能数量时，应该使产能虚耗和需求溢出的预期成本最低。将来自低价市场的现有订货与未来高价市场的预期收入做比较，如果高价市场的预期收入小于来自低价市场的现有收入，则可接受现有低价市场的订单。

考虑供应商分配两个细分市场的产能问题。令 p_L 为低价市场的价格，p_H 为高价格市场的价格。假设来自高价市场的需求服从正态分布，均值为 D_H，标准差为 σ_H。如果供应商为高价市场保留的产能为 C_H，则多保留一单位产能的预期边际收入 $R_H(C_H)$ 为：

$$R_H(C_H) = \text{Prob}(来自高价市场的需求 > C_H) \times p_H \tag{5-5}$$

此时，供应商的产能分配与两个细分市场的边际收入密切相关。如果高价市场的预期边际收入大于现有低价市场边际收入，则供应商应保留更多产能满足高价市场需求，这样可以增加总收入。反之，则应满足更多现有低价市场需求。直到两细分市场的边际收入相等时，供应商的产能分配才达到均衡，即多保留的一单位产能无论分配到高价市场或低价市场都不改变总收入大小，此时总收入达到最大。用公式表达，使 $R_H(C_H) = p_L$ 的 C_H 为最优的高价市场保留产能。换言之，为高价市场保留的最佳产能 C_H 可以通过下式求出：

$$\text{Prob}(来自高价市场的需求 > C_H) = \frac{p_L}{p_H} \tag{5-6}$$

如果高价市场需求服从正态分布，均值为 D_H，标准差为 σ_H，则供应商应为高价市场保留的产能为：

$$C_H = F^{-1}\left(1 - \frac{p_L}{p_H}, D_H, \sigma_H\right) = \text{NORMINV}\left(1 - \frac{p_L}{p_H}, D_H, \sigma_H\right) \tag{5-7}$$

式中，NORMINV 是 Excel 中正态累积分布函数的逆函数。

当细分市场有两个以上时，可以用相同原理计算一组嵌套的保留产能。首先将细分市场按照价格从高到低进行排序，令 C_i 为第 i 个细分市场的保留产能，p_i 为第 i 个细分市场的价格，$i=1,2,\cdots,k$。则最高价市场保留产能 C_1 应该使该市场的预期边际收入等于次高价格市场的价格，即等于 p_2。最高价格市场和次高价格市场的保留产能 C_2 应该使最高价格市场和次高价格市场的预期边际收入等于第 3 个细分市场的价格 p_3。这种贯序方法能够为除了最低价格市场的其他所有市场计算嵌套的保留产量。

【例 5-2】　某运输公司服务于两个细分市场。市场 A 的顾客愿意支付 35 元$/\text{m}^3$，但是只愿意提前 24 小时下订单。另一细分市场 B 的顾客只愿意支付 20 元$/\text{m}^3$，但是愿意提前一周下订单。预测未来的两周内，市场 A 的需求服从正态分布，均值为 3000m^3，标准差为 1000。应该为市场 A 保留多少产能？如果市场 A 愿意支付 50 元/m^3，该运输公司该如何调整决策？

解：根据题意，已知条件如下：

A 市场为高价市场，价格 $p_A = 35$ 元/m^3；

B 市场为低价市场，价格 $p_B = 20$ 元/m^3；

高价市场 A 的平均需求为 $D_A = 3000 m^3$；

高价市场 A 的需求标准差为 $\sigma_A = 1000 m^3$。

使用式(5-7)，则为市场 A 保留的产能为：

$$C_H = \text{NORMINV}\left(1 - \frac{p_L}{p_H}, D_H, \sigma_H\right) = \text{NORMINV}\left(1 - \frac{20}{35}, 3000, 1000\right) = 2820(m^3)$$

如果市场 A 的顾客愿意提高支付价格到 50 元/m^3，则保留的产能应该增加到：

$$C_H = \text{NORMINV}\left(1 - \frac{p_L}{p_H}, D_H, \sigma_H\right) = \text{NORMINV}\left(1 - \frac{20}{50}, 3000, 1000\right) = 3253(m^3)$$

可见，当高价市场的需求分布未发生变化，而顾客的支付意愿进一步提高时，供应商应将更多的产能用于满足高价市场需求，从而进一步提高总收入。

四、多细分市场差别定价策略

供应商以固定的资产服务于多个细分市场时，为了成功应用收益管理，可使用如下差别定价策略。

（1）为同种产品设计不同形式，基于细分市场感知的价值来定价。

以发行新书为例，出版商可以先以精装本形式发行最畅销作者的新书，然后再以平装本的形式发行同样的书。对于那些想尽快阅读新书，以及想购买精装本图书用于收藏的顾客而言，他们愿意支付高价获得该书。对于那些对价格比较敏感、对书的包装没有要求的顾客而言，他们宁愿等待一段时间购买平装书。同样内容的书在不同顾客的心中具有不同的感知价值，出版商可以为精装书制定较高价格，为平装书制定较低价格。

在基本产品上捆绑不同的配置和服务也可以创造不同形式。如汽车制造商基于所提供的配置选项创造了最流行车型的高端、中端和低端产品。这个策略可以让它们用同一个核心产品给不同细分市场制定不同价格。计算机制造商为相同的计算机设计不同形式的质保服务供顾客选择，如一年/二年/三年送修，一年/二年/三年意外保修。这种情况下，相同的产品和不同的质保服务就是差别定价的依据。

（2）为每个细分市场制定不同价格。

如美国网络零售商亚马逊（Amazon）用运送时间的长短作为区分配送服务细分市场的壁垒。该公司的配送价格方案为：1 天内送货到达的紧急订单的运费为 18.98 美元/单；2 天内送货到达的较紧急订单的运费为 9.98 美元/单；标准运送时间为 3~5 个工作日内到达，运费为 5.48 美元/单；订单内商品属于免运费促销商品，且订单金额大于或等于 25 美元，免运费，5~8 个工作日内送货到达。

（3）对每个细分市场分别进行预测。

不同细分市场顾客需求有着不同特征，往往低价格市场的需求较稳定，容易预测。而高价格市场需求不稳定,不确定性高,预测难度大。因此要区别对待不同细分市场。理想情况下,每次处理一个顾客订单时,应该修正所有细分市场的需求预测,计算一个新的保留产能。但实际上,这样做很费时间。更可行的方法是经过一段时间,当预测的需求或需求精确度发生很大变化时,再修正预测和保留产能数量。

第四节　易逝品的定价和收益管理

一、易逝品定价概述

易逝品具有销售周期短、期末残值低、需求不确定性大等明显特征。常见的易逝品包括蔬菜、水果、报刊、食品、药品、时装,以及航空、宾馆等各类服务。另外,随着科技的进步和市场竞争的加剧,越来越多的电子产品和信息产品也具有易逝品的特征。易逝品的这些特征要求企业应在易逝品价值下降之前尽可能多地将其销售出去。但是,如果过多的商品以较低价格销售出去,企业的收入又会受到极大影响。因此针对易逝品需要采取灵活有效的定价策略,这给企业的管理提出了新的挑战。

易逝品定价的有效方法之一是基于收益管理的动态定价(Dynamic Pricing)和超订(Overbooking)。动态定价在不增加成本的情况下,通过科学的市场需求预测和合理定价使企业现有资源配置最优化。超订则是通过控制增加预订量,在拒绝服务的潜在风险和增加收益之间寻求平衡,实现收益最大化。

二、基于收益管理的动态定价

(一)动态定价的一般条件

动态定价是指企业根据市场需求和自身供应能力,以不同的价格将同一种产品适时地销售给不同顾客或不同细分市场,以实现收益最大化的策略。动态性主要体现在产品或服务的价格一般会随时间变化而变化。例如,位于波士顿的上品折扣(Off-price)零售商 Filene's Basenment 采取这样的定价策略:新品先以全价在主店销售,剩下的商品在折扣店销售,35 天内价格逐渐下降,最后没有卖完的商品就捐给慈善组织。另一个典型动态定价的例子就是电信公司对一天中不同时段的通话收取不同的费率,如上午 6 点到下午 6 点时段的电话费率是 0.18 元/min,下午 6 点到晚上 11 点是 0.12 元/min,晚上 11 点到早上 6 点是 0.06 元/min。

动态定价一般需具备以下 4 个条件:

(1)需求是变化的,但是遵循一个可预见的模式。

(2)短期内供应商的供应能力是固定的(或者改变起来成本很大)。

(3)产品或服务的价值在某个明确的日期之后失去价值,即具有易逝性,或者存储成本很高——否则买方就可以预测价格的变化,在价格低的时候存储产品。

(4)供应商能够估计产品或服务随时间推移的价值,并且有效地预测价格对顾客需求的影响,有能力通过调整价格来应对供需不平衡。

（二）简单的动态定价方法

通常随着时间变化对产品进行差别定价会提高愿意以全价购买产品的顾客对产品的可获性，并增加零售商的总利润。下面介绍一个简单的动态定价方法。

某零售商在季初拥有数量为 Q 的某种产品。假设销售季节可分为 k 个时段，每个时段的需求都可以预测，即可以预测随着时间推移顾客对价格的反应，并且顾客不会因为预期的价格变化而改变自己的行为。令时段 i 里的价格为 p_i，时段 i 里的需求 d_i 为 $d_i = A_i - B_i p_i$（为了便于理解和求解，以线性需求为例）。零售商希望随着时间改变价格，从 Q 个产品的销售中获得最大的总收入，即要确定不同时段的价格 p_i。

零售商的动态定价模型如下：

$$\max \sum_{i=1}^{k} p_i (A_i - B_i p_i) \tag{5-8}$$

约束条件：

$$\sum_{i=1}^{k} p_i (A_i - B_i p_i) \leqslant Q \tag{5-9}$$

$$A_i - B_i p_i \geqslant 0, \quad i = 1, 2, \cdots, k$$

以上问题可以用 Excel 中的"规划求解"工具求解。

【例 5-3】 某零售商在冬季开始以前以 100 元的成本购买了 400 条新款羊毛围巾。冬季一般持续 3 个月，零售商预测这 3 个月的需求分别是 $d_1 = 300 - p_1, d_2 = 300 - 1.3 p_2$ 及 $d_3 = 300 - 1.8 p_3$。零售商应在这 3 个月内如何改变羊毛围巾的价格使总收入最大？动态定价比单一定价增加多少收入？

解： 从本例中的需求函数可看出，在季初购买羊毛围巾的顾客对价格不太敏感，在季末购买该产品的顾客对价格敏感。运用式(5-8)和式(5-9)，得出零售商动态定价模型：

$$\max p_1 (300 - p_1) + p_2 (300 - 1.3 p_2) + p_3 (300 - 1.8 p_3)$$

约束条件：

$$(300 - p_1) + (300 - 1.3 p_2) + (300 - 1.8 p_3) \leqslant 400$$
$$300 - p_1 \geqslant 0$$
$$300 - 1.3 p_2 \geqslant 0$$
$$300 - 1.8 p_3 \geqslant 0$$

用 Excel 中的"规划求解"工具计算，结果如表 5-2 所示。零售商的最优定价策略是：第 1 个月定价为 162.20 元，第 2 个月定价为 127.58 元，最后一个月定价为 95.53 元。动态定价可为零售商带来 51 697.94 元收入。

表 5-2　零售商动态定价方案

时　　段	价格（元）	需　　求	收入（元）
1	162.20	137.80	22 351.28
2	127.58	134.15	17 114.36
3	95.53	128.05	12 232.30
合计	—	400	51 697.94

如果零售商在这 3 个月内的定价不变,则最优的定价也可通过 Excel 中工具求得,如表 5-3 所示。零售商在 3 个月里若以固定价格销售,则应定价为 121.95 元,可实现 48 780.49 元收入。通过比较,可发现动态定价为零售商增加了近 3000 元的利润。

表 5-3　零售商单一定价方案

时　段	价格(元)	需　求	收入(元)
1	121.95	178.05	21 713.27
2	121.95	141.46	17 251.64
3	121.95	80.49	9 815.59
合计	—	400	48 780.49

【例 5-4】　进一步考虑例 5-3 中的情景。零售商的季初进货量应该如何确定?应该如何为这 3 个月的羊毛围巾制定价格使总利润最大化?

解:当季初数量 Q 未知时,Q 也是一个决策变量。以利润最大化为优化问题的目标函数,即:

$$\max p_1(300-p_1)+p_2(300-1.3p_2)+p_3(300-1.8p_3)-100Q$$

约束条件为:

$$(300-p_1)+(300-1.3p_2)+(300-1.8p_3)\leqslant Q$$
$$300-p_1\geqslant 0$$
$$300-1.3p_2\geqslant 0$$
$$300-1.8p_3\geqslant 0$$
$$Q\geqslant 0$$

运用 Excel 求出上述线性规划模型,结果如表 5-4 所示。零售商的最优策略是:在季初购进 245 条羊毛围巾,第 1 个月定价为 200 元,第 2 个月定价为 165.38 元,第 3 个月定价为 133.33 元。按照这种策略进货和定价,零售商可创造 17 557.69 元利润,比购进 400 条羊毛围巾时的利润还要高出 5860 元。

表 5-4　最优进货量和动态价格

时段	价格(元)	需求	收入(元)
1	200.00	100.00	20 000.00
2	165.38	85.00	14 057.70
3	133.33	60.00	8000.01
合计	—	245.00	42 057.70
最优进货量	—	245.00	—
利润(元)	—	—	17 557.69

实际中的动态定价问题比例题中考虑的情景更复杂,因为需求往往是不可预测的,顾客会战略性地选择购买时机,例如他们会分析以往零售商的销售习惯,等待降价的

机会,推迟购买产品。动态定价问题的复杂性使它成为收益管理领域研究的热点问题之一。

三、超订概述

当有限能力的供应商预售的产品数量多于其能提供(或他认为能提供)的产品数量时,就出现超订。超订是收益管理中研究最悠久的问题之一,起源于航空业。据估计美国近50%的机票预订被取消或放弃,如果不采用超订策略,在起飞后大约有15%的座位将空闲,故此航空公司希望通过适当的超订来弥补这一损失。20世纪60年代开始,超订成为航空公司采用的一种座位管理策略,该策略对增加航班的承载率非常有效。随后,超订策略被酒店、租车、铁路客运和集装箱海运等行业使用。

下面介绍一种基本的超订模型。

超订一方面能为公司带来收益,另一方面又会带来风险。因为超订数量的确定是建立在对顾客需求的预测基础之上的,其中顾客的退订率和未出席率很难准确预测,因此只要采取超订策略,就有可能出现拒绝服务现象,航空业称为拒载现象(Denied Boarding,DB),即部分持票乘客被拒绝登机。以航空业为例,当某次航班超售时,如出现的乘客数超过航班的座位数——航空公司将会取消部分顾客的预订,为这些顾客重新预订下一次航班。如果距下一航班起飞还有相当长时间,航空公司则必须为这些顾客提供午餐或晚餐。如果下一航班在第二天,还要提供住宿。另外,航空公司要对每位被取消预订的顾客提供一定的经济补偿。总之,当出现拒载时,航空公司要承担一定的经济损失。因此确定合适的超订量需要公司在超订不足造成的容量虚耗损失和因超订过度造成的超售损失之间进行权衡。当超订过度时,出现产能短缺造成拒载,需要安排昂贵的后备支援,使用后备资源的成本就是超订过度成本。当超订不足时,出现产能闲置,浪费的成本等于利用这些闲置产能创造的利润。超订决策的目标就是通过减少产能的浪费成本和产能的短缺成本来使供应链利润最大化。

为简化问题,在进行最佳超订量决策时,给出如下假设条件:

(1) 只考虑未出席情况,不考虑退订。

(2) 每单位产品或服务的售价相同。

(3) 发生的需求支付价格,预定不支付额外成本。

符号定义及参数说明如下:

p 为单位产品或服务的售价;

c 为使用或生产单位产品或服务的成本;

b 为产能短缺时使用后备资源的单位成本;

产能浪费的边际成本为:$C_w = p - c$;

产能短缺的边际成本为:$C_s = b - p$;

O^* 为最优超订量;

s^* 为未出现的预订量小于或等于 O^* 的概率。

如果后备资源的单位成本小于销售价格,则没有必要限制超订。通常情况下,使用后备资源的成本大于销售价格,这时计算最优超订量的权衡问题跟报童问题很相似。在此处,当未出现的预订量少于超订量时,出现产能短缺。使产能短缺的预期边际成本和产能浪费的预期边际成本相等时的超订量为最佳超订量。用式(5-10)表达即:

$$s^* C_s = (1 - s^*)C_w \tag{5-10}$$

可求得:

$$s^* = \text{Prob}(\text{取消预订的数量} \leqslant O^*) = \frac{C_w}{C_w + C_s} \tag{5-11}$$

如果未出现的预订量服从正态分布,均值为 μ_c ,标准差为 σ_c ,则最优超订量为:

$$O^* = F^{-1}(s^*, \mu_c, \sigma_c) = \text{NORMINV}(s^*, \mu_c, \sigma_c) \tag{5-12}$$

如果未出现的预订量是总预订量的函数(总预订量用产能 L 和超订量 O 之和表示),服从正态分布,均值为 $\mu(L+O)$,标准差为 $\sigma(L+O)$,则最优超订量为:

$$O^* = F^{-1}(s^*, \mu(L+O^*), \sigma(L+O^*)) = \text{NORMINV}(s^*, \mu(L+O^*), \sigma(L+O^*)) \tag{5-13}$$

这里, s^* 是公司设定的服务水平,即公司拒绝顾客的比例不超过 s^* 。在实际运营中产能短缺成本(即拒载成本)很难确定。因为这种成本既包括显性的赔偿,还包含隐性的商业信誉、顾客满意度等方面的损失;即使是显性的经济赔偿,也很难确定它的数额。在公司确定了服务水平的情况下,通过式(5-13)的变换,可以给出一个赔偿金额的参考值,即:

$$C_s = \frac{(1 - s^*)C_w}{s^*} \tag{5-14}$$

上述超订模型对很多实际情形进行了简化处理,导致该模型存在一定的局限性。

(1) 模型没有考虑超订量随着预订时期的变化而变化。事实上,如果预订在供应商提供服务或产品(如飞机离港)之前可以取消,则最优超订量可能会随着临近服务时间而改变。这时需要考虑动态超订的计算。

(2) 模型假设每位顾客支付相同的价格,这与现实有偏差。大多数易逝品供应商,如航空公司、酒店、仓储运输公司对于相同单位的能力会收取不同的价格。这样会在很大程度上增加最优超订量计算的复杂性。

(3) 模型假设当退订或未出席时不需要支付罚金,但目前大部分供应商已经全部或部分转变为货款不可退还或只能部分退还,因此在计算最佳超订量时还需考虑这些情况。

前沿理论与技术

超订策略在物流领域的应用

超订策略是收益管理理论的重要管理方法之一。在物流业中也存在着类似于航空业的客户到期未如约出现或退订等现象。例如,客户为货物预定了仓储公司的仓库空间,但到期由于货物没有完全准备好,或未检查完毕,或运输出现延迟,或其他外在原因等未按时到达仓库,造成仓储公司在预定的部分时间内仓储设施出现暂时闲置。虽然仓储公司一般要求货主支付一定的违约金作为对货主的违约处罚。但支付的违约金不足以弥补由于闲置带来的机会损失,尤其是在仓储需求的高峰期,损失就更大。另外,退订在货运市场中也常有发生。有些货主对运输服务的时间和价格很敏感,为了以尽可能低的运输成本运送货物,可能同时与多家运输企业预订运输服务,最终从中选择合适的企业,取消其他企业的预订。还有些货主由于某些原因改变了货物的运送时间和运送路线等,不得不取消先前的预订。如果能在距运输日期较远的时候取消预订,这对企业来说还有时间对被取消的运输服务进行重新销售。如果在运输日期的前几天取消预订,运输企业可能无法及时进行重新销售,这就会造成部分车辆闲置。因此,可以借鉴航空业收益管理经验,将超订策略应用于物流领域。

实训项目

选择一家物流仓储或运输公司,为其设计差别定价方案。

课 后 习 题

一、选择题

1. 下列属于供应链产能资产的是( )。

    A. 运输工具　　　B. 原材料　　　C. 在制品　　　D. 产成品

2. 下列属于供应链库存资产的是( )。

    A. 厂房　　　B. 零部件　　　C. 仓库　　　D. 生产设备

3. 以下应用收益管理还不普遍的行业是( )。

    A. 公路运输　　B. 能源供应　　C. 金融业　　D. 电视广告

4. 下列不属于易逝品的是( )。

    A. 仓储服务　　B. 运输服务　　C. 酒店客房　　D. 家具

二、填空题

1. 当保留给高价市场的产能因来自高价市场需求并没如期而至而浪费时,这种情形称为_____。

2. 由于产能已分配给了低价市场,而不得不拒绝来自高价市场需求的情形称为_____。

3. 适合收益管理行业的成本结构一般是较高的_____和较低的_____。

4. 当有限能力的供应商预售的产品数量_____其能提供(或他认为能提供)的产品数量时,就出现超订。

三、简答题

1. 收益管理在供应链中应用的条件有哪些?

2. 如何确定区分细分市场的壁垒?

3. 有效运用动态定价需要具备哪些条件?

4. 解释航空客运业超订产生的原因。

四、计算分析题

1. 一家合同制造商为它的产能确定了两类细分市场:一类市场的顾客不愿意提前下订单,对价格不敏感,其需求价格函数为$d_1 = 5000 - 20p_1$;另一类市场的顾客愿意提前下订单,对价格敏感,其需求价格函数为$d_2 = 5000 - 40p_2$。生产成本为$c = 10$元/单位。

(1) 如果制造商的目标是使利润最大化,它将如何为每个市场制定价格?

（2）如果该制造商为两个市场制定相同价格，此价格为多少？

（3）差异定价可以增加多少利润？

2. 某芯片制造商每天生产 1000 单位的芯片。目前公司以 30 元/单位的价格出售该芯片。要想获得这个价格必须提前一周预定。一些顾客愿意为提前一天订货支付双倍价格。估计提前一天的高价市场需求服从正态分布，均值为 250，标准差为 100。则该制造商应该为最后一天保留多少芯片？

3. 一家百货公司购买了 2000 件泳衣，准备在夏季销售。该季节将持续 3 个月，公司经理预测在季初购买的顾客对价格不敏感，而在季末购买的顾客对价格较敏感。预测的这 3 个月的需求曲线分别为 $d_1 = 2000 - 10p_1, d_2 = 2000 - 20p_2, d_3 = 2000 - 30p_3$。假设每件泳衣的成本为 50 元。

（1）如果百货公司准备在整个销售季节采取统一价格销售，定价为多少时可获得最大利润？利润为多少？

（2）如果百货公司准备制定动态价格销售，价格策略是什么？这个策略相对于固定价格对利润有何影响？

第六章

供应链环境下的物流管理

导入案例

基于供应链关系管理的海尔物流

海尔创立于1984年,经过近30年创业创新,从一家资不抵债、濒临倒闭的集体小厂发展成为全球白色家电第一品牌。2012年海尔全球营业额1631亿元,利润90亿元,利润增幅是收入增幅的2.5倍。据消费市场权威调查机构欧睿国际(Euromonitor)的数据,海尔连续四年蝉联全球白色家电第一品牌。在美国波士顿(BCG)管理咨询公司发布的2012年度"全球最具创新力企业50强"中,海尔是唯一进入前十名的来自中国的企业,并且位居消费及零售类企业榜首。

1. 海尔集团的整体战略

海尔的发展依次经过了名牌战略(1984—1991年)、多元化战略(1991—1998年)、国际化战略(1998—2005年)、全球化品牌战略(2005—2012年)四个发展阶段,目前正过渡到网络化战略发展阶段(2012—2019年)。海尔发展的历程就是不断创新的过程,创新已经成为海尔品牌的第一特征。特别是在1998年之后,经济全球化的发展趋势使得海尔开始思考企业的国际化和全球化战略。首先是在国际化战略发展阶段,海尔提出了"走出去、走进去、走上去"的"三步走"战略,逐渐在海外建立起设计、制造、营销的"三位一体"本土化模式。这一阶段,海尔推行"市场链"管理,以计算机信息系统为基础,以订单信息流为中心,带动物流、商流和资金流的运行,实现业务流程再造;在全球化品牌战略发展阶段,海尔抓住互联网时代的机遇,整合全球的研发、制造、营销资源,创全球化品牌。这一阶段,海尔探索的互联网时代创造顾客的商业模式就是"人单合一双赢"模式;在网络化战略发展阶段,海尔以"网络化的市场,网络化的企业"为目标,力推三个"无"的创新管理模式:企业无边界,即平台型团队,按单聚散;管理无领导,即动态优化的人单自推动;供应链无尺度,即大规模定制,按需设计,按需制造,按需配送。

从海尔集团的整体发展战略历程看来,在进入21世纪之后,海尔的国际化、全球化以及正在进行的网络化战略中,物流都是其管理创新的核心内容。

2. 海尔集团"一流三网"的同步物流模式

海尔集团自1999年开始进行以"市场链"为纽带的业务流程再造,创造了富有海尔特色的"一流三网"的同步物流模式。"一流"是以订单信息流为中心;"三网"分别是全球供应资源网络、全球配送资源网络和计算机信息网络。"三网"同步流动,为订单信息流的增值提供支持。海尔物流的"一流三网"充分体现了现代物流的特征。1999年,海尔专门成立了物流推进本部,下属三个事业部:采购事业部、配送事业部、储运事业部,成立了36个区域配送中心,初步建立了覆盖全国的网络。

如图6-1所示,海尔物流的成功在于抓住了JIT采购、JIT送料和JIT分拨的关键环节。海尔进行的以"一流三网"为标志的物流革命,其核心就是以订单信息流为中心对仓库进行革命,通过同步模式以高效物流运作实现"与用户零距离"的战略目标,海尔通过现代物流一只手抓住用户需求,另一只手抓住可以满足用户需求的全球供应链,获得企业核心竞争力。图6-2所示的海尔同步化物流运作模式就是以订单为导向,在计算机信息网络的支撑下,靠订单去采购,为订单去制造,为订单去销售,从而实现整个供应链系统物流均衡化、同步化运作,降低供应链各环节库存水平。

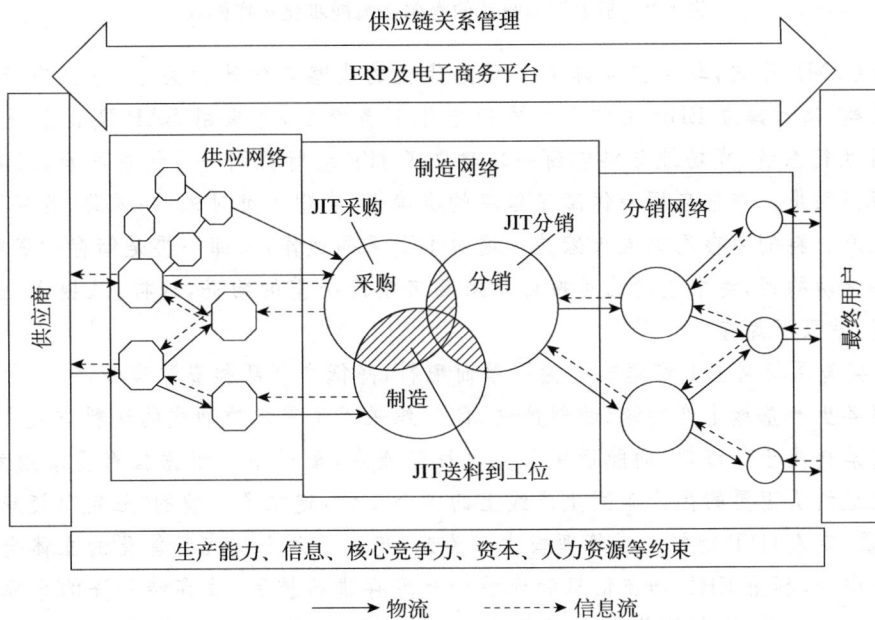

图6-1 海尔JIT物流网络

(1) 实施JIT采购——为订单而采购,消灭库存。

像海尔这样生产类型的企业,其流入物流(种类和数量)远大于流出物流。海尔流出的有58个门类、13 000多个品种,而流入的却高达26万种各类物料,有2000多家供应商,年采购费用约150亿元。流入与流出的种类比例达到了约25∶1。可想而知,流入物流的管理难度远大于对流出物流的管理。但是要想实现按单生产,关键是要抓好流入物流。因此,海尔在整合物流过程中,牢牢地抓住了流入物流管理环节,积极推行JIT采购管理。海尔将集团的采购活动全部集中,在全球范围内采购质优价廉的零部件。通过整合采购,将供应商的数目减少到900家,世界500强企业中有44家是海尔的供应商,集团采购人员优化掉1/3,成本每年环比降低4.5%以上。通过优化供应商组成,推行供应商

商务推进本部 海外推进本部 → 客户关系管理 (CRM) 订单录入 → {产品部 分拨 JIT采购配送} → 销售订单 → 生产订单 → 运行MRP

采购信息

BBP电子采购平台 (采购预测系统)

部件采购申请

自动转为采购订单

供应商生产组织

成品分拨物流 ← 成品完工倒冲 {生产订单 销售订单 工位库存}

生产

4小时配送到工位 ← 立体仓库库存 工位库存 订单需求 BOM ← 生产订单 ← 五定配送 订单、定点、定时、定量、定人 ← 立体仓库

3天拉料报警 1天拉料报警

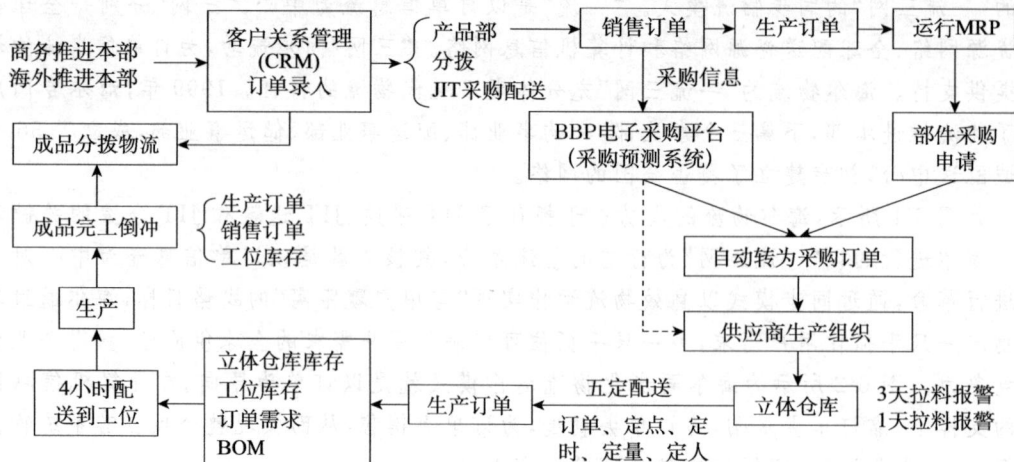

图 6-2　基于订单驱动的海尔物流同步化运作模式

管理库存(VMI)模式,与供应商建立了动态优化的战略合作伙伴关系,与供应商一起推进按单采购;通过建立 BBP 采购平台进行电子商务交易,并应用 SAP R/3 系统和 SAP LES 物流执行系统,成功地与供应商一起建立了 JIT 运行机制——信息同步,采购、备料同步和距离同步。即信息同步保障了信息的准确性,实现了准时采购;采购、备料同步,使供应链上原材料的库存周期大大缩减。通过 JIT 采购运作,仓库不再是储存物资的水库,而是一条流动的河,河中流动的是按订单采购来生产必需的物资,这样,从根本上消除了呆滞物资,消灭了库存。

(2) 实施原材料 JIT 配送——为订单而配料,降低在制品和资源浪费。

海尔各生产基地生产物流(物料配送)的组织采用了需求拉动式的送料方式。根据装配线上的消耗及生产订单,向配送中心发出拉料指令,配送中心根据拉料需求组织配货,并准时配送到所需要的生产车间生产线上的各个工位,建立了有效的"五定"(订单、定点、定时、定量、定人)JIT 物料配送管理模式。为此,建立了两个现代智能化的立体仓库及自动化物流中心,利用 ERP 物流信息管理手段对库存进行控制,改存储物资的仓库为过站式配送中心。同时,海尔从物流容器的单元化、标准化、集装化、通用化到物料搬运机械化、自动化,再到车间生产线物料配送的"看板"管理系统、定置管理系统、物耗监测和补充系统,进行了全面改革,实现了"以时间消灭空间"的物流管理目标。

目前,JIT 物料配送全面推广信息替代库存,使用电子标签、条码识别和无线通信技术等国际先进的无纸化办公方法,实现物料出入库系统自动记账;用电子看板下达工作指令,完成物料拉动,并由模块化 BOM 集成化进行质量控制;达到按单采购、按单拉料、按单拣配、按单核算投入产出、按单计酬的目标,形成了一套完善的看单配送体系。在实施的初期,收到了比较好的效果。物流本部成立前,海尔的平均库存时间为 30 天,仅海尔工业园企业的外租仓库就达 20 余万平方米。经过一年的努力,2001 年海尔平均库存周转时间已经减至 12 天,整个集团仓库占地仅为 2.6 万平方米,即以原仓储面积 1/10 的空间承担起原仓储的全部功能。对订单的响应速度从原来的 36 天降低到不到 10 天。2002

年海尔将库存占用资金从 15 亿元降为 3 亿元。

（3）实施成品物流 JIT 分拨——为订单而分销,提高客户满意度。

目前,海尔与 300 多家运输公司建立了紧密的合作关系,全国可调配的车辆达 1.6 万辆,可做到中心城市 6～8 小时配送到位,区域配送 24 小时到位,全国主干线分配配送平均 4 天,形成全国最大的分拨物流体系。同时,建立了成品库存管理系统及一系列销售物流操作平台,实现现代物流的统一信息化管理。海尔在青岛的成品物流中心货区面积仅有 7200m²,但其货物吞吐量却相当于 30 万平方米的普通平面仓库。大大降低了成品库存,提高了存货的周转速度。

3. 海尔物流——第三方物流业务

海尔物流本部成立于 1999 年,当时负责海尔集团实施物流重组和供应链整合的任务,包括采购、原材料配送和成品分销配送。在海尔物流创建之初,时任海尔集团首席执行官（CEO）的张瑞敏也曾有意将物流外包,但发现国内并没有任何物流企业能够满足海尔的物流业务需求,另外,从海尔自身来讲,物流无限延伸就会涉及企业的商业秘密,所示才决定自造物流体系。

海尔物流应用世界最先进的 SAP R/3 系统和 SAP LES 物流执行系统,拥有 600 亿元海尔集团物料的管理运作经验和能力。近年来,通过资源整合与优化,海尔物流对内优化集团的供应链,对外大力开展社会化物流业务,向其他行业和单位提供全程物流服务,通过现代物流科技的应用为客户提供全方位物流增值服务,实现了从"企业物流"到"物流企业"的转型。

（1）循环取料和过站物流服务。

海尔物流在一级配送网络、区域内分拨网络的基础上建立了区域间配送体系。各配送中心的网络,除了能满足区域内配送外,还建立了直接送达其他配送中心的区域间配送网络,使以前的单点和线形成星罗棋布的网,形成完善的成品分拨物流体系、备件配送体系与返回物流体系。目前网络的类别有:零担、班车、专线、整车配送等,以满足不同客户的需求。大批量订单,提供"B2B、B2C 的门对门"的运输配送。零散、小批量的订单,以运筹优化的观点,安排合理的配送计划,实现一线多点配送,为客户提供完善的 24 小时物流服务,形成一个以干线运输、区域配送、城市配送三级联动的运输配送体系;同时配合海尔集团的家电销售网络到三四级的推进,将形成一个深度和广度覆盖的综合物流服务网络。

通过海尔物流网络（区域配送＋干线运输＋城市配送）构建的客户业务模式如图 6-3 所示。

为了集中管理供应商的库存,海尔物流建立了原材料中转集散中心（VMI-HUB）,供应商大批量、少批次入库,需求方小批量、多频率订单采购出库,集中物流配送既减少供应商的供货成本又提高供货及时率,既减少需求方仓库面积又提高其生产灵活性。海尔物流还构建了 VMI-HUB 系统平台,并作为海尔资源共享云平台（http://www.ihaier.com）的重要内容之一。如图 6-4 所示。

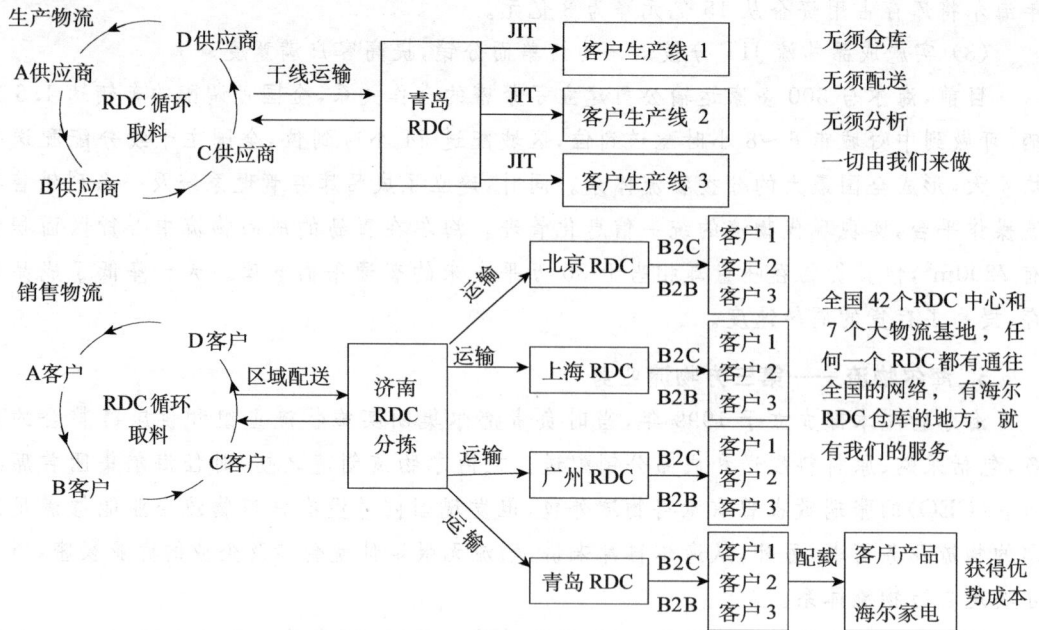

图 6-3　海尔物流的客户业务模式

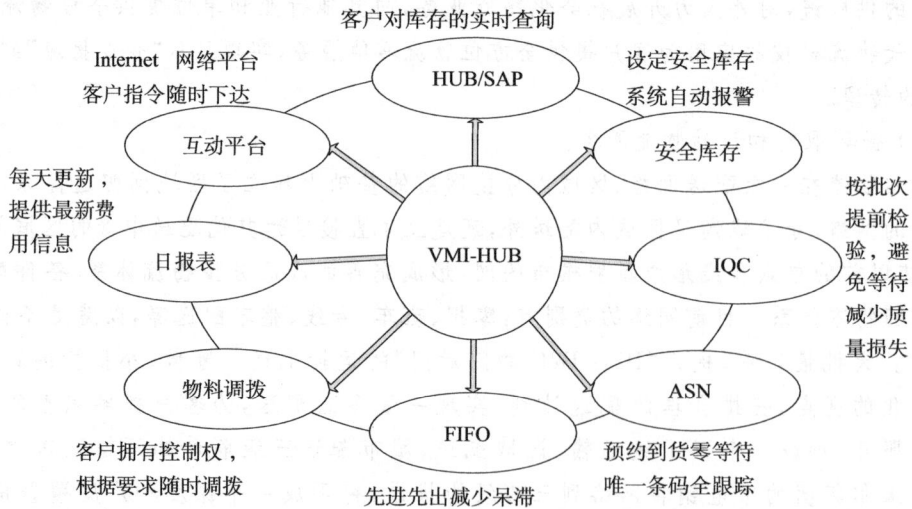

图 6-4　海尔 VMI-HUB 系统平台

（2）增值服务。

　　海尔物流先后为制造业、航空业等领域的企业提供了物流增值服务，可以根据客户需求提供打码、再包装、扫描等业务，设计业务流程规避风险，保险、货单抵押、再加工等增值服务，使物流服务升级实现精细化物流的目标。其涉及的主要物流服务内容如图 6-5 所示。

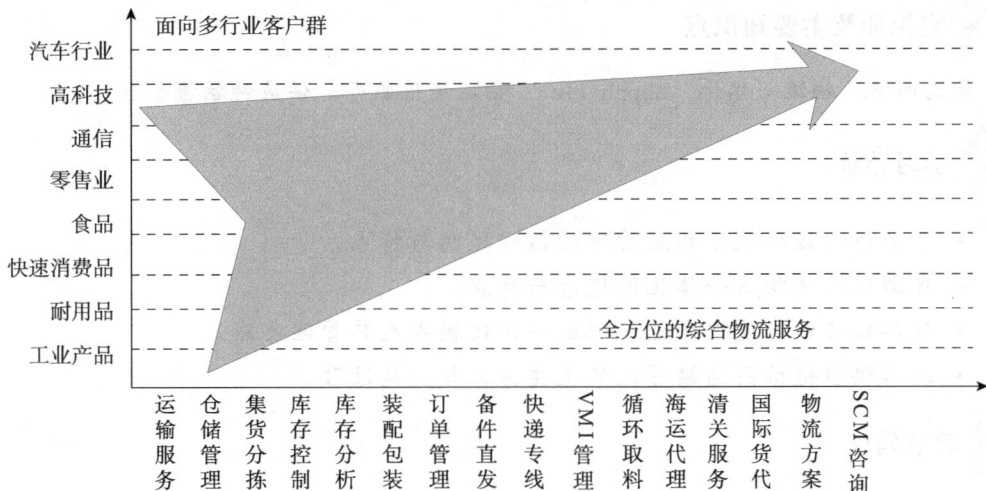

图 6-5 海尔物流的综合物流业务

4. 海尔物流——第四方物流业务

在不断拓展第三方物流业务的同时,海尔也开始把目标瞄准了第四方物流,帮助客户规划、实施和执行供应链的程序。2002 年 12 月,海尔集团物流有限公司与寰宇空港物流签订北京首都机场的物流合作项目协议,也标志着海尔物流进入第四方物流领域。

海尔物流根据海尔集团流程再造的经验,能够结合自身的优势特点以及每个行业不同的特性,为客户量身定制个性化的物流解决方案,包含诸如物流网络策略、运输设计、仓储设计和模拟,以及作业改进和库存分析等。通过 IT 系统形成简单快捷、自动化的流程。还可以提供整个供应链管理专家咨询及服务。目前已经在汽车行业、快速消费品行业、家具行业、IT 行业、电子电器行业、石化行业等多个领域开展个性化物流方案设计,为GE、SGMW、IKEA、FOXCONN、DOW、AVAYA、伊利、张裕等国内外知名企业提供物流供应链服务。

案例解析

物流管理是供应链管理发挥整体效益、实现价值增值的前提和基础。供应链环境下的物流管理强调通过上下游企业的协调来优化资源配置并建立战略协作竞争体系,通过提高企业间的合作与协同,实现信息共享、资源共享、过程同步、合作互利、交货准时、响应敏捷、服务满意,从而提高供应链整体竞争力。本案例中,海尔集团基于供应链关系管理的思想,通过 JIT 物流网络,对供应链上下游企业的业务进行整合,努力推进物流一体化运作,从专业的第三方物流服务提供商发展到提供供应链整体服务的第四方物流提供商,体现了供应链环境下物流管理的发展趋势。

问题:

(1) 如何从海尔集团物流发展过程中,进一步理解供应链环境下物流管理的概念?

(2) 结合案例,讨论供应链环境下物流管理的特点与根本要求。

📚 **案例涉及主要知识点**

物流网络　物流一体化　Supply-Hub　物流增值服务　供应链物流整合

🌳 **学习导航**

- 了解供应链环境下物流管理的核心思想与特点。
- 理解供应链物流一体化的概念与特点。
- 理解供应链环境下仓储与配送一体化模式及其管理实践。
- 理解供应链协同运输管理的主要内容与实施过程。

✒️ **教学建议**

- 备课要点：供应链环境下物流管理的核心思想、供应链物流一体化战略、供应链环境下的仓储与配送一体化模式和协同运输管理等。
- 教授方法：案例引导、理论与实际相结合。
- 扩展知识领域：结合信息化领域的发展趋势和要求适当拓展。

第一节　供应链环境下物流管理的核心问题

一、物流管理在供应链管理中的重要地位

物流过程是一个物资流转、价值流转和信息流转的过程，物流贯穿于整个供应链的各个环节，是企业间联系的纽带，物流管理在供应链管理中起着重要的作用，这一点可以通过价值分布来考查。

物流价值（采购价值和分销价值之和）在各种类型的产品和行业中都占到了整个供应链价值的一半以上，制造价值不到一半。在易耗消费品和一般工业品中，物流价值的占比更大。这充分地说明了物流管理的价值。供应链是一个价值增值链过程，供应链管理效率和价值增值水平很大程度上取决于采购、运输、仓储、配送等物流作业环节的管理和运作状况，因此，物流管理是供应链管理发挥整体效益、实现价值增值的前提和基础。

传统观点认为物流是对生产的支持。但是在供应链管理环境下，一方面，随着企业生产方式的转变，即从大批量生产转向精细的准时化生产，物流（包括采购与供应物流）必须随之改变运作方式，实行准时供应和准时采购；另一方面，对客户需求的及时响应，要求企业能以最快的速度将产品送到客户手中。所有这一切，都要求企业物流系统具有和制造系统协调运作的能力。所以，供应链环境下的物流管理不再仅仅是保证生产过程连续性的问题，而是要在供应链管理中发挥主体角色的重要作用，以提高供应链敏捷性和适应性。物流在供应链管理中的主要作用体现在四个方面：①创造用户价值，降低用户成本；②协调制造活动，提高企业敏捷性；③提供用户服务，塑造企业形象；④提供信息反馈，协调供需矛盾。

二、 供应链环境下物流管理面临的问题

传统的物流管理忽视了物流各功能环节之间的联系,采购、运输、仓储、配送等职能被分布在企业不同的职能部门,且各环节之间缺乏有效的沟通,经常会造成物流不协调的现象,导致客户服务水平低、产品周转慢、能力短缺、交货不及时等问题,造成巨大的成本浪费。现代物流管理则强调通过上下游企业的协调来优化资源配置并建立战略协作竞争体系,其本质就是供应链物流管理,即运用供应链管理思想实施对物流活动的组织、计划、协调与控制,以最小的综合成本来满足顾客的需求。供应链物流管理强调供应链成员之间通过协作(Cooperation)、协调(Coordination)与协同(Collaboration),提高供应链物流的整体效率。为此,供应链物流系统面临着一系列的转变,主要需要解决以下几个方面的问题:

(1) 快速、准时交货的实现问题;

(2) 低成本、准时的物资采购供应策略问题;

(3) 物流系统整体成本控制问题;

(4) 物流信息的准确输送、及时反馈与共享问题;

(5) 物流系统的敏捷性和灵活性问题;

(6) 供需协调,供应链实现无缝连接和协同运作问题。

三、 供应链物流管理的核心思想与特点

供应链物流管理的核心思想是"系统"思维观和"流"思维观,对供应链中一切活动的优化要以整体最优为目标,对各个环节的物流运作管理要实现像小河流水般的顺畅。通过提高企业间的合作与协同,实现信息共享、资源共享、过程同步、合作互利、交货准时、响应敏捷、服务满意,从而提高供应链整体竞争力。

供应链物流除了包括运输、储存、包装、装卸、信息处理等活动的策划设计和组织,还要充分考虑供应链的特点,即协调与配合的要求,在库存控制、运输决策、供需关系等决策时,统筹考虑集约化、协同化,既保障供应链企业运行的需要,又降低供应链总物流费用。

具体来说,与传统的物流管理相比较,供应链物流管理具有以下特点。

(1) 分析问题的范围更广。供应链物流管理是从供应链整体的角度出发,在更广泛的范围内进行资源配置,包括充分利用供应链各个企业的各种资源,寻求供应链系统整体物流成本与客户服务水平之间的均衡。

(2) 管理的内容更多。供应链物流管理涉及整个供应链所有成员组织,这个大系统物流包括企业之间的物流,也包括企业内部的物流。管理内容包括从初始供应物流到终端的分销物流以及逆向物流。

(3) 侧重点不同。供应链物流管理更侧重于供应链成员企业间接口物流活动的管理优化,如协同运输管理、仓储与配送一体化、生产与库存控制联合优化等,这也是供应链物流管理的利润空间所在。

(4) 管理难度更高、管理思想和方法更丰富。结合供应链的特点来组织物流,既是供应链物流管理的优点,又是供应链物流管理的约束条件。是优点,因为它可以使物流在更

大的范围内实行优化处理、在更大的范围内优化资源配置,因此可以实现更大的节约、更大地提高效益;是约束条件,因为它在进行物流活动组织时,需要综合考虑更多的因素,需要更多的信息支持和优化运算。由此造成物流组织管理的复杂程度更高、工作量更大、难度也更大。因此,供应链物流管理需要应用更多的管理思想和方法,如系统理论与集成思想、准时制(JIT)、供应商管理库存(VMI)、快速响应(QR)、有效客户反应(ECR)、连续补货(CR)、协同计划预测与补货(CPFR)、延迟策略(Postponement)等。

另外,由于供应链物流管理的复杂性,很多企业将供应链的物流活动外包给第三方物流企业来完成。例如,上海大众汽车、通用汽车等汽车生产商将其在全国范围内的整车物流、零部件物流服务外包给安吉物流。利用第三方物流企业的专业化管理能力和物流资源,有利于核心企业集中于自己的核心业务,提升核心竞争力。

第二节 供应链物流一体化战略

为了降低成本,提高客户响应速度,越来越多的企业在选择物流业务外包的合作对象时,逐步由单一的注重物流服务时效、价格向注重解决方案转变,即一体化物流解决方案。Mears·Young(米尔斯·杨)和Jackson(杰克逊)(1997)以及Ellinger(埃林杰)等(1997)曾指出,一体化物流(Integrated Logistics)或物流一体化(The Integration of Logistics)是现代物流业发展的方向,这种趋势也为第三方物流(即3PL,The Third Party Logistics)的发展提供了良好的机遇。3PL企业必须超越传统物流服务模式,积极融入供应链集成化运作环境中,为供应链的协同运作提供安全可靠的一体化物流服务的支撑。

一、 物流一体化的概念

根据美国供应链管理专业协会(CSCMP)的定义,物流一体化是运用综合、系统的观点将从原材料供应到产成品分发的整个供应链作为单一的流程,对构成供应链的所有功能进行统一管理,而不是分别对各个功能进行管理。根据我国国家标准《物流术语》(GB/T 18354—2006)中的定义,一体化物流服务(Integrated Logistics Service)是指根据客户需求对整体的物流方案进行规划、设计并组织实施产生的结果。

物流一体化是20世纪末最有影响的商业趋势之一,它改变了从前把产品的流动视为一系列独立活动的思路,把从原材料直到消费者的商品流动作为整体系统进行计划与协调。它是物流管理系统化的具体体现,充分考虑整个物流过程及影响此过程的各种环境因素。唐纳德·J.鲍尔索克斯(2005)认为一体化物流管理的目标是将市场、分销网络、制造过程和采购活动联系起来,以实现顾客服务的高水平与低成本,赢得竞争优势。如上海通用汽车在物流领域以一体化思想为指导,在生产物流中规划柔性化的物料系统,同时在供销物流中全面使用第三方物流,依托先进的IT系统,贯彻精益生产理念,通过标准化、程序化的设计,将物流中各相关环节有机结合,持续改进地实现物流系统低成本运作。仅通过物流运输一体化,即实施以多频次、小批量和定时性,采用闭环运作模式为特色的"循环取货"项目,零件库存量降低30%,仓库面积节省10 000m²,总运输车次降低20%,综合物流成本下降30%,均衡资源利用率提高10%。

二、物流一体化的特点

与传统功能型物流服务相比,一体化物流服务在服务理念、服务内容以及服务方式等多方面都存在本质的区别。

(一)服务理念的创新

一体化物流服务强调在服务性质、服务目标以及客户关系上树立全新的服务理念。

首先,在服务性质方面,一体化物流服务不是多个功能服务的简单组合,而是提供综合管理多个功能的解决方案。一体化物流服务不是单纯提供运输、仓储、配送等功能型物流服务,扮演物流参与者(Involved)角色;而是基于实施供应链集成化管理的要求,将多个物流功能进行整合,以降低物流总成本为目标对客户物流运作进行总体方案设计和管理,扮演的是物流责任人(Committed)角色。所以,一体化物流服务的市场竞争,实际上是物流解决方案合理性的竞争。物流企业在开发一体化物流项目时,必须对目标客户的经营状况、物流运作以及竞争对手的情况等有透彻的了解,根据物流企业自身优势找出客户物流可以改进之处,为客户定制物流解决方案。要做到这些,物流企业必须不断研究目标市场行业的物流特点和发展趋势,成为这些行业的物流服务专家。

其次,一体化物流服务的目标,不仅是降低客户物流成本,而是全面提升客户价值。3PL服务能从多方面提升客户价值,货主企业的不同管理者对3PL价值的理解也各不相同。运营总监(COO)做出将企业物流运作外包给3PL的决策,考虑的是3PL更具效率的服务价格以及运作成本优势;市场总监(CMO)则看重3PL在提升服务和市场分拨方面的能力,有利于提高销售额,与客户建立更好的长期关系;财务总监(CFO)愿意看到设施、设备、库存等资产从企业财务平衡表上消失,将资金用于更具生产性的活动,不断提高资产回报率;信息总监(CIO)则因能够利用3PL的系统与技术资源,避免自建系统带来的成本和维护麻烦而高兴。一体化物流服务运作的根本目标正是从以上各方面全面提升客户价值。因此,物流企业在开发一体化物流项目时,不要简单地与客户或竞争对手比服务价格,而是要让客户全面了解物流服务所带来的价值;另外,要由企业高层管理人员与客户的物流总监或更高层管理人员商讨物流合作问题,以便于在物流价值方面达成共识。

最后,一体化物流服务的客户关系,不是此消彼长的价格博弈关系,而是双赢的合作伙伴关系。既然一体化物流服务是管理的服务,目标是全面提升客户价值,那么一体化物流服务的收益就不应仅仅来自功能型服务收费,而应该与客户分享物流合理化带来的价值。目前发达国家3PL服务一般不按功能服务定价收费,而是采用成本加成定价方法,即3PL提供商与客户达成协议,按物流成本的一定比例加价收费或收取一定的管理费。这样做的好处一是可以使3PL提供商减少对各功能服务分别报价的难度与风险,二是客户可以与3PL提供商一起来分析物流成本,清楚掌握自己的物流成本。

虽然我国现有的物流服务还没有摆脱传统的以运输费、仓储费为指标的结算方式,但物流企业在开发一体化物流项目时,仍应避免与客户纠缠于就功能型服务收费进行讨价还价。要从客户物流运作的不足切入,与客户共商如何改进,让客户先认识到物流企业的服务能带来的好处,再商谈合理的服务价格。实际上,客户因为物流合理化而发展壮大,物流外包规模自然会相应扩大,双方合作的深度与广度也会随之增加,物流服务的收益和规模效益必然会提高,这就是双赢的合作伙伴关系。

(二)服务内容的创新

1. 由物流基本服务向增值服务延伸

传统物流服务是通过运输、仓储、配送等功能实现物品空间与时间转移,属于基本服务内容,难以体现不同服务之间的差异。一体化物流服务则根据客户需求,在各项功能的基本服务基础上延伸出增值服务,以个性化的服务内容表现出与市场竞争者的差异性,如物流信息服务、物流金融服务等。

2. 由物流功能服务向管理服务延伸

一体化物流服务不是在客户的管理下完成多个物流功能,而是通过参与客户的物流管理,将各个物流功能有机衔接起来,实现高效的物流系统运作,帮助客户提高物流管理水平和控制能力,为采购、生产和销售提供有效支撑。物流功能服务向管理服务延伸,不仅可以为客户带来更大的利益,而且可以增强物流服务商与客户的合作关系。本章所介绍的基于 Supply-hub 的仓储与配送一体化模式正是一体化物流的体现。

3. 由实物流服务向信息流、资金流服务延伸

物流管理的基础是物流信息,即用信息流控制实物流。"用信息替代库存"是物流合理化的重要途径。一体化物流服务在提供实物流服务的同时也提供信息流服务。有实力的 3PL 提供商还为客户提供资金流服务,即为客户提供实物流、信息流与资金流"三流合一"的完整的供应链解决方案。

(三)服务方式的创新

与传统物流单一的功能型交易服务方式相比,一体化物流在服务方式上更具灵活性、长期性和交互性。根据美国乔治亚理工学院的调查,美国第三方物流合作 30% 采用风险共担与利益共享方式,21% 采用成本共担方式,21% 采用营业收入共享方式,19% 采用相互参股方式,9% 采用合资方式。因此,在开发一体化物流项目时,要根据客户需求,结合物流企业发展战略,与客户共同寻求最佳服务方式,实现服务方式的创新。

1. 从短期交易服务到长期合同服务

功能型物流服务通常采用与客户"一单一结"的交易服务方式,物流企业与客户之间是短期的买卖关系。而一体化物流服务提供商与客户之间建立的是长期合作关系,需要与客户签订一定期限的服务合同,因而第三方物流又称为合同物流(Contract Logistics)。物流合同是 3PL 合作的基础,物流企业要特别重视与客户一起制订合同内容,包括服务性质、期限和范围,建立 KPI(关键绩效指标),确定服务方式等,明确约定合同谈判中一些关键问题,如 KPI 基准、服务费率、问题解决机制、保险与责任等,避免纠纷。

第三方物流提供商寻求的是与客户长期合作,因而合同的签订只是合作的开始,要特别注意客户关系的维护,不断深化与客户的合作。通常,第三方物流提供商与客户的合作要经历一个从战术配合到战略交互的发展过程,包括:①满足客户需求:合作开始时,物流

服务商要做到对客户的服务要求具有良好的响应性,使客户感到容易合作,并保持客户服务质量;②超出客户期望值:随着合作的深入,物流服务商要加强与客户的沟通,增强服务的主动性,特别要提高信息系统能力,努力使物流服务超出客户的期望值;③参与和满足客户需求:在熟悉客户物流运作后,物流服务商应主动了解客户新的物流需求,参与发掘客户物流改进机会,实现从战术配合向战略交互的转变;④赢得客户信任:物流服务商努力与客户共同创造价值,最终赢得客户信任,双方建立起长期战略合作伙伴关系。

2. 从完成客户指令到实行协同运作

功能型物流服务通常只需要单纯地按照客户指令完成具体功能。而一体化物流服务由于要参与客户的物流管理,执行与客户共同制订的物流解决方案,因而物流企业需要自始至终与客户建立有效的沟通渠道,按照项目管理模式协同完成物流运作。为保障项目的顺利运行,物流企业应当建立与客户双方物流人员联合办公制度,或成立由双方物流人员联合组成的运作团队,以及时处理日常运作中的问题。为了保证物流服务的质量,双方应共同商定绩效监测与评估制度,使合作关系透明化,通常应保持运作层每天的交流、管理层每月的绩效评估以及不定期的检查与年度评估。

3. 从提供物流服务到进行物流合作

传统物流企业一般是基于自己的仓储设施、运输设备等资产向客户提供功能型服务,而一体化物流运作模式下,3PL提供商主要是基于自己的专业技能、信息技术等为客户提供管理服务,因而常常会根据客户的需求和双方的战略意图,探讨在物流资产、资金和技术方面与客户进行合作,以取得双赢的效果。

(1) 系统接管客户物流资产。如果客户在某地区已有车辆、设施、员工等物流资产,而物流企业在该地区又需要建立物流系统,则可以全盘买进客户的物流资产,接管并拥有客户的物流系统甚至接受客户的员工。接管后,物流系统可以在为该客户服务的同时为其他客户服务,通过资源共享以改进利用率并分担管理成本。如东方海外物流公司系统接管旺旺集团在杭州的仓库,将其改造为东方海外华东区域物流中心。

(2) 与客户签订物流管理合同。与希望自己拥有物流设施(资产)的客户签订物流管理合同,在为客户服务的同时,利用其物流系统为其他客户服务,以提高利用率并分担管理成本。这种方式在商业企业的物流服务中比较常见,如和黄天百物流为北京物美商城提供的物流管理服务。

(3) 与客户合资成立物流公司。第三方物流提供商对具有战略意义的目标行业,常常会根据客户需要,与客户建立合资物流公司。即使客户保留物流设施的部分产权,并在物流作业中保持参与,以加强对物流过程的有效控制;又注入了第三方物流的资本和专业技能,使第三方物流提供商在目标行业的物流服务市场竞争中处于有利地位。这种方式在汽车、电子等高附加值行业较为普遍,如TNT物流与上海汽车工业公司合资成立上海安吉天地汽车物流有限公司。

三、 物流一体化协调控制机制

物流系统包含了原材料及零部件的采购入厂—存储—投料—加工制造—装配—包装—运输—分销—零售—回收等一系列物流过程,是一个跨越职能边界、企业边界和地域边界的复杂系统,需要在企业内部、企业间和不同地域间进行协同运作,需要供应链成员企业间良好的配合性。因此,要把供应链的整体思维观融入物流系统的构思和建设中,构建一个结构合理、运行高效的物流系统。企业应该以其供应链物流系统为边界,综合考虑上下游企业的物流资源和内部所有的物流资源,以及外部物流资源,并使自身物流系统完全融入社会的大物流系统中。

供应链物流一体化管理的重点在于从采购、运输、仓储、分销、配送到服务等全面物流活动之间的协调,设计一个良好运作的供应链物流一体化协调控制机制,将会大大增强供应链的竞争能力及适应能力。根据对供应链本身运作模式的考察分析,可以建立供应链物流一体化协调控制机制的整体框架,如图 6-6 所示。

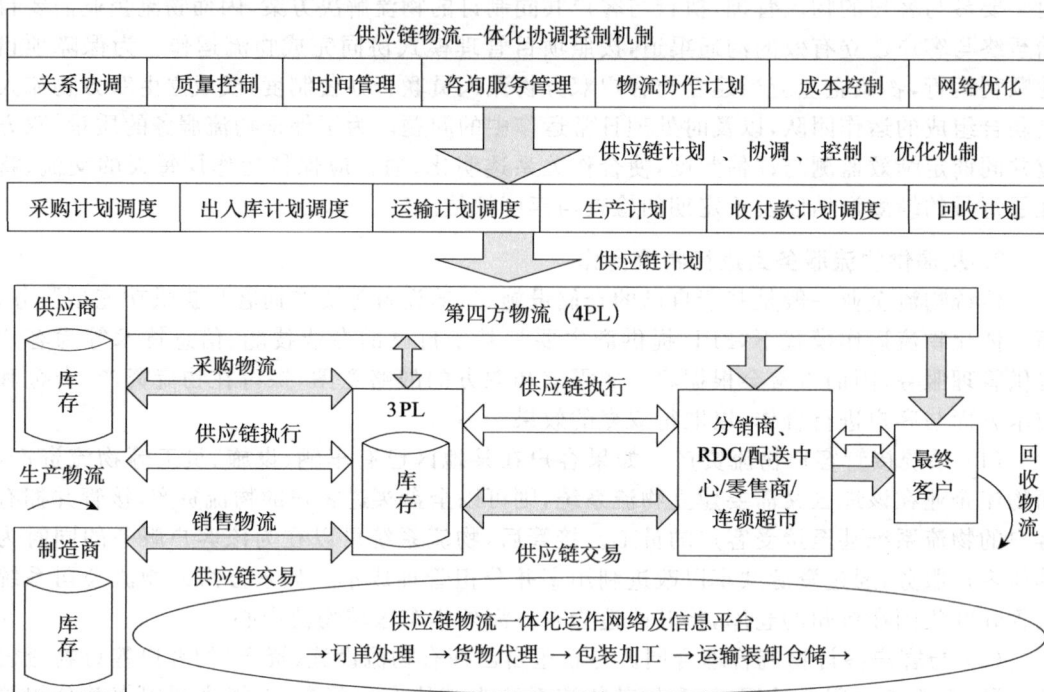

图 6-6 供应链物流一体化协调控制机制架构

在这个架构中,3PL 和 4PL 要同客户一起共同商定物流系统服务目标,确定企业物流管理模式和信息共享机制。没有互动的协调机制,就没有信息的共享,因此,供应链物流一体化协调控制机制是保证供应链物流运作实体(包括业务项目涉及的供需双方、3PL、4PL 等)良性协作的基础。但是,由于各个行业供应链的结构模式不同,机制的设计内容和方式也不同,但是它们的设计宗旨是一致的,主要包括以下五个步骤。

(1) 明确供应链中的物流问题所在,找出物流能力和业务需求之间的差距,建立物流一体化运作的计划、协调、控制以及优化机制,确认改进的方向。

(2) 建立一个供应链物流执行体系(Logistics Execution System,LES),采用一定的方法严格控制供应链物流运作协调机制的执行情况,并分析偏差进而改善执行力度。

(3) 建立一体化的供应链物流服务体系(其中包括信息系统、组织结构、业务流程和基础设施等),对目前的供应链交易系统进行优化。

（4）供应链物流信息平台一定要保证物流全过程的实时可见，同时实现物流部门和业务运作部门的良性互动，尤其是销售预测和库存计划。

（5）建立一套合理的绩效评价体系，用量化的指标来考评供应链中物流实体所签订的基于客户服务的一揽子协议。

📖 前沿理论与技术

第四方物流 4PL——供应链集成服务提供商

第四方物流（The Fourth Party Logistics，4PL）的概念是由著名的管理咨询企业埃森哲公司在 1998 年提出的。他认为，第四方物流是一个供应链的整合者以及协调者，通过调配和管理组织自身的及具有互补性服务提供商的资源、能力与技术，以提供综合的供应链解决方案。其集成模式如图 6-7 所示。

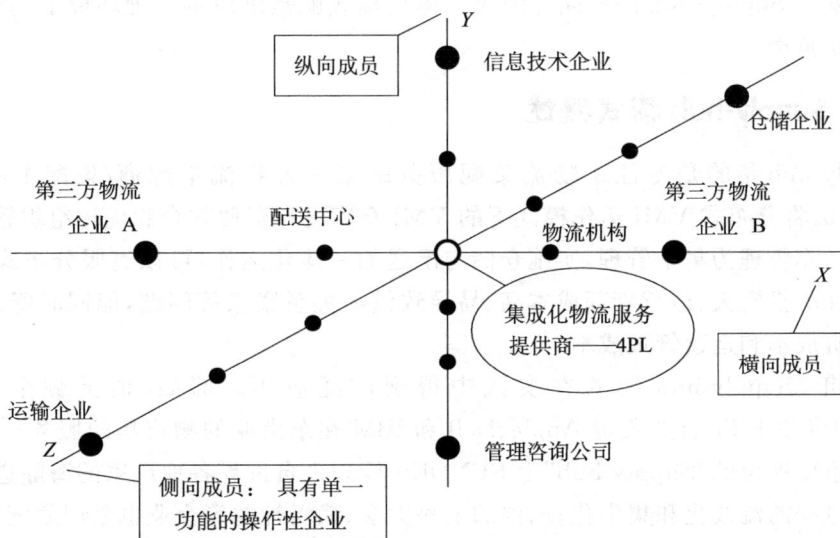

图 6-7　第四方物流的整合者及协调者角色示意图

4PL 服务提供商不是物流的直接服务商，而是通过拥有的信息技术、整合能力以及其他资源，协调供应链上下游企业之间的关系，提供一套完整的供应链解决方案，以此获取一定的利润。4PL 的核心在于资源整合和最优化思想，强调依靠业内最优秀的 3PL 服务提供商、信息技术企业、管理咨询顾问和其他增值服务提供商，为客户提供独特的和广泛的供应链解决方案，组织并协调具体实施。

自提出以来，4PL 受到了行业界的广泛关注。在欧美国家，第四方物流已在化学、电子、高新技术、食品和汽车等行业得到蓬勃发展，在美国约有 50 多家企业运作第四方物流。其中，UPS 全球物流（UPS Worldwide Logistics）被认为是实施和发展第四方物流的领导者。作为一个第四方物流供应商，UPS 全球物流不再参加许多传统的招标活动，转而为客户供应链设计和再造工程提供咨询。它的主要业务不再是出售物流服务，而是协助客户建立商业模式，建立无缝的、合作的物流供应链，通过协助设计，实现传统买卖关系的转变。

对 4PL 的研究范围很广,主要包括:供应商评价、路径优化、作业整合、契约设计和平台设计等。

第三节　基于 Supply-hub 的仓储与配送一体化管理

供应链管理环境下,为了提升供应链整体竞争力,加快需求响应速度,对供应链物流系统提出了更高的要求。多频次小批量配送、JIT 配送成为供应链系统中的主要配送方式。在这种背景下,仓库的功能也从被动的保管储存功能向主动的流通功能扩展,并具有流通加工、配送、配载和交易中介等增值服务功能,成为增加物流附加值过程的重要组成。仓储管理的重点也不再仅仅着眼于物资保管的安全性,更多关注的是如何运用现代技术,如信息技术、自动化技术来提高仓储运作的效率和效益,以促进供应链整体更高效和低成本运作。基于 Supply-hub 的仓储与配送一体化模式就是供应链管理环境下物流一体化战略的成功范例。

一、Supply-hub 模式概述

Supply-hub 指的是专注于物流集配服务的第三方物流集配商/集配中心。通过 Supply-hub,将分布式 VMI 运作模式下的 VMI 仓库进行资源整合和优化组织管理,变原先的分散运作管理为集中管理,实施仓储与配送的一体化运作,可以克服分布式 VMI 运作模式存在的投资大、运营管理成本高、易导致供需关系紧张等问题,能同时降低供应链整体的投资成本和运营管理成本。

近几年,Supply-hub 模式在实践中得到广泛应用。例如,伯灵顿全球(BAX GLOBAL)专注于 IT 行业负责 Apple、Dell 和 IBM 在东南亚的物流集配服务;UPS 作为一个极具重要地位的"Supply-hub"为 FENDER 管理来自世界各地厂家的海陆进货,并完成其配送过程的流线化和集中化;国内的上海大众、武汉神龙等企业也采用集配中心的运作方式支持其多品种、小批量、多频次、混流生产的零部件 JIT 直送生产工位。基于 Supply-hub 的仓储与配送一体化模式如图 6-8 所示。

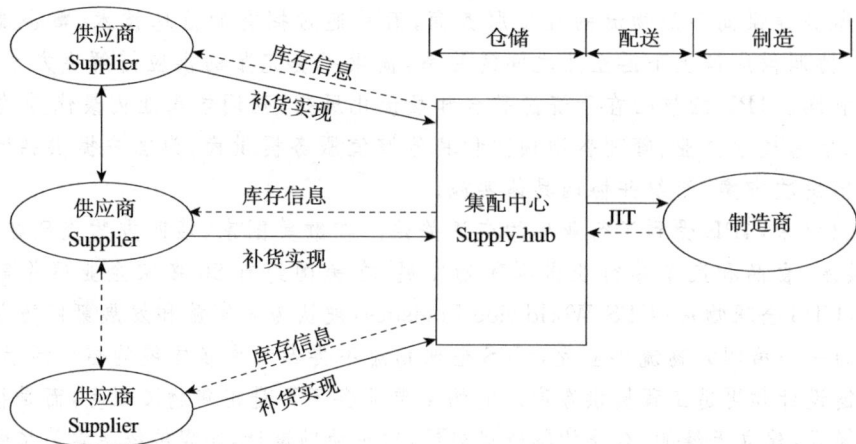

图 6-8　基于 Supply-hub 的供应链仓储与配送一体化模式示意图

Supply-hub 作为原材料或零部件供应商与制造装配厂商之间的协调组织,在整个供应链中主要承担中转"集配"的职能。中转"集"的功能是指 Supply-hub 负责制造装配厂商所需原材料、零部件等物料的集中统一采购运输并中转入库,或者是将小批量的转运聚集成具有大批量的整合运输(拆箱、拼箱业务)。中转"配"的功能是将集中采购入库的原材料、零部件等根据制造装配厂商的需求计划进行拣选、组装并准时配送到生产线的各个工位。制造商只通过 Supply-hub 与其他供应商建立合作关系。

Supply-hub 模式体现了 VMI 库存管理的思想和 JIT 物流同步化运作的思想。首先,在 Supply-hub 模式下,全部或部分供应商的库存设在集配中心,根据制造商的生产计划和物料需求计划,供应商与集配中心运营主体协商确定库存水平和补货策略,供应商拥有库存的所有权,集配中心负责库存管理及质量控制。宝洁、海尔、神龙汽车等企业的实践表明,利用 Supply-hub 实施 VMI 策略可显著降低供应链库存水平。其次,该模式基于需求导向和订单驱动,制造商根据产品分销计划和生产订单制订产品生产计划和物料需求计划,实施 JIT 生产,供应环节的 Supply-hub 围绕制造商的物料需求计划或采购订单实施 JIT 采购送料,即体现了 JIT 物流同步运作的思想。当终端市场或用户需求发生改变时,需求订单驱动生产订单发生改变,生产订单又驱动采购订单发生改变。当然,要适应多变的市场需求,必须在供应、制造和分销配送环节实施高度的信息共享,以增加供应链的柔性和敏捷性。

这种按单生产方式,从根本上消除了生产的盲目性,提高了需求信息的准确性,减少了信息扭曲程度,提高了生产计划执行的准确性,减少了反复调整的现象;反过来又保证了对供应物料需求的准确性,使整个系统步入一个协调同步运作的良性循环,如图 6-9 所示。

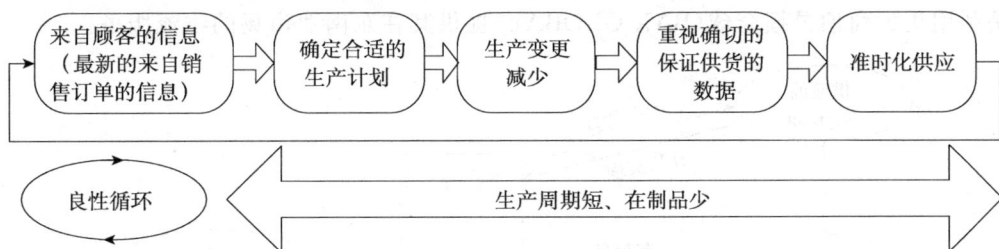

图 6-9 按单生产、同步化物流模式

Supply-hub 模式是在一般供应链物流组织模式基础上发展过来的。相比而言,Supply-hub 模式能够利用更专业的管理队伍掌控物流运作,能够针对供应链的需要调度相关资源,对于供应链上物流的整合具有非常重要的作用。实践证明,这种模式能有效地增强供应链系统运作的稳定可靠性,有助于实现供应链物流协同运作并缩短订单响应周期。

二、 Supply-hub 的运营主体

1. 核心制造商运营主体

核心制造商运营管理 Supply-hub 可以更加有力地控制原材料、零部件的进向物流,降低采购活动的不确定性。如图 6-10 所示,这种运作方式实际上是制造企业采购部门的

前置(Pre-position)。如海尔的集配使用的是其物流推进本部,安徽烟草集团通过自己的物流基地对下属的多个烟厂进行原材料的 JIT 配送。该模式的局限性在于,由于对品类繁多的零部件和原材料的库存管理和直送工位等活动并非制造厂商的专长业务,人员培训、运作成本较高,固定投资较大,而且会使制造厂商从核心业务中分散资源和精力。

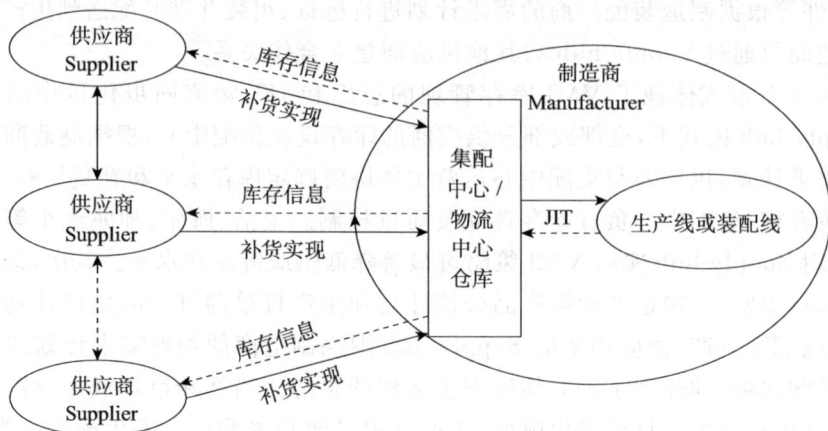

图 6-10　Supply-hub 的核心制造商运营主体

2. 第三方物流(The Third Party Logistics,3PL)运营主体

3PL 作为 Supply-hub 的运营管理主体的情况最为常见,如图 6-11 所示。对于核心制造企业而言,通过"集配中心"整合自身物流网络,利用 3PL 的专业能力,将非核心业务委托给专业公司,形成虚拟企业整合体系。例如,本小节开始提到的 Apple、Dell 和 IBM 就是利用集配商伯灵顿全球(BAX GLOBAL)提供其在东南亚市场的物流服务。

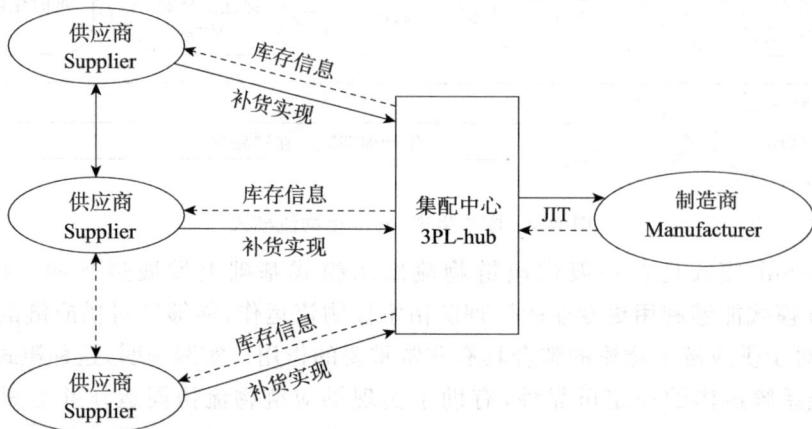

图 6-11　Supply-hub 的第三方物流(3PL)运营主体

这种模式既可以发挥 3PL 的专业优势和资源优势,通过集中库存控制和 JIT 供应,有效地降低供应链运作管理成本,提高供应链的响应性;又可以使供应商和制造商集中发展自身的核心业务,减少其在物流设施设备及人员方面的投资,制造商不再需要与众多的供应商进行协调,只需要与 3PL 企业协调零部件供应物流和工位直送配送计划。

3. 第四方物流（The Fourth Party Logistics，4PL）运营主体

4PL 服务提供商实际上是一个供应链集成商，它对企业内部和具有互补性的服务提供商所拥有的资源、能力和技术进行整合和管理，为客户提供一整套供应链解决方案。4PL 作为 Supply-hub 运营主体的主要优势在于对供应链上游资源的整合，它提供信息技术、管理技术，制订供应链策略和战略规划方案，而具体物流业务的实施则由一家或多家优秀的 3PL 在其指导下完成，从而为一个或多个客户提供综合一体化的物流服务。其模式如图 6-12 所示。

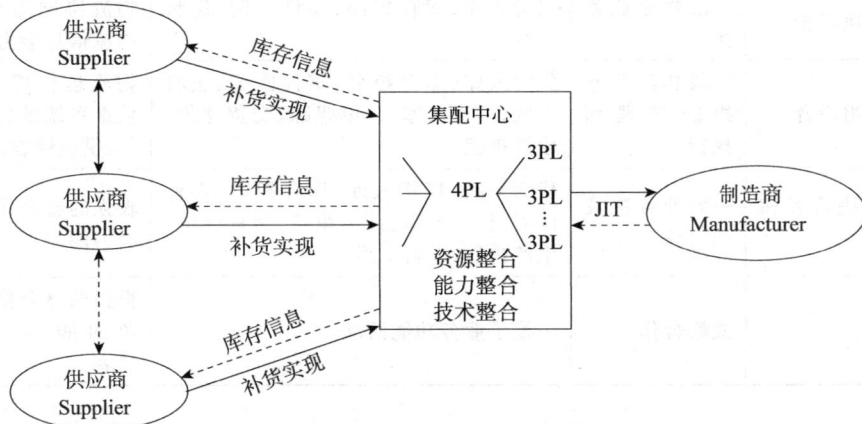

图 6-12　Supply-hub 的第四方物流（4PL）运营主体

4. 大型供应商或供应商联合运营主体

在众多的供应商中，有一些规模较大、实力较强的供应商，也可以作为 Supply-hub 的运营主体。这类供应商往往具有完善的物流网络和设施条件，且其供应的原材料、零部件占制造厂商比较大的份额。不过，其他供应商尤其是与作为运营主体的大型供应商有直接竞争关系的供应商在信息共享方面会形成一定的障碍。而由关键原材料、零部件供应商通过某种方式组成联合体作为 Supply-hub 的运营主体，则在一定程度上能够减弱这种障碍带来的影响，其模式如图 6-13 所示。

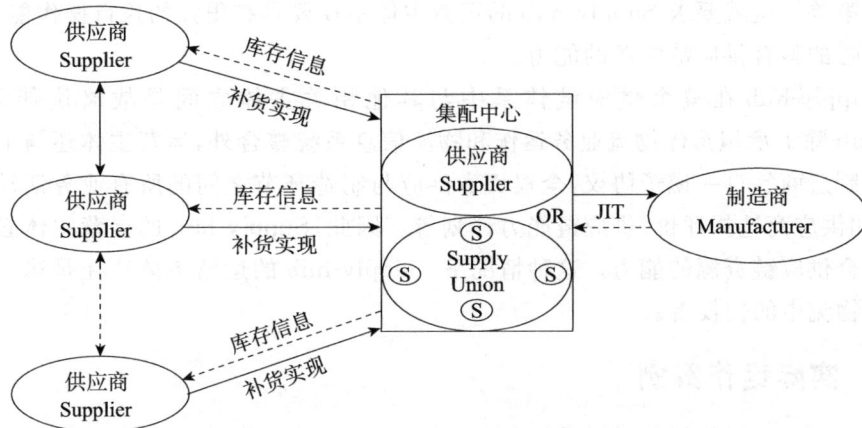

图 6-13　Supply-hub 的供应商或供应商联合运营主体

三、Supply-hub 的角色定位及其功能范围

尽管电子、家电、汽车等行业都比较适合采用基于 Supply-hub 的运作模式，但是在不同的供应链体系和运作环境下，Supply-hub 具有不同的角色定位和功能范围，从而对 Supply-hub 运营主体的运作能力也就有相应的不同要求。如表 6-1 所示。

表 6-1　Supply-hub 的功能范围及对运营主体的要求

Supply-hub 角色定位	功能范围	主要功能活动	对运营主体的要求
一般业务执行者	一般物流业务执行	集货入库、库存控制、零件匹配、送料上线	物流协同运作能力、物流信息能力
一般业务组织者	一般物流业务组织管理和执行	集货入库、库存控制、零件匹配、送料上线、订货入库、订单跟踪、交货评价、生产排程	物流运作能力、物流信息系统的构建和运作、供应链管理
一般业务决策者和组织者	一般业务决策和组织	代为采购、集货入库、库存控制、零件匹配、订货入库、订单跟踪、交货评价、生产排程、送料上线	较强的整合供应链资源的能力
战略伙伴	战略合作	一揽子业务功能活动	很强的整合供应链资源的能力，行业领导者

当 Supply-hub 在整个供应链体系中只是一般业务的执行者时，Supply-hub 主要承担一般物流业务活动（如库存管理、物流运输与配送等）的具体执行，要实现对下游需求方的 JIT 响应，基于信息技术的物流协同运作能力是其核心竞争力。

当 Supply-hub 在整个供应链体系中充当一般业务组织者角色时，Supply-hub 除了承担一些物流业务的具体执行，还要承担部分物流业务的组织管理业务，如订货入库、订单跟踪、交货评价、生产排程等。运营主体不仅要有较强的物流运作能力，而且对物流信息系统构建和运作等方面也提出了较高要求。

当 Supply-hub 在整个供应链体系中充当一般业务决策者和组织者角色时，Supply-hub 除了承担操作层方面的物流业务组织、执行以外，还要承担战术层的决策管理，如采购计划决策等。这就要求 Supply-hub 的运营主体不仅要具有很强的执行操作能力，而且要具有较强的整合供应链资源的能力。

当 Supply-hub 在整个供应链体系中与其他相关主体之间是战略伙伴关系时，Supply-hub 除了承担具体物流业务运作和物流信息系统整合外，运营主体还与上游供应商和下游制造商签订一揽子协议，全权负责供应与制造环节之间的所有业务活动和战略性业务，如供应商选择评价、供应链能力计划等。因此，Supply-hub 的运营主体必须具有很强的整合供应链资源的能力。这种情况下，Supply-hub 的运营主体往往是第三方物流或第四方物流中的佼佼者。

四、实际运作案例

目前，汽车、电子等行业广泛采用基于 Supply-hub 的运作模式，用于对上游资源的整

合。这里介绍国内某汽车发动机厂的实施案例。这是一家专门从事柴油发动机生产的企业,从日本和德国引进最先进设备,具有快速多变的产品设计开发能力,同时采用基于Supply-hub 的 3PL 直送工位的供应链协同运作模式,通过整合供应链,降低采购和制造成本,强化其对市场需求和产品售后服务快速响应的能力,是目前同行业中的佼佼者。

该厂主要生产两款发动机,核心力量集中于发动机缸体、缸盖、曲轴三个部件的生产和产品的研发,将生产所需的其他 300 多种零部件完全外包。在 Supply-hub 模式的运作中,3PL 企业的职责主要包括:负责整机生产所需其他零部件的准时配送服务;零部件从加工线到整装线之间的区间物流;整机下线仓储包装,运输到客户服务。这种 Supply-hub 协同运作模式对于该发动机厂整合供方各环节资源,实现供应链上游各方的协同,从而提升整个供应链的协同程度和快速响应能力起到了重要作用,其协同运作模式如图 6-14 所示。

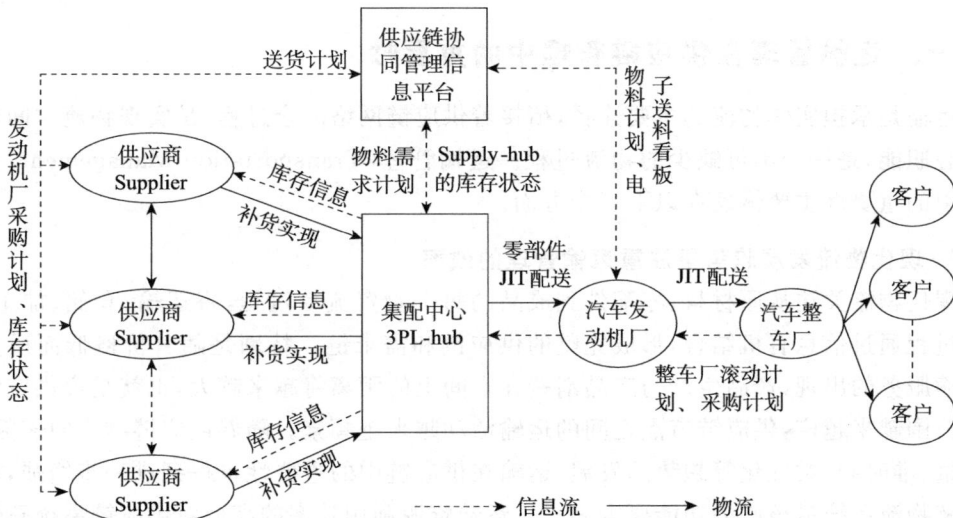

图 6-14　某汽车发动机厂的 Supply-hub 协同运作模式

在该发动机厂供应链的上游,主要采用 Supply-hub 协同运作模式,实现发动机厂与供应商和第三方物流服务提供商的信息协同、物流协同以及业务协同等运作。供应链协同管理信息平台对三方的信息协同和业务协同等具有重要作用,发动机生产厂根据下游整车生产厂的生产和采购订单,以及预测需求制订生产计划、外购件采购计划和自制件生产计划和总的物料周、日需求计划,并将有关信息在平台上发布。各零部件供应商在该协同平台上获取各级计划信息,实时查询库存数据,确认发货,与发动机厂实现纵向的计划协同和业务协同。

Supply-hub 根据协同平台提供的物流周、日需求计划,安排对发动机生产车间直送工位的 JIT 物流协同活动,并将 Supply-hub 中各种零部件的库存状况信息传递到信息平台上,作为制造商运行 MRP 的输入,并支持供应商库存状态的查询。在横向协同上,各个零部件供应商之间通过供应链协同信息平台可以实现协同设计和协同供应,Supply-hub 与零部件供应商之间进行供货计划协同,以及补货、供货的物流协同,从需求计划的发布,到原材料的入库管理,Supply-hub 需要全程跟踪,确保零部件及时入库和 JIT 直送工位。

在协同运作中,从零部件供应商、Supply-hub 运营商到发动机厂的供应链上游各环节物流、信息流、资金流和业务流,通过 Supply-hub 以及供应链协同信息平台得到了整合,并实现了供应商与制造商之间、供应商与供应商之间的二维业务活动协同。通过将物流业务外包给第三方,发动机厂不仅能够专注于发动机的研发与匹配标定等核心业务,而且能够获得准时、可靠的物料上线服务,实现物流成本的可视化,获得规模经济和专业服务带来的物流成本降低。通过基于 Supply-hub 的供应链协同运作模式,发动机厂能快速响应下游客户的需求,在市场竞争中保持领先优势。

第四节　供应链协同运输管理

一、运输管理在供应链管理中的重要性

运输是承担实体物流的主要途径,衔接着供应链网络的全过程,是实现物流空间价值的核心职能,是一个不可缺少的物流过程。运输管理(Transportation Management)在供应链中的重要性主要体现在以下三个方面。

1. 现代物流发展趋势更注重运输管理的效率

现代物流关注从原材料、零配件到成品的每个物资流动过程,将运输、仓储、加工、配送等过程通过信息有机结合,形成完整的供应链和需求链。特别是随着价格低而质量高的运输服务的出现,产品生产与产品消费在空间上的距离将越来越大,也就是说供应链的地域范围越来越广,供应链节点之间的运输活动越来越频繁。随着供应链物流向多频次、小批量、准时制、柔性化等趋势的发展,运输在供应链中的重要性也得到进一步增强,成为供应链物流系统最核心的功能要素之一。运输资源利用效率的高低对供应链系统整体的柔性和运行效率有着举足轻重的作用,并直接影响着供应链系统总成本。

2. 运输费用是影响物流费用的重要因素

在物流活动中,运输费用是物流总费用中占比例最大的一项。根据美国企业对物流成本的分类,将物流成本划分为运输费、仓储费、客户服务(即订单处理)费、库存持有成本、管理费一共 5 个项目,其中,运输成本约占企业物流总费用的 40%。日本曾对一部分企业进行调查,在从成品到消费者手中的物流费用中:保管费占 16%,包装费占 26%,装卸搬运费占 8%,运输费占 44%,其他占 6%。我国将社会物流成本分为仓储费、运输费和管理费三项,根据国家发展与改革委员会近几年的统计,运输成本占到物流总成本的50% 以上。可见,降低运输成本对降低物流成本、降低供应链成本的重要性。

3. 运输过程是影响供应链管理风险的重要环节

供应链中的运输是一个由多方共同参与的过程,它具有很强的不确定性。运输时间的延长、运输过程中产品质量受损概率的增加等,不仅影响运输环节本身的绩效,更重要的是,最终会影响顾客的满意度,影响供应链服务水平。供应链管理如果没有先进高效的

运输资源作为支撑,供应链运作的精细化目标就很难实现。另外,产品从生产商到用户的整个过程中,随时都存在破损或损耗的风险,因此运输过程是影响供应链管理风险的重要环节,尤其是在全球供应链中,运输的中断还可能引起供应链的中断。只有具有高可靠度的运输系统,才可能使供应链管理风险可控。

总之,由于运输与其他物流环节之间的紧密联系,运输在物流系统中具有十分重要的地位,科学合理的运输管理与决策对于降低供应链成本、提高客户服务水平等均具有十分关键的作用。

二、 供应链协同运输管理的内涵

(一)协同运输管理的由来与含义

协同运输管理(Collaborative Transportation Management,CTM)是在供应商管理库存(VMI)和协同计划预测与补货(CPFR)的基础上发展而来的一种新型运输管理模式。CTM 能够将运输整合到供应链各成员的运营计划当中,减少运输商的无效运输,准确预测运输需求,提高整个供应链客户响应能力。

据美国学者 2000 年对实施 VMI 企业的一项调查结果,VMI 实施的成功率并不高,只有 $30\%\sim40\%$ 的企业取得成功,$30\%\sim40\%$ 的企业有点成效,剩下的 $10\%\sim20\%$ 没有任何效果。主要原因在于 VMI 系统存在两个主要缺点:一是 VMI 把太多的责任放在生产商身上,销售商制定规则,而生产商只能服从;且生产商对库存的差额负全部责任;二是 VMI 并没有考虑和承运商的协作,因此,承运商的能力限制会导致运输的延迟,从而影响供应链运行效率,特别是全球供应链和多式联运成为大势所趋的背景下,VMI 将会造成更多的延迟。

2000 年,全球最大零售商沃尔玛向供应商宝洁(P&G)、货运巨头亨特提出了一种新型的合作方案,要在三者间实现更透明的信息交换,通过信息共享和供应链协作,制订计划、预测、运输、库存和补货等商品服务全过程。三方达成合作关系以后,沃尔玛大大简化了货物处理过程,亨特减小了 16% 的装卸货等待时间,空载率下降了 3%,宝洁实现了库存的下降。

上述策略和管理模式确实有效解决了 VMI 中的第一个缺点,但是它依然没能解决另外一个矛盾。后来,CTM 随之诞生了。CTM 是在原有发货人和收货人的合作关系上,扩展到承运人或第三方物流服务商。

CTM 的雏形是货运合并,保持货车的满载移动。这就意味着公司可以更好地利用自身资源,减少空载浪费。这种方法在北美相当流行,合作关系已在超过 1600 个合作伙伴中形成,他们建成一个统一的信息平台,通过多站式的装卸货,保持着货车的最低空载率。对于最终消费者而言,不仅使服务时间大大缩短,成本还降低了 $15\%\sim25\%$。目前协同运输管理的含义远远不仅于此。根据 VICS(Voluntary Inter-industry Commerce Standards Association)物流委员会 2004 年在协同运输管理白皮书中的定义:协同运输管理是一个整体的流程——它把供应链的合作伙伴和运输服务商聚集到一起,达成协议,使运输规划和作业流程避免出现无效率的运作。其目的是通过促进供应链中运输作业参与者(包括发货人、承运人、收货人或者另一种形式的参与者如第三方物流等)的相互影响和协同合作,消除无效作业。协同运输管理始于订单发货预测(订单可能来自合作计划、补货或者其他程序),主要包括以下程序:运输能力的预测和时间安排、生成订单、装货、送货、付款。

(二)协同运输管理的主要内容

协同运输管理作为一种新型的供应链管理模式,相对于传统的供应链合作模式而言,更注重供应链范围内企业层面的战略性合作,同时也涉及战术层和运作层面的一系列问题。

1. 战略层

战略层决策包括明确实施协同运输管理的相关参与者之间的战略伙伴关系,以及战略合作的方式、保障措施等,具体包括签署正式合作协议,规定合作时间、合作范围,并决定流程,确定所需的共享数据及如何进行信息共享。此外,还包括货物条款中的关系各方(付款方、责任方)、指明运输服务商或 3PL 由哪一方负责管理,运输的货物范围,运输的条款,涉及的场地、发货的类别及意外管理的条款;并细化由谁来负责运输路线的决策、运输方式以及其他的运输策略等。最后,协议还要细化预期收益的分享方式。

2. 战术层

战术层决策包括以制订产品/订单的预测计划为起点,制订运输流程的计划内容。产品/订单预测完成后,根据预定的装载策略制订发货计划(如集成或合并运输)。为了能够准确预测装载量,参与各方应尽早掌握发货计划,预测未来的运输量,以便承运人提前掌握装货期、运输时间、发货地和接货地等信息,准确预测未来设备需求。运输公司收到计划后,必须根据计划要求,确定承担运输的能力。如果运输能力无法达到要求,所有参与者都必须启用在协同运输管理的战略中所制定的"意外管理纲目",例如,修改发货要求、改变运输公司或利用可以对接的公共服用等。

3. 运作层

运作层的决策主要是制定完成客户订单的物流运作具体操作方法,包括运输合同、配送策略(如集成、对接、组装、接力)、发货计划等。运输公司将收到电子装货申请,核实运输能力,如果运输能力有限,不能按计划提供运输工具,就启用"意外管理纲目"。承运人接受装货申请,落实运输时间后,接着做好装运/收货准备。在完成订单的装运任务过程中,所产生的相关文件单据(如发货通知、在途状况)以协议中所规定的格式文件进行传递。如果有影响伙伴关系整体运作的意外事件发生(如预计交货时间将被延迟),参照意外管理纲目处理。最后就是运费会计流程,以确保承运人得到运输条款所规定的报酬,或者依据"意外管理纲目"解决各种争端。

三、 协同运输管理的实施

(一)协同运输管理的实施过程

在供应链管理环境下,协同运输管理的实施过程可分为计划、预测和执行三个阶段,共 14 个步骤,如图 6-15 所示。

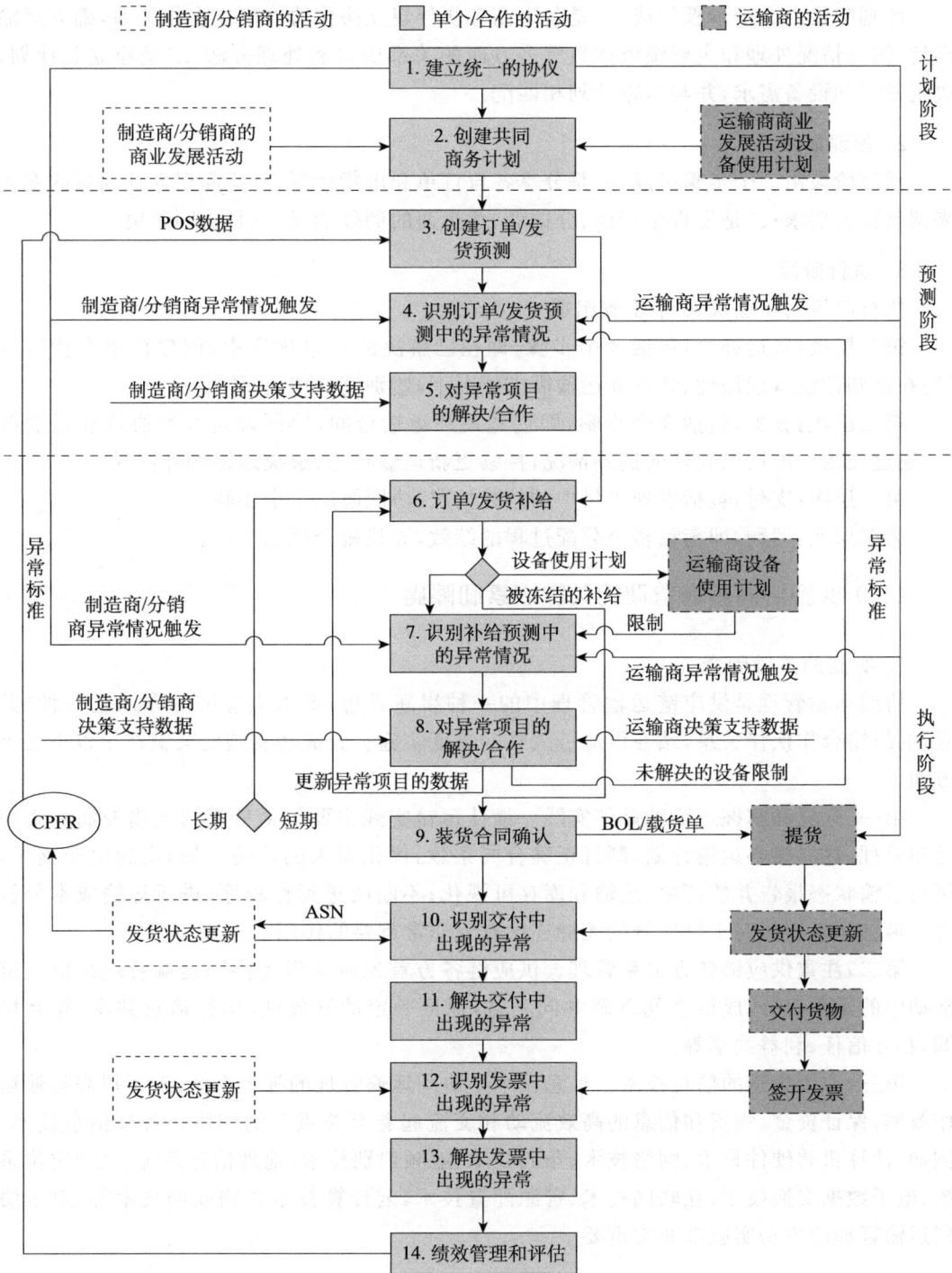

图 6-15 供应链协同运输管理的实施过程与步骤

1. 计划阶段

计划阶段由 2 个步骤组成,一是各个商务伙伴建立协作协议确立合作关系,确立运输出货、例外情况处理和主要绩效指数等多方面的关系协议和处理方法;二是建立总计划,决定资源和设备需求,并与运输计划相匹配。

2. 预测阶段

预测阶段由 3 个步骤组成,一是分享各自订单和出货计划,承运商根据计划量的变化来调整设备要求;二是发现生产商、分销商、承运商的例外情况;三是协同解决。

3. 执行阶段

执行阶段由 4 层次、6 个步骤组成。

第一层次:货运补给,包括 3 个步骤,即在已解决的订单预测中,创建订单和货运补给;在已知的设备能用性、装货和运输需求情况下,鉴别例外情况;协同解决。

第二层次:分配,包括 3 个步骤,即创建最终运输合同,协同确定补给协议和运输条件;通过发现分配周期和任何例外情况,持续更新运输状态;解决运输例外情况。

第三层次:支付,包括发现支付中的例外情况、协同解决 2 个步骤。

第四层次:回顾,即衡量整个分配过程的绩效,寻找机会继续改进。

(二)实施协同运输管理的关键因素和障碍

1. 实施的关键因素

协同运输管理是供应链运输管理中的一种崭新思想,要求供应链各方建立一种"共赢"的战略合作伙伴关系,站在供应链战略的高度实施。其成功实施的关键在于以下三个方面。

第一,建立和掌握运输的最佳实践。最佳运输实践主要包括良好的运输控制和集中运输管理,建立核心运输计划,制订正确合同条款,优化每天的运输计划,实施电子支付,撰写运输状态报告并使订单、运输和库存可视化;不断改进运作程序;进行运输成本分析等。最佳运输实践对于供应链的无缝连接有着非常重要的作用。

第二,注重供应链各方关系管理。供应链各方首先应认识到协同运输管理是供应链活动中的重要部分,成员之间理解共同利益,保证一定的开放性,实行信息共享,相互协调,相互信任,利益共享等。

第三,应用先进的信息技术。信息技术是协同运输管理的神经系统,对于提高运输运作效率,保证资金、物资和信息的高效流动和交流起着至关重要的作用。各种信息技术,例如,计算机软硬件技术、网络技术、条码技术、射频识别技术、地理信息系统、全球定位系统、电子数据交换技术、互联网技术、资源配置技术,云计算技术和物联网技术等,对于协同运输管理的成功实施都非常重要。

2. 实施的主要障碍

协同运输管理在实际运作中面临的主要障碍包括:传统管理思想和体制的禁锢,仍采用传统的方法运作和进行成本核算;成员之间对供应链的视野仍停留在自己一方,而没有从供应链整体看待；每次谈判过程要花大量时间和精力，因此供应链各方过于注重各自利益或对协同运输管理的预期期望过大；信息传递的不准确等。

四、协同运输管理实施案例

随着 PC 市场竞争越趋激烈，越来越多的 PC 厂商希望通过敏捷的全球供应链来维持市场份额并增加利润。如戴尔、苹果、惠普、IBM、日立等公司，把中国台湾作为笔记本电脑的生产基地，无论从生产成本还是产品质量上，都是极具竞争力的。

为了减少周转时间和总成本，中国台湾笔记本电脑生产商决定转变国际运输策略，利用协同运输管理，实现门到门服务，而中间的第三方物流服务由联邦快递（FedEx）负责。对于 FedEx 来说，它要在不同价格、不同周转时间的货物间实现协同运输和门到门的服务，且承诺所有的笔记本电脑将在 3～5 天内交付给客户。这种合作关系始于 1999 年，当时笔记本电脑的需求市场极不稳定，每天的总需求可从 600 件变化到 6799 件，平均为 3368 件。但 FedEx 每天的可运输量仅为 4000 件。所以，要保证飞机容量的充足和维持服务水平，是很严峻的挑战。

为了解决运力不足和服务水平增加的问题，FedEx 在 2000 年年初提出了 CTM 方案，并与主要的笔记本生产商商讨合作协议。该方案的目标是 2000 年年底完成 95% 的准确运输，合作队伍包括销售部、技术部、设计部、客户服务部等，以促成 CTM 的实施。

在 CTM 的计划阶段，FedEx 会把合同主要内容提出来，包括利率、期望的运输时间、提货时间和每日的最大运输量，如果实际运输量大于每日的最大值，那么就会在运输时间上加上一天。FedEx 在出货人的计划需求基础上制订容量需求计划。在预测阶段，出货人提供每月和每周的出货预测，FedEx 更新飞机运输容量计划，这样，FedEx 赢得足够时间，安排充足的容量，以便满足月末和季度末的需求高峰。

在实施阶段，信息技术的集成是整个合作的基础。FedEx 发展了一个新的 CTM 整合器——用以连接生产商的 ERP 系统，在运输投标阶段找到货运信息，确定提货时间。一旦货物被提取，提单确认通知就会通过 CTM 整合器发送回生产商，FedEx 还提供货物实时状态的网上查询，发货人可以实时发现任何不符合要求的运送问题，通过邮件或电话通知 FedEx 令其更改。另外，最终消费者也可通过网络或客户服务部查询。

在 CTM 中，FedEx 委派一支细心的队伍，随时调整 CTM 的实施，解决运输过程的所有例外情况。另外，该队伍回顾运输预测并根据 FedEx 每天的要求改变实际情况。在集成系统的帮助下，FedEx 也很好地解决了发票的鉴别和验证，有效地把每天或每月的合并运输情况通知生产商。

2000 年 6 月，CTM 方案成功地在三个主要生产商中实施。CTM 方案实施以后，运输准确率得到保证的同时，缩短了运输周期。此外，FedEx 的飞机容量利用率更高，运营成本减少，生产商降低了库存，保证了运输的可靠性，销售额也增加了。除了可视性和即时性的收益，CTM 还使合作双方在全球供应链中更具竞争力。

✎ **实训项目**

（1）选择一家物流企业，了解该企业提供物流服务的目标与内容，重点分析企业在物流服务方面的创新性做法。

（2）选择一家制造型企业，了解该企业的物流管理模式及其与第三方物流企业之间的合作关系。

课 后 习 题

一、选择题

1. 下列关于物流与供应链的关系的说法，正确的是（　　　）。
 　A. 物流是供应链过程的一部分　　　B. 物流过程就是供应链过程
 　C. 物流与供应链过程互不相干　　　D. 物流包含了供应链过程

2. 供应链物流管理的根本目标是（　　　）。
 　A. 提高效率　　　　　　　　　　　B. 降低成本
 　C. 供应链整体优化　　　　　　　　D. 提升服务水平

3. 一体化物流服务的根本目标是（　　　）。
 　A. 提高效率　　　　　　　　　　　B. 降低客户物流成本
 　C. 提升服务水平　　　　　　　　　D. 全面提升客户价值

4. 以下哪一项属于物流增值服务（　　　）。
 　A. 运输　　　　　　　　　　　　　B. 物流金融
 　C. 仓储　　　　　　　　　　　　　D. 配送

5. 根据一体化物流服务的特点，最适合提供一体化物流服务的提供商是（　　　）。
 　A. 运输型 3PL　　　　　　　　　　B. 供应链管理公司
 　C. 4PL　　　　　　　　　　　　　　D. 仓储型 3PL

6. 在物流活动中，占物流总费用比例最大的费用是（　　　）。
 　A. 运输费用　　　　　　　　　　　B. 仓储费用
 　C. 库存费用　　　　　　　　　　　D. 管理费用

7. 协同运输管理的起点程序是（　　　）。
 　A. 运输能力的预测　　　　　　　　B. 时间安排
 　C. 订单发货预测　　　　　　　　　D. 生成订单

二、填空题

1. 现代物流管理的本质是＿＿＿＿＿＿＿＿，即运用＿＿＿＿＿＿＿＿思想实施对物流活动的组织、计划、协调与控制，以最小的综合成本来满足顾客的需求。

2. 供应链物流管理的核心思想是＿＿＿＿＿＿＿＿和＿＿＿＿＿＿＿＿，对供应链中一切活动的优化要以整体最优为目标。

3. 与传统功能型物流服务相比，一体化物流服务在＿＿＿＿＿＿＿＿、＿＿＿＿＿＿＿＿以及＿＿＿＿＿＿＿＿等多方面都存在本质的区别。

4. 一体化物流服务的客户关系是＿＿＿＿＿＿＿＿。

5. Supply-hub 模式体现了＿＿＿＿＿＿＿＿思想和＿＿＿＿＿＿＿＿思想。

6. 4PL 服务提供商实际上是一个供应链集成商，它对企业内部和具有互补性的服务提供商所拥有的资源、能力和技术进行整合和管理,为客户提供_____。

7. 协同运输管理是在_____和_____的基础上发展而来的一种新型运输管理模式。

8. 协同运输管理的实施过程可分为_____、_____和_____三个阶段。

三、简答题

1. 供应链环境下物流管理需要解决哪些主要问题?

2. 简述供应链物流管理的核心思想。

3. 简述协同运输管理的含义。

4. 什么是物流一体化?

四、论述题

1. 试述供应链管理环境下物流一体化战略的特点与典型运作模式。

2. 试述供应链协同运输管理的主要内容与实施过程。

供应链协调管理

宝钢电子化供应链协调管理

1. 电子商务平台"宝钢在线"简介

国家特大型钢铁联合企业——宝钢股份公司在 20 世纪末就已建成较完善的企业内部信息系统,完整覆盖销售、生产、质量、发货、设备维护和财务等业务,在生产和管理上做到了生产实绩、库存状态和合同的实时跟踪及动态分析,并建设了庞大的企业数据仓库。然而当时宝钢股份公司所拥有的信息优势却不能方便地与供应商和客户共享,供应商不能及时方便地了解宝钢的采购动向,客户也无法直接在网上进行订货,订货后也无法及时了解合同的计划、生产、发货及质保书的情况。为解决这些矛盾,2000 年宝钢股份公司与东方钢铁电子商务有限公司合作,成立了以"宝钢在线"网上营销服务系统(http://esales. baosteel. com,以下简称"宝钢在线")为代表的电子商务平台,整合以宝钢为核心的供应链资源,开展销售、采购、物流、客户服务等网上业务。经过十多年的发展,"宝钢在线"已经为宝钢用户、供应商构建起一个集产品销售、用户服务、财务结算、在线采购、协同产品设计为一体的宝钢产品销售及物资采购网络商务港。

"宝钢在线"利用电子商务和互联网技术,把企业内部信息系统向客户和供应商两端延伸,实现整个供应链的信息化,是公司进行采购、销售、客户服务、物流、电子单据传递等电子商务活动的平台。"宝钢在线"以电子商务手段整合外部配套服务资源,致力于统一宝钢与外部企业之间的数据交换标准,促进宝钢与上下游外部企业之间的供应链协同,提高宝钢的核心竞争力和企业形象。另外,"宝钢在线"通过灵活的技术架构和开发模式将供应商、客户及第三方服务机构复杂多变的业务需求所带来的不稳定因素有效地屏蔽在 ERP 系统之外;通过完善的软硬件安全体系,把外部供应商、客户通过互联网与宝钢内部业务单元互动所带来的不安全因素有效地屏蔽在 ERP 系统之外,从而使得宝钢内部主体业务单元能够在稳定、安全的系统网络环境下与外部供应商、客户充分互动并提供全方位的服务。

"宝钢在线"主要包含采购类业务、销售类业务以及配套服务类三大类业务,它通过销售体系、采购体系和配套服务体系形成一个相对完整的电子商务体系,为用户及供应商提供了一个全方位的信息平台和交易网络,使用户及供应商可以在网上方便地实现电子交易和全程跟踪。

2. 宝钢公司的电子化供应链协调分析

(1)"一对多"的供应链协调——采购体系

如图 7-1 是"宝钢在线"采购体系,它以电子交易为核心,包括了采购计划管理、采购目录管理、供应商管理,同时辅以客户服务系统和供应商库存跟踪系统,使采购流程形成一个闭环,提升了宝钢股份对供应商的管理水平,并与之建立起双赢互惠的机制。从业务协作的角度看,网上采购系统提高了宝钢对供应商计划的协调能力,增加对采购业务的控制能力,提高了采购的柔性和市场响应能力,增加和供应商的信息联系与协作;从经济效益上看,扩大采购竞争范围,提高采购透明度,提高劳动生产率,大大节省了整个采购活动的时间。

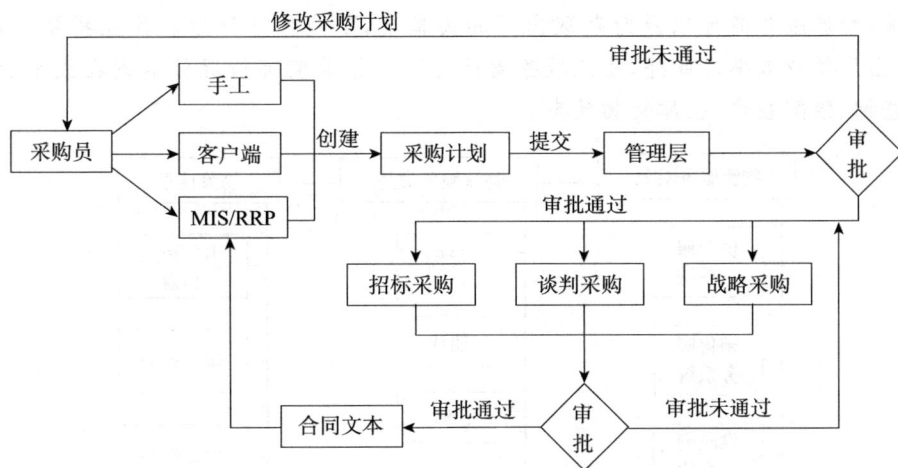

图 7-1　"宝钢在线"的采购体系

(2)"一对多"的供应链协调——销售体系

在"宝钢在线"的电子销售系统中进行产品销售的活动主要包括售前、售中和售后三个阶段,如图 7-2 所示。

第一阶段,售前的企业策划。在售前企划阶段主要是向产品的潜在用户提供有关企业产品及生产情况的各种信息,使产品采购方在对企业的生产能力及产品质量有了更进一步认识的同时增强其购买信心,从而达到促销的作用。

第二阶段,售中的产品交易。在产品交易过程中,销售员首先将企业可供销售的产品资源或可提供产品的生产能力输入到产品资源数据库中。然后再由计算机系统将资源数据库中的产品信息发布到网上,这个过程称为"挂牌"。所有挂牌的资源就如同摆在市场货架上即将出售的商品一样,等待顾客前来购买。

第三阶段,售后的客户服务。信息服务包括合同跟踪、质量信息和若干客户服务的内容。在售后服务阶段,电子销售系统还为顾客提供资金对账、用户热线和质量异议等服务,大大提高了用户对企业的满意度。

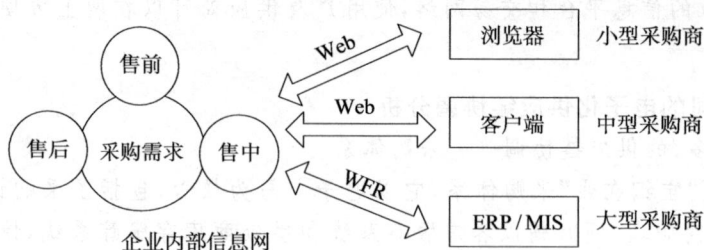

图 7-2 "宝钢在线"的销售体系

（3）"一对多"的供应链协调——物流服务体系

物流服务体系是宝钢钢铁主业及贸易产业的支撑部分。如图 7-3 所示，其服务对象主要包括宝钢的供应服务系统、销售服务系统、用户，以及为这些系统提供服务的供应商。物流服务内容涉及货代、船代、仓储、口岸等一系列活动。通过"宝钢在线"这个信息交互的集散地，物流服务商可以及时获取出厂相关信息，下载作业计划和作业指令等电子单据，提高出厂作业效率。此外，物流服务商还可以把作业实际情况传送到在线平台上，方便用户查询、跟踪在途、在库货物状态。

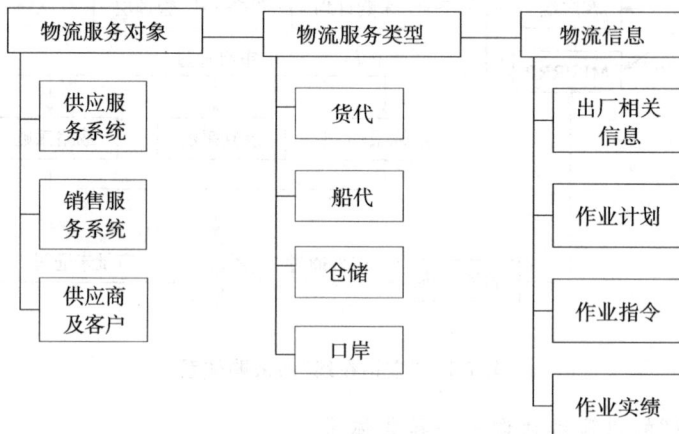

图 7-3 "宝钢在线"的物流服务体系

3. "一对一"的供应链协调："宝钢——一汽大众"协同商务平台

多年来，宝钢与一汽大众始终保持着紧密的战略合作伙伴关系。随着企业之间业务协同作业的增加，开始把目光集中在企业之间商务全过程的协调，集中在整个供应链上各方业务之间的协作，包括库存、生产、销售和财务间的协同，长短期计划间的协调等；两个企业也开始关注如何利用电子商务改善订货作业流程烦琐、订货周期长、供应链库存水平偏高、物流管理资金占用成本高等问题。

"宝钢——一汽大众"协同商务平台涵盖了双方的主要业务：采购计划、订单处理、工作流协同、信息共享、物流合作等，提高了快速响应能力，缩短各业务环节的处理周期，降低管理成本，提升了合作双方供应链整体运作的效率。通过平台，可以使企业有计划、有步骤、有选择性地把业务嵌入到商务系统中来，真正实现无缝集成与平滑过渡。

（1）采购计划协调。通过对战略客户的系统、宝钢网上营销子系统的整合，可以将客户掌握的仓库实物库存信息、宝钢股份生产、出厂、运输过程中的在途库存信息以及客户的中间库存信息，根据战略客户提出的生产计划和生产变动计划，通过物料计划模型运算，生成采购计划，供客户制订采购计划时参考。

（2）工作流协同。针对大量的非结构化的信息互动，包括质量异议、用户热线以及新产品开发等流程性事务处理。建立实现跨部门跨企业的工作流协同模块，并为全流程相关业务单元所共享。

（3）信息共享。主要解决大量的业务信息沟通。通过与 ERP 系统集成，向相关业务单元提供合同的生产进度、物料数据、质保书数据等交易信息内容。除了通过协同商务平台展现外，也可以与相关业务单元业务系统集成，支持按一定的文件格式下载业务数据。

（4）物流合作。宝钢股份围绕一汽大众用料提供物流服务。主要包括以下内容：宝钢股份为确保汽车用材质量制定物流标准，采取管理措施；宝钢股份面向一汽大众特别要求，采取个性化物流服务；为一汽大众提供用料的物流状态信息，并以全程物流图的方式综合反映一汽大众合同中的生产、运输、库存等多个环节的物流状况。

4. 电子化供应链协调带来的成效

（1）高效沟通、快速响应需求。通过"宝钢在线"，有效地缩短谈判周期，及时对用户的询单、订单进行应答。实现与用户之间的信息共享，真正体现以用户为中心的服务思想，谋求与用户之间的长期互动和互利。

（2）降低交易成本和搜寻成本。宝钢与用户通过网络见面，在交易过程中双方可以减少谈判成本，节约大量的单据纸张费、差旅费、招待费。同时在通常的交易过程中，供求双方为了解所需产品的供应商、产品性能、价格交货情况，信息搜寻成本都是很高的。通过网络信息大大降低了搜寻成本。利用电子网络广阔的覆盖面，广泛且及时地传播物资供需信息，因此得到更多供应商的响应。宝钢物资采购部门也将从中发现新的更有竞争力的潜在供应商，拥有更多的挑选余地。

（3）通过信息共享降低库存水平。钢铁产品生产周期长，传统模式下用户无法掌握产品生产进度、运输情况，不能有效安排生产和库存。通过"宝钢在线"，用户能共享宝钢的库存信息，并且能及时了解宝钢的生产、运输动态，从而将宝钢变成用户的上游仓库，为用户提高计划精度、降低原材料库存创造有利的条件。

（4）提高采购透明度。"宝钢在线"实现了网上采购，不但为宝钢的物资采购创造了透明规范的环境，还为供应商搭建了公开、公平、公正的竞争舞台。

（5）加强协同，谋求与战略用户之间的同盟。钢铁产品的技术含量较高，在传统业务模式下，用户往往苦于无法及时、准确地了解钢铁产品的相关知识和使用指南。通过网络，宝钢将多年来在钢铁制造和使用中积累的大量经验进行总结和提炼，将成果与战略用户共享，为用户使用钢铁产品提供有效的技术指导。

（6）协调供应商的计划，增加对采购业务的控制能力。由于一个供应商可能同时参与多家企业的供应，在资源有限的情况下必然会造成多方需求争夺供应商资源的局面。通过电子商务可以使股份公司最大限度地参与到供应商计划中，从而避免出现资源分配不公或供应商抬杠的情况，消除供应过程中的组织障碍，减少供应的不稳定性。

案例解析

由于供应链不同成员代表各自不同的利益主体,以及信息在各成员之间的不共享,容易导致供应链的失调,从而影响供应链的整体利益。因此,通过供应链成员之间的战略合作和信息共享,实现供应链的协调管理,对于降低供应链业务成本、提高客户响应速度等具有重要意义。

问题:

(1)"宝钢在线"是如何协调钢铁供应链的?

(2)结合宝钢与一汽大众的案例,分析电子商务在供应链协调中的作用。

案例涉及主要知识点

供应链协调　　供应链失调　　牛鞭效应

学习导航

- 了解供应链协调的含义和供应链失调现象。
- 理解"牛鞭效应"产生的原因及其弱化方法。
- 了解实现供应链协调的基本方法和供应链契约类型。
- 掌握两种供应链契约协调方法:回购契约和弹性数量契约。

教学建议

- 备课要点:供应链协调的概念、牛鞭效应、供应链契约。
- 教授方法:案例教学法,模拟实验,理论与实际相结合。
- 扩展知识领域:基于 Internet 和电子商务进行知识拓展。

第一节　供应链协调与失调概述

一、供应链协调的含义

协调(Coordination)的概念来源于系统的研究。系统协调是管理各种活动间独立性的一种过程,其目的是希望通过某种方法来组织或调控所研究的系统,使之从无序转换为有序。需要进行协调的系统往往包含若干个相互矛盾和冲突的子系统。如果不能通过协调来妥善处理各种冲突,那么该系统总体功能将由于系统宏观结构的失稳而无结果,甚至产生负效应,即出现系统的整体功能小于各部分子系统功能之和。

供应链是典型的相互依赖的系统,由于系统内各行为主体的自利行为、信息不对称,成员的活动与决策往往与供应链系统的总体利益相冲突,结果导致供应链系统运行无效率。因此建立有效的供应链协调机制成为供应链管理的重要组成部分。

到目前为止,国内外对供应链协调的认识还未达成共识,不同学者从不同研究角度给出了相应的界定,以下是几种较典型的定义。

Malone 认为供应链协调是在一组成员执行任务达到目标的过程中进行决策和通信的一种模式。

Hewitt 和 Romamo 进一步指出供应链协调是在供应链合作伙伴之间的决策、通信和交互的模式,可以帮助计划、控制和调整供应链中所涉及的物料、零部件、服务、信息、资金、人员和方法之间的交流,并且支持供应链网络中的关键的经营过程。

Horvath、Simatupang 和 Sridharan 等将供应链协调定义为两个或者更多的独立公司一起联合工作来组成供应链,以便能给终端客户和股东带来比独立运作更多的效益。

Min 等指出供应链协调是指供应链中各节点企业为了提高供应链的整体竞争力而进行的彼此协作和相互努力。

综上所述,供应链协调是指供应链的各成员为了提高供应链系统整体绩效以及自身效益而采取的各种行动。

供应链协调的实现至少应具备两个基本条件:首先,供应链成员之间的协调必须能够使供应链的绩效提高,如供应链的反映时间缩短、订货提前期缩短等,而且绩效提高的收益必须大于协调付出的成本。其次,进行协调后必须保证供应链成员的绩效能够维持不变或做得更好,这同样要求付出的协调成本低于取得的收益。因为如果为使供应链系统实现最优,损害了个别成员的利益而又不给予相应的补偿,那么该成员就没有动机参与系统的协调活动,系统的协调利益最终无法实现。当供应链系统的最优决策行为构成各交易成员的一个纳什均衡,也就是没有任何成员有意愿偏离这个均衡,那么此时供应链达到协调。

二、 供应链协调的类型

供应链协调根据不同分类依据可分为多种类型。

1. 根据协调的层次分类

(1) 功能内协调。它是指对企业物流功能内部的活动及流程的协调,即对企业内部的物流活动中的各种冲突进行权衡,从而降低成本改善服务水平,如运输与库存、生产与库存、采购与库存等之间的协调。

(2) 功能间协调。它是指对企业不同职能部门之间的协调,包括物流与市场销售、物流与生产、物流与财务的协调,要考虑不同功能领域的平衡。

(3) 组织间或企业间协调。它是指法律意义上独立的供应链成员间的协调,如供应商与制造商、制造商与分销商等之间的协调。相对于前两种协调,组织间或企业间的协调更为复杂。前两种协调统称为内部协调,组织间或企业间协调称为外部协调。

2. 根据协调的界面分类

供应链协调可分为三类:买—卖协调、生产—分销协调和库存—分销协调。其中生产—分销协调问题包括:生产计划、分销计划、运输路线、运输调度、订货提前期、库存政策等。

3. 根据协调的内容分类

供应链协调可分为信息协调和非信息协调。信息协调主要是整个供应链对内外部信息掌握以指导供应关系,比如用 EDI 方式进行采购或分销过程中的文件处理可以加快供销双方之间在订货过程中的信息处理效率,并降低订购成本,促成更为灵活的订购过程。而非信息协调则是指完善地理、运输、仓储等一些实物的供应条件。如准时生产方式或零库存生产方式,其实现压缩库存的条件是要有良好的运输协调,能够做到及时到货不影响生产或销售。

三、 供应链失调

如果供应链的所有成员采取促进供应链总利润提高的行为,则供应链的协调就会得到改善。供应链协调要求供应链的每个成员都考虑自身的行为对其他成员的影响。当供应链成员的目标不一致或者成员之间的信息传递发生延误和扭曲时,供应链失调就产生了。

供应链失调的产生一方面是因为供应链不同的成员代表着不同的利益个体,如果它们只追求自身利润的最大化,则会采取一些通常会降低供应链总利润的行为。另一方面是因为供应链的每个环节归属于许多不同的所有者,如联想集团有着 300 多家供应商,从计算机零部件供应商富士康到芯片供应商英特尔,每个供应商又有着自己的众多供应商,当信息在多个供应链成员中传递时不容易被完全共享,因此常常发生扭曲。这种扭曲由于供应链产品的多样化又会进一步放大。

供应链失调的结果导致牛鞭效应(Bullwhip Effect,或称长鞭效应)的出现。

第二节 供应链牛鞭效应

一、 牛鞭效应的含义

(一)牛鞭效应现象

最早发现牛鞭效应存在的人是 J. Forrester,早在 1961 年他就根据系统动力学理论,对一个三阶段四节点的供应链系统进行分析,指出对于季节性商品,制造商觉察到的需求变化远远超过顾客的需求变化,而且这种波动变异效应在供应链中逐级放大。

提出"牛鞭效应"这一术语的则是宝洁公司。1995 年,宝洁公司(P&G)管理人员在考察"帮宝适"(Pampers)牌纸尿裤订单分布规律时发现:当某地区的总人口、婴儿出生率和替代品供给比较稳定时,婴儿对该产品的消费量基本是稳定的,零售商那里的销售量变化幅度也不大。但当分销商向宝洁公司订货时,订货量的变化幅度显著变大。同一时期,宝洁公司向其原材料供应商的订货量波动幅度则更大。这一现象与我们挥动鞭子时手腕稍稍用力,鞭梢就会出现大幅度摆动的现象类似。为此,宝洁公司使用"牛鞭效应"这一名称来形容供应链中顾客的需求信息在向上游传递过程中发生的被扭曲和放大的现象,如图 7-4 所示。

牛鞭效应也称为需求变异放大效应,是美国著名供应链专家 Hau Lee 教授对供应信息扭曲在供应链中传递的一种描述。当供应链上的各级供应商只根据来自其相邻的下级销售商的需求信息进行供应决策时,需求信息的不真实性会沿着供应链逆流而上,产生逐

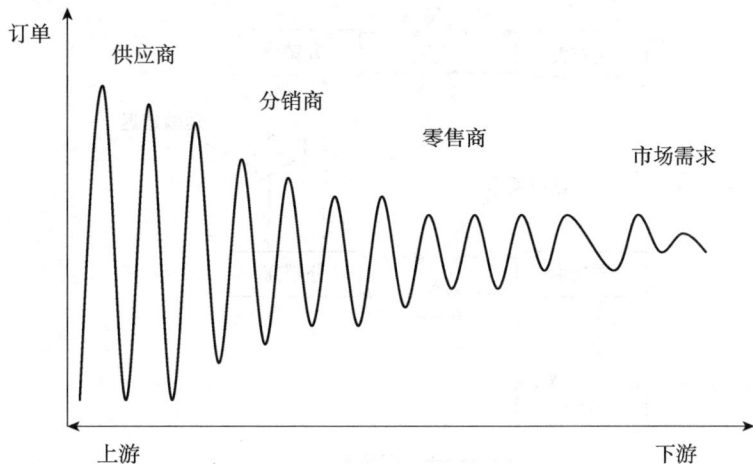

图 7-4 牛鞭效应订单波动示意图

级放大的现象,到达最源头的供应商时,其获得的需求信息和实际消费市场中的顾客需求信息发生了很大的偏差,需求信息严重扭曲。由于这种需求放大变异效应的影响,上游供应商往往维持比下游供应商更高的库存水平,以应付下游订货的不确定性。

在很多领域中,大量的观察数据证实了牛鞭效应的普遍存在。如惠普公司发现当订单从经销商沿供应链向上传递到打印机部门再到集成电路板部门时,它们的波动急剧增加。同样,虽然产品需求有一定的波动,但是集成电路板部门接到的订单的波动大得多。这令惠普很难按时完成订单,或者需要增加成本才能做到。在食品制造业,一家意大利面食制造商 Barilla 公司发现,当地配送中心所下的周订单在一年内波动 70 倍,而此配送中心的周销售(即来自超市的订单)的波动小于 3 倍。在其他领域,如汽车产品、机床、零售百货、方便食品、纸制品、电子产品以及皮包产品等供应链中,人们也观察到显著的牛鞭效应。

牛鞭效应也引起很多学者的关注。麻省理工学院的 J. D. Sterman 教授通过著名的啤酒游戏证明了牛鞭效应的存在。

(二)牛鞭效应模拟实验——啤酒游戏

啤酒游戏(Beer Game)源于麻省理工学院(MIT),是 20 世纪 60 年代由该学校 Sloan 管理学院发展出来的一种模拟简单供应链运营的实验。该游戏通常可以反映牛鞭效应产生的过程。游戏中的供应链包括四个阶段:生产、分销、批发和零售阶段,如图 7-5 所示。每个阶段的主要职责分别如下:

(1)生产商:向分销商出售啤酒,管理生产商库存,安排啤酒酿制计划;

(2)分销商:向批发商出售啤酒,管理分销商库存,向生产商订货;

(3)批发商:向零售商出售啤酒,管理批发商库存,向分销商订货;

(4)零售商:向顾客出售啤酒,管理零售商库存,向批发商订货。

游戏初始条件:

(1)在零售商、批发商、分销商、生产商各有 12 瓶啤酒的存货;

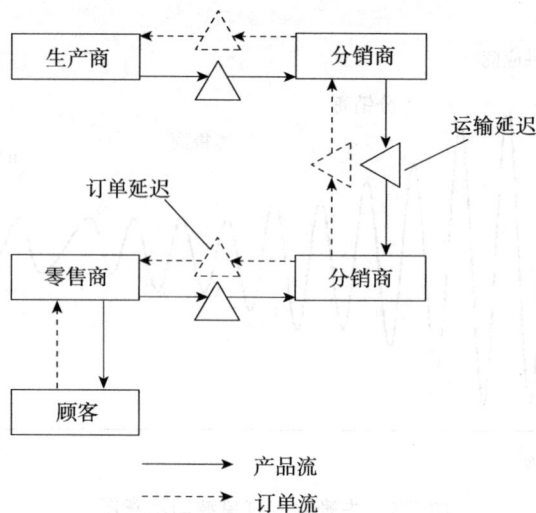

图 7-5 啤酒游戏的供应链结构

（2）每个运输环节各有 4 瓶啤酒。

开展游戏时，要遵循如下规则：

（1）用棋子代替啤酒，一颗棋子代表一瓶啤酒。

（2）在供应链每两个阶段间增加一个内过渡阶段，解决延迟问题（见图 7-2），即下游厂商的需求自下订单后要经过一定延迟期才能被上游厂商满足。延迟包括订单处理延迟、运输延迟。其中订单处理期为 1 周，运输延迟期和生产提前期为 1 周。

（3）各阶段厂商每期要清算库存量和缺货量，单位库存成本为 0.50 元/周，单位缺货惩罚成本为 1.00 元/周，每个阶段厂商的目标是使当期的总运营成本最小化。

（4）除特殊情况外，本游戏只有零售商可以直接看到来自市场的订单需求，其余各级厂商都只能通过相邻的下游厂商的订单来推测市场需求，而且任何两个厂商都不能私自交流信息。

（5）每期各阶段厂商同时按顺序完成以下活动：

第 1 步：运送在途的啤酒。将啤酒从"运输延迟 1 周"运抵至各级厂商的"现有库存"。

第 2 步：接受下游厂商的订单。读取来自下游厂商的订单，并在本级厂商"收到订单"处作相应记录。

第 3 步：供应下游厂商的需求。如果现有库存量不足以满足下游厂商的需求，则推迟到以后有货物时再供应。每期各阶段厂商应满足的总需求量可用下式计算：

本期总需求量＝本期接收到的订单需求量＋上期缺货量

第 4 步：记录库存量和缺货量。清点库房存货，在"现有库存"中做记录；如果有缺货，则在"本期缺货"里做记录。

本期缺货量＝max(0,本期总需求量－本期发出的啤酒量)

如上期有 5 瓶啤酒的缺货，本期又收到 6 瓶啤酒的订单，而本期只发出 7 瓶啤酒，则本期最终缺货量为 4 瓶啤酒(5+6-7)。

第 5 步:处理订单。使上期下游厂商的订单需求成为本期各阶段厂商收到的订单(对于生产商来说,就是读取生产任务,然后准备好相应数量的原材料)。

第 6 步:确定下期订单数量。各阶段厂商向上游厂商订货(生产商确定生产任务),并在本阶段"发出订单"(生产商在"生产任务")中做记录。

(6)游戏共进行 20 期,游戏结束后,请每个参与者根据自己收到的订单情况对市场需求量进行估计。

(7)游戏结束时,汇总库存总量和缺货总量,总成本=(0.50 元)×库存总量+1 元×缺货总量。

尽管 Sloan 管理学院的学生们有着各种年龄、国籍、行业背景,有些人甚至早就经手这类的产/配销系统业务。然而,每次玩这个游戏,相同的危机还是一再发生,得到的悲惨结果也几乎一样:下游零售商、中游批发商和分销商、上游制造商,起初都严重缺货,后来却严重积货,然而消费者的需求变动也只有一点点。如果成千上万来自不同背景的人参加游戏,却都产生类似的结果,其中原因必定超乎个人因素之上。这些原因必定藏在游戏本身的结构里面。

二、牛鞭效应的产生原因

Forrester 认为组织行为方式导致了牛鞭效应的产生。Sterman 则把牛鞭效应归结为供应链成员的系统性非线性行为的结果,即"反馈误解"。Lee 从运作管理的角度给出了牛鞭效应产生的原因。概括起来,导致牛鞭效应产生的原因主要有以下几个方面。

1. 对需求预测的修订

供应链中的每个节点企业都在根据自己企业历史的销售数据和实际的销售情况进行产品需求预测。为了适应消费者需求的变化,节点企业向上游企业订货时总是在需求预测的基础上进行一定的放大修订,这种错误的信息通过供应链传递到上游,使得上游各节点企业也相应地修订需求,这样逐级扩大,最终导致生产量远远偏离实际需求量。

2. 批量订货

企业考虑订货决策时通常以订货的总成本(包括采购成本、订货成本、库存持有成本)最小为目标,采用周期性的经济批量订货来满足一段时间内的需求。而周期性的订货批量实际反映的是一段时间内累积的需求量,订货批量的波动则反映的是需求量的累积波动,因此前者的波动比后者明显要大。如某零售商每五周向制造商发出一次订货,订单流中有四周订货量为 0,紧接着第五周出现一次大的订货量,其数量等于五周内顾客需求之和,这样零售商的订单流波动比顾客需求波动要大很多。对于为几家以批量订货的零售商提供产品的制造商来说,它面对的订单流波动比零售商面对的需求波动又要大很多。如果制造商进一步以批量向供应商发出订货,此影响将进一步放大。

3. 订货提前期

供应链各环节之间的订货提前期越长,牛鞭效应的影响就越大。以某零售商为例,它误以为某次随机需求增长为增长趋势,如果订货提前期为两周,则它下订单时会考虑两周内的预期增长。然而,如果零售商的订货提前期为两个月,那它下订单时会考虑两个月内的预期增长(这比两周的预期增长要大得多)。当需求的随机减少被认为是减少趋势时,其理亦然。

4. 价格波动

制造商提供的商业促销和其他短期折扣会导致预先购买,批发商或零售商在折扣期内采购大批产品来满足将来的需求,在促销期后减少采购量或停止订货,从而造成订货数量的大幅波动。

5. 配给和短缺博弈

配给是指供应商将有限的产品按照客户的订货量比例来进行分配供应。这种分配方案会导致一种博弈出现,即客户为了增加供给它们的产品数量会尽量提高订货量。如需要 75 单位产品的零售商会下 100 单位的订单,从而期望得到 75 单位。配给方案人为地放大了产品的订货数量,使供应商无法区分订货需求中有多少是消费者实际需求,有多少是零售商因为担心缺货而增加的订货量。如果供应商根据订单预测将来的需求,它将认为订单的增加是消费者需求的增长造成的,虽然顾客需求实质上并没有波动。供应商会扩大产能以满足接收的订单。一旦拥有足够的产能,订单又恢复到正常水平,因为它们是在配给方案下被放大的。因此配给使需求信息在供应链中向上传递时发生了扭曲。

6. 信息不共享

供应链各环节之间缺乏信息共享放大了牛鞭效应。如零售商会因为一次促销计划而增加特别订货量。如果制造商不知道此次促销计划,它可能认为此次订货量增加是需求的永久增长,从而向供应商发出更大的订货量。以大型零售商沃尔玛为例,如果沃尔玛不将促销活动的计划提前告诉制造商和供应商,则很可能在沃尔玛完成该次促销活动后,制造商和供应商将持有大量的库存。由于持有过量的库存,当沃尔玛后来的订货量回到正常时,制造商订货就会比以前减少。这样零售商与制造商之间缺乏信息共享就导致了制造商订货量的巨大波动。

三、 牛鞭效应对供应链绩效的影响

牛鞭效应的存在会影响整个供应链的运作,损害供应链绩效,具体而言,表现在以下几个方面。

(1) 导致库存水平升高,库存成本增加。为了满足增大的需求波动,供应链上各节点企业不得不保持比不存在牛鞭效应时更高的库存水平。不仅增加了资金占用,还面临库存陈旧的风险。另外,库存水平增加还会导致所需的仓储空间增加,产生更高的仓储成本。

(2) 生产计划变化加剧,额外成本支出增加。需求波动的放大增加了计划的不确定性,各节点企业不得不频繁修改生产计划。预期之外的短期产品需求导致了额外成本,如紧急生产导致的员工加班费用、加快运输费用等。

(3) 供应不稳定,订货提前期延长。需求波动的加大使供应商和制造商的生产计划比平稳时更难安排。有时会出现生产能力和库存不能满足订单的情况,即使加班加点也难及时完成,从而导致订货提前期延长。

（4）产品可获性水平低，客户服务水平下降。扭曲的需求信息使各节点企业很难对将来的需求进行准确预测和正确决策，这会造成供应链生产能力过剩或不足。当生产能力不足时会导致产品脱销，无法满足客户需求，客户服务水平下降。

（5）供应链成员关系恶化。牛鞭效应对供应链每个环节的绩效都有负面影响，从而损害各个环节成员间的关系。由于每个环节成员都认为自己已经做到尽善尽美，所以将运营中出现的责任归咎于其他成员，导致了各个成员之间互不信任，使得潜在的协调努力更加困难。

第三节　弱化牛鞭效应的供应链协调方法

牛鞭效应的存在使供应链的绩效变差，导致供应链的协调难以实现。因此，只要能减弱或消除牛鞭效应，并增加供应链整体利润，就可以改善供应链的协调状况。针对牛鞭效应的产生原因，可以采取多种方法和途径弱化牛鞭效应。

一、减少需求的波动性

供应链的不确定性是牛鞭效应产生的根本原因。因此，为供应链各阶段提供真实的需求、减少需求的波动性是减少牛鞭效应的最重要措施。减少需求波动性的途径包括提高需求预测的准确性、减少需求内在的变动性、设计平滑订单的定价策略等。

1. 提高需求预测的准确性

牛鞭效应产生的主要原因是供应链的每个环节都是根据接收到的下游订单数量来预测未来需求，并进行预测的修订。由于预测总是有误差的，这就导致了实际需求的不确定性。提高预测的准确性可以更准确地把握实际需求，从而减少不确定性。

供应链要满足的唯一需求来自最终顾客。如果零售商与其他供应链环节共享销售时点信息（Point-of-Sale，POS），则所有供应链环节就可以基于相同的末端需求来预测未来的需求，订单的波动与实际顾客需求的波动差异就会减小，牛鞭效应就会减弱。因此，很多公司使用信息系统来实现 POS 数据的共享。如戴尔与许多供应商通过互联网共享需求信息及零部件库存状态信息，避免了供应和订单的不必要波动。

另外，供应链各环节的协同计划、预测与补货（Collaborative Planning，Forecasting and Replenishment，CPFR）也是提高预测准确度、实现供应链完全协调的重要途径。CPFR 始于 20 世纪 90 年代，是体现供应商与零售商之间协调与合作关系的新型供应链管理模式。该模式要求零售商与供货商共同合作建立一个供应链的预测方式，并共享信息，分担风险。实施 CPFR 的主要内容包括：①企业间商务流程定义与规范；②协同规划、预测、补货九步骤模式；③CPFR 导入规范；④绩效评估指标；⑤协同商务信息系统部署形态；⑥协同商务系统技术规格—系统发展规范。CPFR 通过让合作伙伴运用网络分享预测和结果信息，减少供应链的库存成本，并增加商品的可利用率。宝洁与沃尔玛在1997 年开启的 CPFR 流程就是一个成功典范，它显著改善了供应链的协调。

2. 减少需求内在的变动性

导致需求变动的原因有很多。根据上一节的分析，价格波动、配给和短缺博弈是导致订单变动的主要原因。因此,零售商取消降价促销,实施天天低价(Every Day Low Price,EDPL)的策略,可以消除由于促销引起的需求的急剧变化,因此,天天低价能够形成更加稳定的、变动性更小的顾客需求模式,使客户订单与实际需求更匹配,从而削弱牛鞭效应。

3. 设计平滑订单的定价策略

基于批量的数量折扣促使零售商为了获得折扣而增加订购批量,使供应链的订单波动增大。设计基于总量的数量折扣可以消除大批量订货的动机,因为基于总量的折扣考虑的是某一段时间(如一年)内的总购买量,而不是一次批量的大小。不过也要注意,基于总量折扣有一个固定的截止期,当接近截止期时可能会出现大批量订单,这称为"曲棍球现象"。曲棍球现象会引起订单波动,设计基于滚动时期销售量的折扣则有助于减弱这种影响。

4. 使激励措施与目标保持一致

企业各职能部门的激励机制要与企业总目标保持一致。各部门在评价决策时,应该考虑它们对企业总利润的影响,而不是对总成本甚至局部成本的影响。例如,将考核销售人员业绩的激励依据由购入变为售出,即销售人员的业务量是由零售商的实际销售量决定的,而不是以零售商的购买量决定的。这样的激励机制会减少销售人员向零售商强推产品的动机,有助于减少零售商预先购买,从而减少订单波动,减弱牛鞭效应。

二、 改善供应链运作绩效

可以通过缩短订货提前期、减小订货批量、基于过去销量配给供应、共享信息等措施来改善供应链运作绩效,减小牛鞭效应,实现供应链协调管理。

1. 缩短订货提前期

提前期放大了预需求测的误差,因此,缩短订货提前期可以减少提前期内需求的不确定性,提高预测的精度,从而大大减少供应链的牛鞭效应。提前期由生产与运输时间、信息处理时间构成,因此,缩短提前期的途径也很多。例如,通过电子数据交换(Electronic Data Interchange,EDI)、基于互联网的电子商务平台等手段可以明显缩短订单处理和信息传递的时间;采取提前发货通知(Advanced Shipping Notice,ASN)可以缩短订货提前期,还可以减少收货作业工作量;通过越库运输(Cross-docking)缩短仓储和运输时间等。

2. 减小订货批量

减小订货批量可以使供应链中订单的波动幅度减小。根据基本 EOQ 模型,只要能采取措施使每批产品的订货成本、运输成本及接收成本减少,则订货的批量就会减少。沃尔玛和日本 7-11 公司集中多产品和供应商进行发货,成功减少产品订货批量。运用计算机辅助订货(Computer-assisted ordering,CAO)技术也能减少每次订货的固定成本。如很多网购公司通过网络销售产品,不仅减少了顾客的订货成本,也减少了公司完成订单的成本。将小批量的多种产品集中一辆卡车运输,即零担拼整车运输,可以在减少批量的同时又不增加运输成本。如日本 7-11 公司根据卡车运输时保持的温度将产品进行分类,将所有相同运输温度的产品装载在同一辆卡车上,这样大大减少了向零售店送货的卡车数量,同时保证了产品多样化。还有些公司使用带多个隔间的卡车送货,每个隔间有不同的温度,可以装运各种不同的产品,从而减少订货批量。另外,使用循环取货/牛奶取货模式,在一辆车上组合装运几家零售商或供应商的产品,也可以减少订货批量。如很多第三方物流服务商为零售商开展组合运输,这样不仅可以降低每个零售商的固定运输成本,并允许每个零售商小批量订货。

3. 改善配给供应原则

根据零售商过去的销量而不是目前的订购量来分配供应,可以消除零售商在短缺情况下人为扩大订单的动机,从而减少订单波动,削弱牛鞭效应。这种配给方法促使零售商在需求低迷时期尽可能售出更多产品,从而能在供应短缺时获得更多的产品配给。如通用汽车公司和惠普公司就在使用这种机制分配短缺产品。

4. 共享信息避免短缺

在供应链内实现信息共享可以避免短缺情况发生。有些制造商鼓励它们的大客户提前订购全年订购量的一部分。这样的订购信息可以让制造商提高自己预测的准确性,相应地分配产能。一旦产能被适当分配给各类产品,短缺情况就不太可能发生,牛鞭效应也就削弱了。还可以运用柔性产能来避免短缺情况发生。当一种产品的需求预期比另一种产品的需求低时,原来分配给低需求产品的产能可以灵活地转为生产高需求产品。

三、构建战略合作伙伴关系

当供应链中成员之间构建相互信任的战略合作伙伴关系,既可以改善信息共享和库存管理方式,提高需求预测的准确性和可靠性;还能够减少交易作业环节(如清点、验收货物),从而缩短交货时间、降低交易成本。如果供应商信任来自零售商的订单和预测信息,它就不必再进行预测。如果零售商信任供应商的发货和质量,零售商就可以减少很多清点和验收工作。

供应商管理库存(即 VMI)、协同计划、预测与补货(即 CPFR)、连续补货系统(Continuous Replenishment,CR)等都是建立供需双方战略合作伙伴关系的体现。VMI中,供应商是直接根据自己商品的销售量而不是零售商发出的订单进行决策,因而可避免牛鞭效应的发生。连续补货是供应链参与者之间的一种合作形式,它将传统的由供应链下游参与者根据其本身最经济的订货数量发出订单、驱动补货,改为根据实际与预测的消费需求来驱动补货的流程,是实施 VMI 的支撑技术之一。例如,沃尔玛和宝洁一直努力构建互惠互利的战略伙伴关系,它们的"连续补货系统"使双方节约了很多成本。

📖 **知识链接**

宝洁—沃尔玛的供应链协调管理模式

20 世纪 80 年代末,宝洁开发并给沃尔玛安装了一套"持续补货系统",该系统使双方通过 EDI 和卫星通信实现联网。借助于该系统,宝洁公司能迅速知晓沃尔玛各分店的销售及存货情况。这样不仅能使宝洁公司及时制订出符合市场需求的生产和研发计划,同时也能对沃尔玛的库存进行单品管理,做到连续补货,防止滞销品库存积压或畅销品断货。此措施提升了客户服务水平,降低了双方库存;大大缩短了商品从订货、进货、保管、分拣到补货销售的整个业务流程时间。在连续补货的基础上,宝洁又和沃尔玛在 1999 年合作启动了 CPFR 流程，它从双方共同的商业计划开始，到市场推广、销售预测、订单预测，再到最后对市场活动的评估总结，构成了一个可持续提高的循环。流程实施的结果是双方的经营成本和库存水平都大大降低。沃尔玛分店中的宝洁产品利润增长了 48%，存货接近于零。而宝洁在沃尔玛的销售收入和利润也增长了 50% 以上。持续补货系统的合作已经超越了单纯的物流层面，它们开始共享最终顾客的信息和会员卡上的资料。宝洁可以更好地了解沃尔玛和最终客户的产品需求，从而更有效地制造产品。总而言之，"宝洁—沃尔玛协同商务模式"的形成和实施，大大降低了整条供应链的运营成本，提高了对顾客需求的反应速度，更好地保持了顾客的忠诚度，最终为双方带来了丰厚的回报并极大地提升了双方的市场竞争能力，巩固和增强了双方的战略联盟关系。

四、消除信息不对称的供应链协调方法

导致供应链失调的原因之一就是信息在供应链成员之间传递时发生延误和扭曲，这就是信息经济学中的企业间信息不对称问题。目前有两种途径来改进或消除这种问题。

第一种途径，利用信息技术建立可靠的信息共享渠道，从根源上消除产生机会主义行为的信息不对称现象。但这种途径受到技术、成本和信息拥有方共享意愿等因素的制约，因此并不能完全消除信息不对称现象，对供应链整体绩效的帕累托改进也是有限的。

第二种途径，运用信息经济学中的委托—代理理论，建立协调机制。根据信息经济学的界定，只要市场参与者双方所掌握的信息不对称，它们之间的经济关系就是一种委托—代理关系。在供应链内就存在两种主要的委托—代理关系：一种是上下游企业间因直接的供需关系而形成的委托—代理关系，此时下游企业是委托方；另一种是核心企业与各成员企业形成的单委托多代理的关系，其中成员企业可以是上游企业，也可以是下游企业，而核心企业既有可能是自身利益的代理，也有可能是供应链联盟的整体利益的"虚拟委托方"。可见，在供应链中任何具有相邻业务联系的企业之间都存在着委托—代理关系。

建立委托—代理协调机制的目的是提升供应链信息拥有方的共享意愿或者在不改变信息结构的情况下，通过委托方和代理方之间的收益进行协调和让渡，消除代理方进行机会主义行为的利益动机。委托—代理理论发展了以风险共担、利益共享的协调机制，委托人要实现利益最大化就必须使代理人期望效用满意优化，但委托人只能观察到代理人行为的结果，对其行动及信息并清楚，因此要防止代理人的"偷懒"和"机会主义"行为，必须实施协调与约束。就供应链而言，约束、激励等协调手段主要是以供应链合作伙伴间签订合作契约的形式来实现，即通过设计契约并调整契约参数（如价格、订货量等）来激励供应链合作伙伴调整利润分配以实现整个供应链系统的最优绩效。下一节重点分析基于契约的供应链协调方法。

前沿理论与技术

减少牛鞭效应的物流策略

减弱和控制牛鞭效应始终是供应链管理的重要理论和应用问题。诸多学者在供应链管理研究中，通过企业案例分析、系统分析、仿真分析等工作，提出了供应链中降低需求放大现象的物流处理原则，即减弱牛鞭效应的四项物流策略。

第一个策略是精益物流控制原则。包括对供应链决策支持系统的设计、对整个供应链质量的动态控制、对单周期和多周期批量控制、对单阶段和多阶段订货的控制,以及在网络环境下准时制管理 JIT 的生产等。第二个策略是时间压缩原则。为了压缩物流和信息流过程的时间间隔、压缩时滞和加快库存调整,应该考虑企业过程再造。在这种情况下,需求波动的名义周期虽然存在,但波长变短,反馈回路缩短。第三个策略是信息透明原则。在整个供应链上广泛提供可靠的信息,比如对于一个基于 Internet 的供应链系统,链上所有企业都可以得到公开透明的信息。这样,从最终用户到原材料供应商的数据都是公开透明的,各个企业之间的公开协商将大大降低用户需求放大现象。第四个策略是环节减少的原则。即消除供应链中多余的环节和功能,减少时间滞后和信息扭曲。

第四节　基于契约的供应链协调方法

一、供应链契约及其类型

契约(Contract)也称合同或合约。广义的契约是指确定买卖双方权利和义务等内容的协议。狭义的契约是指民事契约,包括债券契约、物权契约和身份契约等。由于企业与企业之间的交易关系一般都表现为供需契约形式,因此可以将供应链看作由供需契约联系起来的企业集合。其中物流、信息流和资金流可以看作契约执行的具体表现,供应链上各成员之间的耦合关系可以通过供应链契约的形式来控制。

供应链契约(Supply Chain Contract)是利用博弈论、运筹学、最优控制理论等原理和模型,对供应链成员在一定的信息结构(对称信息和非对称信息)下的决策进行均衡,从而达到各成员的个体理性与供应链整体优化相一致的一种协调机制。这类研究方法认为,供应链是由多个不同利益主体构成的,每个利益主体的决策出发点都是使自己的利益最大化,这样就有可能对供应链总体绩效造成损害。设计供应链契约建立一种协调机制,通过向供应链上的所有成员提供激励,使他们的分散决策更有利于供应链总体绩效的最优化。契约设计的重点是减少信息不对称和双重边际化等不利因素对供应链协调的影响。这里的双重边际化是指供应链成员只考虑局部最优时所做出的决策没有使供应链整体实现最优。减小双重边际化的影响就是缩小局部最优和整体最优之间的缺口。

供应链契约按属性可分为定价和订货量两大类。常用的定价类契约有批发价格(Wholesale Price)、数量折扣(Quantity Discounts)、回购(Buy Back)或退货(Return)、期权(Option)、销售回扣(Sales)及收入共享(Revenue Sharing)等契约;订货量契约有数量弹性(Quantity Flexibility)、最小购买承诺量(Minimum Purchase Commitment)、后备协议(Backup Agreement)等契约。其中批发价格、回购、收入共享和数量弹性等契约是最基本的四种类型,其他契约模型都可以由这四种契约演变而成,或者是由其中的两种或几种契约组合而得。如数量承诺契约可以由数量弹性契约衍生而来,期权契约可以由回购契约演变而成,或者由批发价格契约与数量弹性契约组合得来。在批发价格契约中增加激励和惩罚机制则可以演变为数量折扣契约和回馈与惩罚契约。

回购契约和数量弹性契约在很多领域应用广泛,因此以下部分具体讨论如何运用这两种契约来实现供应链协调。

二、基于回购契约的供应链协调

(一) 假设说明与契约设计

考虑由一个生产商和一个零售商构成的二阶段供应链。假定零售商的顾客需求服从均值为 μ、标准差为 σ 的正态分布,其密度函数为 $f(x)$,分布函数为 $F(x)$。在生产商和零售商未进行供货协调之前,二者是分散决策的。零售商不考虑生产商的利益,只是按其最佳订货数量 Q^* 进行一次性订货,使自身利润最大化。生产商则按照零售商的订货要求组织生产并供货。此时的零售商最佳订货决策并不能实现整个供应链利润的最大化。

利用回购契约协调供应链,则生产商在契约中承诺以低于零售商进货的价格购回其在销售季节结束时所有的剩余商品。生产商的回购会增加零售商每件剩余商品的残值,从而刺激零售商提高订货量,扩大销售,增加利润。当然,契约也会使生产商承担了一些库存积压的费用,但从总体来看,整个供应链最终会销售更多的产品,因此生产商完全有可能从中受益。

在回购契约中,生产商要详细说明批发价格 w 和回购价格 b。在销售季节结束时,零售商可以把所有未售出的商品以价格 b 返销给生产商。在回购契约策略下,一旦生产商确定了回购价格 b,零售商将确定其最佳订购数量以使其利润最大。当生产商已知零售商的成本、售价以及需求分布,则它可以针对特定的订货数量和预期的回购数量确定回购价格以使自身利润最大化。因此,确定最佳回购价格问题就成为一个 Stackelberg 博弈问题,生产商在这里是先行者,零售商是追随者。

假设零售商的零售价为 p,在和生产商签订回购契约之前,销售季节结束时剩余商品的残值为 s_R,签订回购契约后,其季末剩余商品的残值则为 b(即生产商的回购价格),且 $s_R < b < w$。假设生产商的单位生产成本为 c,生产商从零售商返回的每件商品中获得的残值为 s_M。

(二) 无回购契约的供应链系统分析

在未实施回购契约策略前,零售商订购 Q 单位的商品,当实际需求量为 x 单位时的预期利润可通过式(7-1)计算。

$$P_R(Q) = \int_{-\infty}^{Q} \left[x(p-w) - (Q-x)(w-s_R) \right] f(x) \mathrm{d}x + \int_{Q}^{+\infty} Q(p-w) f(x) \mathrm{d}x$$

$$(7\text{-}1)$$

求使预期利润 $P_R(Q)$ 最大的订货量 Q,可对式(7-1)求一阶导数,令其等于零,即:

$$\begin{aligned}
\frac{\mathrm{d}P_R(Q)}{\mathrm{d}Q} &= -(w-s_R)\int_{-\infty}^{Q} f(x)\mathrm{d}x + (p-w)\int_{Q}^{\infty} f(x)\mathrm{d}x \\
&= (p-w)[1-F(Q)] - (w-s_R)F(Q) \\
&= 0
\end{aligned}$$

$$(7\text{-}2)$$

简化后得:

$$F(Q) = \frac{p-w}{p-s_R}$$

利用 Excel 中的 NORMINV 函数可求出零售商最佳订货量 Q^* 为:

$$Q^* = \mathrm{NORMINV}\left(\frac{p-w}{p-s_R}, \mu, \sigma \right)$$

$$(7\text{-}3)$$

由于 $\dfrac{\mathrm{d}^2 P_R(Q)}{\mathrm{d}Q^2} = -(p-s_R)f(Q) < 0$，则零售商按 Q^* 订货可获得最大预期利润，为

$$P_R(Q^*) = \int_{-\infty}^{Q^*} \left[x(p-w) - (Q^*-x)(w-s_R) \right] f(x)\mathrm{d}x + \int_Q^{+\infty} Q^*(p-w)f(x)\mathrm{d}x$$

$$= \int_{-\infty}^{Q^*} (p-s_R)xf(x)\mathrm{d}x - \int_{-\infty}^{Q^*} Q^*(w-s_R)f(x)\mathrm{d}x + \int_{Q^*}^{\infty} Q^*(p-w)f(x)\mathrm{d}x$$

$$= (p-s_R)\int_{-\infty}^{Q^*} xf(x)\mathrm{d}x - Q^*(w-s_R)\int_{-\infty}^{Q^*} f(x)\mathrm{d}x + Q^*(p-w)\int_{Q^*}^{\infty} f(x)\mathrm{d}x$$

$$= (p-s_R)\mu F_s\left(\frac{Q^*-\mu}{\sigma}\right) - (p-s_R)\sigma f_s\left(\frac{Q^*-\mu}{\sigma}\right) - Q^*(w-s_R)F(Q^*,\mu,\sigma)$$

$$+ Q^*(p-w)\left[1 - F(Q^*,\mu,\sigma)\right] \tag{7-4}$$

式中，F_s 和 f_s 分别为标准正态分布的累积分布函数和密度函数。用 Excel 中函数可以计算零售商的最大预期利润为：

$$P_R(Q^*) = (p-s_R)\mu \text{NORMDIST}\left(\frac{Q^*-\mu}{\sigma}, 0, 1, 1\right)$$

$$- (p-s_R)\sigma \text{NORMDIST}\left(\frac{Q^*-\mu}{\sigma}, 0, 1, 0\right)$$

$$- Q^*(w-s_R)\text{NORMDIST}(Q^*,\mu,\sigma,1)$$

$$+ Q^*(p-w)\left[1 - \text{NORMDIST}(Q^*,\mu,\sigma,1)\right] \tag{7-5}$$

当零售商订货量为 Q^* 时，生产商的预期利润 $P_M(Q^*)$ 为：

$$P_M(Q^*) = (w-c)Q^* = (w-c)\text{NORMINV}\left(\frac{p-w}{p-s_R}, \mu, \sigma\right) \tag{7-6}$$

（三）基于回购契约的供应链系统分析

实施回购契约策略后，零售商订购 Q 单位的商品，当实际需求量为 x 单位时的预期利润为：

$$P_R(Q) = \int_{-\infty}^{Q} \left[x(p-w) - (Q-x)(w-b) \right] f(x)\mathrm{d}x + \int_Q^{+\infty} Q(p-w)f(x)\mathrm{d}x \tag{7-7}$$

同理可求得使零售商获得最大预期利润的订货量 Q^{**} 为：

$$Q^{**} = \text{NORMINV}\left(\frac{p-w}{p-b}, \mu, \sigma\right) \tag{7-8}$$

零售商最大预期利润为：

$$P_R(Q^{**}) = (p-b)\mu \text{NORMDIST}\left(\frac{Q^{**}-\mu}{\sigma}, 0, 1, 1\right)$$

$$- (p-b)\sigma \text{NORMDIST}\left(\frac{Q^{**}-\mu}{\sigma}, 0, 1, 0\right)$$

$$- Q^{**}(w-b)\text{NORMDIST}(Q^{**},\mu,\sigma,1)$$

$$+ Q^{**}(p-w)\left[1 - \text{NORMDIST}(Q^{**},\mu,\sigma,1)\right] \tag{7-9}$$

则生产商的预期利润为：

$$P_M(Q^{**}) = (w-c)Q^{**} - (b-s_M)\int_{-\infty}^{Q^{**}}(Q^{**}-x)f(x)\mathrm{d}x$$

$$= (w-c)Q^{**} - (b-s_M)\left[\int_{-\infty}^{Q^{**}}Q^{**}f(x)\mathrm{d}x - \int_{-\infty}^{Q^{**}}xf(x)\mathrm{d}x\right]$$

$$= (w-c)Q^{**} - (b-s_M)\left[(Q^{**}-\mu)F_s\left(\frac{Q^{**}-\mu}{\sigma}\right) + \sigma f_s\left(\frac{Q^{**}-\mu}{\sigma}\right)\right]$$

$$= (w-c)Q^{**} - (b-s_M)(Q^{**}-\mu)\mathrm{NORMDIST}\left(\frac{Q^{**}-\mu}{\sigma},0,1,1\right)$$

$$- (b-s_M)\sigma\mathrm{NORMDIST}\left(\frac{Q^{**}-\mu}{\sigma},0,1,0\right) \tag{7-10}$$

显然,对于生产商来说,最佳的 b 可以通过无遗漏地搜索所有 $b\in(s_R,w)$,使式(7-10)取得最大值。求解最佳 b 的具体方法如下:

(1) 对于任意一个 $b\in(s_R,w)$,由式(7-8)确定使零售商能够获得最大预期利润的最佳订货量 Q^{**},并将相应的 b 和 Q^{**} 代入式(7-10),求出生产商的预期利润。

(2) 在所有当 $b\in(s_R,w)$ 中,选择使式(7-10)达到最大值时的 b 值,即为双方协调的最佳回购价格 b^*。b^* 对应的 Q^{**} 即为零售商最佳订购量,将 b^* 和 Q^{**} 代入式(7-9)可求的零售商的最大预期利润。

(四)回购契约应用实例

回购契约在图书音像业应用非常普遍,现以一家图书出版商为例来说明其具体应用。

【例 7-1】 出版商生产图书的成本为 $c=2$ 元/本,卖给书店的批发价为 $w=10$ 元/本。书店以零售价 $p=20$ 元/本出售给顾客。书店经理估计该图书的市场需求量服从均值 $\mu=1000$、标准差 $\sigma=300$ 的正态分布。在出版商和书店未签署回购契约前,假设书店未销售完的图书残值 $s_R=0$ 元/本。签署回购契约后,出版商承诺以回购价 b 购回书店未销售完的图书。假设出版商可以从书店返回的每件商品中获得残值 $s_M=0$ 元/本。试分别分析出版商、书店和图书供应链在两种不同决策情形下的绩效表现。

解:

(1) 无回购契约的决策情形分析。

书店的最佳订货量可运用式(7-3)计算:

$$Q^* = \mathrm{NORMINV}\left(\frac{p-w}{p-s_R},\mu,\sigma\right) = \mathrm{NORMINV}\left(\frac{20-10}{20-0},1000,300\right) = 1000(本)$$

书店的预期最大利润可以用式(7-5)计算:

$$P_R(Q^*) = (20-0)\times 300\mathrm{NORMDIST}\left(\frac{1000-1000}{300},0,1,1\right)$$
$$- (20-0)\times 300\times\mathrm{NORMDIST}\left(\frac{1000-300}{300},0,1,0\right)$$
$$- 1000\times(10-0)\times\mathrm{NORMDIST}(1000,1000,300,1)$$
$$+ 1000\times(20-10)[1-\mathrm{NORMDIST}(1000,1000,300,1)]$$
$$= 7606(元)$$

出版商的预期最大利润可以用式(7-6)来计算:

$$P_M(Q^*) = (10-2)\mathrm{NORMINV}\left(\frac{20-10}{20-0},1000,300\right) = 8000(元)$$

（2）有回购契约的决策情形分析。

用 Excel 计算，对于任意一个 $b \in (0,10)$，用式（7-8）确定使书店能够获得最大预期利润的最佳订货量 Q^{**}，并将相应的 b 和 Q^{**} 代入式（7-10），求出出版商预期利润。其中 b 以增幅 0.5 从 0 增加到 9。表 7-1 列出了出版商向书店提供不同的回购价格时产生的结果。

表 7-1　不同回购价格下的最佳订购量和预期利润

批发价 (w)（元/本）	回购价 (b)（元/本）	书店最佳订购量 (Q^*)（本）	书店预期利润 (P_R)（元）	出版商预期利润 (P_M)（元）	供应链预期总利润 (P_{SC})（元）
10	0.0	1000*	7606*	8000*	15 606*
10	1.0	1020	7731	8029	15 760
10	2.0	1042	7867	8052	15 918
10	4.0**	1096**	8180**	8071**	16 251**
10	4.5	1112	8269	8067	16 336
10	5.0	1129	8364	8058	16 421
10	9.0	1401	9460	7485	16 946
10	9.5	1501	9688	7193	16 880
11	0.0	962	7154	8661	15 815
11	1.0	980	7247	8712	15 959
11	6.0	1110	7829	8893	16 723
11	6.5	1129	7904	8894	16 798
11	7.0	1151	7983	8888	16 870
11	9.0	1273	8360	8733	17 093
11	9.5	1320	8478	8631	17 109
11	10.0	1384	8612	8474	17 085
12	0.0	924	6791	9240	16 031
12	1.0	940	6859	9310	16 170
12	8.0	1129	7444	9730	17 174
12	8.5	1154	7495	9735	17 230
12	9.0	1181	7548	9729	17 277
12	9.5	1214	7603	9708	17 311
12	10.0	1252	7661	9665	17 326
12	10.5	1301	7723	9589	17 312

注：

＊表示分散决策下，书店的最佳订购量、书店和出版商以及整个供应链获得的最大预期利润。

＊＊表示实施回购合同后，出版商提供的最佳回购价格，此时书店的最佳订购量、书店和出版商以及整个供应链获得的最大预期利润。

（3）结果分析。由表 7-1 可得出以下几个结论。

① 回购契约策略使供应链的协调得到改善。没有实施回购合同之前，书店的最佳订购量为 1000 本，其利润为 7606 元，出版商的利润为 8000 元，整个供应链的利润为 15 606 元。实施回购合同策略之后，当出版商的回购价格定为 4 元时，它获得最大预期利润为 8071 元。此时书店的最佳订购量为 1096 本，最大预期利润为 8180 元，整个供应链的利润为 16 251 元。回购合同促使书店订货量增加了 96 本，使书店、出版商以及供应链的总利润分别增加了 574 元、71 元和 645 元。可见回购契约能够很好地协调供应链，使供应链的整体利润提升的同时，图书零售商和出版商的局部利润得到提升。

② 只要图书出版商回购零售商的剩余产品，零售商的利润就会增加，同时也有可能

提高出版商的利润。如回购价格从 0 提高到 9 元的过程中,图书零售商的预期最大利润一直在增加;而出版商的预期最大利润先增后减,峰值出现在回购价为 4 元处。

③ 出版商同时提高批发价格和回购价格,且回购价格提高的幅度大于批发价格提高的幅度,则出版商可以获得更多利润。如出版商的批发价格由 10 元提高到 12 元,而回购价格由 4 元提高到 8.5 元时,出版商的利润增加了 1664 元。

④ 当批发价格一定时,图书零售商的最佳订货批量随着回购价格的提高而增加,同样,返回给出版商的商品量也随之增加。如当批发价为 10 元时,随着回购价格从 1 元增加到 9.5 元,零售商的最佳订货量由 1020 本增加到 1501 本。

此外,需要注意的一点是本实例分析中没有考虑与回购相关的成本。如果回购成本增加,供应链的利润就会减少,回购契约的吸引力就会减弱。当回购成本非常高时,回购契约使供应链的整体收益大大低于没有回购契约情况下的收益,此时用弹性数量契约会比回购契约更有效。

三、 基于弹性数量契约的供应链协调

(一) 假设说明与契约设计

仍然考虑由一个生产商与一个零售商构成的供应链。假设零售商的顾客需求还是服从均值为 μ、标准差为 σ 的正态分布,其密度函数为 $f(x)$,分布函数为 $F(x)$。

签订弹性契约后,生产商允许零售商在对需求进行观测后修订原来的订购数量。如果零售商订购 O 单位商品,则生产商可以发送给零售商 $Q=(1+\alpha)O$ 单位商品,而零售商需承诺至少购买 $q=(1-\beta)O$ 单位商品。其中 $\alpha\in[0,1]$,$\beta\in[0,1]$,分别为生产商的供货调节系数和零售商的订货修订系数,也称为弹性系数。对于零售商而言,在销售季节前可向生产商预订 O 单位商品,并承诺至少购买 $q=(1-\beta)O$ 单位商品;在销售季节到来时,零售商还可以根据当时的需求预测修订实际的订货数量,实际订货量可以在 $[q,Q]$ 之间变动。弹性订货允许零售商在掌握更准确的需求信息后修订先前的订购量,这样能减小零售商脱销或库存积压的风险,提高零售商订货的平均数量,从而有可能增加供应链的整体收益。虽然生产商承担了一部分库存积压风险,但生产商的平均销售量因零售商的订货量增加而增加,其收益也完全有可能增加。

假设生产商的单位生产成本为 c,向零售商提供商品的批发价为 w,而零售商的售价定为 p。销售季节末,零售商和生产商可以从单位剩余商品中获得的残值分别为 s_R 和 s_M。

假设零售商预期购买量为 Q_{RP},零售商预期销售量为 Q_{RS},零售商预期库存积压量为 Q_{RO},零售商预期利润为 P_R。生产商预期库存积压量为 Q_{MO},生产商预期利润为 P_M。

(二) 基于弹性数量契约的供应链分析

未实施弹性数量契约前,供应链及其成员的绩效分析如第四节中的“基于分散决策情形供应链分析”。此处重点分析弹性数量契约情形下供应链协调问题。

当零售商订购 O 单位商品,生产商承诺最多提供 Q 单位商品,市场实际需求为 x 时,如果 x 小于零售商承诺量 q,则零售商不得不买 q 单位商品;如果需求量 x 处于 q 和 Q 之

间，则零售商会购买 x 单位商品；如果需求量高于 Q，则零售商最多只能得到 Q 单位商品。考虑这三种情况，零售商预期购买量为：

$$
\begin{aligned}
Q_{RP} &= \int_{-\infty}^{q} qf(x)\mathrm{d}x + \int_{q}^{Q} xf(x)\mathrm{d}x + \int_{Q}^{+\infty} Qf(x)\mathrm{d}x \\
&= q\int_{-\infty}^{q} f(x)\mathrm{d}x + \int_{-\infty}^{Q} xf(x)\mathrm{d}x - \int_{-\infty}^{q} xf(x)\mathrm{d}x + Q\int_{Q}^{+\infty} f(x)\mathrm{d}x \\
&= qF(q) + \mu F_s\left(\frac{Q-\mu}{\sigma}\right) - \sigma f_s\left(\frac{Q-\mu}{\sigma}\right) - \left[\mu F_s\left(\frac{q-\mu}{\sigma}\right) - \sigma f_s\left(\frac{q-\mu}{\sigma}\right)\right] \\
&\quad + Q[1-F(Q)] \\
&= qF(q) + \mu\left[F_s\left(\frac{Q-\mu}{\sigma}\right) - F_s\left(\frac{q-\mu}{\sigma}\right)\right] - \sigma\left[f_s\left(\frac{Q-\mu}{\sigma}\right) - f_s\left(\frac{q-\mu}{\sigma}\right)\right] \\
&\quad + Q[1-F(Q)]
\end{aligned}
\tag{7-11}
$$

零售商预期销售量为：

$$
\begin{aligned}
Q_{RS} &= \int_{-\infty}^{Q} xf(x)\mathrm{d}x + \int_{Q}^{+\infty} Qf(x)\mathrm{d}x \\
&= \mu F_s\left(\frac{Q-\mu}{\sigma}\right) - \sigma f_s\left(\frac{Q-\mu}{\sigma}\right) + Q[1-F(Q)]
\end{aligned}
\tag{7-12}
$$

零售商预期库存积压量为：

$$
\begin{aligned}
Q_{RO} &= \int_{-\infty}^{q} (q-x)f(x)\mathrm{d}x \\
&= q\int_{-\infty}^{q} f(x)\mathrm{d}x - \int_{-\infty}^{q} xf(x)\mathrm{d}x \\
&= qF_s\left(\frac{q-\mu}{\sigma}\right) - \left[\mu F_s\left(\frac{q-\mu}{\sigma}\right) - \sigma f_s\left(\frac{q-\mu}{\sigma}\right)\right] \\
&= (q-\mu)F_s\left(\frac{q-\mu}{\sigma}\right) + \sigma f_s\left(\frac{q-\mu}{\sigma}\right)
\end{aligned}
\tag{7-13}
$$

零售商的预期利润为：

$$
\begin{aligned}
P_R &= p Q_{RS} + s_R(Q_{RP} - Q_{RS}) - w Q_{RP} \\
&= (p-s_R)Q_{RS} + (s_R-w)Q_{RP} \\
&= (p-s_R)\left\{\mu F_s\left(\frac{Q-\mu}{\sigma}\right) - \sigma f_s\left(\frac{Q-\mu}{\sigma}\right) + Q[1-F(Q)]\right\} \\
&\quad + (s_R-w)\left\{
\begin{aligned}
&qF(q) + \mu\left[F_s\left(\frac{Q-\mu}{\sigma}\right) - F_s\left(\frac{q-\mu}{\sigma}\right)\right] - \\
&\sigma\left[f_s\left(\frac{Q-\mu}{\sigma}\right) - f_s\left(\frac{q-\mu}{\sigma}\right)\right] + Q[1-F(Q)]
\end{aligned}
\right\}
\end{aligned}
\tag{7-14}
$$

此时，生产商的利润为：

$$
\begin{aligned}
P_M &= Q_{RP}w + (Q-Q_{RP})s_M - Qc \\
&= (w-s_M)Q_{RP} - (c-s_M)Q
\end{aligned}
\tag{7-15}
$$

生产商在了解零售商的售价以及需求分布的前提下，可以针对零售商的最佳订货数量和实际订货数量确定自己的最佳供货调节系数，使其利润最大化。而零售商也会根据生产商的情况和市场需求制订自己的最佳订货数量和实际订货数量。因此确定最佳的供货决策和订货决策问题就构成一个 Stackelberg 博弈问题。通常情况下,生产商是领导者,零售商是追随者。为确定零售商的最佳订购量 O^*,先将 $Q=(1+\alpha)O$ 和 $q=(1-\beta)O$ 分别代入式(7-14)后求导,得:

$$\frac{\mathrm{d}P_R(O)}{\mathrm{d}O} = (p-w)(1+\alpha)[1-F(1+\alpha)O] - (w-s_R)(1-\beta)F[(1-\beta)O]$$

(7-16)

令 $\dfrac{\mathrm{d}P_R(O)}{\mathrm{d}O} = 0$,整理得:

$$(p-w)(1+\alpha)F[(1+\alpha)O] + (w-s_R)(1-\beta)F[(1-\beta)O] - (p-w)(1+\alpha) = 0$$

(7-17)

由于 $\dfrac{\mathrm{d}^2 P_R(O)}{\mathrm{d}O^2} = -(p-w)(1+\alpha)^2 f[(1+\alpha)O] - (w-s_R)(1-\beta)^2 f[(1-\beta)O] < 0$,因此当零售商的订货量为某一特定值 O^* 时可以使其预期利润达到最大。使式(7-17)成立的 O 即为 O^*。O^* 可通过 Excel 中的"单变量求解"工具求解式(7-17)得来。将 O^* 代入式(7-14),求出零售商的最大预期利润为:

$$P_R(O^*) = (p-s_R)\left\{\mu F_s\left(\frac{(1+\alpha)O^*-\mu}{\sigma}\right) - \sigma f_s\left(\frac{(1+\alpha)O^*-\mu}{\sigma}\right) + (1+\alpha)O^*\{1-F((1+\alpha)O^*\}\right\}$$

$$+ (s_R-w)\left\{\begin{array}{l}(1-\beta)O^*F[(1-\beta)O^*] + \mu\left\{F_s\left[\frac{(1+\alpha)O^*-\mu}{\sigma}\right] - F_s\left[\frac{(1-\beta)O^*-\mu}{\sigma}\right]\right\}\\ -\sigma\left\{f_s\left[\frac{(1+\alpha)O^*-\mu}{\sigma}\right] - f_s\left[\frac{(1-\beta)O^*-\mu}{\sigma}\right]\right\} + (1+\alpha)O^*\{1-F[(1+\alpha)O^*]\}\end{array}\right\}$$

(7-18)

用 Excel 中的 NORMDIST 函数计算零售商预期最大利润为:

$$P_R(O^*) = \mu(p-w)\text{NORMDIST}\left[\frac{(1+\alpha)O^*-\mu}{\sigma}, 0, 1, 1\right]$$

$$-\sigma(p-w)\text{NORMDIST}\left[\frac{(1+\alpha)O^*-\mu}{\sigma}, 0, 1, 0\right]$$

$$+O^*(p-w)(1+\alpha)\{1-\text{NORMDIST}[(1+\alpha)O^*, \mu, \sigma, 1]\}$$

$$-O^*(w-s_R)(1-\beta)\text{NORMDIST}[(1-\beta)O^*, \mu, \sigma, 1]$$

$$+\mu(w-s_R)\text{NORMDIST}\left[\frac{(1-\beta)O^*-\mu}{\sigma}, 0, 1, 1\right]$$

$$-\sigma(w-s_R)\text{NORMDIST}\left[\frac{(1-\beta)O^*-\mu}{\sigma}, 0, 1, 0\right]$$

(7-19)

生产商的预期最大利润为:

$$P_M(O^*) = O^*(w-s_M)(1-\beta)\text{NORMDIST}[(1-\beta)O^*, \mu, \sigma, 1]$$

$$+O^*(w-s_M)(1+\alpha)\{1-\text{NORMDIST}[(1+\alpha)O^*, \mu, \sigma, 1]\}$$

$$+\mu(w-s_M)\left\{\begin{array}{l}\text{NORMDIST}\left[\frac{(1+\alpha)O^*-\mu}{\sigma}, 0, 1, 1\right]\\ -\text{NORMDIST}\left[\frac{(1-\beta)O^*-\mu}{\sigma}, 0, 1, 1\right]\end{array}\right\}$$

$$-\sigma(w-s_M)\left\{\begin{array}{l} \mathrm{NORMDIST}\left[\dfrac{(1+\alpha)O^*-\mu}{\sigma},0,1,0\right] \\ -\mathrm{NORMDIST}\left[\dfrac{(1-\beta)O^*-\mu}{\sigma},0,1,0\right] \end{array}\right\}$$
$$-(c-s_M)(1+\alpha)O^* \qquad\qquad (7\text{-}20)$$

使生产商预期利润达到最大的 α 可以通过无遗漏地搜索所有 $\alpha\in[0,1]$，使式（7-20）达到最大来确定。

求解最佳 α 的具体方法如下：

（1）对任意一个 $\alpha\in[0,1]$，由式（7-19）确定使零售商能够获得最大预期利润的最佳订货量 O^*（为简化计算，设 $\beta=\alpha\in[0,1]$），将相应的 α 和 O^* 代入式（7-20），求出生产商的预期利润。

（2）在所有 $\alpha\in[0,1]$ 当中，选择使批发商预期利润达到最大时对应的 α 值，此值即为最佳 α^*。将 α^* 和其对应的 O^* 代入式（7-19）求出是零售商的最大预期利润。

（三）弹性数量契约应用实例

【例7-2】　仍然以例7-1中的出版业为例。假设出版商的图书成本为 $c=2$ 元/本，以批发价 $w=10$ 元/本卖给书店；书店以零售价 $p=20$ 元/本出售给顾客；图书的市场需求量服从均值 $\mu=1000$、标准差 $\sigma=300$ 的正态分布。假设书店和出版商未售出的图书残值都为 0，即 $s_R=0$，$s_M=0$。试讨论出版商和书店签订弹性数量契约时的决策情形。

解：假定所有契约中的 $\alpha=\beta$。表 7-2 中列出了不同的弹性数量契约对出版商、书店和供应链的收益产生的影响。

表 7-2　不同弹性数量契约下最佳订购量和预期利润

出版商供货调节系数(α)	书店订货修订系数(β)	批发价格(w)(元/本)	书店最佳订购量(O^*)(本)	书店的预期购买量(Q_{RP})(本)	书店的预期销售量(Q_{RS})(本)	书店预期利润(P_R)(元)	出版商的预期利润(P_M)(元)	供应链预期总利润(P_{SC})(元)
0	0.00	10	1000*	1000*	880*	7606*	8000*	15 606*
0.10	0.10	10	1029	1021	935	8485	7950	16 435
0.20	0.20	10	1047	1023	967	9117	7716	16 833
0.30	0.30	10	1059	1017	985	9527	7419	16 947
0.40	0.40	10	1068	1011	994	9769	7117	16 886
0	0.00	11	962	962	861	6625	8661	15 286
0.10**	0.10**	11**	1000**	1000**	924**	7475**	8800**	16 275**
0.15	0.15	11	1013	1008	945	7815	8759	16 574
0.20	0.20	11	1024	1012	962	8099	8673	16 773
0.30	0.30	11	1040	1012	982	8513	8428	16 941
0.40	0.40	11	1052	1008	993	8759	8147	16 907
0	0.00	12	924	924	838	5682	9240	14 922
0.10	0.10	12	970	977	911	6486	9595	16 081
0.15**	0.15**	12**	986**	992**	936**	6815**	9630**	16 445**
0.20	0.20	12	1000	1000	955	7093	9600	16 693
0.25	0.25	12	1011	1005	969	7321	9526	16 847
0.30	0.30	12	1021	1006	979	7503	9423	16 926

续表

出版商供货调节系数(α)	书店订货修订系数(β)	批发价格(w)(元/本)	书店最佳订购量(O^*)(本)	书店的预期购买量(Q_{RP})(本)	书店的预期销售量(Q_{RS})(本)	书店预期利润(P_R)(元)	出版商的预期利润(P_M)(元)	供应链预期总利润(P_{SC})(元)
0.40	0.40	12	1036	1006	991	7752	9172	16 924

注:

　*表示没有签订弹性契约前的最佳情况。

　**表示实施弹性契约后,在不同的批发价格下的最佳情况。

从表 7-2 中可观察到以下现象。

(1) 批发价格分别为 11 元和 12 元时,弹性数量契约有助于出版商和图书零售商提高各自的预期利润,并且使供应链总预期利润也得到提升,实现供应链协调。如批发价为 11 元时,设置适当的 α 和 β,可以使出版商和供应链获得的预期最大利润分别为 8800 元、16 941 元,比没有弹性数量契约时分别提高了 2%、11%。并且只要提高弹性系数,零售商的预期利润是一直增加的。

(2) 虽然出版商承担了一部分库存积压风险,但出版商向图书零售商提供弹性供货常常可以使出版商获得更大的利润。如批发价分别为 11 元和 12 元时,出版商通过设置适当的 α 和 β,能获得的最大预期利润分别比此时的图书零售商多 1325 元和 2814 元。可见弹性数量契约能使生产商获得更大好处。

(3) 当出版商提高批发价格时,其最佳选择是向图书零售商提供弹性更大的数量契约。如批发价格分别为 11 元和 12 元时,最佳的弹性系数分别为 0.1 和 0.15。

(4) 同时提高弹性系数和批发价格时,有助于出版商获得更大的预期利润,整个供应链的预期利润也能进一步增加。如批发价格从 10 元提高到 12 元,弹性系数由 0 变为 0.15,出版商的利润增加了 20%,图书零售商的利润增加了 5%。

弹性数量契约在电子、计算机行业的零部件采购和服装业的采购中也应用普遍。以上实例考虑的弹性数量契约比较简单,在现实中还有更复杂的应用实例,这里就不做深入讨论了。

实训项目

啤酒游戏与牛鞭效应模拟训练

1. 实训目的

模拟啤酒游戏,分别扮演啤酒供应链上的制造商、分销商、批发商、零售商和顾客,从事各自的业务活动,分角色模拟供应链的订货过程 12 周;通过对订货结果进行分析,认识和理解供应链上信息不共享时导致的牛鞭效应现象。

2. 实训步骤及内容

(1) 成员分组:每 5 人为一组进行游戏,每个人分别代表供应链不同的节点企业:分别为顾客、零售商、批发商、分销商和制造商。

(2) 游戏规则:在由顾客、零售商、批发商、分销商和制造商组成的啤酒制造、销售供应链中,每个供应链节点企业接收其相邻节点客户的订单,并考虑现在库存、安全库存来制定自己的订单,向其供应商发出订货。在该供应链中,假定需求信息不共享。

假定各节点企业每周均发出订单订货以满足下一周其客户的需求,统计在12周时间里各节点企业的需求情况。

顾客做出自己的需求决策,假定其每周需求均随机发生在一定范围内。

假定在第一周各节点企业均有100单位的库存。

游戏采用的传送单、记录单、各节点企业每周订货量对照图使用说明分别见表7-3、表7-4和图7-6。

表7-3　传送单

你的位置:	□零售商			□批发商			□分销商
周	采购数量	能供应数量	缺货量	周	采购数量	能供应数量	缺货量
1				7			
2				8			
3				9			
4				10			
5				11			
6				12			

说明:

(1) 此传送单要在客户供应商之间传送。例如,如果你的位置是零售商,则你需要先决定"采购数量",然后将此传送单传给批发商,批发商根据自己现有的库存情况决定"能供应数量"给零售商,并把此传单还给零售商。

(2) 拥有此传送单的主体要分析此传送单上的历史记录,然后才能做出采购决策。

(3) 这张传送单表示的是供应链上两个主体之间的信息传递,其他主体成员不能看到此传单上的任何消息。

(4) 如果游戏在信息共享的情况下展开,就可以把所有的传送单的数据公开,这种情况可以是另外一种游戏。

(3) 游戏结束之后,由各组将顾客每周的需求量和各节点企业每周的订货量用不同颜色的笔或不同线型画在同一张坐标纸上,并标注清楚。计算总成本(总存货成本、总缺货成本)。之后,各组全部组员观察各节点企业的订货情况和各节点企业最终在游戏中的盈利情况呈现一种什么现象,并分析该现象产生的原因,谈谈本次游戏取得的主要收获和体会,最后形成实训报告。

表7-4　记录单

你的位置:	□零售商	□批发商	□分销商	□制造商				
周	顾客需求量 $A(t)$	到货数量 $B(t)$	期初库存量 $C(t)=E(t-1)$	实发数量 $D(t)$	期末库存量 $E(t)=C(t)+B(t)-D(t)$		缺货量 $F(t)$	计划采购量 $G(t)$
1		0	100					
2								
3								
4								
5								
6								
7								
8								
9								
10								
11								

续表

周	顾客需求量 $A(t)$	到货数量 $B(t)$	期初库存量 $C(t)=E(t-1)$	实发数量 $D(t)$	期末库存量 $E(t)=C(t)+B(t)-D(t)$	缺货量 $F(t)$	计划采购量 $G(t)$
12							
合计期初库存总量				合计缺货总量			
合计期初库存总成本				合计缺货总成本			
合计总成本＝库存总成本＋缺货总成本							

说明：

（1）提前期为1周，即每周在满足顾客需求后开始订货，下周期初时到货；安全库存量为30；

（2）第 t 周的到货数量 $B(t)$＝第 $t-1$ 周的批发商能供应数量（传送单表格）；实发数量 $D(t)$ 为本周能满足顾客的需求数量；

（3）期初库存量 $C(t)$＝上期期末库存量 $E(t-1)$；第 t 周期末库存量 $E(t)$＝第 t 周期初库存量 $C(t)$＋第 t 周到货数量 $B(t)$－第 t 周实发数量 $D(t)$；

（4）计划采购量 $G(t)$＝预测下期 $(t+1)$ 顾客需求量＋安全库存量（30）－期末存货量 (t)；

（5）总期初库存成本＝总期初库存量×0.5元，缺货总成本＝缺货总量×1.0元；

（6）如果顾客需求量 $A(t)$＞[期初库存量 $C(t)$＋到货数量 $B(t)$]，则缺货量 $F(t)$＝顾客需求量 $A(t)$－[期初库存量 $C(t)$＋到货数量 $B(t)$]；如果顾客需求量 $A(t)$＜[期初库存量 $C(t)$＋到货数量 $B(t)$]，则缺货量 $F(t)$＝0，即不缺货。

（7）记录单只能够自己拥有，不能在小组之间传递。

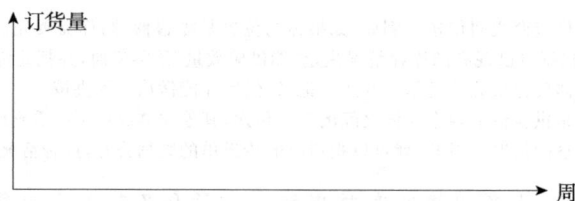

图 7-6　各节点企业每周订货量对照图

说明：

（1）游戏结束之后，由各组组长将12周时间里顾客每周的需求量和各节点企业每周的订货量用不同颜色的笔或不同线型的线条画在同一张图上，并标注清楚。

（2）通过本图分析各节点企业在各期的需求情况和顾客的实际需求情况的偏差呈现何种规律。

（3）汇总各节点企业的总成本，即供应链的总成本＝各节点企业总缺货成本＋各节点企业总存货成本。

课后习题

一、选择题

1. 供应链失调会导致（　　）减少。

A. 制造成本　　B. 库存成本

C. 补货提前期　D. 生产可获得性水平

2. 零售商和制造商缺乏信息共享会（　　）。

A. 减小零售商订单波动　　　B. 减小制造商订单的波动

C. 增大制造商订单波动　　　D. 增大零售商订单波动

3. 回购契约使（　　）。

　　A. 零售商的最佳订购量增加，利润下降

　　B. 零售商的订购量下降，利润增加

　　C. 制造商的利润下降，供应链的利润增加

　　D. 制造商和供应链的利润都增加

4. 供应链中需求变异放大产生的根本原因在于（　　）

　　A. 提前期长　　　　　　　　B. 供应链的结构

　　C. 企业内部管理　　　　　　D. 上下游企业间缺乏沟通和信任机制

5. 引起牛鞭效应产生的主要原因有（　　）。

　　A. 需求预测修订　　　　　　B. 批量订货

　　C. 价格波动　　　　　　　　D. 配给和短缺博弈

6. 能提高运作绩效，改善供应链协调的措施有（　　）。

　　A. 减小订货批量　　　　　　B. 增大订货批量

　　C. 缩短提前期　　　　　　　D. 增大提前期

7. 供应链中需求变异放大的原因是（　　）

　　A. 需求预测修正　　　　　　B. 订货批量决策

　　C. 短缺博弈　　　　　　　　D. 价格波动

　　E. 缺乏合作

二、填空题

1. 供应链的协调需具备两个基本条件：一是必须能够使供应链整体绩效_____；二是协调后必须保证供应链成员的绩效_____。

2. 牛鞭效应也称为_____效应，由于牛鞭效应的存在，导致_____往往比下游供应商维持更高的库存水平，以应付下游订货的_____。

3. 供应链各环节之间的订货提前期_____，牛鞭效应的影响就_____。

4. 实施_____的策略，可以消除由于促销引起的_____急剧变化。

5. 回购契约的使用，将使零售商的订货量_____、_____和_____的利润得到提升。

三、简答题

1. 什么是供应链协调？

2. 什么是牛鞭效应？

3. 牛鞭效应产生的原因是什么？

4. 有哪些方法可以消除"牛鞭效应"？

5. 供应链契约有哪些类型？

6. 回购契约为何能实现供应链协调？

第八章

供应链风险管理

新墨西哥州的火灾引发的手机供应链危机

1. 背景

2000 年 3 月 17 日晚上 8 点,美国新墨西哥州大雨滂沱,电闪雷鸣。雷电引起电压陡然增高,不知从哪里迸出的火花点燃了飞利浦公司第 22 号芯片厂的车间,工人们虽然奋力扑灭了大火,却无法挽回火灾带来的损失。塑料晶体格被扔得满地都是,足够生产数千个手机的 8 排晶元被烧得粘在电炉上动弹不得,从消防栓喷射出来的水布满了车间,车间里烟雾弥漫,烟尘落到了要求非常严格的净化间,破坏了正在准备生产的数百万个芯片。一位飞利浦的高级经理说,在消防栓的喷淋头和地板之间,几乎所有的坏事都发生了。

有趣的是,这场持续了 10 分钟的火灾居然影响到远在万里之外欧洲两个世界上最大的移动电话生产商。因为这家工厂 40% 的芯片都由诺基亚和爱立信订购,此外还有 30 多家小厂也从这家芯片厂订货。更令人意想不到的是,火灾成全了诺基亚,害苦了爱立信。因为火灾发生以后,处理无线电信号的 RFC 芯片一下子失去了来源。

2. 诺基亚火线突围挽残局

大火发生之后,飞利浦公司需要几星期才能使工厂恢复生产,但是诺基亚和爱立信谁也等不起。在火灾发生后的几天内,诺基亚的官员在芬兰就发现订货数量上不去,似乎感到事情有一点不对。2000 年 3 月 20 日诺基亚公司接到来自飞利浦方面的通知,飞利浦方面尽量把事情淡化,只是简单地说火灾引起某些晶元出了问题,只要一个星期就能恢复生产。在随后的一个星期里,诺基亚开始每天询问飞利浦公司工厂恢复的情况,而得到的答复都含糊其辞。情况迅速反映到了诺基亚公司高层,诺基亚手机分部总裁马蒂·奥拉库塔在赫尔辛基会见飞利浦方面有关官员的时候,把原来的议题抛在一边,专门谈火灾问题,他还特别说了一句话:"现在是我们需要下很大的决心来处理这个问题的时候了。"

诺基亚还要求飞利浦公司把工厂的生产计划全部拿出来,尽一切努力寻找可以挖掘的潜力,并要求飞利浦公司改变生产计划。飞利浦公司迅速地见缝插针,安排了 1000 万个 Asic 芯片,生产芯片的飞利浦工厂一家在荷兰,另一家在上海。为了应急,诺基亚还迅速地改变了芯片的设计,以便寻找其他的芯片制造厂生产。诺基亚公司还专门设计了一个快速生产方案,准备一旦飞利浦新墨西哥州的工厂恢复正常以后,就可以快速地生产芯片,把火灾造成的 200 万个芯片的损失补回来。

3. 爱立信反应迟缓失良机

与诺基亚形成鲜明对照的是,爱立信的行动相当迟缓。爱立信几乎是和诺基亚公司同时收到火灾消息,但是爱立信公司投资人关系部门的经理说,当时对爱立信来说,火灾就是火灾,没有人想到它会带来这么大的危害。爱立信公司负责海外手机部门的华而比先生直到 2000 年 4 月初还没有发现问题的严重性。他承认说:“我们发现问题太迟了。”

爱立信没有其他公司生产可替代的芯片,在市场需求最旺盛的时候,爱立信公司由于短缺数百万个芯片,一种非常重要的新型手机无法推出,眼睁睁地失去了市场。据爱立信公司的官员透露,火灾可能导致公司损失了 4 亿美元的销售额,爱立信公司主管市场营销的总裁简·奥沃柏林说:“可惜的是,我们当时没有第二个可选择方案。”

据爱立信方面的消息透露,由于零件供应短缺,错误的产品组合以及营销方面的问题,2000 年爱立信手机部门总共损失了 16.8 亿美元,整个爱立信公司损失 15 亿瑞典克朗。而爱立信公司宣布重组手机部门,还需要 80 亿克朗的支持,消息传出后,爱立信的股票价格下跌了 13.5%。2000 年 7 月,当爱立信公司宣布由于火灾影响所受的损失以后,几个小时以后它的股票就下跌了 14%。

2001 年 1 月 26 日,爱立信宣布退出手机生产,根据《华尔街日报》的分析,爱立信公司之所以选择退出,原因有飞利浦芯片厂火灾引起的损失、市场营销不力和产品设计等方面的问题,其中在飞利浦芯片厂火灾之后,没有迅速做出反应,是爱立信和诺基亚拉开距离的主要原因。

(资料来源:《南方都市报》,记者:胡晓宗,原文有删减)

案例解析

供应链系统是一个复杂的网络系统,全球供应链面临着形形色色的突发事件。由于供应链网络上的企业之间是相互依赖的,任何一个企业出现问题都有可能波及和影响其他企业,影响整个供应链的正常运作,甚至导致供应链的破裂和失败。本案例中,由于火灾导致处理无线电信号的 RFC 芯片出现短缺,影响了两个世界上最大的移动电话生产商。针对出现的风险,诺基亚响应迅速,认真识别和分析风险因素,积极执行应急方案,通过多项措施把火灾造成的影响降到了最低。而爱立信由于对火灾给供应链造成的风险评估不足,反应缓慢,并且直接导致了爱立信退出手机生产。可见,现代供应链管理必须保持供应链的灵活性,把风险管理纳入供应链运作的各个方面,注重对供应链系统风险的分析和评估,规范供应链风险管理的流程,建立一套有效的供应链风险防范策略。

问题:
(1) 结合案例,讨论供应链系统中的不确定性因素和风险来源。
(2) 结合案例,讨论供应商关系管理和网络的风险管理策略。

案例涉及主要知识点

风险管理　供应商管理　快速响应　供应链安全管理

学习导航

- 了解供应链风险的形成机理、因素构成及其结构关系。
- 掌握供应链风险管理的基本流程,了解 ISO 供应链安全管理体系规范。
- 掌握供应链风险防范的主要措施和策略。

教学建议

- 备课要点:供应链风险及其形成机理、供应链风险因素、供应链风险管理过程、供应链风险防范策略。
- 教授方法:案例引导,理论与实际相结合。
- 扩展知识领域:结合经济全球化及我国"一带一路"战略对供应链风险防范措施进行拓展。

第一节　供应链风险及其形成机理概述

　　风险管理(Risk Management)作为企业的一种管理活动,起源于 20 世纪 50 年代的美国。当时美国一些大公司发生了重大损失,使公司高层决策者开始认识到风险管理的重要性。随着供应链管理理念在企业界的广泛实践,风险管理已经超越了传统的企业边界。特别是在某些行业,诸如 IT 消费品、汽车等行业,越来越专业细化的产业链结构使得供应链阶数和层数不断增加,供应链的成员企业越来越多,供应链系统的网链结构日趋复杂,而供应链的复杂性将直接导致供应链的高风险。供应链风险和不确定性因素的增加,导致供应链脆弱性问题的产生。一旦供应链中的某个环节出现了问题,往往会引发"蝴蝶效应",它会利用供应链系统的脆弱性对供应链系统造成破坏,给上下游企业及整个供应链带来损害和损失。罗兰贝格管理咨询公司在 2013 年发布的最新报告《思与行特刊:供应链风险》中指出,过去几年来,如三聚氰胺奶、肯德基问题鸡肉等食品安全问题往往对涉事公司、所在产业造成持久而难以修复的破坏,更对公众信心和品牌信誉造成毁灭性的打击。究其根本,事件往往与企业供应链管理不善直接相关。因此,加强供应链风险管理,对提高供应链系统运作的稳定性具有重要意义。

一、风险与风险管理概述

(一)风险的定义

　　"风险"(Risk)一词是舶来品,从词源学上讲,其来源充满争议。有的学者认为这个词来自阿拉伯语,有的认为来源于西班牙语或拉丁语,但比较权威的说法是,这个词最初源自意大利语的"risco",直接源自法语的"risqué"一词,是在早期的航海贸易和保险业中出现的,往往被理解为客观的危险,体现为自然现象或者航海遇到礁石、风暴等事件,17 世纪通过法国和意大利进入英语。现代意义上而言,"风险"一词的意思已经不是最初的"遇到危险",其内涵已经随着人类活动的复杂性和深刻性而逐步深化,与人类的决策和行为后果联系也越来越紧密,并被赋予了从哲学、经济学、社会学、统计学甚至文化艺术领域的更广泛更深层次的含义。但是,由于对风险的理解和认识程度不一,或对风险的研究角度不同,不同的学者对风险概念有着不同的解释,学术界对"风险"一词没有统一的定义。

美国学者 Haynes 最早提出风险的概念,对风险进行分类并对风险的本质进行了分析,定义风险为损失发生的可能性,为风险管理和保险相结合奠定了理论基础(Haynes,1895,*Risk and Economic Factor*)。以研究风险问题著称的美国学者 A. H. Mowbray 等(1955)曾撰文提出风险是不确定性的客观体现。J. S. Rosenbloom(1972)和 F. G. Crane(1984)将风险定义为(未来)损失的不确定性。在 1985 年,C. A. Williams 等将"风险"定义为"the variation in the outcomes that could occur over a specified period in a given situation",即风险是在给定的条件和某一特定的时期结果的变化性。Irving Peffer(1920)认为风险的不确定性是主观的,而概率是客观的,风险是可测度的客观概率的大小。F. H. 奈特认为风险是可测定的不确定性。澳大利亚昆士兰教授、危机管理研究专家罗伯特·席斯博士关于"风险"的定义是这样的:通过以往数据的统计分析或专家对某个真实事件的客观判断,常可推断出可能有的失败或负面效果。这个可能的失败或负面效果就是该事件风险。日本学者武井勋(1983)在其著作《风险理论》中总结了历史上诸家观点,归纳了风险定义本身应具有三个基本因素:①风险与不确定性有差异;②风险是客观存在的;③风险可以被测算。在此基础上,他提出"风险是在特定环境和特定时期内自然存在的导致经济损失的变化"。国际内部审计师协会(Institute of Internal Auditors,IIA)2001年修订的《内部审计实务标准》指出:"风险是指可能对目标的实现产生影响的事情发生的不确定性。风险的衡量标准是后果与可能性。"中华人民共和国国家标准《供应链风险管理指南》(GB/T 24420—2009)中将风险定义为不确定性对目标实现的影响。

总之,关于"风险"的定义多种多样。从范畴角度而言,广义的风险表现为结果的不确定性,说明风险产生的结果可能带来损失、获利或是无损失也无获利,如金融风险;狭义的风险表现为损失的不确定性,说明风险只能表现出损失,没有从风险中获利的可能性。从学派角度而言,风险客观说的学者认为风险是客观存在的不确定性,可以用客观概率来定义这种不确定性并测量其大小。保险精算和安全工程领域的风险概念都属于风险客观说。风险主观说并不否认风险的不确定性,但认为个人对未来的不确定性的认识和估计与个人的知识、经验、精神和心理状态有关,因此,所谓风险的不确定性是来源于主观的,不能以客观的尺度予以衡量。心理学、社会学、文化及哲学等领域的学者都持这一观点。不过,现代经济学在风险和不确定性决策问题上提出了主观期望效用理论,综合考虑了风险的客观性和主观性。根据这一理论,效用不以事物的客观概率而以主观概率来计算。主观期望效用理论也已经迅速成为标准化决策的主导方法。

综上所述,无论从什么角度来定义风险,其核心都是"未来结果或损失的不确定性"。任何风险都是由风险因素、风险事件和风险结果三个基本因素构成的,风险因素是指引起或增加风险事件发生机会或扩大损失程度的原因和条件,是风险形成的必要条件,是风险产生和存在的前提。风险事件是外界环境变量发生预料未及的变动从而导致风险结果的直接原因和条件,它是风险存在的充分条件,是连接风险因素与风险结果的桥梁,是风险由可能性转化为现实性的媒介。在此,我们综合上述观点并从风险形成机理的角度给出风险的一般定义,即风险是指在一定条件下和特定时期内,由于各种风险构成要素相互作用,引起各种结果发生的不确定性以及导致行为主体遭受损失的大小和损失发生可能性的大小。

(二)风险的分类

风险分类有多种方法,常用的有以下几种。

(1)按照风险的性质分为纯粹风险和投机风险。纯粹风险是指只有损失机会而没有获利可能的风险,如自然灾害;投机风险是指既有损失的机会也有获利可能的风险,如股市变化、风险投资及企业经营管理决策等。

(2)按照风险产生的环境分为静态风险和动态风险。静态风险是指由于自然力的不规则变动或人们的过失行为导致的风险;动态风险是指社会、经济、科技或政治等环境因素变动产生的风险。

(3)按照风险发生的原因分为主观风险和客观风险。主观风险是指由于精神状态和心理状态所产生的风险,一般难以正确确定,与人们对风险的认识有关;客观风险是只能以概率推算出来的损害,即可以预期损害发生的可能性和结果的变化。

(4)按照风险的可控制性分为可控制的风险和不可控制的风险。风险是否可以控制在很大程度上取决于收集客观资料和掌握管理技术的程度。

(5)按照损失发生的原因分为自然风险、社会风险、政治风险、经济风险、技术风险、文化风险等。

(6)按照风险致损的对象分为财产风险、人身风险、责任风险与信用风险等。

(7)按照风险发生的范围分为系统性风险和非系统性风险。系统风险又称不可分散风险,是指对所有企业均有影响的风险,如自然灾害、经济衰退、通货膨胀、战争等;非系统风险又称可分散风险,如开发失败、经济策略失败、市场失败、质量问题等。企业非系统风险按形成的原因又可分为经营风险和财务风险两大类。经营风险是生产经营活动方面给企业盈利带来的不确定性;财务风险是因借款而形成的风险,是筹资决策带来的风险。

(三)风险的基本特征

正确认识风险的特征,对于风险识别以及风险防范,减少风险给企业带来的损失具有重要意义。一般而言,风险具有客观性、普遍性、不确定性、可测性和动态性等特征。

1. 客观性

企业风险是客观存在的,产生于客观事物的不断发展变化过程中,是不以人的主观意志为转移的。人们只能在一定范围内改变风险形成和发展的条件,降低风险事件发生的概率,减少损失程度,而不能彻底消除风险。

2. 普遍性

任何企业在运营过程中,在外部都面临着自然风险、市场风险、技术风险、政治风险等,在内部则面临组织风险、决策风险、人力风险和道德风险等,不同企业在风险源、风险因素、风险表现形态及风险识别和风险控制上却存在一定差异。

3. 不确定性

对于企业管理的某一范围或某一过程而言,风险不确定性的范围包括发生与否的不确定性、发生时间的不确定性、发生状况的不确定性以及发生结果严重程度的不确定性。

4. 可测性

单一风险的发生虽然具有不确定性,但对总体风险而言,风险事故的发生是可测的,即运用概率论和大数法则对总体风险事故的发生进行统计分析,以研究风险的规律性。例如风险事故的可测性为保险费率的厘定提供了科学依据。

5. 动态性

企业风险总是随着外界条件的变化而不断变化,有量的增减,有质的改变,还有旧风险的消失和新风险的产生。

(四)风险管理

风险管理最早起源于美国,在 20 世纪 30 年代,由于受到 1929—1933 年的世界性经济危机的影响,美国约有 40% 左右的银行和企业破产。为应对经营危机,美国许多大中型企业都在内部设立了保险管理部门,负责安排企业的各种保险项目。可见,当时的风险管理主要依赖保险手段。1938 年以后,美国企业对风险管理开始采用科学的方法,并逐步积累了丰富的经验。到 20 世纪 50 年代,风险管理在美国开始发展成为一门学科。20 世纪 70 年代以后逐渐掀起了全球性的风险管理运动。中国对于风险管理的研究始于 20 世纪 80 年代,一些学者将风险管理和安全系统工程理论引入中国。但是目前,由于中国大部分企业缺乏对风险管理的认识,很少建立专门的风险管理机构。

风险管理被认为是一门新兴的综合性边缘学科,是因为它集合了数学、管理学、保险学等多个学科的优势才发展成为一门有着广泛应用前景的实用学科。随着人们对风险管理认识的不断深入和管理方法的不断优化,风险管理的定义也在不断发展。国外学术界一般将 1990 年以前的风险管理阶段称为传统风险管理阶段,此后的发展阶段称为现代风险管理阶段。

传统风险管理中风险更多的是强调一种损失的结果或者不确定性,而且具有一定程度的被动性。一般认为,风险管理是一种针对现实或未来的风险、现在或潜在风险问题的认识以及分析,考虑到种种不确定性和限制性提出供决策者决策的方案,并实施决策方案的系统分析方法。目标是以较少的成本获得较多安全保障,或者说是以相同的成本和代价获得更多的安全保障或更少的损失。如 Haynes(1895)认为风险管理是对实际损失和潜在损失的控制。C. A. Williams 等(1985)认为风险管理是通过对风险的识别、衡量和控制,以最小的成本将风险所导致的损失减少到最低限度的科学管理方法。James C. Cristy 所著的 *Fundamentals of Risk Management*(《风险管理基础》)一书中指出:风险管理是企业或组织为控制偶然损失的风险,以保全所得能力和资产所做的努力。

在现代风险管理阶段,出现了整合性风险管理(Integrated Risk Management,IRM)、全面风险管理(Enterprise-wide Risk Management,ERM)等现代风险管理理念。Lisa

Meulbroek(2002)指出,所谓企业整合性风险管理就是对影响企业价值的众多因素进行辨别和评估,并在全企业范围内实行相应战略以管理和控制这些风险。整合性风险管理的目的就是将企业的各项风险管理活动纳入统一的系统,实现系统的整体优化,创造整体的管理效益,提升或创造企业更大的价值。美国 COSO 委员会(2004)认为,全面风险管理是由企业董事会、管理层和其他人员对企业风险共同施以影响的过程,这个过程从企业战略的制定开始一直贯穿于企业的各项活动中,用于识别那些可能影响企业正常营运的各种潜在事件并进行风险管理,使企业所承担的风险在自己的风险承受度内,从而合理确保企业既定目标的实现。

相对于传统的风险管理观念,现代风险管理更强调主动性、协同性,注重实现企业价值最大化。综合看来,现代风险管理具有以下理论上的特征。

(1) 全新思维的风险管理。整合性风险管理是一种全新的管理方式、思维方式、文化方式和哲学理念,它以新的思维方式和文化方式为内核,将整合性风险管理上升到文化理论和哲学理念的平台,使整合性风险管理形成了系统的思想基础和管理方法。

(2) 全方位的风险管理。全面风险管理不仅对传统风险管理理论范畴内的狭义风险进行管理,还对现代风险管理理论范畴内的广义风险进行管理。

(3) 全过程的风险管理。传统风险管理强调风险识别、风险分析、风险处理和风险监测的分阶段流程式管理;整合性风险管理既强调优化高效的流程管理,同时更注重及时的风险反馈与顺畅的风险沟通,因而具有反阶段的动态特征。如图 8-1 所示。

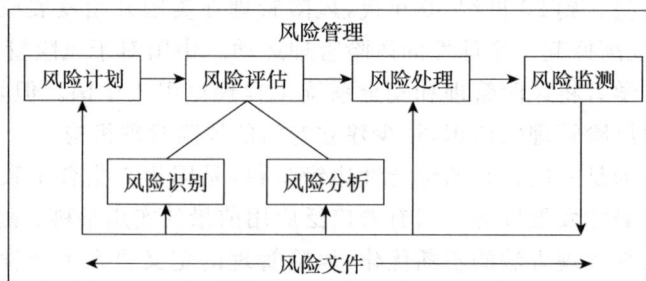

图 8-1　现代全过程风险管理结构示意图

(4) 全员性的风险管理。现代风险管理要求参加风险管理的人员是全面的,必须依靠董事会、管理层、企业员工的全员参与。整合风险管理的出发点,是将企业各个部门经理、资本运作经理、风险经营者等多人从事的纷繁的活动协调起来,通过其合作最大限度地降低风险管理的成本。

(5) 全系统的风险管理。现代风险管理强调风险度量、风险管理方法的系统性,注重定性管理与定量管理的内在统一,强调数量分析必须与管理经验、主观判断相互补充,根据具体情况灵活运用。整合性风险管理价值定位的系统性,体现为既考虑所有利益相关者的个体利益和企业利益,也考虑企业的社会责任和社会利益。

综上所述,企业现代风险管理是指企业围绕总体经营目标,通过在企业管理的各个环节和经营过程中执行风险管理的基本流程,培育良好的风险管理文化,建立健全全面风险管理体系(见图 8-2),包括风险管理策略、风险理财措施、风险管理的组织职能体系、风险管理信息系统和内部控制系统,从而为实现风险管理的总体目标提供合理的过程和方法。

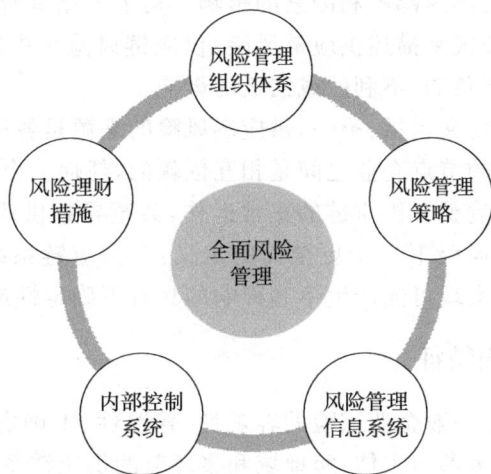

图 8-2　企业全面风险管理体系示意图

二、供应链风险的含义

(一)供应链风险的定义

供应链系统是一个复杂的网络系统。国外学者对供应链风险的研究是从研究供应风险开始的。Metchell 认为,它是由各成员企业中的员工的教育层次、国别等因素的不同及供应市场的特征(如市场结构的稳定性、市场利率的变化等)影响供应上的不足而带来的风险。Harland 等人(2003)认为供应网络复杂性的增加是供应链风险的主要来源,而引起供应网络复杂性增加的主要动因是产品服务的复杂化、电子商务的出现与发展、外包的扩大以及全球化。Zsidisin 等(2005)将供应风险定义为"供应的不及时而导致货物和服务质量的降低"。随着对供应链系统整体认识的不断深入,人们已经全面认识到生产不确定性(如生产计划的不确定性)、需求不确定性(如需求信息的不确定性)等给供应链系统整体运作带来的潜在风险(陈志祥,2005;Zsidisin & Ritchie,2008)。

总体来说,大多数学者试图借用风险的概念来定义供应链风险,主要有以下两种观点。

一种观点认为,供应链风险是供应链相关企业由于存在各种不确定因素,有遭受损失的可能性。Deloitte 管理咨询公司(2004)发布的一项供应链研究报告中就指出,供应链风险是指对一个或多个供应链成员产生不利影响或破坏供应链运行环境,使其达不到预期目标甚至导致供应链失败的不确定性因素或意外事件。胡金环(2005)从供应链风险的突发性特征出发,认为是供应链相关企业由于各种事先无法预测的不确定因素带来的影响,使供应链企业实际收益与预期收益发生偏差。

另一种观点认为,供应链风险是由于供应链系统的脆弱性存在,对供应链系统造成破坏或给上下游企业及整个供应链带来损失的潜在威胁。例如,Cranfield 管理学院(2002)把供应链风险定义为供应链的脆弱性;丁伟东等(2003)认为供应链风险是一种导致供应链系统的脆弱性的潜在威胁,将给上下游企业以及整个供应链带来损害;张存禄等(2004)

认为供应链脆弱性主要表现为多参与主体、跨地域、多环节的特征,使得供应链容易受到来自外部环境和链上各实体内部不利因素的影响。马丁·克里斯托弗(2006)在总结他人观点后用一个更直观的公式来描述供应链风险:供应链风险＝中断的可能性×造成的影响。这里的影响主要是指负的、不利的或消极的影响。

总结以上观点,基本含义包括:第一,供应链风险的来源是各种不确定性因素的存在;第二,由于供应链系统中的节点企业之间是相互依赖的,任何一个企业出现问题都有可能波及和影响其他企业,影响整个供应链的正常运作,甚至导致供应链系统的破裂和失败。综上所述,这里给供应链风险下一个更全面的定义:在供应链系统或其所在的商业环境中,对一方或多方目标的实现可能产生不利影响的具有不确定性或不可预测性的事件。

(二)供应链风险的特征

供应链风险除了具有一般企业风险的客观性、普遍性、不确定性、可测性和动态性等基本特征以外,还具有与多参与主体、跨地域和多环节的供应链系统功能网链结构相适应的复杂性、传递性和交互性等特征。

1. 复杂性

供应链是一个整体,系统庞大而复杂,包括多个阶段、多个层次、多个节点企业,涉及物流、信息流、资金流的控制和采购供应、生产、运输、仓储、配送等具体的业务操作流程。所以,供应链系统特有的组织结构决定了其从构建起就不仅要面对单个节点企业所要面对的风险,如市场风险、资金风险等;还要面对由组织结构而决定的特有风险,如企业之间的合作风险、信用风险、文化冲突风险、利润分配风险等。因此,供应链风险相比一般企业的风险而言,种类多、范围广,复杂性更高。

2. 传递性

供应链是一个连接最初供应商和最终用户的功能网链,风险因素可以通过供应链流程在各个节点企业间传递和累积,并显著影响整个供应链系统的风险水平。任何一个节点出现问题,都可能波及其他节点,进而影响整个供应链的正常运作。非常典型的是,供应链中各节点企业之间信息相对封闭,造成链上企业对需求信息的扭曲会沿着下游向上游传递并逐级放大的现象出现,即所谓的"长鞭效应"(Bullwhip Effect)。因此,对供应链风险的传递和控制是供应链风险管理的关键之一。由于供应链整体风险由各节点风险传递而成,在供应链风险管理过程中,通过风险传递算法就可以对供应链风险瓶颈单元加以识别,在此基础上进行风险调整、优化,进行风险控制。比如可对瓶颈节点的资源分配予以调整。

3. 交互性

供应链运作风险主要来自于供应链系统纵向各环节之间和横向各环节内部的关系,它由各参与主体潜在的互动博弈与合作造成。供应链中各成员企业作为独立的经济主体有各自不同的利益取向,相互之间因为信息不对称,又缺乏有效监督机制,为了争夺系统资源,追求自身利益最大化必然会展开激烈博弈。同时,在部分信息公开和资源共享的基础上,又存在一定程度的合作。目前,如何从供应链纵向和横向二维联合协同角度探讨供应链系统优化,提高供应链系统协同运作效率正逐步成为理论界研究的热点问题。

三、供应链风险形成机理

供应链风险是由供应链中各节点之间的复杂关系导致的不确定性。在供应链系统与外部环境发生互动以及供应链成员在协调与合作过程中,存在着各种内生不确定和外生不确定的风险因素。从来源上而言,供应、生产、需求和物流构成了供应链不确定性的内生因素,同时供应链系统又承受着自然灾害、恐怖事件、突发事件等供应链外生因素的影响。由于供应链不确定性因素和供应链结构复杂性的共同作用,产生了供应链风险,风险影响会在供应链系统中逐级传递并扩散至整个供应链网络。在此,通过图 8-3 来描述供应链风险的形成机理。

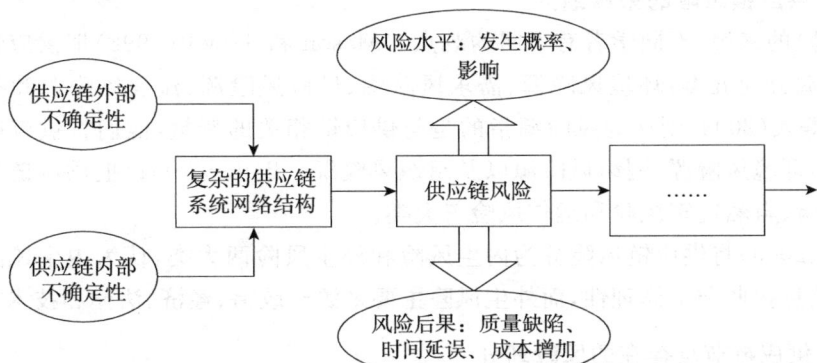

图 8-3　供应链风险的形成机理

1. 供应不确定性

主要来源于供应商的败德行为或机会主义行为,以及自身能力、自然灾害和突发公共事件。如供应中断、供应数量短缺或提前期延长等。

2. 生产不确定性

主要来自企业内部的不确定性因素,供应链成员在战略决策中表现出来的潜在的不确定性和业务执行过程中的管理控制风险。如企业生产职能战略与企业战略和供应链战略的不匹配,从而影响了供应链成员之间的协同性和稳定性。

3. 需求不确定性

一方面是由于供应链成员间信息不对称和信息传递过程中发生扭曲造成的,如供应链长鞭效应的产生。另一方面,需求不确定性也在很大程度上受到市场随机因素的影响,如市场需求数量的突然增加或减少。

4. 物流不确定性

主要来自物流系统的不稳定和各物流功能环节之间在运作管理上存在脱节。实施物流一体化战略有助于大大降低物流系统的不确定性。

5. 复杂的供应链系统网络结构

在风险传递过程中,多参与主体、跨地域、多环节的供应链系统网络结构将会加剧不确定性因素的影响。

第二节　供应链风险因素分析

一、供应链风险因素分类的学术观点

风险因素是指促使某一特定风险事故发生或增加其发生的可能性或扩大其损失程度的原因或条件。国内外学者从供应链风险的来源、所属的供应链节点、风险性质等不同的角度,对供应链风险因素有多种不同的分类方法。

1. 根据供应链风险的来源划分

关于风险的来源,不同学者有不同的观点。Mason 和 Towill(1998)把供应链系统会遭遇的风险源分为五类:环境风险源、需求风险源、供应风险源、流程风险源和控制风险源;Juttner 等人(2003)则认为风险源指的是与供应链相关的变量,他们将供应链的风险源分成三类:环境风险源、网络风险源以及组织风险源。Bailey(2004)把供应链风险分为外部环境风险、自然灾害风险和运作风险三大类。

马士华(2003)将供应链风险分为内生风险和外生风险两大类,认为内生风险产生于道德风险、信息扭曲和个体理性,而外生风险主要来源于政治、经济、法律和技术等方面。

2. 根据供应链节点存在的风险划分

Ernst 和 Young(2003)通过调查研究指出供应链存在八大风险因素:持续经营计划风险、数据完整性风险、供应链管理技术应用安全风险、企业治理风险、合作关系风险、供应链管理成本与投资风险、劳动力风险和税收风险。Harland 等(2003)把供应链视为供应网络,归纳提出了对供应网络运作及其环境有现实影响的九大类风险因素,涉及战略、作业、供应、客户、制度、竞争、信誉、税收、资产和法律。李晓英等(2003)从系统结构、管理模式与运行机制等各方面对供应链风险进行了较为深入的分析,指出在供应链管理中存在着系统风险、管理风险、信息风险、市场风险等多种风险。田会等(2005)认为供应链的风险是由于各环节的博弈与合作造成的,主要表现为系统风险、信息风险、管理风险与技术风险。

3. 根据供应链风险的性质划分

Philip O'Keeffe 按照风险的一般方法,将供应链风险分为可控制和不可控制的风险,不可控制的风险如恐怖主义行为、严重的劳工停工、自然灾害等,可控制的风险如供应商资格、来源方的产品和服务等。罗兰贝格管理咨询公司在 2013 年发布的最新报告《思与行特刊:供应链风险》认为,供应链风险的诱发因素可分为不可抗力,如自然灾害、流行病等,以及可以人为控制的因素,如业务、质量、供应等与企业的运营管理能力密切相关的方面。并指出,在全球化不断深入的今天,供应链风险与供应链的长度和成熟程度密切相关。

综上所述,学者们对于供应链风险因素的构成并无统一看法,主要原因在于分类角度不同。有些学者关注供应链各环节成员的风险,有些学者则是将整个供应链作为一个整体来分析其风险来源。不用学者的观点本质上并非相互矛盾,而是相互补充的。

二、 供应链风险因素的结构关系

供应链作为一个系统,既要关注该系统外部的风险源,也要关注该系统内部的风险源。因此,这里参考 Juttner 和马士华等学者的观点,将供应链风险因素按照风险来源和组织范围大小归纳为供应链外部风险、供应链企业内部风险和供应链企业合作风险三大类,其结构关系如图 8-4 所示。在此基础上,按照风险的具体诱发因素归纳出 22 个风险形成因素,如表 8-1 所示。

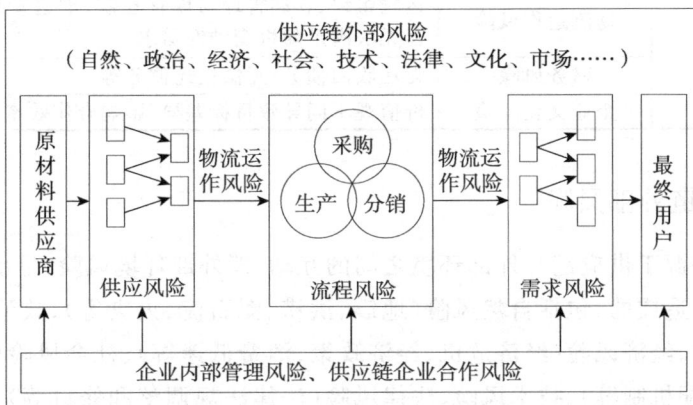

图 8-4 供应链风险因素结构示意图

表 8-1 供应链风险因素分类

供应链风险大类	风险因素	具体风险诱发因素
供应链外部风险	自然风险	自然灾害发生;偶发性意外发生,如火灾
	政治风险	政局稳定情况,如动乱、罢工、恐怖袭击
	经济风险	经济危机、经济政策(税收政策、汇率政策、贸易政策等)、消费低迷等,如通货膨胀、金融危机
	社会风险	社会信用机制缺失;不公平分配机制,如收入差距
	技术风险	技术不足、技术开发、技术保护,如技术革新对现有技术的冲击
	法律风险	法律法规调整和修订
	文化风险	文化冲突
	市场风险	市场需求的变化;新产品开发,如消费者偏好变化
供应链企业内部风险	流程风险	内部采购、生产、销售等业务流程运作风险
	管理风险	对人、财、物、信息等资源配置规则应用风险;质量、进度和成本控制风险等
	战略风险	企业战略与供应链战略不匹配
	道德风险	合作伙伴间的欺诈和失信行为,缺乏信任导致隐瞒信息,追求自身短期利益损害供应链长期利益
	伙伴关系风险	缺乏忠诚度;缺乏长期合作的意愿;个体理性导致整体系统观念缺乏
	信息风险	如信息传递不畅、信息不对称、信息扭曲等

续表

供应链风险大类	风险因素	具体风险诱发因素
供应链企业合作风险	采购风险	采购数量、质量、价格、时间、采购方式等,如质量不符要求
	供应风险	依赖少数关键供应商,供应商单一;供应能力、供货时间、供货方式等,如不能 JIT 供应
	生产组织风险	生产能力、生产决策、质量控管、设备故障、生产效率等
	分销风险	分销渠道、订单管理、分销策略等
	需求风险	需求品种、数量、时间等的变化,如需求提前期缩短
	物流运作风险	运输组织、仓储管理与库存控制、配送管理等如供应链库存无法满足随机变动性需求
	财务风险	无法收回债务;无法偿还债务等
	企业文化风险	价值观不同导致目标差异,影响合作效率

(一)供应链外部风险

外部风险来源于供应链与外部环境之间的互动,即外部环境风险,是由引起外部环境发生变化的事件造成的,包括自然风险(地震、洪涝、泥石流、火灾等)、政治风险(战争、动乱、恐怖袭击等)、经济风险(经济危机、经济政策、消费低迷等)、社会风险(社会信用机制缺失、不公平分配机制等)、技术风险、法律风险(法律法规调整和修订等)、文化风险和市场风险(需求变化、新产品等)等风险形成因素。这些因素有的是可预见的,有的是无法预见的。从风险性质上而言,上述风险因素都属于系统性风险,虽然企业无法人为控制这些风险因素的变化和相应风险事件的发生,但是一旦发生上述风险,可以积极主动地采取有效措施以尽量减少风险带来的损失。如引导案例中诺基亚的快速响应和合理计划与组织就是企业能从火线突围的关键。

(二)供应链企业内部风险

内部风险来源于供应链系统各成员企业内部,主要包括流程风险和管理风险,流程风险是指企业业务流程中断或受阻造成的风险,管理风险是企业对业务流程进行管理和实施质量、进度和成本控制过程中由于各种原因造成的风险。

(三)供应链企业合作风险

合作风险来源于供应链上下游各环节之间的合作和系统构成要素之间的互动,这类风险通常是由于信息缺乏透明性、缺乏深层次合作意识等原因造成的,主要包括战略风险、道德风险、伙伴关系风险、信息风险、采购风险、供应风险、生产组织风险、分销风险、需求风险、物流运作风险、财务风险和企业文化风险等因素。

总而言之,供应链系统的运作必然受到外部环境因素和内部条件的影响,也必然存在或多或少的风险。其中供应链内部的不确定性因素是供应链风险的主因,但是外部的不确定性因素也可以造成系统的紊乱和运行低效率,甚至还能造成比前者更为严重的后果。特别是随着现代信息技术和网络技术的快速发展,供应链全球化的步伐越来越快。现在通过远程采购、全球生产和装配,供应链网络已跨越世界不同国度。这些举措固然可以减少采购成本和劳动力成本,但也可能带来更长的提前期、更多的安全库存和更高的报废率等问题,增加了供应链运作风险。同时,由于供应链网络的覆盖范围越来越广,必然会涉及某些政局不太稳定,甚至饱含战乱的区域,供应链外部环境不确定性导致的风险将大大增加。这也对现代供应链风险管理提出了更高的要求。

📖 知识链接

日本大地震导致的汽车供应链风险事例

2011年3月,日本东北部遭遇9.0级地震的袭击,导致该国大范围的公路网络、港口、铁路、机场、供电站以及其他基础设施严重损坏,很多位于灾区的汽车零部件企业生产中断,一些位于美国、日本等地区的汽车生产企业不得不停止或减缓生产活动。例如,地震之后,汽车制造商斯巴鲁公司已经取消其北美工厂的加班,丰田(美国)公司也取消了其10家北美工厂加班和周六的生产任务。因为有一家供应商位于地震重灾区宫城县,这家企业为丰田普锐斯、凯美瑞和雷克萨斯混合动力车供应混合电池的组成部件,地震导致该工厂损毁,无法进行生产,因此,下游的汽车生产、销售等环节的运营受到很大影响。另外有一些日本供应商的工厂并不在地震区,例如,一家为美国福特公司供应混合动力汽车所需电池的日本厂商,这家工厂虽能正常生产,但周围的交通运输难以在短时间内恢复正常,国际海运受到很大影响,因此也不能准时供货,福特公司也面临供应中断的危险。福特公司为保证汽车生产的顺利进行,不得不寻求替代的供应商,同时考虑在海运受阻的情况下改用空运。

第三节　供应链风险管理过程

风险的存在是必然的和客观的,风险管理不应在事后被动进行,而应在事前就以积极主动的意识制订预案和监控防范。因此,科学合理的风险管理包括事前管理和事后管理两大部分,事前管理是为了避免或者减少事故带来的损失;事后管理则是为了使供应链尽快恢复到事故前的状态。从这个角度而言,供应链风险管理(Supply Chain Risk Management,SCRM)是指通过与供应链成员的协作,采用风险流程工具识别、评估供应链风险,并建立监控与反馈机制的一整套系统科学的管理方法,在此基础上有效控制供应链风险,用最经济合理的方法来全面处理供应链风险,以降低供应链整体的不确定性和脆弱性。

一、供应链风险管理过程概述

供应链风险管理过程的研究始于Lindroth(2001)提出的一个供应链风险三维分析框架(见图8-5),该框架包括供应链分析单元、供应链风险类型和供应链风险控制。分析单元表示SCRM关注的是单一物流业务、单一企业物流、两个企业之间的双重供应链(如存在买卖关系的供应链),还是具有三个或以上公司的供应链网络的企业经营活动。选定分析对象后,确定企业所面临的风险类型,再进行风险评估并决定采取何种风险控制措施。

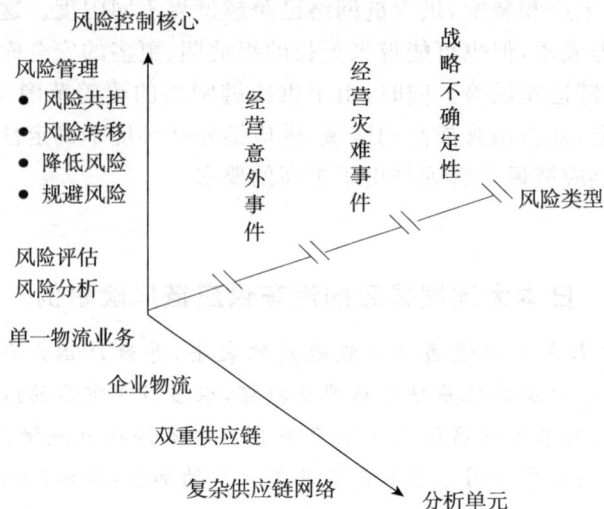

图 8-5　供应链风险初步分析框架

Cranfield(2002)提出了一个四阶段的供应链风险管理框架(见图 8-6),强调对供应链风险范围和构成要素的鉴定,类似于 Lindroth(2001)的分析单元的确定。

图 8-6　供应链风险管理四阶段框架

Deloitte 管理咨询公司(2004)将供应链风险管理过程也归结为四个阶段:识别风险、决定 SCRM 战略和行动、执行和实施行动、监控 SCRM 过程和结果(见图 8-7),虽然考虑到了供应链上下游组织的风险,但是并没有将企业之间的风险管理协作涵盖到供应链风险管理过程中,而是将其重点放在以核心企业为中心的风险管理,风险监控的领域也主要是关注管理方式的改变(输入)、风险管理的当前水平(输出)、影响公司目标的主要因素状况,并将监控结果储存在企业的风险管理数据库。

Hallikasa(2004)认为,在供应链网络环境下供应链成员各自分析评估自身风险并据此采取分散式的风险管理行动是不够的,应该通过企业间的协作将单个企业的风险管理纳入整个供应链网络的协作风险管理(见图 8-8)。由此,企业间相互识别和分析评估对方的风险可以视为在认识单个企业风险状况的基础上对整个供应链网络风险认识的必经过程,企业间的风险分析也有助于企业快速获取引起风险和不确定性的原因和结果的信息。这种交互式的风险管理过程要求供应链网络中的企业要有共同的目标,这样才便于探索出识别、降低和分担供应链风险的策略和方法。

中华人民共和国国家标准《供应链风险管理指南》(GB/T 24420—2009)提出供应链风险管理过程由明确供应链环境信息、风险评估、风险应对、监督和检查等活动组成(见图 8-9)。

综合看来,供应链风险管理过程与企业风险管理过程在实施程序划分上基本一致,都

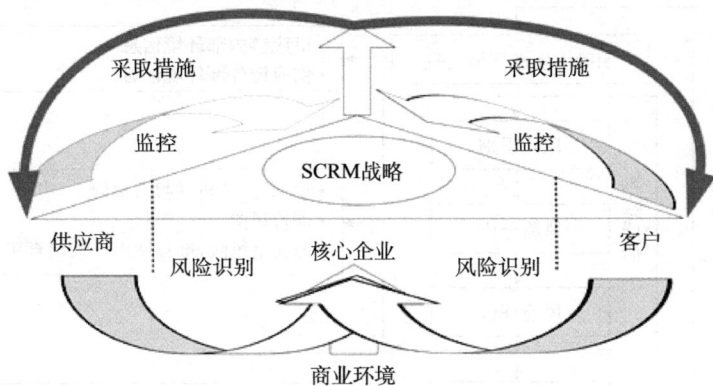

图 8-7　供应链风险管理过程框架

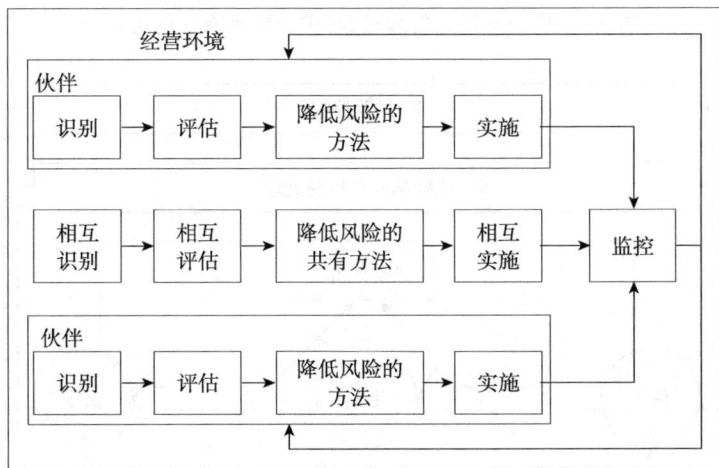

图 8-8　供应链网络风险管理过程

包含了风险识别、风险评估、风险控制、风险管理实施和风险监控。两者的根本区别在于目的不同。企业风险管理纳入企业管理范畴,与其他管理职能一同平行发生作用,同时起到综合调节作用;而供应链风险管理强调加强供应链成员企业对风险的了解和沟通,通过对潜在意外事件和损失的识别、衡量、分析,以最小成本最优化组合对风险实行有效规避,实时调控,以保证供应链的安全、连续与高效。总之,供应链风险管理的核心在于对供应链伙伴关系、合作风险的管理、监督与控制。据此,紧密结合供应链系统的结构和供应链风险的特点,在参考上述各观点的基础上构建了供应链风险管理过程的基本框架。如图 8-10 所示。

从图 8-10 可以看出,供应链风险管理范围涉及供应、生产和需求多个环节,管理内容包括从供应链范围描述与环境因素分析、风险评估、风险响应与控制处理到风险监控的全过程。这实际上是一种广义的供应链风险管理,它可以划分为供应链风险分析和供应链风险管理两个阶段。供应链风险分析包括供应链范围描述与环境因素分析、风险评估,其中在供应链范围描述过程中需要从风险管理角度认识供应链的特征,这也是供应链风险

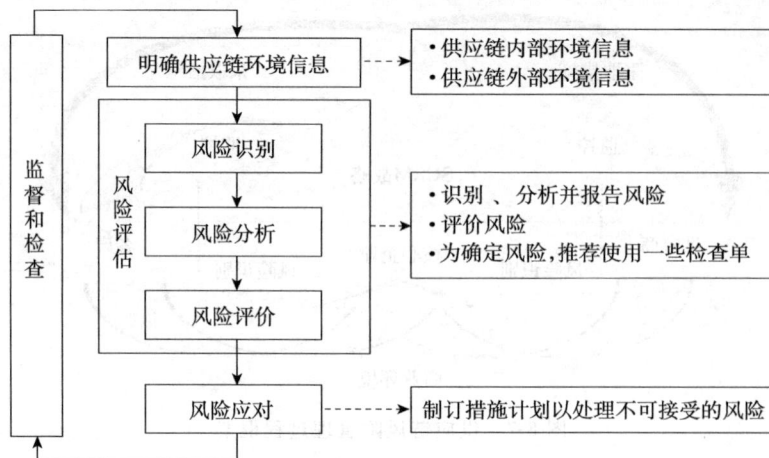

图 8-9　供应链风险管理过程《供应链风险管理指南》

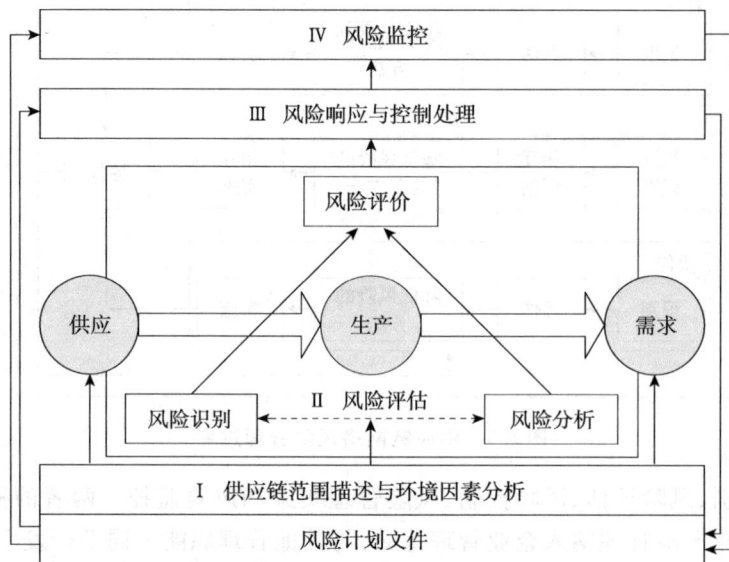

图 8-10　供应链风险管理过程的基本框架

管理与一般风险管理的不同之处;第二个阶段所称的风险管理是狭义的供应链风险管理,包括风险响应与控制处理、风险监控。此外,值得注意的是,供应链风险管理并不是按照一成不变的程序进行的,其组成部分也不是各自独立的。事实上,在任何时刻供应链上各个环节不同类型的业务活动都是同时在运行的,供应链风险管理的各个过程也是同时进行的且是一个循环往复的过程。

二、供应链风险管理的基本流程

由图 8-10 可知,供应链风险管理过程可以分为供应链范围描述与环境因素分析、风险评估、风险响应与控制处理、风险监控四个阶段。

（一）供应链范围描述与环境因素分析

供应链范围描述主要是要界定供应链的网络结构组成；环境因素分析主要是要明确供应链的内、外部环境因素。

1. 内部环境信息

（1）供应链的资金、时间、人力、过程、系统和技术等方面的能力。

（2）供应链信息系统、信息流和决策过程。

（3）供应链风险的内部利益相关者及其价值观和风险偏好。

（4）组织的方针、目标以及现有的实现目标的策略。

（5）企业供应链管理的历史数据。

（6）组织采用的风险准则。

（7）组织结构、任务和责任等。

2. 外部环境信息

（1）国际的、国内的、地区的和本地的文化、政治、法律、法规、金融、技术、经济、自然环境和竞争环境等。

（2）影响组织供应链管理目标的关键因素及其趋势，如：法律法规、监管要求的变化，环保组织的要求，新的利益相关者的产生等。

（3）供应链风险的外部利益相关者及其价值观和风险偏好。

（4）供应商的资质、信用、支付能力、管理状况、合作历史等。

（二）风险评估

供应链风险评估是供应链风险识别、供应链风险分析和供应链风险评价的总过程。

1. 风险识别

风险识别是分析供应链的各个环节、每一个参与主体及其所处的环境，找出可能影响供应链的风险因素，掌握每个风险事件的特征，确定风险来源及其相互关系以及潜在后果的过程。可以运用各种技术或工具，将可能发生的各种供应链风险事件列成清单。在这一阶段，一般使用定性技术，如研究小组成员或来自业界的专家们运用头脑风暴法识别风险的种类和来源，是这一阶段常见的做法。类似的还有情景分析法、鱼刺图和检查表法，也可使用模型来帮助识别。同时，风险识别不仅要识别当前所面临的风险，而且要识别各种潜在风险。在此基础上，还要区分哪些是可控的风险，哪些是不可控的风险，从而针对不同的风险性质采取相应的策略。

2. 风险分析

风险分析要考虑供应链风险的原因和风险源、风险的后果以及这些后果发生的可能性，影响后果和可能性的因素，以及供应链风险的其他特征。可以通过对历史事件的结果建模确定后果，也可以通过实验研究或利用可获得的数据外推确定后果。

当然，分析各种情况下已识别风险发生的概率和可能产生的不利影响或损失也非易事。对于经常发生的风险事件，如货损、货差事故，要考量其发生的概率和造成的损失,只要平时注意积累统计数据,便可得到统计概率和损失。而对于突发性事件,很难估计出一个恰当的概率和损失。而且就损失而言,很多时候很难用金钱来衡量,如企业形象。所以,风险分析时应根据具体情况运用多种方法,既可以是定性方法,也可以是定量方法,还可以是定性与定量相结合的方法,以尽可能客观地反映风险等级的基本状况和趋势。

3. 风险评价

风险评价是将风险分析过程中确定的供应链风险等级与明确供应链环境信息时设定的风险准则进行比较,产生评价结果的过程。在某些条件下,风险评价能够导致进行进一步分析的决定,风险评价还可能导致维持现有的风险控制,不采取任何其他措施的决定。这种决策受组织的风险偏好或风险态度和已经制定的风险准则的影响。

(三)风险响应与控制处理

对可能面临的供应链风险有了这些基本了解之后,就可以着手制订相应的预防、应变和控制损失的行动指导计划,也叫风险应对计划。风险应对计划应该与整个供应链风险管理过程进行整合,并与利益相关者讨论。在风险管理过程中,应加强对风险计划的动态调整和修正。计划的主要内容包括:

(1)预期的利益。

(2)性能指标测量及约束条件。

(3)负责批准计划的人员和负责执行计划的人员。

(4)建议的活动。

(5)报告和监测要求。

(6)资源需求。

(7)执行时间表等。

其中,制定风险应对措施是一个循环的过程,包括:

(1)评估可能的风险应对措施,决定剩余风险是否可以承受。

(2)如果不可承受,制定新的风险应对措施。

(3)评估新的风险应对措施的效果,直到剩余风险可以承受。

这里的措施主要包括事前的风险防范措施和事后的风险化解措施。

1. 风险防范

防范风险就是防止风险的发生。其关注点首先是降低风险发生的概率;其次是预先采取措施,以防万一风险发生,可以迅速采取风险化解行动。例如,对于堆放有易燃易爆物资的仓库,一是要严格禁止明火进入,检查电路是否老旧,防止发生火灾事故;二是要做好消防措施(包括配备必要的消防器材、疏通消防车进出道路、维护好消防用水栓等),进行必要的隔离,以防万一火灾发生,可以尽快遏制火势蔓延及由此造成的损失。三是供应链系统运作过程中,选择多个供应商、设置缓冲库存、终止供货合同、购买商业保险、提高质量标准、增加产品接收检验、加强培训等也都是防范风险的主要措施。

要防范所有的风险是不可能也是不经济的,正所谓:"处处设防,处处无防",再严密的防护措施也可能存在百密一疏。尤其是那些发生概率很小但影响巨大的事件,我们不能将风险管理的重点放在防范上,而是应放在如何化解上。

2. 风险化解

一旦供应链风险发生,就要迅速确定策略和行动并实施行动以降低风险蔓延的速度,降低风险造成的损失和尽快恢复供应链,化解风险主要集中在减少风险损失上。实践中常常会出现这样的情况,一种策略或行动的采用,在化解某一风险的同时,可能会带来另一种风险,有时可能是行动过头导致的。因此,要求决策者了解与风险化解相关的变量及其相互依赖性,而这也是供应链风险管理最难的部分(Faisal 等,2007)。化解风险的办法很多,如立刻寻找替代供应商、启用后备运输方式和能力、调整库存目标、开辟新的生产或作业地点等。

(四)风险监控

供应链组织应清楚地确定风险监控的责任,提供一套针对供应链风险管理计划执行情况的绩效考核办法,并与组织的绩效管理、考核及对内对外报告活动相结合。

供应链风险监控应该包括供应链风险管理过程的所有方面,其目的包括:

(1)跟踪在不采取措施的情况下可以接受的风险的后果。

(2)分析事件、变化和趋势并从中吸取教训。

(3)发现外部和内部环境的变化,包括风险本身的变化、可能导致的风险应对措施及其实施优先次序的改变。

(4)保证风险控制和应对措施计划及其实施的有效性。

(5)识别新出现的风险。

应记录监控的结果,并在适当情况下对内或对外报告,以保证供应链风险管理的连续性、适用性、充分性和有效性,实现持续改进。

三、 供应链风险管理的原则

1. 着眼整体

供应链风险管理必须突破传统的企业风险管理的局限性,将管理的范围延伸到整个供应链,而不仅仅是直接的供应商和客户。有时供应链风险的源头可能在第三级甚至是第四级供应商,如果在风险管理时只是考虑最近的第一级、第二级供应商,是不可能找到风险的真正来源的。实践中,由于信息不对称等原因,多数企业仍然只是管理自己企业的风险,而没有考虑整个供应链的目标。为了确保供应链的安全和绩效,核心企业不仅要管理自己的风险,还要协调管理整个供应链上各环节的风险。

2. 预防为主

为了防止风险发生或减少风险发生后的损失,在供应链风险管理中,应贯彻"预防"原则,这是一种主动管理思想。

就工业界如何防范供应链风险而言,Y2K(千禧危机,2000)无疑是一个成功的典范。研究表明,由于许多组织设有预防措施,所以,70%的组织没有受到 Y2K 问题的影响。

22%的组织受到了一定影响,只有8%的组织受到了较大程度的影响(其中一半以上指出相邻组织——客户和供应商受到了影响)。

3. 快速响应

快速响应是指风险发生后,迅速采取措施,遏制风险蔓延,将风险造成的损失降到最小,并尽可能快地将供应链恢复到风险发生前的状态。这一原则与"预防为主"相得益彰、珠联璧合。如果预先没有采取预防措施,在风险来临之际,要想做到快速响应是不容易的,正所谓"有备无患"。

在飞利浦电子新墨西哥州火灾事件中,诺基亚与爱立信反应的速度差别很大。前者从2000年3月17日火灾事件实际发生到它感知到事件发生并采取行动只有3天时间(也许还是有些长),而后者直到4月初,都没有采取进一步措施。结果火灾给后者造成了巨大损失,后被迫退出手机市场,而前者直至2010年仍然是手机业的"领头羊"。

4. 上下联动

供应链风险管理不是哪一个企业的事,而是供应链上所有成员企业的共同责任。因此,以核心企业为主,上下游企业应密切协作和协同、合理分担风险管理的责任,共享风险管理信息。当风险发生后,首先获得信息的企业有义务告知上下游相关企业,尤其是要在公共信息平台上发布预警或警告信息,提醒相关企业注意。然后,联合采取措施,共同应对风险。

有许多供应链风险,如金融危机、大规模自然灾害、战争等导致的风险,不仅需要供应链上下游企业联动,还需要与政府联动。在面临大的风险时,企业的力量往往是很有限的,因为企业在任何时候都要考虑自身的成本、利润和股东价值,所以不可避免地会导致个体利益最大化行为,而不愿意真正关注整个供应链的风险。这就需要政府站在公共利益的角度和企业一道采取行动,预防或化解供应链风险。

5. 综合平衡

供应链风险管理是供应链管理的一个部分,需要在风险管理目标与供应链管理其他目标(如成本、提前期、效率、收益)之间取得平衡。Peck(2006)指出:"运作风险一般与成本相关,需求风险一般与收益相关。为了平衡这两者,企业必须选择在何处接受风险的同时使利润最大化。"

6. 动态调整

供应链风险的发生、发展和消失是一个动态变化的过程。Hallikasa(2004)也认为供应链网络是一个复杂的动态环境,并提出将动态复杂性和反馈机制应用到供应链的风险管理中。罗兰贝格管理咨询公司在2013年发布的最新报告《思与行特刊:供应链风险》中指出,根据公司的业务计划和供应链战略的调整、经济环境的变化、突发性事件的影响,供应链风险管理必须是动态的。在增强风险意识的同时,还需对风险防范计划进行定期的回顾和更新,并在必要时借助外部帮助来提高企业对自身问题的认识能力和解决能力。

四、 ISO 供应链安全管理体系规范

供应链安全(Supply Chain Security)是与供应链风险相对应的概念,这是一个矛盾的两个方面。为满足全球对供应链安全的需求,2007 年国际标准化组织(ISO)发布了标准《供应链安全管理体系规范》(ISO28000)。该标准的目的是改进供应链的全面安全,即从原材料采购一直到将产品送达客户的一组过程和资源构成的网络的安全。

作为新的管理体系规范,它首次为操作或依赖供应链中某一环节的组织提供了框架。它能帮助行业各部门审核安全风险并实施风险控制计划,管理供应链潜在的安全威胁和影响。其管理方式与其他基本业务准则(如质量、安全和客户满意度)的管理方式相同。

该规范是以策划—实施—检查—行动(改进)为基础的管理体系,模仿了公认的ISO14001 的标准。这就是说,熟悉风险管理的组织在分析供应链安全风险和威胁时可以运用相似的方法。

ISO28000 要求组织机构的最高管理层制订安全管理总方针,与组织机构的安全威胁和风险管理整体框架一致,并与组织机构所面临的威胁及其运作的性质和规模相称。此方针必须按照图 8-11 所示的过程和内容进行部署和实施,包括安全风险的评估和计划、有效实施和运作、检查和纠正措施及管理评审等。

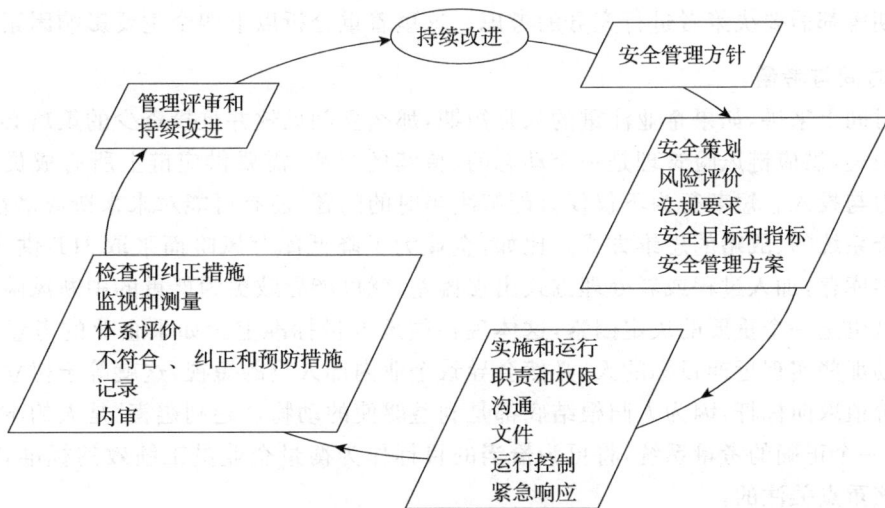

图 8-11　ISO28000 安全管理体系要素

ISO28000 是从风险控制入手,基于风险评估的方法对供应链安全风险和威胁进行控制,使企业和它的相关方主动地识别隐患和威胁,采取措施,以减少和消除供应链中潜在的威胁,保证供应链运行更安全可靠、舒畅快捷、准确无误。另外,供应链安全管理还展示了企业的社会责任,实施供应链安全管理还减少了其对下游供应链作业者的影响。

前沿理论与技术

ISO28002:2011——供应链安全管理体系新标准

ISO28000 为企业进行自我诊断和外部诊断提供了帮助，但是它对于遭遇风险或者安全威胁后的举措却很少涉及。为了提高供应链每个环节的弹性，国际标准化组织船舶和海洋技术委员会（ISO/TC 8）制定了一个新的标准，ISO28002:2011《供应链的安全管理体系——供应链恢复能力的开发——使用要求及指南》。ISO28002:2011 涵盖了广泛而系统的过程，有利于加强防患、保护、准备、缓解和响应的能力，以提高运营的连续性，并帮助组织从供应链破坏性事件中恢复。ISO28002:2011 可适用于任何组织，包括私营的、非营利性的组织和公共部门。在管理中实施该标准，可提高组织管理控制破坏性事件的能力和在破坏性事件中生存的能力，帮助确保其持续性运作。

第四节　供应链风险防范策略

一、影响策略选择的因素

供应链的组织结构是复杂的，伴随着多种因素可能带来风险。因此在进行供应链风险管理之前，不仅要对这些风险本身具有足够的认识，供应链自身状况、外部所处环境及影响周期等都需要决策者进行充分的考虑。这里着重分析以下四个主要影响因素。

1. 时间与考量

从时间上来讲，如果企业注重的只是短期，那么立刻见效并且投资少的策略必然大受青睐。但是，供应链风险管理是一个动态的、持续的过程，需要供应链上所有成员长期持续的努力与投入。短期行为不仅仅只能解决当时的问题，还有可能对未来造成潜在威胁，这不符合系统的、战略的思维方式。比如，企业为了降低库存风险而采取 JIT 供应方式，即追求零库存，加入过程或者处理方式出现偏差，就可能导致更为严重的中断风险。

考量也是一个重要的决定因素，这体现在绩效度量标准上。如果企业的考量系统只注重奖励那些实现近期目标的人，必然会导致企业内部人员的短视，这就等于树立了一个不良的价值取向标杆，因为人归根结底都是利益驱使的动物，"趋利避害"是人的本性。因此，建立一个正确的考量系统，将更为恰当的目标作为衡量企业员工绩效的标准，才是决策者应该重点关注的。

2. 资源与成本

采用什么类型的风险管理策略是受资源约束的。由于资源是有限的，在没有搞清楚哪些措施有效之前，盲目的行动有可能会出现难以为继的现象。很多风险管理策略很优秀而且适用范围广，如打造弹性供应链、供应链设计、供应链合同等，但如果不分清主次、不分重要性地把企业有限的财力和资源放在所有措施上，必然会造成巨大的浪费。这就需要企业对自身的风险分级分清主次，然后根据自身状况采取针对性措施，对重点部位、重要环节和类型的风险进行管理。

供应链风险管理的目标是要降低风险事件发生的概率和损失、事件和损失蔓延速度、关键节点风险暴露程度,缩短事件发现的时间,实现理想的成本节约和获利目标。因此,还需要对选择的风险管理策略和成本进行全方位权衡,以确定其是否在成本有效范围内。

3. 态度与承受

风险态度是指企业的决策者对风险所采取的态度,是基于风险对目标产生正面或负面影响的不确定性所选择的一种心智状态,或者说是对重要的不确定性认知所选择的回应方式,包括风险偏好、风险中性和风险厌恶。风险偏好型的决策者往往侧重于关注风险带来的收益或者机会,而风险厌恶型则在面对可能存在风险的情况下,更倾向于做出低风险的选择。

风险承受是指企业在风险偏好的基础上设定的对相关目标实现过程中所出现偏差的可容忍限度。风险态度是建立在风险承受力的基础上的。风险承受力大,说明企业的风险承受能力很强,在对待风险时,就可能呈现出风险偏好的态度,敢于为了获得较好的机会或收益而去冒险;反之,风险承受力小的企业,在对待风险时,表现则比较谨慎,策略选择上则会表现为规避、转移风险。企业应根据所处的经营环境、规模、供应链结构等因素确定供应链风险的容忍度,以此作为决策依据选择不同的措施加以应对。

4. 概率与影响

由于风险可以表示为事件发生的概率与其可能影响(损失)的乘积,所以,风险管理策略的选择必然也要首先考虑这两个因素。从概率上看,就是要减少事件发生的概率,让其不发生(即消除风险),延长发生的时间间隔,加强防范,从源头管理构建具有稳健性的供应链;从影响上看,就是假设风险一旦发生,就要降低风险可能造成的长期和短期影响,如加强风险预警、预测、监控,做到尽早发现,制定应急处理机制,发现或发生后迅速采取措施,降低风险传递的速度和影响,做到尽早处置。

二、 供应链风险防范的主要措施

供应链内部的运作涉及很多个相互独立的节点企业,节点企业间单纯凭协议和合同来维系相互间的合作,必然会带来很多潜在的不确定性。要想保证供应链长期安全稳定的运作,必须要采取一些措施来规避或者尽量减少这些风险。

1. 建立供应链预警与应急机制

供应链是一个多环节、多层级的复杂系统,很容易发生一些突发事件。因此,必须建立相应的预警系统与应急系统。首先,应构建合适的评估模型,建立一整套预警评价指标体系,当有指标偏离正常水平并超过某一"临界值"时,即发出预警信号。其次,对于一些偶发且破坏性大的事件,需预先制订应变措施,制定应对突发事件的工作流程,建立应变事件的工作小组。一旦预警系统做出警告,应急系统及时对紧急、突发的事件进行应急处理,以避免给供应链企业之间带来严重后果。

2. 加强供应链企业的风险管理

供应链从采购、生产到销售过程是由多个节点企业共同参与而形成的串行或并行的混合网络结构。供应链整体的效率、成本、质量指标取决于节点指标。由于供应链整体风险是由各节点风险传递而成的,因此,通过对节点企业风险的识别与判断,进行风险调整和优化,将大大加强整个供应链的风险控制。

3. 制订供应链风险协调防范计划

供应链是一个多节点企业共同加盟串并相连的复杂系统,链上任何一个环节出现问题都会波及和影响到整个供应链。为此,供应链上下游应共同制订风险防范计划,建立起操作简便、灵敏有效的风险防范机制,借助产品质量、合同履约、库存周转、客户满意度等监控指标,进行供应链风险的识别、评估与预警,以达到及时预防、控制和转移风险,保证整条供应链连续、平稳、有效地运行,实现利益共享、风险共担。

4. 加强供应链信息交流与共享

供应链中的信息不对称和信息扭曲会使整个供应链运作效率下降。在供应商管理库存(VMI)模式下对信息共享的程度要求尤其高。所以,供应链企业之间应该通过建立多种信息传递渠道,加强信息交流和沟通,增加供应链运作的可视度,加大信息共享程度来消除信息扭曲,比如共享有关预测需求、订单、生产计划等信息,从而降低不确定性,降低风险。一般来说,供应链上下游间的信息有先进的通信方式、及时的反馈机制和规范化的处理流程,供应链风险就小,反之就大。现代物流业的发展,特别是第三方物流服务的兴起,提供有效的合理的增值服务成为第三方物流公司竞争的核心所在,此时信息的共享程度及透明化发挥着不可或缺的作用。

5. 重视供应链柔性设计与弹性

供应链合作中存在需求和供应方面的不确定性,这是客观存在的规律。供应链企业合作过程中,要通过在合同设计中互相提供柔性,可以部分消除外界环境不确定性的影响,传递供给和需求的信息。柔性设计是消除由外界环境不确定性引起的变动因素的一种重要手段。另外,供应链管理强调 JIT 方法,减少库存以降低成本,这种运作模式一旦遇到突发事件或需求有较大波动时就会显得缺乏弹性。变色龙存活的时间很长,是因为它应变的能力强,因此在注重效率的同时,供应链应保持适度弹性。如为确保产品供应稳定,重要产品应该由两个或两个以上的供应商提供,不能只依靠某一个供应商,否则一旦供应商出现问题,势必影响整个供应链的正常运行。本章引例就是一个典型案例。所以,设计柔性的多头供应链是预防供应链风险的重要措施,多头供应商的柔性供应机制,不仅可以有效防范单一供应商结构下渠道受阻,影响整条供应链常运行的供货风险,而且能在供应商之间形成竞争态势,有利于产品的稳定供应。

6. 构建供应链战略合作伙伴关系

供应链企业要实现预期的战略目标,客观上要求成员企业加强合作,形成共享收益、共担风险的双赢局面。因此,与供应链其他成员企业建立紧密的合作伙伴关系,是供应链成功运作、风险防范的一个非常重要的先决条件。建立长期的战略合作伙伴关系,第一,要合理选择合作伙伴,构建长期稳定的供应链;第二,要求供应链的成员加强信任;第三,应该加强成员间信息的交流与共享;第四,建立正式的合作机制,在供应链成员间实现利益分享和风险分担;第五,加强契约规定等规范建设,促使伙伴成员以诚实、灵活的方式相互协调彼此的合作态度和行为;第六,加强供应链文化建设,打造共同的价值观,形成一种相互信任、相互尊重、共同创造、共同发展、共享成果的双赢关系,从而维持供应链的稳定与发展。

7. 打造敏捷供应链

敏捷供应链是指以核心企业为中心,在竞争、合作和动态的市场环境中,通过知识流、物流、资金流的有效集成与控制,将供应商、制造商、批发商、零售商直至最终用户整合到一个具有柔性与快速反应能力的动态供需网络上,以形成一个极具竞争力的动态联盟,进行快速重构和调整,快速响应市场需求的变化。具体措施包括:对供应链进行组织流程重组,对各企业采购、制造、营销和物流等过程采取跨职能部门的平行管理,将多余的交接工作、垂直管理的弊病、不确定性和延误降到最少,对产品的生产、包装和运输进行全面质量管理;对生产设备和运输工具进行管理和维护,降低故障率,增强可用性;对分销网络和运输路线进行优化;采用第三方物流,将包装和运输服务外包给专业物流公司,安排充足的提前期和时间限度,加强运输过程实时跟踪机制和及时信息反馈。通过这些方式保证供应链的安全和高效运行。

三、 快速响应和延迟制造策略

对于具体的供应链系统来说,没有既定的最好的风险管理策略,只有在对自身架构和所处环境都有了清晰的认识以后找出最合适的。然而,也有几种常用的策略经常会被供应链中的关键节点企业所采用,包括快速响应、延迟制造等。

(一)快速响应

快速响应(Quick Response,QR)是在 20 世纪 80 年代末由美国服装行业发展起来的一种供应链管理策略,其着重点是对顾客需求做出快速响应。根据《物流术语》国家标准(GB/T 18354—2006)的定义,快速响应是指供应链成员企业之间建立战略合作伙伴关系,利用电子数据交换(EDI)等信息技术进行信息交换与信息共享,用高频率小批量配送方式补货,以实现缩短交货周期、减少库存、提高顾客服务水平和企业竞争力为目的的一种供应管理策略。其目的在于减少供应链中从原材料到用户这一过程的时间和库存,最大限度地提高供应链的运作效率。

QR 在美国等西方国家的供应链管理中被认为是一种有效的管理策略,经历了三个发展阶段。第一阶段为商品条码化,通过对商品的标准化识别处理加快订单的传输速度;第二阶段是内部业务处理的自动化,采用自动补库与 EDI 数据交换系统提高业务自动化水平;第三阶段是采用更有效的企业间的合作,消除供应链组织之间的障碍,提高供应链的整体效率,如通过供需双方合作,确定库存水平和销售策略等。目前,在欧美等西方国家,QR 应用已到达第三阶段,通过联合计划、预测与补货等策略进行有效的用户需求反应。

1. QR 成功的条件

根据 Black Burn 对美国纺织服装业 QR 的研究,QR 成功实施须具备以下条件。

(1)必须改变传统的经营方式,革新企业的经营意识和组织。具体表现在:利用供应链各方资源来提高运作效率;零售商是垂直型 QR 系统的起点;信息共享;有效的分工协作框架;实现事务处理的无纸化和自动化等。

(2) 必须开发和应用现代信息处理技术,这是成功进行 QR 活动的前提条件。包括:条码技术、EDI 技术、Internet 技术、销售时点信息系统(POS)、电子订货系统(EOS)、预先发货清单技术(ASN)、电子支付系统(EFT)、供应商管理库存(VMI)、连续补货计划(CRP)等。

(3) 必须与供应链各方建立战略伙伴关系。一是要积极寻找和发现战略合作伙伴;二是要在合作伙伴之间建立分工和协作关系。合作的目标定为削减库存,避免缺货现象的发生,降低商品风险,避免大幅度降价现象发生,减少作业人员和简化事务性作业等。

(4) 必须改变传统的对企业商业信息保密的做法,将销售、库存、生产、成本等信息与合作伙伴共享,并在此基础上一起发现问题、分析问题和解决问题。

(5) 制造商必须努力缩短生产周期,降低库存水平。

2. QR 的实施步骤

实施 QR 需要六个步骤,如图 8-12 所示。每一个步骤都需要以前一个步骤为基础,比前一个步骤有更高的回报,但是需要额外的投资。

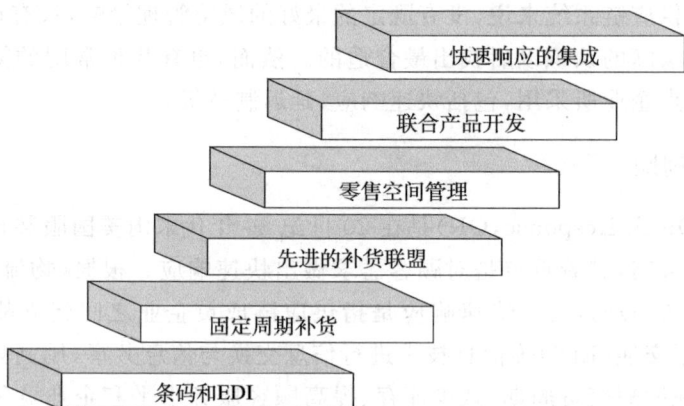

图 8-12　QR 实施步骤

(1) 条码和 EDI。零售商首先必须安装条码(UPC 码)、POS 扫描和 EDI 等技术设备,以加快 POS 机收款速度,获得更准确的销售数据并使信息沟通更加通畅。POS 扫描用于数据输入和数据采集。

(2) 固定周期补货。QR 的补货要求供应商更频繁地运输重新订购的商品,以保证销售不缺货,从而提高销售额。通过对商品实施快速响应并保证这些商品能敞开供应,零售商的商品周转速度更快,消费者可以选择更多的花色品种。自动补货是指基本商品销售额预测的自动化。自动补货使用基于过去和目前销售数据及其可能变化的数据软件进行定期预测,同时考虑目前的存货情况和其他一些因素,以确定订货量。自动补货是由零售商、批发商在仓库或店内进行的。

(3) 先进的补货联盟。这是为了保证补货业务的流畅。零售商和消费品制造商联合起来检查销售数据,制订关于未来需求的计划和预测,在保证有货的情况下降低库存水平。还可以进一步由消费品制造商管理零售商的存货和补货,以加快库存周转速度。

（4）零售空间管理。这是指根据每个店铺的需求模式来规定其经营商品的花色品种和补货业务。一般来说，对于花色品种、数量、店内陈列及培训或激励售货员等决策，消费品制造商也可以参与甚至制定决策。

（5）联合产品开发。这一步的重点不再是一般商品和季节商品，而是服装等生命周期很短的商品。厂商和零售商联合开发新产品，其关系的密切超过了购买与销售的业务关系，缩短了从新产品概念到新产品上市的时间，而且经常在店内对新产品进行试销。

（6）快速响应的集成。通过重新设计整个组织、业绩评估系统、业务流程和信息系统，将前五步的工作和公司的整体业务集成起来，以支持公司的整体战略。QR 前四步的实施可以使零售商和消费品制造商重新设计产品补货、采购和销售业务流程。前五步使配送中心得以改进，可以适应大量的小批量运输，使配送业务更加流畅。

快速响应在实现提高供应链效率、降低成本的同时，也大大增强了供应链的敏捷度，能够有效地避免或减少供应链风险带来的损失，是应对供应链风险的一种重要手段。

（二）延迟策略

延迟的概念主要包括两大类，即生产延迟和物流延迟。生产延迟的目标在于尽量使产品保持中性及非委托状态，理想的延迟是制造相当数量的标准产品或基础产品以实现规模化经济，而将最后的特点如颜色等推迟到收到客户的订单以后。物流延迟和生产延迟恰好相反。物流延迟的基本观念是在一个或多个战略地点对全部货品进行预估，而将进一步库存部署延迟到收到客户的订单。一旦物流过程被启动，所有的努力都将被用来尽快地将产品直接向客户方向移动。

在延迟生产中，物流费用的节约来源于以标准产品或基础产品去适应广大不同客户的独特需要，它具有服务许多不同客户的潜力。生产延迟在保留大批量生产的规模经济效益的同时，减少了存货数量。其影响有两方面。首先，销售预测的不同的产品的种类可以减少，因此，物流故障的风险较低；其次，也是更为重要的，能更多地使用物流设施和渠道关系来进行简单生产和最后的集中组装。在某些行业中，为适应生产延迟策略，传统的物流库存使命正在发生变化。

物流延迟的潜力随着加工和传送能力的增长，以及精确而快速的订单发送而得到提高。物流延迟以快速的订单发送替代在当地市场仓库里预估库存的部署。与生产延迟不同，系统利用物流延迟，在保持完全的生产规模经济的同时，使用直接装运的能力来满足客户要求。

生产及物流延迟都降低了因预测带来的风险，但两者的方式不同。生产延迟集中于产品，在物流系统中移动无差别部件并根据客户在发送时间前的特殊要求修改。物流延迟集中于时间，在中央仓库储存不同产品，当收到客户订单时做出快速反应。集中库存减少了为满足所有市场区域消耗所需的存货数量。选择哪种形式的延迟，取决于生产的数量、价值、竞争主动性、规模经济，以及客户期望的发送速度和一致性。在某些情况下，两种不同类型的延迟也能够实现有效结合。

实训项目

以近年来国内食品（如奶制品、肉制品）安全方面的突发事件为例，分析食品供应链风险的主要因素有哪些？从供应链的结构分析，哪些环节最容易导致安全风险？如何防范相应的风险？

课 后 习 题

一、填空题

1. 在供应链系统与外部环境发生互动以及供应链成员在协调与合作过程中，存在着各种_____和_____的风险因素。

2. 根据来源，供应链风险大体上可分为_____和_____。

3. 供应链企业内部风险主要包括_____和_____。

4. Lindroth 提出的供应链风险三维分析框架包括_____、_____和_____。

5. 供应链风险管理过程可以分为_____、_____、_____、_____四个阶段。

6. 供应链风险评估是_____、_____和_____的总过程。

7. ISO28000《供应链安全管理体系规范》是以_____为基础的管理体系。

8. 延迟的概念主要包括两大类，即_____和_____。

二、简答题

1. 简述供应链风险的形成机理。
2. 简述供应链风险管理的基本过程。
3. 简述供应链风险管理的基本原则。
4. 简述供应链风险防范的主要措施。

第九章

供应链绩效评价

卡特彼勒公司供应链绩效评价体系

1. 案例企业背景简介

美国卡特彼勒公司(Caterpillar Inc.)成立于 1925 年,总部位于美国伊利诺伊州。目前,卡特彼勒公司已成为全球最大的建筑工程机械和采矿设备、柴油和天然气发动机、工业用燃气轮机以及柴电混合动力机组的生产企业。

80 多年来,卡特彼勒公司一直致力于全球的基础设施建设,并与全球代理商紧密合作,在各大洲积极推进持续变革。公司在以下三个主要业务领域提供产品、服务和技术:机械、发动机和融资产品。作为全球多项技术的领先者,卡特彼勒致力于追求所在领域的全方位卓越。卡特彼勒公司 2005 年的销售收入达 363.4 亿美元,比 2004 年增加了 60.3 亿美元(提高了 20%)。该增长源自 37.2 亿美元的销售增加额、18.27 亿美元的价格变现增加额、3.63 亿美元金融产品收入增加额。大约有一半的销售额产生于美国境外的客户,这使得卡特彼勒得以保持全球供应商和美国主要出口商的稳固地位。

然而,卡特彼勒公司在 20 世纪 80 年代末期也曾遭遇遇强大的竞争对手的压力,公司的市场份额和财务绩效一度下滑。当时,日本企业在工程设备领域快速发展,随着日本企业在工程设备领域的进步,卡特彼勒面临着日益加剧的竞争压力。例如,日本企业小松(Komatsu)向市场提供质量相差无几但价格便宜 15% 的产品,使卡特彼勒的市场份额和财务绩效一度下滑。为了保持市场领导地位和提高财务绩效,卡特彼勒并未采用价格竞争手段,因为卡特彼勒深知价格竞争无赢家。卡特彼勒选择了另外一条道路,把目光聚焦到售后零配件供应链的改进,通过改进零配件供应链绩效,增强企业的竞争优势。

2. 通过改进售后零部件供应链绩效提高企业财务绩效

卡特彼勒公司了解到用户将产品售后支持能力(包括零配件的供应能力)作为重复购买的最主要原因,因此,卡特彼勒公司成功地将售后零配件供应链作为一个强有力的差异化竞争武器,从而保持行业的领导地位和优异的财务绩效。因此对卡特彼勒而言,售后零配件供应链不是其主流业务的附属业务,而是公司的一块"宝石"。

卡特彼勒售后零配件供应链管理着超过 620 000 种零配件,包括很多巨大、昂贵、流动缓慢的零配件。为了支持公司多样化、全球性的客户群,快速地为全球任何角落的用户提供所需的零配件是卡特彼勒售后零配件供应链管理的首要目标,也是卡特彼勒公司成功的重要原因之一。卡特彼勒能在 24 小时内满足超过 99% 的零配件订单要求。

在过去的 15 年里,卡特彼勒大大提高了其售后零配件供应链的效率和快速反应能力。在没有影响服务质量的前提下,库存水平降低了 50% 以上;同时供应链的配送效率提高了 60%。这些提高为卡特彼勒公司每年节约超过 4.6 亿美元。这些成功并不偶然,而是来自卡特彼勒对售后零配件供应链绩效的关注和持续提高。

卡特彼勒公司的外部供应商主要是某些零配件的生产供应商和运输供应商。卡特彼勒的优势在于能利用 CMS(Content Management System,内容管理系统)对外部供应商的绩效进行追踪,自动按照已定义的标准将各类异常情况进行分类总结,并能自动对一些异常情况做出反应。如果运输商未能按时将货物送达,系统就会自动将应付运费按规定的比例进行扣减。对于一些系统无法做出正确反应的异常情况,系统会自动提醒相关人员进行人工干预。如果订单无法按时完成,CMS 就会按要求形成分类汇总报告。同时,分类汇总报告能帮助管理人员识别偏差产生的原因,以便及时进行流程改进,消除问题。

3. 建立全球统一的配送中心绩效管理体系

卡特彼勒公司还从供应链内部进行绩效控制。内部绩效衡量主要集中在配送中心的绩效考核上。卡特彼勒建立了全球统一的仓库或配送中心的绩效管理体系,主要衡量指标包括运作效率、用户满意度、员工满意度、安全度等。具体介绍如下。

(1) 运作效率。运作效率从以下 5 个方面进行衡量。

① 仓库人员每人每小时可处理的订单。这一衡量指标是仓库配送效率的主要指标。

② 进货在 3 天内的上架率。这是衡量仓库效率的另一重要指标,是指收到货物后在 3 天内整理、清点、放入指定的货位并更新库存的百分比。及时上架意味着更短的处理时间和收到的货物能及时从在途库存转入正常库存,随时代售。

③ 每一订单的配送成本。这是一个财务指标。配送成本只包括整个仓库的运作成本,不包括运输成本。

④ 利润率。这也是一个财务指标。利润率是剩余价值与全部预付资本的比率,是反映企业一定时期利润水平的相对指标。

⑤ 库存准确率。由于庞大的 SKU 数量和持续不断的业务,使得盘点尤其是全部盘点变得异常困难,只能进行抽样盘点。每年系统都会产生一个指令,指定一定比例的零配件进行盘点。标准并不是通常生产型企业的循环方式,而是根据零配件的流动速度和曾经出现的库存差异决定是否盘点。流动速度快和在上一年曾经出现库存误差的零配件会被选中进行盘点。根据盘点的结果得出每个仓库的库存准确率。这一准确率一般要求在 95% 以上才算及格。

(2) 用户满意度。卡特彼勒公司采用以下 3 个指标来衡量用户的满意度。

① 每 10 000 个订单的投诉数量。投诉的种类包括零配件数量或品种与订单不符、不能按规定的时间送达货物、包装不善引起的运输损坏、单证不全等。这一指标的应用使得仓库运作时不能单纯强调效率和速度,还要考虑平衡履行订单的准确性。

② 每 10 000 个订单的初次不可获得的数量。在卡特彼勒的售后零配件供应链中,每

个分销商都有指定的为其专门服务的仓库配送中心，订单都先由该仓库履行，如某一零配件缺货或没有储备，即为不可获得。这一指标反映了仓库的零配件可获得性水平的高低。实际情况是该数值不可能为零，因为这样库存数量和种类不得不扩大，比较理想的是维持在一个固定的水平。

③ 用户满意度调查。由于卡特彼勒不直接与最终用户接触，因此这里的用户是指分销商。每年卡特彼勒会使用第三方调查公司对所有分销商进行满意度调查。调查会给出每一个卡特彼勒仓库（配送中心）的用户满意度和对整个卡特彼勒售后零配件供应服务的满意度数据，并由第三方机构进行分析汇总，卡特彼勒及其下各仓库借此寻找可以改进和提高的地方。这一方法耗时、耗资，一般小型的供应链可以采取抽样的方法进行调查统计。

（3）员工满意度。员工是企业的重要财富，员工的责任心、技能、经验等是改善企业绩效的重要途径。因此，通过员工的满意度分析寻找提升员工绩效的途径，也必定有利于提高供应链的绩效。

① 员工满意度调查。表面上看起来员工满意度与供应链的绩效无关。但实际上，员工满意度对供应链绩效有间接的且重要的影响。供应链中的很多活动都必须由各级员工进行操作控制。他们的操作控制质量和效率直接影响着供应链的绩效，很难想象一支士气低落的员工队伍能带来供应链的高绩效。这也是为什么很多大公司都非常重视对员工满意度的调查，尽管这项工作既花钱又耗时。卡特彼勒也不例外，公司对第三方调查得出的结果极为重视，很多改进措施都来自员工满意度调查的整改措施。

② 员工流动率。这也是一个反映员工对公司满意度的指标。卡特彼勒认为，员工尤其是有丰富经验的员工是公司的财富，因此鼓励员工为卡特彼勒工作一辈子。因此在一些拥有悠久历史的仓库里为卡特彼勒工作了二三十年的员工比比皆是。一般卡特彼勒的员工流动率低于5%。

（4）安全度。安全问题是一个不得不提的绩效指标。卡特彼勒要求全球所有的部门都要有社会责任感和高度的道德标准，承担应有的社会责任和义务。对员工安全的重视就体现了这种精神，这也防止了为了效率而牺牲员工安全的做法。安全性指标主要有两个：可记录的事故和损失劳动时间的事故。这两个指标都有全球统一的计算标准和衡量标准。

事实上，上述各个绩效指标之间都存在着联系，绩效管理并不是片面强调某一个指标，因为这样将使整个供应链失去平衡，所以要建立一套绩效评价体系，追求供应链整体的绩效。卡特彼勒公司就是基于这样的绩效评价体系，对自己的供应链不断进行改善，使得公司一直处于行业领先地位。

案例解析

绩效评价对企业更有效地管理资源、监督和控制运作过程具有重要作用。供应链绩效评价是对整个供应链在一定运营期内的过程和效果进行综合衡量和判断的过程。提高供应链绩效有利于增强企业的竞争优势。供应链绩效受到企业内部因素和外部因素的影响，绩效评价指标体系的建立是供应链绩效评价的关键原则。从卡特彼勒公司的实例看，衡量供应链绩效的指标包括运作效率、用户满意度、员工满意度、安全水平等方面。

问题：

（1）结合案例讨论，对卡特彼勒公司的供应链绩效评价指标有哪些改进建议？

（2）谈谈对于卡特彼勒这一类的制造业企业来说供应链的绩效评价具有哪些作用？

📖 案例涉及主要知识点

绩效　供应链绩效　供应链绩效影响因素　绩效评价指标

🌿 学习导航

- 理解供应链绩效评价的概念和评价体系内容。
- 掌握供应链绩效的影响因素分析。
- 掌握供应链运作参考（SCOR）模型和平衡计分卡（BSC）模型。
- 学会选择供应链绩效评价指标。

🖊 教学建议

- 备课要点：供应链绩效的概念及绩效评价原则、影响因素、SCOR、平衡计分法等。
- 教授方法：案例分析，理论联系实际。
- 扩展知识领域：结合服务企业供应链绩效评价进行拓展分析。

第一节　供应链绩效评价概述

供应链绩效评价是供应链管理的重要内容之一。为理解供应链绩效评价的概念，本章先简要介绍绩效及绩效评价的概念。

一、供应链绩效的内涵

（一）绩效及绩效评价的定义

要进行绩效评价，首先要理解绩效的内涵。什么是绩效？从不同的角度看，绩效有不同的定义。根据 Longman 词典的解释，绩效（Performance）是指正在进行的某种活动或者已经完成的某种活动和成绩，因而绩效既可以看作一个过程，也可以看作该过程产生的结果。根据该定义，绩效是一个量化的过程。从管理学的角度看，绩效是组织期望的结果，是组织为实现其目标而展现在不同层面上的有效输出，它包括个人绩效和组织绩效两个方面。上述定义表明，绩效是组织或个人执行特定行动的效果，也包括对行动效果进行量化的过程。

综合分析不同角度的定义，我们从以下 5 个方面来理解绩效的内涵：①绩效是个人或组织实践活动的过程和结果；②绩效是产生了实际作用的实践活动结果，无实际效果的活动结果不叫绩效；③绩效体现了一定的主体与客体的关系，它是一定的主体作用于一定的客体所表现出来的效用;④绩效体现了投入与产出的对比关系,因此,通常采用相对比值来衡量绩效;⑤绩效必须是可以度量的,衡量绩效的指标既包括定量指标,也包括定性指标。

(二)供应链绩效的概念

与绩效的定义类似,供应链绩效也包括过程和结果两个方面的含义,即表现为供应链运营过程和运营结果。运营过程是指为实现供应链管理目标而对供应链运营过程进行的有效管理和控制;运营结果是指供应链的有效运行对企业目标的贡献程度。实质上,供应链管理就是通过有效协调供应链成员企业的活动,增加或创造供应链价值的过程。因此,我们可以将供应链绩效定义为供应链成员在一定的基础设施、人力资源及技术等资源的支持下,通过采购管理、生产运作管理、物流管理、营销、顾客服务、信息共享等活动增加和创造的价值总和(结果绩效),以及为达到上述目标供应链各成员采取的各种行动和过程(过程绩效)。

该定义体现了供应链绩效的整体性以及静态与动态相结合的特点。首先,从整体性来看,该定义包括了两层含义:一是对供应链各种活动的评价,即过程绩效;二是对供应链创造的价值的评价,即结果绩效。这两层含义构成了供应链绩效的整体概念。其次,供应链绩效既可以是一个静态的结果(结果绩效),也可以是一个产生该结果的动态活动或过程(过程绩效)。两者可以单独地评价,对供应链运营过程的评价,有助于管理者监控供应链过程并找到更有效的改善措施,以求供应链管理价值最大化;而对供应链运营结果的评价则有助于管理者认识各种管理模式的价值。二者也可以结合起来作为考核指标。因此,供应链绩效是静态性和动态性的结合。

二、 供应链绩效评价的原则、特点及作用

(一)供应链绩效评价的原则

供应链绩效评价是一个复杂的过程,指的是参照统一的标准,建立供应链绩效评价的指标体系,运用数理统计、运筹学等方法,按照一定的程序,通过定量与定性的比较分析,对整个供应链在一定运营期内的过程和效果进行综合衡量和判断的过程。

从供应链绩效评价的概念可以看出,供应链绩效评价主要是反映供应链整体运营状况以及各节点企业之间的合作关系,其重心在于供应链企业之间的协调、合作、运营管理,而不是单独地评价某一节点企业的运营情况。供应链的这一特点决定了供应链绩效评价比企业绩效评价的内容更多、范围更广。供应链绩效评价应遵循以下原则。

(1)强调供应链整体绩效。根据系统论的思想,供应链上的每个企业可看成整个供应链系统的子系统或组成要素,子系统或组成要素之间存在相互作用和相互联系,构成一个有机的整体。各成员企业必须将企业的局部目标与供应链总体目标保持一致,通过组织间的协调、合作,才能确保供应链整体绩效的最优化。

(2)强调供应链流程绩效。供应链各企业之间存在联动关系,在进行供应链绩效评价时,需要从企业供应链管理的业务流模型入手,对供应链运作的整体绩效的内外驱动力

进行全面的分析。绩效既要反映出结果,也要体现导致结果的流程指标和过程指标。

(3)供应链绩效是执行供应链战略的结果,因此,要求绩效与企业战略一致,并对战略的执行提供反馈信息。同时,还需要制订明确的规划和预期目标,以实现绩效的改善。

(4)供应链战略从单个企业向多个企业协调集成,从市场反应型向客户导向型发展,因此,供应链绩效评价也要从单方评价扩展到多方评价,从财务能力评价扩展到综合指标评价。

(二)供应链绩效评价的特点

根据供应链管理运营特征和要达到的目的,供应链绩效评价应该能够恰当地反映供应链整体运营状况以及节点企业之间的相互合作关系,而不是孤立地评价单个企业的绩效之后的简单叠加。例如,假设供应链上某一供应商提供的某种原材料价格很低,但后续的加工性能差、加工工艺要求较高,即加工成本较高。如果孤立地评价该供应商,就会认为该供应商的绩效较好;但是,如果考察下游加工企业的绩效,因该原材料而增加的生产成本必然影响该企业的绩效。因此,要评价供应链的运行绩效,不仅要评价节点企业的运营绩效,而且要考虑该节点企业的绩效对其上下游企业或整个供应链绩效的影响。

与企业绩效评价相比,供应链绩效评价更注重业务流程的绩效评价。通常,企业绩效评价主要是基于职能部门的绩效评价,而供应链绩效更重要的是取决于供应链业务流程,因此,供应链绩效评价侧重于业务流程的绩效评价。如图9-1和图9-2分别是基于职能的绩效指标评价与基于供应链业务流程的绩效评价的示意图,从中可看出二者的区别。

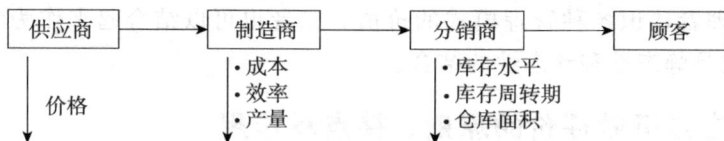

图9-1 基于职能的绩效评价指标示意图

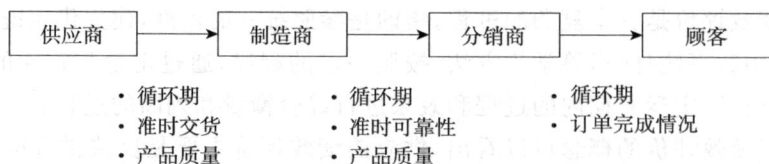

图9-2 基于供应链业务流程的绩效评价示意图

具体来说,供应链绩效评价与企业绩效评价在关注的绩效重点、评价对象、评价数据来源、评价范围等方面有差异,具体对比如表9-1所示。

表9-1 供应链绩效评价与企业绩效评价的特点对比

特 点	企业绩效评价	供应链管理绩效评价
侧重点	单个企业绩效	供应链整体运营绩效
评价对象	企业职能部门工作完成情况	供应链整体运营情况以及上下游节点企业、企业业务流程

续表

特　点	企业绩效评价	供应链管理绩效评价
数据来源	财务结果,在时间上略为滞后	反映动态运营情况
评价范围	基于功能的评价	基于业务流程的评价
指标数据	财务数据	财务指标和非财务指标并重
实时性	事后分析	实时评价及分析

(三)供应链绩效评价的作用

供应链的实质是一种跨企业的动态联盟,供应链成员之间的协调运营有利于供应链整体优化,消除供应链中不必要的活动和消耗。建立有效的供应链管理绩效评价机制,有助于企业知晓其某项战略或部门行动的成本和实施效果,为监督和优化配置企业资源提供决策依据。因此,供应链绩效评价的最终目的不仅仅是获得供应链的运营状况,更重要的是要优化供应链的业务流程,实现资源的优化配置。绩效评价作为保持战略层和执行层迈向共同目标的黏合剂,具有不容忽视的价值。具体来讲,供应链绩效评价主要具有如下4个方面的作用。

(1)评价现有供应链绩效,通过绩效评价来了解整个供应链的运行状况,对供应链整体运行效果做出评价,及时发现存在的缺陷或不足,在此基础上,提出相应的改进措施。

(2)供应链绩效评价具有将供应链成员黏合在一起的作用,而这种黏合作用正是通过激励机制体现的。供应链成员之间的相互激励是一个利益重新分配和共同进步的过程。绩效评价的结果为建立供应链成员之间统一的激励机制提供了参考基准。对供应链上的成员企业进行评价,评判供应链对其成员企业的激励机制的效果,从而吸引更优秀企业加盟,淘汰不良企业。

(3)供应链绩效是衡量供应链竞争能力的一项综合指标。为了确保整个供应链持续的竞争优势,每个供应链成员不再以追求单个企业利润最大化为目标,而是以整个供应链的利润最大化作为每一个企业成员追求的目标。企业成员将参照供应链绩效指标,根据整个供应链的产品价格核定成本。

(4)供应链绩效评价主要是基于供应链运营过程的绩效评价,因此能揭示供应链运营状况与供应链业务流程及供应链成员之间的关系。基于这种运营过程的绩效分析,可寻找决定供应链系统绩效的关键控制点,进而对供应链系统实施动态的控制,推动供应链的持续优化。另外,供应链运营过程绩效评价将为供应链业务流程重组提供依据,为建立基于时间、成本和绩效的供应链优化体系提供支撑。

第二节　供应链绩效的影响因素分析

供应链绩效虽然是一个整体的概念,但是,供应链本身的流程、其内部成员之间的协调与合作,以及供应链面临的外部环境(如行业、市场竞争状况、经济环境等)均会影响供应链的运营效果,这就是说,供应链绩效受供应链内外部诸多因素的影响,如图9-3所示。理解供应链绩效的影响因素是制定合理的绩效评价指标体系,从而正确进行供应链绩效评价的基础。下面分别分析内外部因素对供应链绩效的影响。

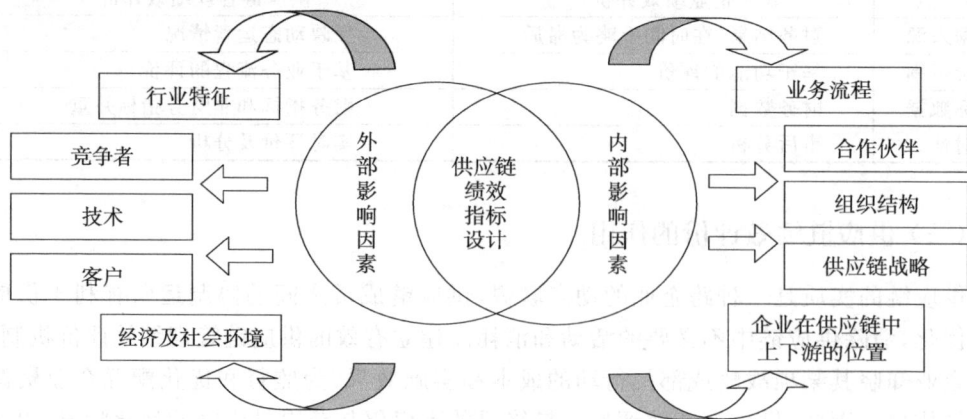

图 9-3　影响供应链绩效的内外部因素

一、外部因素对供应链绩效的影响

供应链运作的外部环境总是不断变化的,供应链内部的不断改进正是为了应对外部环境的变化,增强供应链整体适应能力和竞争优势。供应链所处的行业特征、市场竞争状况、客户需求、技术发展水平等是影响供应链绩效的主要外部因素。

1. 行业特征

供应链所处的行业特征决定了管理者对供应链绩效的考虑角度的不同。目前供应链管理的实践和理论研究多集中在制造业和仓储、零售行业。例如,制造业企业的供应链管理更重视采购过程及物料管理环节的价值创造,并通过供应链将这两个环节扩展到企业外部,实现与战略合作伙伴共同发展的目的。仓储零售业的供应链管理则更偏重于运输、仓储及配送管理,它将过去狭隘的企业物流部门扩展为从供应商到客户的物流价值链,高效的商品配送和物流组织是其业务流程的主要组成部分。而对于像酒店服务、咨询服务之类的服务业供应链来说,财务指标、服务质量、服务的灵活性、创新性等是衡量服务绩效的重要指标。因此,供应链所处行业不同,其供应链管理的方法和侧重点也有明显区别,故其绩效衡量的侧重点也有所不同。

2. 市场竞争状况

目前的市场竞争已从单纯企业之间的竞争转变为供应链之间的竞争。尽管如此,核心企业在技术、产品、研发、资源整合、业务创新等方面的竞争优势仍然是影响供应链整体绩效的重要因素。因此,分析市场竞争者在产品质量、价格、交货期、技术、流程、服务等方面的优势和劣势,有利于找出竞争者在可能的领域对供应链的潜在威胁和机遇,从而改进供应链战略目标和运作策略,并利用标杆法,对供应链中的非增值活动进行分析,同供应链上其他企业合作,共同努力,提高供应链绩效。

3. 技术发展水平

技术发展水平直接影响着产品、服务及信息的流动效率和成本效益,因此,将对供应链的绩效产生重要影响。例如,先进的材料技术、产品设计及制造理论和技术方法不仅对产品的结构、制造工艺具有决定性作用,而且会进一步影响供应链的采购、供应商选择、运作过程、生产物流等环节;另外,新的管理技术和方法的不断发展和应用,对于提高供应链管理运营效率、降低运营成本均具有直接的作用。

4. 客户需求

客户的需求是驱动供应链运营的动力,也是供应链收益的唯一来源。客户不断增加的个性化、多样化需求,以及越来越苛刻的交付时间和价格的要求,不仅增加了供应链运作成本的压力,而且对供应链的响应速度和系统柔性也提出了更高的要求。另外,客户越来越重视产品为自身带来的价值增值和成本降低功能,这就要求供应链能增强其每一个环节的管理水平,从而实现更佳的运作绩效,否则,供应链将会失去其竞争优势。归纳起来,客户的多样化需求使供应链的绩效包含更多的目标,不仅有成本绩效,还包括供应链在柔性、响应速度、满意度等多方面的绩效;另外,客户需求的多样化也驱使供应链不断提升其管理水平,优化系统运营过程,降低运营成本,从而实现供应链最佳绩效。

此外,全球范围内的政治环境、宏观经济环境等也不可避免地对供应链的运营产生影响。

二、 内部因素对供应链绩效的影响

供应链的内部因素如供应链战略、供应链业务流程、合作伙伴关系以及企业在供应链中的不同位置等因素均对供应链的绩效产生影响。

1. 供应链战略

供应链绩效是执行供应链战略的结果,因此,供应链绩效评价要求与供应链战略目标相一致,以反映出供应链战略的执行效果。因供应链发展集成的层次阶段的不同以及供应链经营方式的不同,供应链战略体现为不同的绩效目标。

根据 Stevens 的观点,供应链集成可归结为四个阶段:基础建设阶段、功能形成阶段、内部集成阶段、外部集成阶段。与这四个阶段相对应,供应链战略逐渐从单一组织战略发展成多组织协调集成战略,从市场反应型发展为市场导向型。供应链绩效也从内部单一评测扩展到了多方共同决定。

另外,不同的供应链战略决定了供应链运作方式的不同。以计算机制造业为例,IBM公司注重整个产品设计、制造、分销和市场营销的全过程,强调质量领先战略;戴尔公司注重的是产品组装、市场和服务,其供应链战略强调的是柔性、响应性和低成本。这种不同的选择是由它们的外部供应链战略决定的。运作方式的不同将导致管理重心的不同,因此,绩效评价的目标和指标要求也必然不同。

2. 业务流程

供应链业务流程包括供应链从原材料采购、生产转化为成品,直到运达顾客手中的整个过程中所涉及的相互关联的活动、信息流及物料流的组合。因产品、服务和客户分布特性的不同,供应链业务流程设计策略也不相同。不同的流程在流程的执行成本、运行时间和效率、达到的质量标准等方面都会有明显差异,即不同的流程具有不同的效果。因此,不同的供应链业务流程必然会产生不同的供应链绩效。

3. 合作伙伴

供应链是由所有相关成员构成的一个有机整体。供应链的有效运行是建立在核心企业同合作伙伴之间的正确选择、相互信赖、遵守承诺的基础之上的，以促使供应链运行中所产生的成本和效益能合理地分摊到企业之间和企业内部。良好的合作伙伴关系有利于供应链各环节之间的无缝衔接，简化交易程序，减少交易成本，增加供应链的净利润。供应链整体绩效的提升是供应链合作各方共同执行供应链战略的结果，因此，如何选择供应链合作伙伴，最终会对供应链整体绩效产生影响。

4. 企业在供应链中的上下游的位置

企业在整个供应链运作中所处的层次不同，所关注的绩效目标也不相同。例如，处于供应链上游的供应商更注重交货质量、交货可靠性等目标，处于供应链下游的分销商则更注重所提供的产品种类的多样性、价格等指标，处于末端的零售商可能更注重产品送货速度、服务水平等。图 9-4 示意描述了处于供应链不同位置的企业对于绩效目标的不同追求。

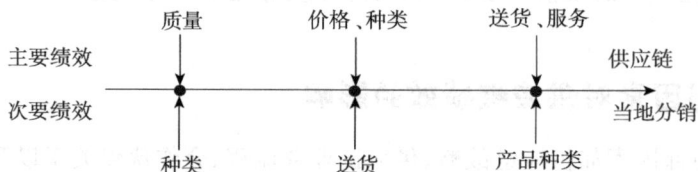

图 9-4　供应链不同环节的企业追求的绩效目标示意图

第三节　供应链绩效评价模型

一、供应链绩效评价体系构成

绩效评价是一个复杂的系统工程。要进行供应链绩效评价，首先需要明确绩效评价系统的基本组成要素，知道要评价什么、如何评价、评价结果是什么等问题，即供应链绩效评价的主要内容。供应链绩效评价体系主要包括评价对象、评价模型、评价指标体系、评价标准、评价方法、评价组织及评价报告七个方面。

1. 供应链绩效评价对象

供应链绩效是指整个供应链的绩效，因此，供应链绩效评价的对象涉及供应链的所有过程和所有成员，通过供应链的整体效益和客户的满意度来衡量，反映出供应链整体战略目标的执行效果。由于供应链系统的复杂性，为便于绩效的衡量，通常可将供应链系统按照某种方式分解成不同的子系统，例如，采购与供应子系统、生产物流系统、分销子系统等，各子系统再进一步分解成具体的活动，然后再进行绩效的测量和分析，最后综合得到供应链整体绩效，因此，供应链绩效评价对象通常是一个层次结构。

2. 供应链绩效评价模型

绩效评价模型是指将绩效目标进行合理划分从而形成能度量的绩效评价指标体系的

理论依据或方法。在供应链绩效评价中常用的评价模型有作业成本法评价模型、投资回报率评价模型、平衡计分卡模型、供应链运作参考模型等。本节后续将重点介绍供应链运作参考模型和平衡计分卡模型。

3. 供应链绩效评价指标体系

指标是用来刻画评价对象的价值大小或效果优劣的指针。通常需要用一系列指标来刻画供应链整体绩效，这就是供应链绩效评价指标体系。供应链绩效评价指标包括定性指标和定量指标，同时涉及财务方面和非财务方面，例如，固定资产投入、总资产回报率，属于定量的财务指标，供应链柔性、可靠性、顾客满意度等则是定性的非财务性指标。指标选取是实施供应链绩效评价的基础和关键，本章第四节将对此进行详细分析。

4. 供应链绩效评价标准

评价标准是判断评价对象绩效优劣的基准，评价标准的选择取决于评价的目的。供应链绩效评价标准是判断评价结果的依据。

5. 供应链绩效评价方法

绩效评价方法是指从评价指标值计算得到最终目标评价结果所采用的具体手段和方法。供应链绩效评价的方法很多，目前常用的方法有层次分析法、模糊综合评价法、标杆法等，此外还有比较分析法、调查表分析法。

层次分析法（Analytic Hierarchy Process，AHP）是美国运筹学家 T. L. Saaty 于 20 世纪 70 年代提出的，它综合了人们的主观判断，是系统工程对非定量事件进行评价的一种分析方法，适用于结构复杂、决策准则多且不易量化的决策场合。应用 AHP 方法首先要构建原问题的层次结构模型；再通过指标重要性的两两比较，将模糊的主观指标定量化，构造判断矩阵；通过判断矩阵计算确定各指标的相对重要度；最后计算综合重要度，确定各子目标对总目标的权重。层次分析法能实现定性、定量因素的统一处理，具有简单实用等优点。

模糊综合评价方法是以模糊集理论为基础，通过模糊隶属度来表示评价指标，运用模糊算子进行指标综合运算的一种评价方法。在供应链绩效评价问题中包含广大量的不确定性和模糊性，很多绩效衡量指标具有模糊性和难以量化的特性，决策者对各指标的偏好、价值观念和认知程度等带有强烈的主观性，将模糊集理论引入评价过程中，具有很强的适用性。

供应链绩效标杆法是基于 SCOR 模型发展起来的，通过定量分析自己公司的供应链现状，并与优秀供应链进行比较，找到自己公司所在供应链与一流竞争对手之间的差距，有针对性制定激励机制和绩效改善措施，优化公司的供应链管理。供应链绩效标杆可以通过多种形式进行，主要有内部标杆、竞争性标杆、行业标杆等。

📖 **前沿理论与技术**

标　杆　法

标杆法（Benchmarking）是一种新的绩效管理工具，由美国富士施乐公司于 1979 年首创。随着摩托罗拉、IBM、杜邦、通用等公司纷纷采纳，西方企业开始把标杆法作为获得竞争优势的重要思想和管理工具,通过标杆管理来优化企业实践,提高企业经营管理水平和核心竞争力。标杆法就是以那些出类拔萃的企业作为测定基准,将本企业经营的各方面状况与标杆企业进行对照,除了测量企业相对于标杆企业的绩效外,还要发现这些优秀企业是如何取得成就的,利用这些信息作为制定企业绩效目标、战略和行动计划的基准。标杆管理可以作为企业绩效提升和绩效评估的工具,标杆管理可通过设定可达目标来改进和提高企业的经验绩效。同时,标杆法可以通过辨别行业内外最佳企业绩效及其实践途径,从而指导企业制定绩效评价标准。

6. 供应链绩效评价组织

绩效评价组织是指负责进行绩效评价的主体。供应链系统中,供应链成员之间的协作本质是协商,因此,不同于单纯的企业绩效评价,并没有某一组织有绝对的权限来领导构建供应链绩效评价体系。通常,由供应链上的核心企业发起、建立供应链绩效评价体系,同时邀请供应链上的其他关键成员参与,共同组织供应链绩效评价。

7. 供应链绩效评价报告

绩效评价报告是指对整个评价计算过程、分析过程及评价结果进行归纳、整理而形成的文档。供应链绩效评价报告将呈现给供应链决策者,决策者可以根据评价对象绩效的优劣进行改进,以便进一步提高整个供应链的绩效。

二、 基于 SCOR 的供应链绩效评价模型

(一) SCOR 概述

SCOR 即供应链运作参考模型(Supply Chain Operations Reference model,SCOR)是由美国供应链协会开发和认可的适合于不同工业领域的供应链运作参考模型,它提供了通用的供应链结构、标准术语定义、与评价有关的通用标准和最佳实施分析。SCOR 模型以应用于所有工业企业为目的,帮助企业诊断供应链中存在的问题,进行绩效评估,确定绩效改进目标,并促进供应链管理相关的软件开发。

SCOR 主要由四个部分组成:供应链管理流程的一般定义、对应于流程性能的指标基准、供应链"最佳实践"的描述以及选择供应链软件产品的信息。SCOR 模型的基本思想是将业务流程重组、标杆管理及最佳业务分析集成为多功能一体化的模型结构。SCOR 是一个为供应链伙伴之间有效沟通而设计的流程参考模型,是一个帮助管理者聚焦管理问题的标准语言。作为行业标准,SCOR 帮助管理者关注企业内部供应链,SCOR 规范的流程定义实际上为任何供应链的配置和量度提供了基准;规范的SCOR 尺度为供应链绩效衡量和标杆比较提供了基准;通过评估供应链的配置从而进行连续的改进和战略计划编制。如图 9-5 描述了 SCOR 以流程为中心的供应链管理示意图。

(二) SCOR 模型的标准业务流程元素

SCOR 模型围绕计划(Plan)、采购(Source)、制造(Make)、交货(Deliver)和退货

(Return)5 个基本管理流程展开,用以描述与满足用户需求的各个方面相关联的业务活动,如图 9-6 所示。

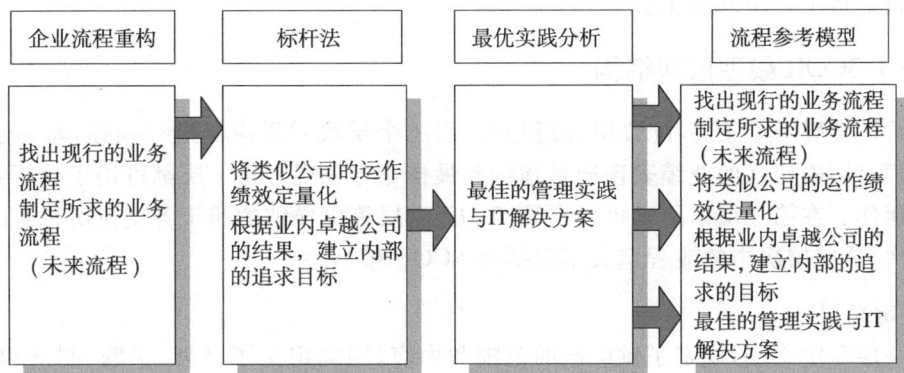

图 9-5 SCOR 以流程为核心的供应链参考模型

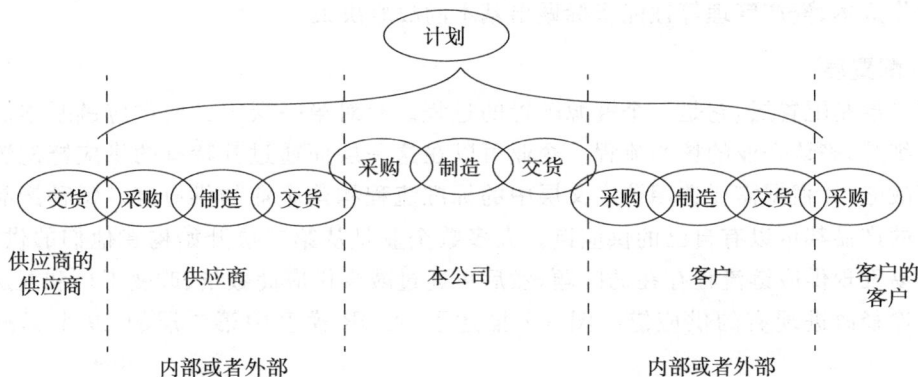

图 9-6 SCOR 参考模型

计划流程是指平衡需求与供应,制作行动纲要,以满足供应、生产和配送的需求计划,该过程涵盖其他四个过程,并贯穿于每个过程之中。采购流程指采购货品或服务以满足计划需求或实际需求,包括对采购物品的接收、检验、转储,选择供应商,评估供应商业绩,管理库存、现金资产、供应商网络以及供应商合同等。制造(或生产)指的是企业按计划需求或实际订单需求进行的生产执行过程或服务的状态,主要包括安排生产活动、产出产品、测试、包装或者安装,直到能够进入到下一个过程。交货流程即配送流程,就是将最终产品交付到客户手中的过程,交付流程实际上包括了订单管理、仓储管理、运输、安装等过程。退货流程包括向供应商的退货(原材料、零部件退货)和接收客户的退货(产品退货)。

SCOR 模型涵盖所有与客户之间的互动环节(包括从收到客户订单到货款支付),所有的物料流及服务流(包括从供应商的供应商到客户的客户的一切关于设备、原材料、配件、产品、软件等流动)以及所有与市场之间的互动活动(包括从确定市场需求到完成每个订单)。但是,它并不企图描述每一个商业流程或活动,也不涉及销售和市场、技术管理、产品开发以及技术支持过程。值得注意的是,SCOR 模型描述的是供应链的业务流程,而不是功能。利用 SCOR 模型的一组通用的标准业务流程元素建立模块,使不同类型的行业都可以通过标准化的供应链参考模型对其供应链进行深度和广度的分析,它为改进供应链绩效提供了一个基础工具。

(三) SCOR 模型层次结构

SCOR 模型用定义层、配置层、流程元素层三个层次对供应链进行描述,每一层的每一过程都有明确定义的业绩表现衡量指标和最佳业务表现。每一层都可用于分析企业供应链的运作。在第三层以下还可以有第四、五、六层等更详细的属于各企业所特有的流程描述层次,这些层次中的流程定义不包括在 SCOR 模型中。

1. 定义层

第一层是定义层,规定了供应链的范围和内容,明确定义了计划、采购、制造和交付、退货五个基本流程,是企业确立供应链性能和战略目标的基础。

企业通过对第一层 SCOR 模型的分析,可根据供应链的可靠性、柔性及反应能力、供应链运作成本、资产管理等性能指标做出基本的战略决策。

2. 配置层

第二层是配置层,它是一个资源配置的过程。针对第一层定义的供应链基本流程再进一步细分,确认企业的核心流程。企业可以在这一层面通过其特有的供应链配置来实施运营战略,并根据需要选用该定义层中的标准流程构建企业的供应链。每种产品或不同型号的产品都可以有自己的供应链。大多数企业是从第二层开始构建他们的供应链,此时容易发现供应链流程存在的问题,然后可通过减少供应商数量、改变工厂和配送中心数量等途径改进现有的供应链。图 9-7 描述了 SCOR 模型中第二层的 19 个标准流程元素。

通过对每一个过程进行配置,即在各个过程内部针对来自外部的“订单/需求”进行配置,逐层细化,直至合理。所有流程元素都附有综合定义、循环周期、成本、服务、质量、资金的性能属性、相关的评测尺度以及软件特性要求。

3. 流程元素层

亦称流程分解层,它对第二层中的每一个子过程进行分解并给出第二层每个流程分类中流程元素的细节。该层次定义了企业在市场上竞争成功的能力指标,包括流程元素定义、流程的输入与输出信息、流程性能指标、最佳运作方式以及支持实施方案的系统能力等。在这一层次,企业可以对其运营战略进行微调,并确认这些改进对供应链的影响。第三层与第二层息息相关,它是对第二层性能衡量指标的反馈和响应,所选择的有效指标将通过实际情况和目标的对比直接体现出供应链整体绩效。例如,对第二层流程“采购库存产品 S1”进行分解,可得到如图 9-8 所示的第三层流程元素描述,从图中可知流程元素所需要的输入和可能的输出。

第四层(底层)是实施层,即实现其供应链管理。这一层的重点是任务的实现,具体定义都是根据企业自身情况决定的,具有特殊性,没有在行业标准模式中定义,因而不属于 SCOR 模型的范畴。

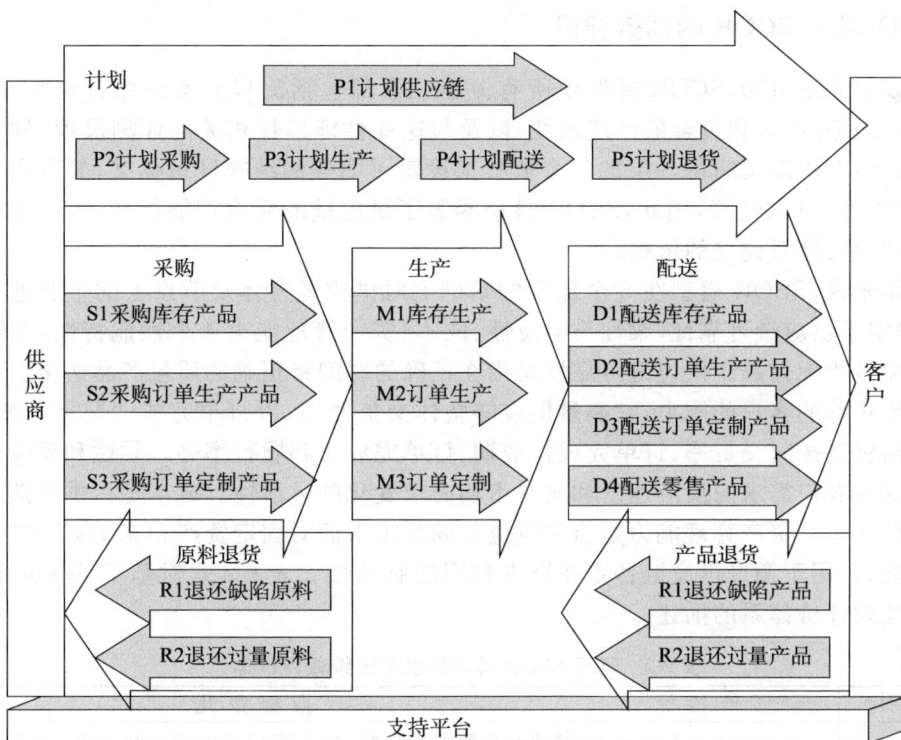

图 9-7　SCOR 第二层流程元素

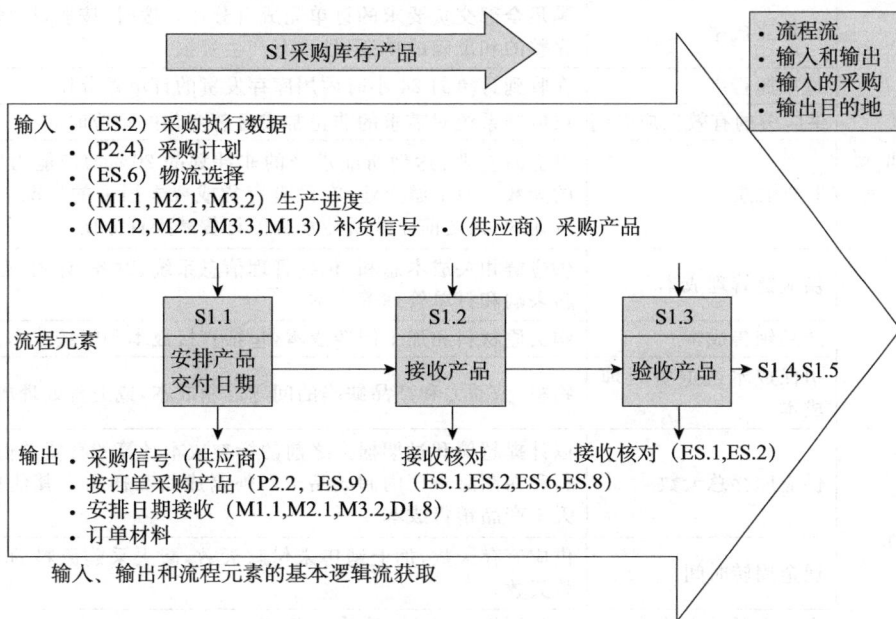

图 9-8　SCOR 第三层流程元素描述

（四）基于 SCOR 的绩效评价

从以上介绍可知，SCOR 模型中所有流程元素都包括流程元素的综合定义，循环周期、成本、服务/质量和资金的性能属性，以及与这些性能属性相关的评测尺度、软件特性要求等。SCOR 模型的每一层的每个流程都设定了明确的绩效度量标准，如资产、成本、柔性、响应性、可靠性等，因此，SCOR 模型涵盖了供应链的所有性能指标，因而可作为供应链绩效评价体系建立的依据。

具体来说，SCOR 模型在 5 个流程的基础上对供应链整体及节点上的企业进行绩效评估，确定了供应链可靠性、柔性与响应性、成本、资产管理能力 4 个性能特性，并给出了相应的绩效指标体系。供应链可靠性是指在正确的时间将正确的质量产品送至正确的地点交付给正确的客户的能力，它衡量供应链整体交货能力，以订单完成情况进行衡量，主要衡量指标有按时交货率、订单完成提前期、订单完成率和履行率等。柔性和反应能力测度供应链对客户需求的反应速度和应对市场需求变化的灵活性。成本是指供应链运营所耗费的总成本。资产管理能力是指供应链为满足需求而对固定资产和流动资产进行有效管理的能力，用于衡量供应链各企业资本利用的有效性。表 9-2 是对基于 SCOR 模型的供应链绩效评价体系的描述。

表 9-2　基于 SCOR 模型的供应链绩效评价体系

类　别	评 价 指 标	指 标 量 化
供 应 链 可靠性	按时交货率	按照客户要求的天数，或在客户要求的天数之前，或在原计划的交货天数之前执行订单的百分比
	订单完成提前期	从客户放单到收到订货实际所需的平均时间
	订单完成率	满足全部交货要求的订单完成百分比。按时，按质，按量，具有完整的和准确的单证，且没有产生货损
	订单履行率	在收到订单的 24 小时内用库存发货的订单百分比
柔 性 和 反应力	供应链的有效反应时间	供应链系统对需求的非正常或显著变化的响应时间
	生产柔性	对上游企业：达到所能承受的非计划的 20% 增产能力所需要的天数。对下游企业：在没有存货或成本损失的情况下，在交货期 30 天之前企业所能承受的订货减少百分比
成本	供应链管理成本	供应链相关成本总和，包括管理信息系统、财务、计划、存货、物料采购和订单管理等成本
	产品销售成本	购买原材料和加工制造成本，包括直接成本和间接成本
	担保成本或退货处理成本	物料、劳动力和产品缺陷的问题诊断成本，或退货处理成本
资产管理	供应库存总天数	以计提超储和过期损失之前的标准成本计算的存货总值（原材料和在制品＋厂内制成品＋厂外制成品和样品＋其他）×365 天÷产品销售成本
	现金周转时间	供应库存天数，加上销售未付款天数，减去采购原料的平均付款天数
	净资产周转次数	产品销售总额除以净资产总额

SCOR 模型按照层次性评价供应链绩效,第一层指标是企业供应链总的评价指标,随着模型逐层向下分解,从第二层到第三层的每个过程都有明确定义的评价指标,这些指标是对第一层指标的分解和细化,SCOR 模型还给出了目前国际上相应过程的最佳实践。下面以表 9-3 中采购库存产品 S1 的第二个过程接收产品(S1.2)为例进行具体说明。S1.2 过程的评价指标及最佳实践见表 9-3。

表 9-3　接收产品(S1.2)过程的评价指标和最佳实践

绩 效 特 性	衡 量 指 标
可靠性	接收的产品中没有损坏的订单数或批次数的百分比
柔性和反应能力	接收产品的收据中不需要进行数量确认的百分比;处理产品接收的时间
成本	接收采购产品的费用占采购费用的百分比
资产周转率	—
最佳实践	特征
通过供应商认证来减少甚至取消接收产品检查	抽样检查或不定期检查
通过条码或 RFID 技术缩短处理时间,提高处理精度	拥有数据收集的条码接口、条码接收的文档资料
保持每个工作日接收的订单数均衡	—
供应商直接把产品送到使用地(如生产工位)	到最终使用地的电子标签追踪

SCOR 模型还给出了各性能指标的参考计算公式。但是,美国供应链协会同时指出,有些指标的计算方法并不是绝对的、固定的,应结合企业具体情况进行调整,而且很多指标的计算方法非常复杂,数据获取难度很大。因此,在此略去各指标的参考计算方法,有兴趣的读者可阅读美国供应链协会网站(www.supply-chain.org)上关于 SCOR 的详细说明。

三、基于平衡计分卡的供应链绩效评价法

(一)平衡计分卡方法简介

1992 年,Kaplan 和 Norton 在《平衡计分卡——良好绩效的测评》一文中,首次提出了平衡计分卡(Balance Score Card,BSC)的方法。平衡计分卡方法的核心思想体现为在一系列指标之间形成平衡,即短期目标与长期目标、财务指标与非财务指标、滞后型指标与领先型指标、内部绩效与外部绩效之间的平衡;管理的注意力从短期的目标实现转移到兼顾战略目标实现,从对结果的反馈思考转向对问题原因的实时分析。平衡计分卡的设计将过去绩效的财务评价与未来绩效的驱动力设计紧密结合起来了。

Kaplan 和 Norton 提出的平衡计分法由四个各具特色的方面——顾客、内部流程运作、改进学习和财务方面组成,如图 9-9 所示,代表了 3 个利害相关的群体:股东、客户、员工,以确保企业从系统的角度实施战略。

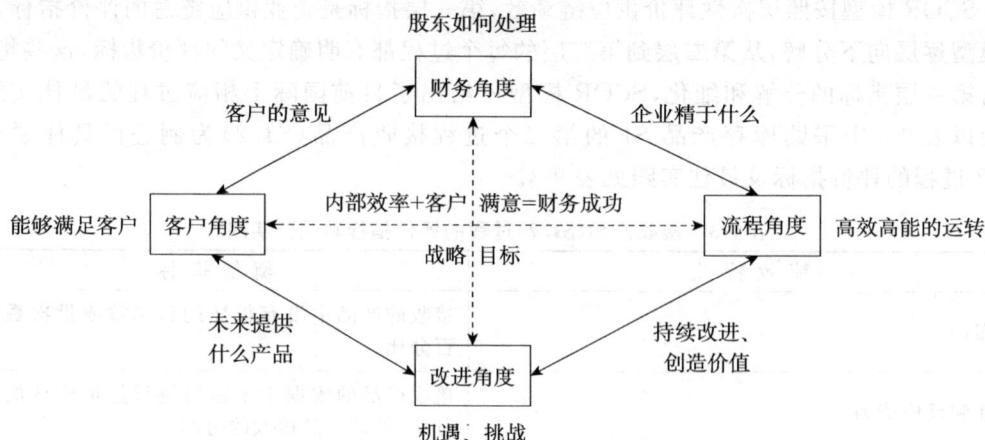

图 9-9　平衡计分卡四个角度的关系示意图

（二）供应链平衡计分法

国内学者马士华教授等根据供应链运作特点，在 Kaplan 和 Norton 提出的评价角度和指标的基础上，提出了一种新的供应链绩效评价方法——供应链平衡计分卡法，该方法从客户导向、财务价值、内部流程、未来发展性四个角度构建供应链绩效评价体系，如表 9-4 所示。

表 9-4　基于供应链平衡计分法的评价体系

财务价值角度		供应链内部运作角度	
目标	评价指标	目标	评价指标
收益 成本 效率	供应链资本收益率 供应链总库存成本 现金周转率	减少提前期 弹性响应 成本运作 产品创新	有效提前期率 时间柔性 目标成本 新产品销售率
未来发展性角度		客户服务角度	
目标	评价指标	目标	评价指标
流程化 信息集成 组织协调	产品最好组装点 信息共享率 团队参与程度	订单时间 订单满足 客户保有 服务及时 售后服务	订单总提前期/循环期 订单满足率 客户保有率 客户响应时间认同 售后服务质量

1. 财务价值方面

虽然供应链绩效的评价侧重于流程导向以及非财务指标，平衡计分卡法依旧将财务目标作为所有目标的中心。供应链的运作是否取得成功，要评价供应链的资本收益情况，保证合作伙伴在供应链中能够发挥各自的贡献，对成本和现金流进行有效的控制，并要保证对未来盈利能力能够实现激励。相关的评价指标包括：资本收益率、现金周转率、供应链总库存成本、运输成本以及信息成本等。

2. 供应链内部流程运作方面

供应链内部流程运作情况决定了客户服务的绩效。供应链内部流程运作测度指标应当测度出对客户利益、财务价值影响最大的业务流程,同时,还要确定自己的核心竞争力以及使供应链维持持久领先地位的关键技术。供应链内部流程与供应链成员的生产运作密切相关,因此,评价指标将不同成员的绩效联系起来形成供应链流程的整体绩效。

通常,供应链运作方面主要实现四个方面的目标,即缩短提前期、弹性响应、减少单位成本、敏捷结构。首要的非财务指标主要集中于对以上四个目标的考察,具体的指标如下。

(1) 供应链有效提前期率。该指标由供应链增值活动总时间与供应链响应时间之比决定。供应链各成员之间的业务传递充满了很多非增值的活动,非增值活动代表了供应链上被浪费的资源,因此,该指标衡量供应链各环节之间的无缝对接程度,减少时间损失,缩短提前期。

(2) 供应链生产时间柔性。根据 SCOR 模型,该指标反映了由于市场需求变动而导致的非计划产量增加 20% 后,供应链内部重新组织、计划、生产所消耗的时间。

(3) 供应链目标成本达到比率。目标成本法在作业成本法的基础上考察作业效率、人员业绩和产品成本,揭示每项作业对整体成本的贡献。目标成本始于产品开发过程,与供应链的战略紧密联系。该指标从单一产品和流程的角度,分析供应链在质量、时间、柔性上的流程改进是否达到预定的目标成本。目标成本合理化而非最小化是供应链运作要达到的主要成本目标。

(4) 供应链运作质量。该指标强调供应链基础上的全面质量管理,供应链运作质量综合反映在其运作对象即原材料、在制品、最终产品/服务的质量上。

(5) 完美的订单完成水平。完美订单关注的是整个供应链的绩效,而不是某一家企业的某一项功能,它是物流运作质量的最终测度标准。完美订单一般要符合如下 4 条标准:完成所需的各项发货,满足客户交货期规定,所需的各种单据文件准确无误,货品状态良好。

3. 未来发展方面

供应链能否得到不断的改进和持续发展,关系到供应链的未来生存。激烈的全球性竞争要求供应链必须具备不断创新的能力。因此,供应链内部成员在协调运作过程中要避免短期行为,重视长远投资,注重内部技能和能力的提高。供应链的改进是一个动态的、持续的过程。这方面的指标包括新产品开发循环期、新产品销售比率、流程改进效率等。

4. 客户方面

供应链的本质是如何快速响应顾客的需要、满足顾客的需求。因此,了解客户需求、评价客户需求被满足的程度,有利于供应链调整其经营策略,最终实现供应链的整体发展战略。一般来说,时间、质量、性能与服务、成本是顾客关注的四个主要内容。因此,可以采用如下五个指标反映客户的需求。

(1) 供应链订单完成总循环期。供应链订单完成总循环期由订单接单时间、从投料到生产的时间、从生产到发货的时间、从发货到客户签单的时间、从签单到客户收到的时间组成,是评价整条供应链对客户订单的总反应时间。总循环期越短,说明供应链响应速度快。

(2) 客户保持率。该指标是指留住现有客户、与客户保持现有关系的比例,该指标体现了客户的忠诚度和供应链稳定的市场份额。

(3) 客户对供应链柔性响应的认同。该指标用来评价客户对供应链提供的客户化服务和供应链响应速度的认同情况,即该指标评价两个方面的情况:一是对客户能否自由地提出个性化的产品包装、产品性能要求进行评价;二是评价客户是否能感受到这种个性化服务的及时可得性进行评价。

(4) 客户价值。该指标评价供应链为客户提供的产品或服务对客户的增值作用情况。客户价值高率等于客户对供应链所提供服务的满意度与服务成本的比值。

(5) 客户销售增长及利润。这类指标主要反映供应链产品的年销售增长率和利润率。

📖 前沿理论与技术

ROF 供应链绩效评估体系

ROF 参考评价体系是指资源评价(Resources)、产出评价(Output)和柔性评价(Flexibility)三个方面的简称,由 Beamon 于 1999 年提出。ROF 供应链绩效评价指标体系从供应链的资源、产出和弹性三方面考虑。其中,供应链资源评价包括对库存水平、人力资源、设备利用、能源利用使用和成本等方面的评价,评估供应链生产的高效性;产出评价包括客户响应、质量、最终产品的数量的评价,评估供应链的增值性;柔性评价包括范围柔性和效应柔性两种,评估供应链在变化的环境中快速响应的能力。三个战略指标相互作用、彼此平衡。

第四节　供应链绩效评价指标的选择

一、供应链绩效评价指标选择的原则

供应链绩效评价是对供应链整体运行情况、供应链成员和供应链企业之间的合作关系的度量。因此,供应链绩效评价指标不仅仅涉及财务指标,同时还应有相应的指标来衡量供应链企业的合作关系、及时满足客户需求的能力等。为了建立能有效评价供应链绩效的指标体系,在衡量供应链绩效时应遵循如下原则。

(1) 突出重点的原则。与供应链绩效相关的指标种类繁多,在选择评价指标时应突出重点,对关键绩效指标进行重点分析。

(2) 准确性原则。即选用能真实反映供应链业务流程的绩效指标。

(3) 整体性原则。评价指标要能反映整个供应链的运营情况,而不仅仅是反映单个节点企业的运营情况,还要从供应链整体出发,采用能反映供应商、制造商以及客户之间关系的绩效评价指标,从而把评价的对象扩大到供应链上的相关企业。

（4）实时性原则。应尽可能采用实时分析与评价的方法，因为能反映供应链实时运营状况的信息要比事后分析更有价值。

（5）静态评价与动态评价相结合原则。在绩效评价中，不仅要对影响供应链绩效的各种内部因素进行静态考察和分析评价，而且要动态地研究这些因素以及这些因素与外部因素之间的相互影响关系。

（6）一致性原则。供应链绩效评价必须直接与供应链绩效战略一致，同时也要与各企业的战略相容。

（7）发展性原则。重视供应链业务流程的重组、改进和发展，体现供应链发展的下一步趋势，注重对供应链的长远发展潜力以及可持续发展能力的评价。

二、常见的供应链绩效评价指标

（一）经济效益指标

供应链经济效益评价可采用传统关键性的财务绩效指标。财务绩效指标是评价供应链绩效的核心指标，是对供应链在特定期间盈利能力、资产运营能力、偿债能力、经营增长四个方面进行的定量分析和评判。常用的供应链经济效益评价指标如图 9-10 所示。

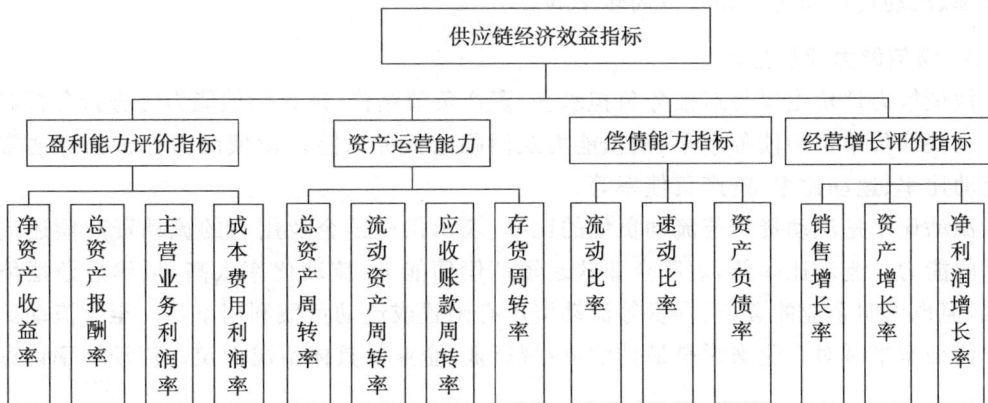

图 9-10　常用的供应链经济效益指标

1. 盈利能力评价指标

盈利能力评价，主要是对资本及资产报酬水平、成本费用控制水平、人均创收能力和经营现金流量状况等方面进行分析和评判，反映供应链中各节点企业一定经营期间投入产出水平、盈利质量及现金保障状况。反映盈利能力的指标有很多，通常使用的主要有净资产收益率、总资产报酬率、主营业务利润率等。

净资产收益率是指供应链企业在一定时期内净利润同平均资产的比率。净利润收益率是评价企业自有资本及其积累获取报酬水平的最具综合性和代表性的指标，充分反映了企业资本运营的综合效益。一般认为，企业净资产收益率越高，运营效益越好，对企业投资人、债权人的利益保证程度越高。

其计算公式为：

$$净资产收益率＝净利润/平均净资产 \tag{9-1}$$

总资产报酬率是指供应链企业在一定时期内的报酬总额与平均资产总额的比率。总资产报酬率表示企业包括净资产和负债在内的全部资产的总体获利能力,是评价企业资产运营效益的重要指标。该指标越高,表明企业投入产出的水平越好,企业的全部资产的总体运营效益越高。其计算公式为:

$$总资产报酬率＝息税前利润总额/平均资产总额$$

主营业务利润率是指供应链企业在一定时期主营业务利润同主营业务收入净额的比率。它表明企业每单位主营业外收入能带多少主营业务利润,反映企业主营业务的获利能力,是评价企业经营效益的主要指标。其计算公式为:

$$营业利润率＝营业利润/营业收入净额 \tag{9-2}$$

2. 资产运营能力评价指标

资产运营能力是指供应链企业中各种资产的流转速度和利用程度,直接影响着企业的偿债能力和盈利能力。资产运营能力评价,重点对总资产周转状况、应收账款周转情况以及存货周转情况进行分析和评判,反映供应链中各节点企业占用经济资源的利用效率、资产管理水平与资产的安全性。常用的资产运营能力指标包括总资产周转率、应收账款周转率、流动资产周转率和存货周转率等。

3. 偿债能力评价指标

偿债能力评价主要是对债务负担水平、资产负债结构、现金偿债能力等进行分析和评判。反映评价单位的债务水平、偿债能力及面临的债务风险。偿债能力评价指标通常包括流动比率、速动比率、资产负债率等。

流动比率是流动资产与流动负债的比率,表示供应链企业用它的流动资产偿还流动负债的能力。流动比率低,表明企业缺乏短期偿债能力;流动比率太高,虽然短期偿债能力强,但也说明企业的资金、存货等流动资产有闲置或流动负债利用不足。至于流动比率处于何种水平时对企业来说是最佳的,应视行业、企业的具体情况而定。流动比率计算公式为:

$$流动比率＝流动资产/流动负债 \tag{9-3}$$

速动比率又称酸性测试比率,是流动资产中的速动资产除以流动负债的比值,其中速动资产是指流动资产扣除存货后的部分。其计算公式为:

$$速动比率＝速动资产/流动负债 \tag{9-4}$$

以流动比率作为评价企业短期偿债能力指标,实际上暗含一种假设,即存货也能在短期内随时变现,可以用来偿还到期债务。而事实上,流动资产各项目的变现能力存在很大差异,例如,存货一旦难以脱手,其变现就成问题。而速动比率剔除了存货变现能力差的影响,为短期债权人提供了更进一步的有关变现能力的比率指标。该指标越高,表明企业偿还流动负债的能力越强,流动资产结构合理。国际上公认的标准比率为1,我国目前较好的比率在 0.9 左右。由于行业间的关系,速动比率合理水平值的差异较大,在实际运用中,应结合行业特点分析判断。

资产负债率是国际公认的衡量企业债务偿还能力和财务风险的重要指标,用企业负

债总额占企业资产总额的百分比来表示,其计算公式为:

$$资产负债率 = 负债总额 / 资产总额 \qquad (9\text{-}5)$$

4. 经营增长评价指标

经营增长评价主要对销售增长、资本积累以及技术投入等情况进行分析和评判,反映评价单位的经营增长水平、资本增值状况及发展后劲,对企业的发展趋势和发展能力做出合理的评价。经济增长评价指标包括销售增长率、资产增长率和净利增长率等。

(二)供应链业务流程的绩效评价指标

整个供应链是指从最初供应商开始直至最终用户为止的整条供应链。基于指标评价的客观性和实际可操作性的思考,反映整个供应链运营绩效的评价指标有如下几个方面。

1. 产销率指标

产销率是指在一定时期内供应链企业已销售出去的产品和已生产的产品数量的比值,即:

$$R_{PS} = S/P \qquad (9\text{-}6)$$

式中,S 是一定时间内生产的已销售出去的产品数量;P 是一定时间内已生产产品数量。

因为 $S \leqslant P$,所以 $R_{PS} \leqslant 1$。

该指标可反映供应链各节点在一定时期内的产销经营状况,其时间单位可以是年、月、日。随着供应链管理水平的提高,时间单位可以取得越来越小,甚至可以做到以天为单位。该指标也反映供应链资源(包括人、财、物、信息等)的有效利用程度,产销率越接近1,说明供应链节点的资源利用程度和成品库存越小。

产销率指标 R_{PS} 又可以分成如下三个具体的指标。

(1)供应链节点企业的产销率 R_{JPS},该指标反映供应链节点企业在一定时间内的经营状况,其表达式为:

$$R_{JPS} = S_J/P_J \qquad (9\text{-}7)$$

式中,S_J 是一定时间内节点企业生产的已销售出去的产品数量;P_J 是一定时间内节点企业已生产产品数量。

(2)供应链核心企业的产销率 R_{HPS},该指标反映供应链核心企业在一定时间内的产销经营情况,其表达式为:

$$R_{HPS} = S_H/P_H \qquad (9\text{-}8)$$

式中,S_H 是一定时间内核心企业生产的已销售出去的产品数量;P_H 是一定时间内核心企业生产已生产产品数量。

(3)供应链产销率 R_{GPS},其表达式为:

$$R_{GPS} = S_G/P_G \qquad (9\text{-}9)$$

式中,S_G 是一定时间内供应链各节点企业已销售产品的数量之和;P_G 是一定时间内供应链各节点企业已生产产品的数量之和。

2. 平均产销绝对偏差指标 D

D 的表达式为:

$$D = \sum (P_i - S_i)/n \tag{9-10}$$

式中，N 是供应链节点企业的个数；P_i 是第 i 个节点企业在一定时间内生产产品的数量；S_i 是第 i 个节点企业在一定时间内已生产的产品中销售出去的数量。

该指标反映在一定时间内供应链总体库存水平，其值越大，说明供应链成品库存量越大，库存费用越高。反之，说明供应链成品库存量越小，库存费用越低。

3. 产需率指标 R_{PQ}

产需率指标是指在一定时间内，供应链节点企业（包括核心企业）已生产的产品数（或提供的服务）与其下游节点（或用户）对该产品（或服务）的需求量的比值。具体分为如下2个指标。

(1) 供应链节点企业产需率 R_{JPQ}：

$$R_{JPQ} = P_J/Q_J \tag{9-11}$$

式中，P_J 是一定时间内节点企业已生产产品的数量；Q_J 是一定时间内上层节点企业对该产品的需求数量。

该指标反映上下游节点企业之间的供求关系。产需率越接近 1，说明上下游节点间的供需关系协调，准时交货率高，反之则说明上下游节点间的准时交货率低或综合管理水平较低。

(2) 供应链核心企业产需率 R_{HPQ}：

$$R_{HPQ} = P_H/Q_H \tag{9-12}$$

式中，P_H 是一定时间内核心企业已生产产品的数量；Q_H 是一定时间内用户对该产品的需求量。

该指标反映供应链整体生产能力和快速响应市场能力。若该指标数值大于或等于 1，说明供应链整体生产能力较强，能快速响应市场需求，具有较强的市场竞争能力；若该指标数值小于 1，则说明供应链生产能力不足，不能快速响应市场需求。

4. 供应链产品出产（或投产）循环期或节拍指标

当供应链节点企业生产的产品为单一品种时，供应链产品出产循环期（Cycle Time）是指产品的出产节拍；当供应链节点企业生产的产品品种较多时，供应链产品出产循环期是指节点企业混流生产线上同一种产品的出产间隔期。它可分为如下两个具体的指标。

(1) 供应链节点企业（或供应商）零部件出产循环期：该循环期指标反映了节点企业库存水平以及对其上层节点企业需求的响应程度。该循环期越短，说明该节点企业对其上层节点企业需求的快速响应性越好。

(2) 供应链核心企业产品出产循环期：该循环期指标反映了整个供应链的在制品库存水平和成品库存水平，同时也反映了整个供应链对市场或用户需求的快速响应能力。一方面，核心企业产品出产循环期决定着各节点企业产品出产循环期，该循环期越短，说明整个供应链的在制品库存量和成品库存量较少，总的库存费用较低；另一方面也说明供应链管理水平更高，能快速响应市场需求，并具有较强的市场竞争能力。

5. 供应链总运营成本指标

供应链总运营成本包括供应链通信成本、供应链库存费用及各节点企业外部运输总费用。它反映供应链运营的效率,具体分析如下。

(1) 供应链通信成本。其包括各节点企业之间的通信费用,如 EDI、因特网的建设和使用费用;供应链信息系统开发和维护费等。

(2) 供应链总库存费用。其包括各节点企业在制品库存和成品库存费用、各节点之间的在途库存费用。

(3) 各节点企业外部运输总费用。为供应链所有节点企业之间的运输费用总和。

6. 供应链核心企业产品成本指标

根据核心企业产品在市场上的价格确定出该产品的目标成本,再向上游追溯到各供应商,确定出相应的原材料、配套件的目标成本。

7. 供应链产品质量指标

供应链产品质量是指供应链各节点企业(包括核心企业)生产的产品或零部件的质量。主要包括合格率、废品率、退货率、破损率、破损物价值等指标。

(三) 反映供应链上下游节点企业间关系的绩效指标

1. 满意度

满意度是指在一定时间内下游节点企业 i 对其直接相邻的上游企业(供应商)j 的综合满意程度,可用下式表达:

$$满意度(C_{ij}) = a_j \times 供应商 j 的准时交货率 + b_j \times 供应商 j 的成本利润率$$
$$+ c_j \times 供应商 j 的产品质量合格率 \tag{9-13}$$

式中,a_j、b_j、c_j 为权数,且 $a_j + b_j + c_j = 1$。

2. 准时交货率

准时交货率是指在一定时间内,上游供应商准时交货的次数占总交货次数的百分比。供应商准时交货率低,说明其协作配套的生产能力达不到要求或者对生产过程的组织管理跟不上供应链运行的要求。供应商准时交货率高,说明其生产能力强,生产管理水平高。

3. 成本利润率

成本利润率是指单位产品净利润占单位产品总成本的百分比。在市场经济条件下产品是由市场决定的,产品成本利润越高,供应商在市场价格水平下越能获得较大利润,其合作积极性必然增强,也必然会对企业的有关设施和设备进行投资和改造,以提高生产效率。

4. 产品质量合格率

产品质量合格率是指质量合格的产品数量占产品总产量的百分比,它反映了供应商提供的货物的质量水平。质量不合格的产品数量越多即产品合格率越低,说明供应商提供的产品的质量不稳定或质量差,供应商必须承担对不合格产品进行返修或报废的损失。这样就增加了供应商的总成本,降低了成本利润率。因此,产品质量合格率指标也与产品成本利润指标密切相关。另外,产品质量合格率低,就会增加产品返修工作量,必然会延长产品的交货期,因此,会导致准时交货率降低。

在满意度指标中,权数的取值可随着供应商所处层次的不同而不同。但是,对于同一层的供应商,其权数均取相同值。这样,通过满意度指标就能评价不同供应商的运营绩效以及这些不同的运营绩效对其上层供应商的影响。满意度低,说明该供应商运营绩效差,生产能力和管理水平都比较低,并且影响了其下游企业的正常运营。因此,满意度指标值较低的供应商应作为管理的重点。要么进行全面整改,要么重新选择供应商。

供应链的最后一层为顾客层,最终用户对供应链产品的满意度指标是供应链绩效评价的一个最终标准,可按下式计算:

$$顾客满意度(C_{ij}) = a_j \times 零售商准时交货率 + b_j \times 产品质量合格率 + c_j$$
$$\times (实际价格/用户期望价格) \tag{9-14}$$

式中,a_j、b_j、c_j为权数,且$a_j + b_j + c_j = 1$。

实训项目

选择一家产品生产企业或零售连锁企业,先分析其供应链上下游构成,再查阅企业相关资料,参照平衡计分卡模型,建立该企业供应链绩效评价指标体系,并对各指标值的计算方法进行探讨。

课后习题

一、选择题

1. 影响供应链绩效的外部因素主要包括行业特征、市场竞争状况、客户状况以及( )。
　　A. 社会政治经济环境和技术发展水平　　B. 经济政策和企业战略
　　C. 财务实力和合作伙伴的选择　　D. 新技术的应用
2. SCOR模型涉及的基本业务流程是( )。
　　A. 计划、采购、生产、物流、销售　　B. 计划、采购、制造、交货和退货
　　C. 供应、组装、营销、配送、退货　　D. 需求计划、采购、生产、销售
3. 顾客关注的四个主要内容是指时间、质量、( )和成本。
　　A. 可靠性　　B. 服务
　　C. 供应链的柔性　　D. 未来发展
4. 下列关于绩效的内涵理解正确的是( )。
　　A. 绩效是个人或组织实践活动的过程　　B. 绩效是实践活动的结果
　　C. 绩效体现了投入与产出的对比关系　　D. 通常采用相对比值来衡量绩效
　　E. 衡量绩效的指标既有定量指标,也有定性指标
5. 影响供应链绩效的内部因素包括( )。
　　A. 供应链战略　　B. 供应链组织结构　　C. 供应链所处的行业
　　D. 合作伙伴关系　　E. 客户需求　　F. 企业在供应链中的位置

6. 供应链绩效评价的内容是(　　　)。

　　A. 供应链质量绩效衡量　　　　　　B. 外部绩效衡量

　　C. 内部绩效衡量　　　　　　　　　D. 供应链综合绩效衡量

二、填空题

1. 绩效既可以看作一个过程,也可以看作该过程产生的_____。

2. 供应链绩效包括_____和_____两个方面的含义。

3. 供应链所处的行业特征、_____、_____、_____是影响供应链绩效的主要外部因素。

4. 影响供应链绩效的内部因素主要包括:_____、_____、_____以及_____等。

5. SCOR 模型围绕_____、_____、_____、_____和_____个基本管理流程展开,用以描述与满足用户需求的各个方面相关联的业务活动。

三、简答题

1. 什么叫绩效?

2. 供应链绩效的整体性体现在哪些方面?

3. 什么是平衡计分卡方法? 它由哪四个部分构成?

4. 什么是供应链的可靠性? 根据 SCOR 模型,可采用哪些指标来衡量供应链的可靠性?

5. 基于供应链平衡计分卡的绩效评价中常用的财务指标有哪些?

6. 用于测度供应链运作流程的非财务指标主要有哪些?

7. 供应链的盈利能力可采用哪些指标来衡量?

8. 哪些指标可衡量供应链上下游节点企业之间关系的绩效?

第十章

供应链管理新进展

联想集团的绿色供应链管理

1. 联想全球供应链

联想(Lenovo)于 1984 年在中国北京成立,是全球第二大个人电脑厂商,业务范围跨越 160 多个国家。凭借创新的产品、高效的供应链和强大的战略执行,联想专注于为全球用户提供创新性的个人电脑和移动互联网产品。联想的产品线包含 Think 品牌商用个人电脑、Idea 品牌的消费个人电脑、服务器、工作站以及包括平板电脑和智能手机在内的家庭移动互联网终端。

联想集团是全球供应链的核心节点企业,在全球范围开发、制造和销售可靠、优质、安全易用的技术产品并提供优质专业的服务。联想总部位于中国北京和美国罗利,在日本横滨、中国北京、上海、深圳及美国北卡罗来纳州罗利均设有重点研发中心,在中国的北京、上海、惠阳及深圳,印度的庞帝其利(Pondicherry),墨西哥的蒙特雷(Monterrey)及美国的格林斯博罗(Greensboro)设有个人电脑制造和物流基地。联想拥有两大市场集团,分别是覆盖澳大利亚、新西兰、加拿大、以色列、日本、美国、西欧等地的成熟市场集团,覆盖中国内地、中国香港、中国澳门、中国台湾、韩国、东盟、印度、土耳其、东欧、中东、巴基斯坦、埃及、非洲(包括南非)、俄罗斯、中亚及拉美地区的新兴市场集团。

作为全球领先的个人科技产品企业,联想在为客户提供卓越产品和优质服务的同时,始终将社会责任作为企业发展的原动力,在全球范围内支持和践行可持续的和负责任的业务模式。从 2009 年哥本哈根世界气候大会到德班世界气候会议,全球的政府、企业、组织在应对气候变化的行动上更加务实,低碳与可持续发展已经成为全世界共同努力的方向。作为应对气候变化战略的一部分,联想积极推动供应链上企业的节能减排。联想通过与供应商签订长期协议、达成经济上的联盟等多种方式,努力减少整个供应链对环境的影响。联想长期参与电子行业公民联盟(EICC)的环境可持续工作小组,开发和贯彻碳/水报表工具,对供应链中的碳排放和用水量进行监测和报告,取得了显著的成效。

2. 与供应商携手打造责任供应链

在联想全球统一、完善的采购体系下,联想一方面以公正、透明的采购管理保护供应商利益;另一方面帮助供应商提升企业社会责任意识和管理能力,打造可持续的绿色供应链。

(1) 规范采购标准

联想建立了规范的采购制度、流程和申诉机制,确保透明、公平采购。联想"标准采购订单条款和条件"规定供应商必须遵循相关环境规范和材料申报流程,并完全符合进出口和产品安全的适用法律,必须建立符合 ISO9001 和 ISO14001 认证标准的质量体系及环境管理体系。联想制定了与电子行业公民联盟(Electronic Industry Citizenship Coalition,EICC)在劳工、环保、健康安全、道德和管理方面要求一致的采购政策和流程,要求供应商建立 EICC 标准操作规范,帮助供应商制定运作模式,定期总结、分享和推广经验和成果。

(2) 将可持续发展原则引入供应商评价过程

联想推行供应链审核工具,在自身恪守 EICC 行为规范的同时,要求一级供应商遵守EICC 标准,并开展由 EICC 认可的第三方机构进行的合规审查。联想还与 EICC 其他成员共同制定全面策略,帮助 EICC 实施标准化的全球方案,监督供应商在可持续发展和社会责任方面的表现,定期评估供应商绩效,将企业环保绩效和社会责任指标纳入评估过程。供应商应对气候变化的表现和策略的评估将作为联想选择供应商的重要标准之一。

随着国际化程度的不断加深,联想对产业链社会责任的关注逐渐加深。面对信息通信全球产业链可持续发展的实质性问题,联想主动与金属供应商协作,追溯金属的供应来源,避免使用因开采而造成严重人权与环境问题的冲突矿产。联想参与了电子行业公民联盟(EICC)和全球电子可持续发展倡议组织(GeSI)提取物工作组,共同开发用于在供应链中跟踪锡、钽和黄金来源的工具,支持采取行业性措施解决冲突矿产问题。联想参与了锡业协会开展的"无冲突采购"试点计划,并为该计划提供资金,旨在确定电子产业供应链中所用矿物的原产地。

(3) 开展供应商可持续发展能力培训

联想在供应链能力建设上与电子行业公民联盟(EICC)开展广泛合作,通过沟通和培训提升供应商的可持续发展能力。

联想开发的碳报告体系用于收集和分析联想全球供应链部门和全球环境事务部门确定的一级供应商的数据。联想主动与供应商们一起探索减少碳排放量的方法与措施。在2010 年供应商大会上,联想向供应商们介绍了联想在建立产品碳足迹方面的努力,以及供应商在支持这一进程中所发挥的作用。2011 年 12 月,联想举办供应商"碳足迹"培训,帮助供应商通过碳足迹盘查改善产品设计,思考如何进一步减少产品生命周期中的碳排放量,应对气候变化国际相关要求。

3. 绿色产品设计

根据美国绿色电子委员会(Green Electronics Council)的研究,电子产品 90% 的环境特性是由设计阶段决定的,因此,产品的研发设计是联想绿色产品生命周期管理中的首要环节,也是联想在行业内保持环保领先的基础。联想从研发环节开始就非常重视产品的环境属性,主要体现在提高产品能效、控制化学物质使用、使用可再生材料等方面。

（1）提高产品能效

根据电子产品碳足迹分析，产品使用阶段的碳排放量组成生命周期碳足迹的最大部分。提高产品能效一直是联想最重要的环境目标和环境指标，联想提供了众多具有"能源之星"标识和"北欧生态标签"的笔记本电脑、台式机、工作站、显示器和服务器。联想所有产品组线均参加能源之星项目，联想 ThinkCentre 和 IdeaCentre 全线产品通过能源之星认证。

（2）控制化学物质使用

联想制定严格的化学物质管理政策，通过技术创新，努力将对环境有害的化学物质使用量降到最低。对一些暂时无法替代的有害化学物质，联想收集其使用信息，通过产品随附的《信息产品生态声明》报告给客户及其他利益相关方。

联想同时要求其供应商遵守相关法规，使用行业标准申报表对供应商申明物料进行管理，并将其作为供应商选择的重要标准。除按各项法规要求外，联想还在产品中额外管控超过 30 种化学物质，努力淘汰对人体有害的化学物质。联想在推动供应链实现逐步淘汰溴化阻燃剂（BFRs）和聚氯乙烯（PVC）进程中，针对供应链现场作业制定了资源使用和废物回收的基线和目标。如果供应商每年提供的物料中，高度关注物质总量超过 1t，联想将告知欧洲化学品管理局，并与供应商协助寻找替代材料。

此外，联想按照相关环境法律法规的要求，严格控制对环境有重大影响的有害气体排放，例如，禁止使用含氢氯氟烃（HCFCs）、全氯氟烃（CFCs）甲基氯仿、四氯化碳等破坏臭氧层的化学品，降低对环境的负面影响。

（3）使用可再生材料

联想在产品、包装的设计及生产中优先选择再生材料和可再生材料。积极与原材料供应商合作，研发能够达到 IT 行业使用标准的再生塑料，并将其应用到联想更多的产品上。

2005 年 5 月至 2011 年 6 月，联想使用消费后再生材料（PCC）和工业用后再生材料（PIC）中的塑料共占 39%，包装材料可回收率达 100%，减少二氧化碳排放约 21 319t。

4. 绿色生产与运营

联想为自身的生产运营设定了高标准的环境目标，从能效管理、废弃物管理、水资源管理、绿色办公等方面利用科技优势，提升联想的绿色竞争力。

能效管理方面，高效利用能源是联想环境承诺的一部分，也是联想不断改进环境绩效的重点工作。联想以升级生产设备和优化管理方式，实现降低生产运营的能源消耗。通过合同能源管理方式与专业科技公司合作，联想北研与联想大厦的中央空调系统进行了智能控制改造，借助 UPPC（Ultra Performance Plant Control）技术大幅提高运行效率，进而降低 20% 左右的能耗，在 2013 年投入使用后，估计每年节省电能约 1 000 000MW，节约标准煤约 400t，减少二氧化碳排放 670t。

在废弃物管理方面，联想在产品研发设计中强调原材料的回收利用，并严格遵照环保相关法律法规和联想环保要求对废弃物实施分类收集，定期移交给具有相应资质的垃圾处置中心处理，防止废弃物污染土壤和地下水。

在水资源管理方面，联想产品的生产工艺不涉及用水，其水资源消耗大部分集中于员工生活与办公用水，对当地水资源几乎不产生影响，并且联想通过优化管理非生产用水，尽可能地减少水资源消耗。如联想在各工厂及办公场所配备了节水及中水处理装置，北京研发中心安装了污水处理设备，将废水循环利用于卫生间清洁中；惠阳工厂利用太阳能热水系统为厂区提供所需热水。

绿色办公方面，作为业界领先的环保先锋，联想重视办公领域的环境管理，积极培养员工节约意识，通过优化企业管理，减少办公资源和能源的消耗。如提倡双面打印、打印废纸循环使用、推广使用节能灯管、设定空调使用时间和使用温度、提倡电话视频会议减少商务出行等。

5. 绿色物流

随着联想的全球化进程，物流运输已经成为联想环境影响的重要方面。联想在物流运输方面综合考虑环境、速度以及费用，通过改变运输方式、缩短运输距离、集中发货及改进包装，降低物流过程对环境的影响。

联想在美洲、欧洲和亚洲使用当地的生产设施，并尽可能使用铁路或海运等低碳运输方式。联想与运输伙伴密切合作，通过更轻更小的产品包装、更高密度和可重复使用的包装材料、散装运输以及区域配送设施，降低运输中的碳排放。联想通过优化短驳车辆安排，减少运输距离。2010—2011财年，联想华东物流平台海外物流团队将分属于多个原始设计制造商的订单集中统一发运，节约出口集装箱92箱次，节约集装箱卡车92车次，节约柴油约11 040L，减少二氧化碳排放29 476.8kg。

此外，联想在包装中坚持3R(Reduce,Reuse,Recycle)原则，减少包装材料，加大包装中对可回收材料的使用量，同时推进对环境友好材料、可循环使用材料的使用，通过缩小包装尺寸有效增加了单次运输的产品数量，以14寸包装为例，改进包装后，每个运货托盘可放63个(之前的包装一个托盘可放置42个)，同时减少了合作伙伴及客户的搬运工作量。

6. 贯彻产品终身责任

联想尽可能地延长产品的使用寿命，并对生命周期结束的产品提供完善周到的回收服务，贯彻产品终身责任。

从1998年发布寿命高达30万页的联想长寿命硒鼓技术，到2010年在上海世界博览会引领绿色低碳打印风潮，联想不断通过创新的设计与技术，以及优质的服务为客户提供使用寿命更长的产品。随着电子产品的更新频率加快，废旧电子产品的回收与处理受到了企业及个人的广泛重视。2008年12月，联想宣布在中国大陆地区全面推出资产回收服务，帮助商业客户妥善处理各类品牌的废旧电子产品，包括台式电脑、笔记本电脑、服务器、打印机等。对于报废产品，联想委托第三方机构进行符合国家环保标准的处理。

案例解析

一方面，随着经济的全球化，越来越多的企业将生产基地、研发基地及服务网络拓展到全球不同国家,因此,全球供应链管理成为一种必然趋势。另一方面,随着全球资源环境的恶化,可持续发展已成为企业发展的一种必然选择。绿色供应链管理就是可持续发展准则在供应链管理中应用的结果,涉及产品设计、采购、供应商管理、生产、物流,直到产品废弃回收处理的全过程。实施绿色供应链管理能同时给企业带来经济效益和环境效益。与传统供应链相比,绿色供应链管理过程更加复杂,主要包括绿色供应链规划、绿色采购、绿色包装、绿色运输、供应链碳管理等过程。

问题:

(1) 结合案例讨论企业实现绿色供应链管理有哪些主要途径或措施?

(2) 结合案例数据,分析企业实施绿色供应链管理能为企业带来哪些益处?

案例涉及主要知识点

绿色供应链　绿色物流　绿色采购　绿色包装　绿色供应商管理　绿色供应链管理

学习导航

- 理解绿色供应链管理的概念。
- 了解绿色供应链管理框架体系。
- 理解服务供应链管理的概念及其特殊性。

教学建议

- 备课要点:绿色供应链概念、绿色供应链管理体系构成、服务供应链的概念、服务供应链管理特点等。
- 教授方法:案例讨论、理论联系实际、文献探究。
- 扩展知识领域:结合循环经济、节能减排政策进行适当拓展。

第一节　绿色供应链管理概述

随着全球性的资源问题和环境问题的日益严重,可持续发展成为许多国家的发展战略。严厉的环境法规、消费者及股东的需求以及市场竞争带来的挑战,使得越来越多的企业将可持续发展原则集成到企业经营活动中,甚至集成到整个供应链活动中。在此背景下,绿色供应链管理(Green Supply Chain Management,GSCM)成为供应链管理领域的新趋势和热点话题。

国际知名的大企业已将实施绿色供应链管理作为企业实现可持续性发展目标和获取新的竞争优势的关键途径。从本章引例看,沃尔玛已将可持续性原则引入到其全球供应链管理过程中,增加对其全球供应商的环境绩效和社会责任的评估。中国一些大型企业(如宝钢、华为、联想)已成为其全球供应链的重要角色,这些企业已开始将可持续性战略融入它们的供应链管理过程中,在企业经营活动中考虑企业的物流活动及供应链活动对环境的影响。绿色供应链已成为一种新的管理理念和实践趋势。

一、绿色供应链管理的概念

早在 20 世纪 90 年代中期,美国国家科学基金(NSF)资助密歇根州立大学进行了一项"环境负责的制造"(Environmentally-responsible manufacturing,ERM)的研究项目,项目组于 1996 年首次提出了绿色供应链的概念。该项研究认为,绿色供应链包括绿色设计、绿色材料、绿色生产、绿色包装运输、绿色营销和绿色回收等模块。

目前对绿色供应链、绿色供应链管理尚无统一的定义。国内外很多学者对绿色供应链提出了不同的表达。例如,Walton(1998)等认为,绿色供应链管理就是将供应商加入到企业的环境战略中。Gilber(2001)认为绿色供应链就是在采购决策过程中考虑环境标准及相关因素,同时与供应商建立长期的合作关系。这两个定义都强调了供应商管理及采购管理在绿色供应链中的重要作用,是绿色供应链的主要构成,但是忽略了绿色供应链的其他环节。随着供应链管理的发展,绿色供应链管理的范围进一步扩大。Basu 等学者(2012)认为,绿色供应链就是在环境可持续性背景下考虑供应链管理中的组织创新和政策的一种新方式。

Hall(2000)认为,绿色供应链是从社会和企业的可持续发展原则出发,对产品从原材料购买、生产、消费,直到废物回收再利用的整个供应链进行生态设计,通过供应链中各个企业内部部门和各个企业之间紧密合作使整条供应链在环境管理方面协调统一,达到系统环境最优化。Nagel(2000)认为,绿色供应链管理涉及产品从设计、生产到使用的全过程,是在原有供应链思想的基础上对环境保护意识的强调,绿色供应链要求在供应链范围达成一种长期稳定的战略关系,并且在运营过程中需要一定的技术支持。国内学者朱庆华认为,绿色供应链管理就是在供应链管理中考虑和强化环境因素,具体说就是通过与上下游企业的合作以及企业内各部门的沟通,从产品的设计、材料的选择、产品的制造、产品的销售以及回收的全过程中考虑整体效益最优化,同时提高企业的环境绩效和经济绩效,从而实现企业和所在供应链的可持续发展。

综上所述,绿色供应链管理就是指将环境问题集成到传统的供应链管理全过程中,它包括了供应链管理的各个方面,即在从产品设计、原料采购、供应商选择、制造及生产过程、物流及最终产品向消费者的配送,直到产品寿命终结的管理过程中,既考虑经济性原则,又考虑资源最佳利用、废物排放和温室气体排放最小化的目标。

与传统供应链相比,绿色供应链的管理更加复杂。首先,传统的供应链管理旨在追求供应链经济效益的最大化,降低供应链的成本;而绿色供应链管理则要求企业在追求经济利益的同时,实现整个供应链的资源消耗最小化和环境负荷的最小化。所以,绿色供应链追求多目标之间的平衡。其次,从原料获取、制造到使用消耗、报废直至再循环利用的每一个环节,都会对环境产生影响且交互作用,由此增加了管理的复杂度。例如,产品原料、零部件的环保性能会影响最终产品的环保性能;再如,产品整个生命周期的环保特性很大程度是在产品设计阶段决定的;而消费者对绿色产品的需求和对产品回收再利用的支持也会促进整个供应链的环境理念的执行。另外,环保法规及政府政策的引导也是促进绿色供应链实施的主要因素。因此,为实现绿色供应链的环境目标和可持续性目标,供应链成员之间及与外部成员的合作和相互作用是非常必要的。由此可见,绿色供应链应该是以环境原则(例如,资源利用最大化、废物及废气排放最小化)为指导的,由供应链各成员相互作用构成的网络结构,可用图 10-1 示意说明。

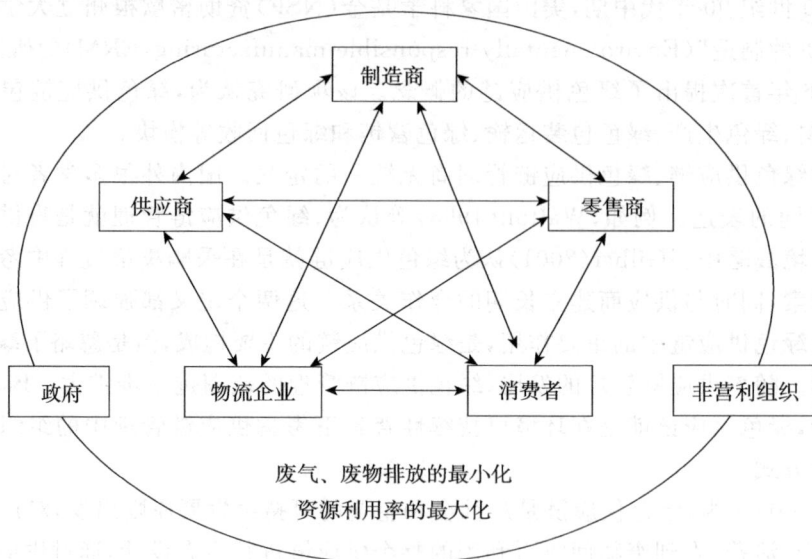

图 10-1　绿色供应链示意图

二、绿色供应链管理的产生背景

企业实施绿色供应链管理既有来自外部的压力,也有实施绿色供应链所带来的利益的驱动。

(一)环境法规的压力

早在 20 世纪 70 年代环境问题就已成为一个烫手山芋。一些环境意识较强的国家如德国早在 20 世纪 70 年代初期就制定了旨在控制环境污染的法规,如包装物回收再利用法。受 1997 年通过的《京都议定书》以及地球之友、绿色和平组织等世界性环保组织的影响,环境问题再次被提上了议程。

许多国家和地区都采取行动来应对环境问题。欧盟以及非《京都议定书》成员国中的美国、澳大利亚、中国、印度等国家都表示将减少温室气体的排放。《联合国气候变化框架公约》及其《京都议定书》是国际社会共同应对气候变化的主渠道。各国应对气候变化的情况不尽相同,但应对气候变化做出的不懈努力和积极贡献都对供应链管理有直接和间接的影响。例如,起源于瑞典的延伸生产者责任(Extended Producer Responsibility,EPR)制度旨在通过回收再利用减少废弃物的产生,却对产品生产商、销售商的物流系统产生重要影响,企业不仅要构建高效的产品配送网络,还需要建立同样高效的回收逆向物流系统。另外,欧盟的废弃电子电器设备 WEEE 指令(Waste Electrical and Electronic Equipment Directive)和有害物资限制 RoHS 指令(Restriction of Hazardous Substances Directive),不仅影响欧盟的电子电器产品生产商,而且对于全球范围的电子产品供应链上的企业都有重要影响。例如,我国的华为技术有限公司依据欧盟的 WEEE 指令和各国废弃物管理的法规要求,建立了废弃物回收利用体系,应用于报废产品、报废物料等的回收、再利用和最终处置。

1995 年,我国将可持续发展战略作为国家的基本发展战略。2009 年,颁布实施了《中华人民共和国循环经济促进法》,确立了产品减量化(Reduction)、再利用(Reuse)和资源化(Recycle)的 3R 原则,规定了生产者责任延伸制度,使生产者的责任从产品生产、使用延伸到产品废弃后的回收、利用和处置阶段;对于流通和消费过程,规定企业建立健全再生资源回收体系,对废电器电子产品、报废机动车船、机电产品进行回收拆卸再制造的要求。毫无疑问,这些目标的实现需要整个供应链上企业的共同努力,即实施从绿色原料采购、绿色生产制造、绿色消费,到废弃物回收再利用逆向物流的绿色供应链管理。

(二)满足股东及消费者的期望

随着公众环境意识的增强,更多的消费者和股东对企业的环保行为提出了更高的要求和期望。一方面,消费者希望使用健康、无害、环保、节能的产品;另一方面,广大的股东期望所投资的企业具有更好的环保绩效和社会责任表现,避免因企业的环保问题或社会责任缺失导致的风险。为对股东和消费者的这种需求做出响应,企业不仅要生产或提供无害的、绿色、节能的产品或服务,还要求供应商及合作伙伴也具有良好的环境表现和社会责任形象。这就必须实施绿色供应链管理。

例如,国内著名的零售商苏宁电器公司为满足消费者对环保节能家电产品的需求,一方面增加节能家电产品的销售,为消费者提供家庭节能指南;另一方面,对供应商提出了严格的环保要求和社会责任要求,并鼓励供应商加强研发节能家电产品,以及使用可回收重用的材料和包装材料,从而打造了一条绿色供应链。

(三)绿色供应链带来的利益驱动

企业实施绿色供应链管理也可以获得许多直接和间接的收益,这是企业主动实施绿色供应链的内在动力。

1. 经济效益是企业实施绿色供应链行动的直接动因

根据图 10-1,绿色供应链管理的核心是提高资源利用率、降低各种废物排放。通过有效的资源管理和供应商管理,促进资源回收和再利用,既降低生产成本,又降低了废弃物处置费用,因而能产生明显的经济效益。其实,早在 1976 年,麻省理工学院的一个高级研究中心就研究了环境因素对企业业绩的影响。通过对不同工业领域中众多企业的调查,他们发现注意环境保护的企业一般都能赢得巨大利润。美国环保署 2000 年的一份报告指出,美国的许多龙头企业提供的证据表明,注重环保和企业效益存在内在联系。例如,通用汽车公司与其供应商建立的一个可重用容器项目减少了 1200 万美元的废弃物处理费用。引导案例中,联想集团通过研发产品和包装,以及对产品进行重复使用和循环利用,最大限度地减少材料消耗,并与供应链成员一起共同推动环境友好型技术的使用。仅以包装为例,通过改进产品包装以及使用再生包装材料,实现了 2011 年全球范围内减少 125t 包装材料的目标,同时实现了经济效益和环境效益的统一。

2. 绿色供应链可给企业带来长期的竞争优势

企业向市场提供环境友好的绿色产品或绿色服务,可获得消费者青睐,有利于提高企业的环保形象和社会声誉,扩大市场占有率;产品的独特性和差异化,还可为企业带来长期的市场竞争优势。上面提到的联想集团认为绿色是其最重要的竞争力之一。

另外,企业实施绿色供应链,可避免由于违反环保条例带来的经营风险;在有些国家或地区,实施绿色供应链或其他环保行动的企业,还可享受政府的税收优惠或资金补贴等优惠。

三、绿色供应链管理框架

绿色供应链管理的实质是环境管理与供应链管理的集成,在供应链管理的各环节考虑环境管理的原则,就构成了绿色供应链管理的主要内容。根据学者 Emmett 和 Vivek 的观点,绿色供应链管理由绿色供应链规划、绿色采购、绿色供应链执行、供应链碳管理四个关键部分组成,每一部分又包括了许多具体的子过程;另外,绿色供应链的实施还需要三个活动内容的支撑,即绿色供应链的转移策略、连续改进和绩效评价,如图 10-2 所示。

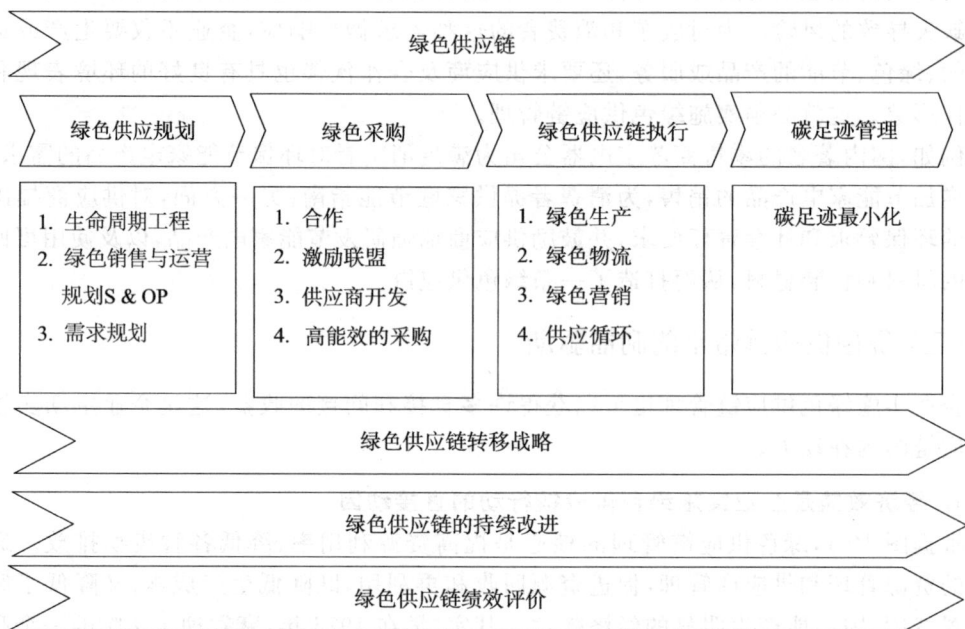

图 10-2 Emmett 和 Vivek 提出的绿色供应链框架

绿色供应链转移策略要解决的问题是:企业如何从传统供应链向绿色供应链转变?其中最关键的是供应链上所有成员的合作。绿色供应链还是一种新的理念,需要在实践中不断改进。绿色供应链绩效评价是对企业绿色供应链的运行情况进行分析评估,能够帮助企业发现实施绿色供应链过程中存在的问题,分析出影响绿色供应链系统运行效率的瓶颈,从而帮助企业改进绿色供应链管理,提高整个绿色供应链的整体绩效。

下面主要介绍绿色供应链的四个关键组成部分。

（一）绿色供应链规划

绿色供应链规划就是将环保理念引入传统的供应链规划过程中，考虑供应链上的所有活动对环境影响的最小化。其主要特点是以产品生命周期工程分析为基础，进行绿色战略的规划；然后通过绿色销售与运营规划 S&OP(Sales and Operations Planning)进行绿色供应链策略的规划。

1. 生命周期工程

根据维基百科的定义，生命周期工程(Life Cycle Engineering，LCE)是一种在一定的技术前提下评价产品从产品生产、使用阶段到报废的整个生命周期对环境的影响和经济的影响的方法。其中，环境影响的评价采用生态学上的生命周期评价法 LCA(Life Cycle Assessment)；经济效果的评估则应用生命周期成本法 LCC(Life Cycle Costing)。

应用 LCE 方法进行绿色供应链的战略规划，其分析的对象不仅仅是产品，还包括供应链上所有合作伙伴的活动。具体讲，在产品设计的阶段，并行地考虑在原料采购、生产、配送、产品使用直到报废的整个生命周期的环境问题，即在产品设计阶段，就考虑各环节或各阶段的减量化、再利用和再循环问题，实现减少原料消耗和减少废弃物排放的目的。生命周期工程分析是绿色供应链规划过程的基础。

2. 绿色销售与运营规划 S&OP

S&OP 是组织进行决策和计划制订的管理流程，目的是实现组织内部不同职能部门之间的计划的协调。它的市场导向和动态平衡原理能帮助企业有效应对多变的供应链环境。

绿色 S&OP 与传统 S&OP 相比的最大区别在于，利润和环境影响是各部门对成功的衡量尺度。因此，企业从绿色 S&OP 中要达到的目的是利润的最大化和环境影响的最小化。通过绿色需求规划和绿色供应规划来实现该目的。

绿色需求规划就是考虑顾客对绿色产品或服务的感知，通过供应链上利益相关者间的合作预测，提高需求预测精确度，从而减少采购、生产、物流等各环节的原料消耗和浪费，实现整个供应链的绿色目标。合作预测的关键是将统计预测分析、销售分析、绿色市场分析以及考虑客户、市场和竞争对手后，共同分析得到预测结果。

绿色供应规划就是将绿色准则融入传统的供应规划过程中，即将与环境影响相关的变量增加到决策过程中，如碳足迹和废弃物量。决策的目的是成本的最小化和环境影响的最小化。由于这两个目标之间存在一定的冲突，所以，决策者应该在两者之间取得平衡。

（二）绿色采购

绿色采购是指将环境准则引入采购管理过程中，目的是从供应链的源头降低对环境的影响。绿色采购主要包括合作、激励联盟、供应商开发、节能采购、可持续的采购模式等内容。

1. 合作

供应链成员之间的合作是构建绿色供应链的关键，也是绿色采购的第一步。与上游的供应商合作,共同致力于绿色、环保、节能的产品的研发或制造;与物流服务提供商合作,共同提高物流效率、降低物流中的能耗和废气排放。另外,这种合作还应该延伸到下游的客户端,通过与消费端的合作,引导消费者购买绿色产品或服务,支持回收再利用,或者根据消费者的反馈意见不断改进产品的环保性能。

2. 激励联盟

为实行绿色环保的目标,对供应链上的利益相关者实施激励是非常必要的。向那些努力降低原料消耗的供应商提供奖励或补偿,有助于实现资源减量化和废物最小化的目标。如何建立对绿色供应商的激励机制,是学术界研究的一个主要内容。

3. 供应商开发

供应商开发是指买方企业为提高供应商业绩以满足买方企业长期或短期供给需求而对供应商所做的一切努力。供应商开发对于改善采购绩效是非常重要的。绿色供应链背景下的供应商开发主要包括:绿色供应商的选择、对供应商的环保要求的制定、供应商的绩效评价、与供应商合作研发新材料、供应商的培训与技术支持等内容。

4. 节能采购

节能采购适用于建筑物的设计、建设和管理,耗能设备的采购(如加热设备、车辆、电气设备),以及能源的直接采购过程中。节能采购包括生命周期成本分析、最低能效标准制定,以及为提高企业能源利用率所采取的一切措施。

5. 可持续的采购模式

传统的采购模式,如密封投标、多轮谈判、逆向拍卖等,更多的是基于技术规范进行的投标,这样很可能会漏掉对绿色、可持续的供应商的选择。可持续性同时包括经济的、社会的和环境的三个方面的绩效。因此,基于可持续性的采购模式可以同时考虑安全性、质量、环境绩效以及供应商的经济绩效,避免或降低由于供应商的环境问题或社会问题引发的风险。

📖 前沿理论与技术

绿色供应商评价指标

原料及零部件供应对于产品的回收再利用、再循环具有决定性作用,对供应商的环境管理绩效进行评估是企业环境友好行动的重要组成。因此,对绿色供应商的选择与评价是绿色供应链管理的重要内容,也是绿色供应链管理研究的重要课题。选择绿色供应商不仅要考虑供应商选择评价的一般影响因素,还要加入一些环保因素。根据一项针对美国企业的调查研究结果,美国企业物料经理对供应商评估的十大标准是:危险品管理;有毒废物污染的管理;环境信息的公开性;对上游供应商的环境评估;ISO14000认证;产品包装的环境评估;逆向物流计划;危险气体排放管理;对公布的危险材料的使用情况;对释放臭氧物质的产品管理情况。

国际上一些学者认为,考虑产品的回收再利用后,影响供应商和企业之间关系的因素主要有:设计与生产方面的合作、供货标准(包括灵活性和质量)、环保设计和回收方便性、供应商的特色、沟通、地理位置、供应商的环境管理绩效、长期合作性、交货要求等。其中,供应商的环境管理绩效可从以下几方面进行分析:①供应商是否通过 ISO14000 系列认证;②供应商为遵守环境法规所做出的努力和改善成果;③是否存在环境事件记录;④对其上游供应商的环境管理。

(三)绿色供应链执行

绿色供应链的执行包括绿色生产、绿色物流、绿色营销及供应循环四个部分。

1. 绿色生产

绿色生产是指以节约资源、降低能耗、减少废弃物排放为目的,以管理和技术为手段,实施生产全过程污染控制,使污染物的产生量最少化的一种综合措施。绿色生产的主要目的是降低制造过程对环境的影响,包括:减少废物排放、灾害和事故;使产品或服务的生命周期成本最小化;减少对原材料和非再生能源的消耗。

实行绿色生产是一个范围很广的系统工程。Emmett 和 Vivek 认为绿色生产的实施包括五个层面,从微观到宏观依次是:①产品层面的回收、再利用和包装减量化;②过程层面的精益生产、六西格玛管理;③生产层面的制造效率、废物减少、包装的重新配置;④组织层面的风险和信誉管理、产品管理、内外部交流、激励联盟;⑤供应链范围的供应链合作、高效的绿色领导才能、网络重新策划、运输及物流改进、碳追踪。

2. 绿色物流

物流活动消耗大量能源和资源,对环境具有较大的负面影响。绿色物流就是通过技术和管理手段,在保证物流配送效率的前提下使物流过程中的能耗及各种排放量最小,既降低物流成本又降低物流活动对环境的影响。绿色物流主要包括:绿色运输、绿色仓储和绿色包装。

绿色运输的途径包括:①选择更加环保的、能量效率高的运输模式,如水路运输、铁路运输,从而减少单位物流量的能耗;②提高运输工具的实载率;③合理优化物流网络,缩短物流路径;④实行有效的车队管理和节能驾驶技术培训,降低货物运输中的能量消耗和成本;⑤使用节能型运输车辆和清洁能源。

由于温度控制的需要,仓储过程中的能耗也非常大。实行绿色仓储首要的措施就是绿色仓库(绿色建筑),即按照绿色建筑的原则要求进行仓库的设计和建设,或者将旧仓库按照绿色建筑原则要求进行改造,例如,仓库采用太阳能板、风轮发电等。其次,通过仓储规划,合理选择节能型仓储设备,实现仓库内部储存空间利用率的最大化和能耗的最小化。最后,标准化货架、托盘及周转箱等,便于更有效的堆垛和重复使用。

包装的环境问题是消耗大量的资源并产生大量的废弃物。所以,绿色包装的目的就是降低包装材料消耗,降低包装废弃物。实行绿色包装的途径包括:①减量化包装,即通过包装方式的优化设计使包装材料消耗最小,或采用简化包装、裸装、散装等方式来减少包装材料消耗;②包装容器的重复利用;③包装材料的回收再循环;④使用可生态降解的包装材料,避免包装物废弃填埋对环境的污染。

3. 绿色营销

随着越来越多的消费者环境意识的增强,他们对环保型、健康、安全的产品的需求也越来越高,另外,绿色消费者对企业的环保表现也提出了更高的要求。绿色营销是指以一种对地球环境负面影响最小的方式来满足消费者需求而制订和执行的一系列营销活动。绿色营销的核心是绿色消费者;针对绿色消费者的行动包括绿色产品、绿色销售团队、绿色有形展示和绿色沟通。绿色市场、绿色渠道、绿色定价和绿色过程是实现绿色营销的保证。

4. 供应循环

供应循环指的是供应链上的一些零部件是来自于同一条或其他供应链上的原料、产品或副产品的再利用或再循环。一般可通过三种途径实现供应循环,即闭循环的供应链、逆向物流和拆卸线。其中,实现闭循环供应链的主要过程包括回收、拆解、再制造、翻新、修复、资源化处理、废弃处置等。

(四)碳管理

将碳足迹引入供应链管理过程是一个新的研究内容。所谓碳足迹(Carbon Footprint)是指生产、生活等人类活动产生的碳排放量。绿色供应链系统中,碳管理的目的是实现整个供应链的碳足迹的最小化,即供应链活动产生的碳排放量的最小化。碳管理主要包括四个循环进行的过程:碳测度——碳排放的最小化——碳排放监测——碳排放报告。其中,碳排放量的最小化是供应链管理的关键,碳排放最小化途径包括减少排放、碳减排、碳补偿等,供应链上的碳排放最小化途径如图 10-3 所示。

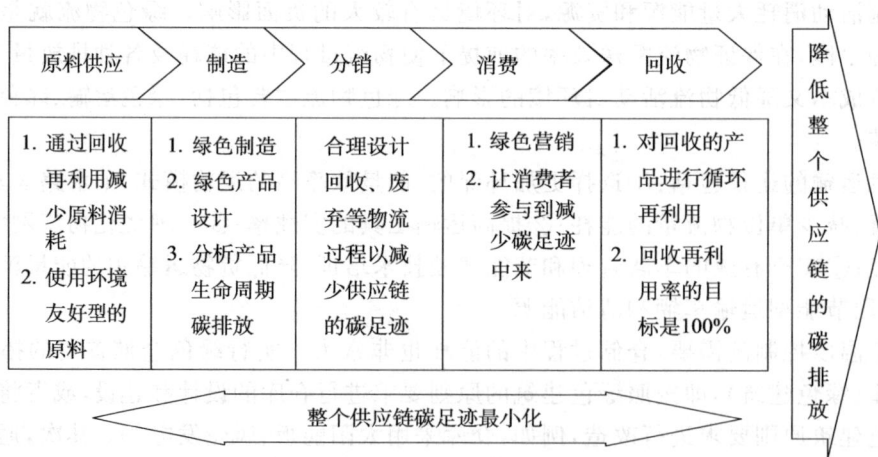

图 10-3　供应链范围的碳排放最小化

第二节　服务供应链管理

随着服务业的发展,服务供应链作为供应链管理的分支逐渐引起国内外学术界和企业界的重视,但是服务供应链的理论和方法还处于研究探讨阶段。本节介绍服务供应链的概念、特点及典型的服务供应链管理的模型。

一、 服务供应链概述

（一）服务供应链的定义

目前，国内外学术界对于服务供应链（Service Supply Chain）的概念并没有形成统一的定义，对服务供应链的内涵也有不同的理解。下面介绍两种典型的观点。

一种观点是与"有形的产品"相对应的，产品供应链是以满足消费者对产品的需求为目的的，相应地，服务供应链就是以满足客户对服务的需求为目的的，即从采购"服务"直到配送"服务"给客户、从服务供应商直到服务需求方（客户）组成的链。服务供应链管理就是对这样一条供应链的服务流、信息流、资金流进行管理。Ellram（2004）是持这种观点的典型代表。Ellram认为服务供应链管理就是对从最初的服务提供商到最终客户之间的信息、过程、能力、服务绩效及资金的管理。该定义是从产品供应链的定义转换而来的，在服务供应链中，用服务供应链的能力替代了产品供应链中的库存概念，即服务提供商满足客户需求的能力，增加服务能力与增加安全库存一样，有利于提高需求的可得性。

另一种观点是与制造供应链相对应，认为服务供应链就是以服务行业为核心企业的供应链，它强调的是服务业与制造业的区别。服务业包括了一系列范围广泛的行业，例如健康服务业、娱乐服务业、金融服务业、咨询服务、贸易零售等，不同服务业的服务形式相差迥异，因而具有完全不同的运营过程和模式。例如，金融服务业、电信服务业与零售服务业、运输服务业就有很大的差别。国内近几年对服务供应链的研究主要集中于某一具体的服务业，例如旅游服务业、金融服务业、物业服务业等。

尽管服务业的种类繁多，大致上我们可以将"服务"划分为两种类型，即基于有形商品的服务和非有形商品的专业服务。前者如贸易零售、运输服务、物流服务、维修服务、工程安装服务、餐饮服务等，这类服务的供应链与产品供应链类似，适用于基于产品的供应链模型。后者如金融服务、通信服务、管理咨询、法律服务等，这类服务供应链就适用第一种观点强调的服务供应链模型，下面介绍的内容也是主要针对这一类服务供应链的。

（二）服务供应链的特殊性

由于服务与产品存在的根本区别，服务供应链与产品供应链或制造供应链也存在很多不同，下面主要介绍服务供应链在四个方面的特殊性。

1. 服务的特殊性

服务供应链的特殊性首先是由服务的特殊性决定的。与有形的产品相比，服务具有六大特征，即客户影响、生产与消费的同步性、无形性、异质性、易逝性和劳动密集型。服务的易逝性说明了服务是不可储存、不能运输的。与制造过程相比较，制造过程的核心要素是产品,而服务的核心要素是过程和顾客参与,服务的生产、配送和消费几乎同时完成。因此,服务供应链的结构不同于以产品为核心的制造供应链的结构。

2. 供应链的渠道更短

制造供应链中,价值的创造体现在从原料到最终产品的每次转换过程中,供应链上的每个企业通过处理来自上游的原料和信息流并传递到下游的链节,从而获得价值增值。产品供应链的渠道结构主要由"供应商——制造商——分销商——零售商——客户"构成。相反,"服务"不能像工业产品那样被转换、运输或储存,服务的生产、配送、消费是在同一时间完成的,因此,服务供应链创造价值的过程更短,供应链的渠道更短。服务供应链典型的结构为"功能服务提供商——集成服务提供商——客户",如图 10-4 所示。服务集成商集成了众多的功能型服务提供商的服务,然后将服务产品作为一个整体提供给客户。

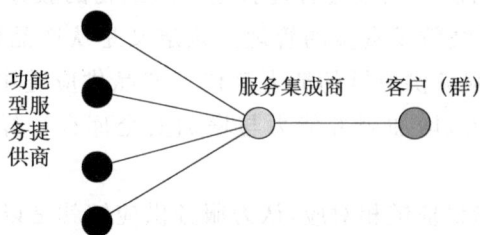

图 10-4　服务供应链典型结构

3. 运营模式的特殊性

服务供应链更多地采用市场拉动模式,即靠客户需求拉动供应链,并根据客户需求整合服务供应商资源,具有完全反应型供应链的特征。而产品供应链则是推动与拉动结合的,供应链的上游采用推动式,由原料供应推动零部件制造和产品制造,供应链下游则采用拉动模式,即由客户需求拉动。

4. 服务供应链绩效测度的特殊性

客户在服务供应链中具有很高的参与度,因此,对服务绩效的评价受客户的主观性影响很大,服务效果的标准不一致且难以量化。在有些服务供应链中,客户的参与程度直接影响服务效果。例如,提供健身锻炼的服务项目,如果客户不全程参与,强身健体的目的是很难实现的,不同客户身体素质不同或投入程度不一样,结果也不一样。这就是说,服务质量在很大程度上取决于客户的态度,评价服务供应链绩效的指标大多是主观的指标,难以精确测度。

二、服务供应链管理模型

服务供应链管理理论还处于研究探讨阶段,缺乏统一的服务供应链管理模型,下面介绍两种比较典型的服务供应链管理模型。

1. 服务供应链管理模型一

如图 10-5 所示的服务供应链管理模型是由美国著名供应链专家 Ellram(2004)在综

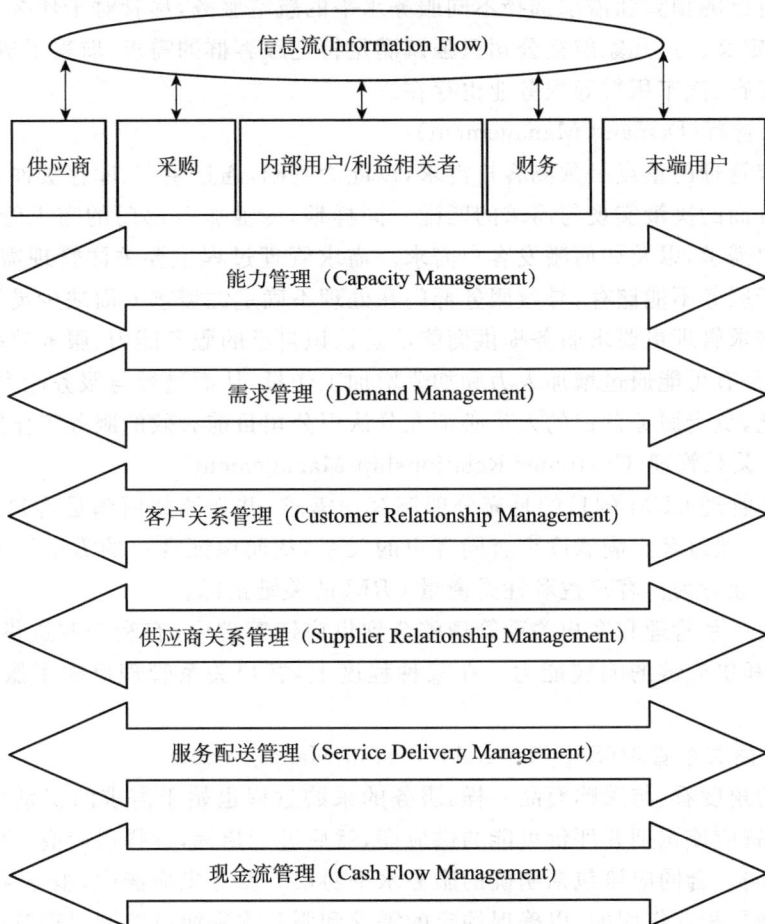

图 10-5　Ellram 提出的服务供应链管理模型

合分析惠普模型、SCOR 模型及全球供应链论坛框架 GSCF(Global Supply Chain Forum Framework)的基础上提出的。该模型认为服务供应链由 7 个主要的过程组成:信息流、能力和技能管理、需求管理、客户关系管理、供应商关系管理、服务配送管理和资金流管理。

(1) 信息流(Information Flow)

信息流是任何供应链有效管理的基础,信息的有效流动有助于降低供应链的不确定性,减少供应链风险。因此,在服务供应链中,对于明确客户需求、共享信息、设定预期的服务水平或工作要求,明确定义工作范围、服务提供商所需的技能以及绩效反馈等,信息流是非常关键的。另外,信息流对于监控服务的过程以帮助确定支付时间和支付额也是非常重要的。

(2) 能力和技能管理(Capacity and Skills Management)

这里的能力是指供应商满足客户需求的能力。与面向产品的制造供应链一样,服务提供商也必须对其企业、过程、资产及人力方面进行投入,服务提供商可以通过高质量的员工实现与其对手差异化的服务。例如,航空服务业将市场细分为"全方位服务型"和"实惠型"航空公司,前者如瑞士航空、英国维珍大西洋航空公司,后者如美国西南航空公司。

客户可根据自己的预算和需求选择不同服务水平的航空服务,尽管对于什么是"全方位服务"很难准确定义。这几家航空公司只强调满足特定顾客群的需求,取得了成功效果。类似的例子在银行、汽车租赁等服务业也存在。

(3) 需求管理(Demand Management)

产品需求管理的重点是预测客户需求,以此为基础,通过生产、库存缓冲、外包生产和柔性系统等方面的决策实现与需求的匹配。同样地,专业服务部门的需求管理也是强调如何满足客户需求,以及如何激发客户需求。需求管理过程主要关注管理需求变化带来的影响。由于服务不能储存,导致服务部门在处理不确定性需求方面缺少灵活性。因此,服务供应链需求管理更要求服务提供商能清楚认识自己的服务能力、服务效率、对客户的承诺,以及是否有可能通过增加人力和加班增加工作量,从而进行与服务能力相匹配的服务销售。因此,负责服务营销的人员必须充分认识公司目前有效的服务工作能力。

(4) 客户关系管理(Customer Relationship Management)

客户关系管理 CRM 的目的是充分理解客户需求,并强调如何满足客户需求。CRM 包括客户细分、通过客户满意度审查同客户的关系,从而保证客户的需求得到满足,并根据需要调整企业行为。客户盈利性是衡量 CRM 的关键指标。

将供应商关系管理和客户关系管理整合到供应链管理中,有利于改进供应链成员间的交流、信任和供应链的响应能力。在某种程度上,客户关系管理反映了服务配送管理过程。

(5) 供应商关系管理(Supplier Relationship Management)

从买方的角度看,与采购商品一样,服务的采购过程也始于需求的识别和需求说明。明确需求后,就应该识别并评价可能的供应商,然后进行招标、选择供应商、合同的协商与签订,履行合同。合同应该包括明确的服务水平协议。服务供应链中,服务配送管理与供应商关系管理是相互作用的,以确保约定的需求和服务水平协议能同时得到满足。

(6) 服务配送管理(Service Delivery Management)

服务配送管理是指客户关系管理中的买方。从供应商的角度看,服务配送管理就是对客户做出承诺,并促使服务提供商遵守承诺,满足客户要求。从买方的角度看,就是通过明确的工作说明书或服务水平协议,清楚描述出预期服务,使供应商能有效管理工作过程,监控与服务水平协议是否一致,给供应商提供反馈意见,决定付款时间等。另外,还必须监控服务绩效,并与承诺协议对照,避免不一致。正确执行这一过程可降低供应商绩效的不确定性,降低服务合同纠纷的可能性。

(7) 现金流管理(Cash Flow)

供应链成员之间资金流必定会有现金流,即支付。大多数专业的服务协议中,支付是根据效果定期完成的。负责服务配送管理的成员应该根据目标实际执行情况决定合适的支付时间和支付额的要求。

2. 服务供应链管理模型二(SCOR 概念模型)

SCOR(供应链运作参考模型)为组织进行战略层和运作层的供应链过程的设计与管理提供了辅助工具。SCOR 将供应链活动标准化为如下 5 个最高层的过程:计划(Plan)、采购(Source)、制造(Make)、配送(Deliver)和回收(Return)。每个高层过程又可分为战略、策略和运作三个层次的活动。尽管 SCOR 模型存在一些局限性,受到一些学者的争论,但它仍然得到广泛的应用。但是,在研究服务供应链时,SCOR 模型确实存在不足,例如制造、配送和回收过程很难与服务过程联系起来。由于服务具有的无形性特点,很难建立像产品流一样的概念模型,例如,服务不能像产品那样被制造或被运输,且制造和配送是同时进行的,是不可分割的,另外,服务的"退回"也很难理解。英国学者 Giannkis 在 Ellram 的工作基础上,以咨询服务业为例,提出了针对服务供应链的 SCOR 概念化模型,如图 10-6 所示。

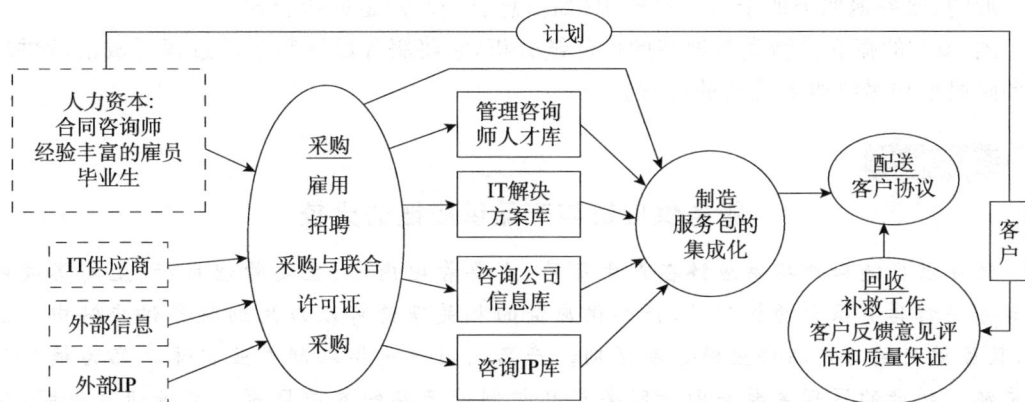

图 10-6　Giannkis 的咨询服务供应链 SCOR 概念化模型

为了从供应链角度建立咨询服务业的概念化模型,咨询服务可看成一个服务包的"制造",可以被客户购买,也可以作为咨询公司潜在的专业服务能力被储存,这样,依照 SCOR 过程并作适当调整后,建立了如图 10-6 所示的咨询服务供应链概念模型。

(1)规划。规划活动设定供应链的战略方向,向供应链的管理者们传达运作目标和战略目的。与服务或产品相关的业务活动都需要合理的规划。因此,SCOR 模型中,服务供应链的规划与产品供应链规划具有相同的含义,即实现需求与资源的平衡。

(2)采购。采购过程包括对咨询公司与其供应商之间沟通进行引导的一系列活动。咨询服务需要从外部获得的主要资源包括人力资源、知识产权、软件应用及信息。因此,从资源采购过程看,服务供应链与产品供应链 SCOR 模型有两个主要区别:首先,一般 SCOR 模型中,人力资源只是一项支持性活动,而在服务供应链中,人力资源是一种服务价值增值的关键资源;其次,服务供应链中要采购的服务资源的所有权仍属于服务提供商。

(3)制造。服务供应链中,服务的制造过程难以清楚描述。应用能力—库存的概念可帮助我们更好地理解服务制造过程。如图 10-6 所示,服务制造过程就是将不同的服务资源进行集成,以提供满足客户的服务需求。对于咨询服务来说,需要考虑咨询公司的能力(库存),即公司调度各种资源满足客户服务需求的能力。

从战略角度看,服务的集成活动包括开发那些能形成服务能力的活动(类似于产品开发),从策略上看,服务的集成包括为响应客户需求调整资源库存所进行的所有活动。

(4)配送。配送过程包括实际的客户参与。由于服务的制造过程是在客户参与的过程中实现的,因此,服务的"制造"与"配送"过程难以分隔开来。服务的配送是完全按客户协议进行的,因此,一项服务的配送不会被转移给其他的服务。

（5）回收。咨询的无形性意味着一个有缺陷的服务配送是不可能从物理意义上被退回的。如果原来的服务有缺陷,分析客户反馈意见、质量保证等矫正过程可看成类似于产品供应链 SCOR 模型中的回收处理过程。

由于服务不能被退回,因此,将资源的回收理解为终止收益过程更为合适。如果服务利用了有形的基础设施（如运输服务）,服务退回就是指将有形资产退回给公司;如果服务是无形的,服务退回类似于将无形资源（如信息、体验等）退回给公司。

图 10-6 的概念模型类似波特的价值链分析,它将服务设计和配送过程看成沿着供应链各阶段增加最终服务价值的过程。

知识链接

服务供应链与产品供应链的比较

服务供应链和产品供应链在产生背景、主要管理内容、主要管理目标、主要集成内容等方面都具有很大的相似性,产品供应链的相关理论可以应用到服务供应链中。但是,服务供应链与产品供应链也有区别。产品供应链是指以制造业实体产品为核心的供应链。两者的区别主要来源于服务产品与制造产品的本质区别。文献研究表明,服务产品具有不同于制造产品的 6 个特征,即顾客依赖性、不可触摸性、不可分割性、异质性、易逝性、劳动密集型等。服务供应链与产品供应链也存在类似的区别,具体如下表 10-1 所示。

表 10-1 服务供应链和产品供应链的区别

比 较 指 标	产品供应链	服务供应链
渠道	原料供应商—制造商—批发商—销售商—顾客等较长的渠道	较短的供应链渠道:典型的结构为功能型服务提供商—服务集成商—客户
上下游之间供需的内容	实体产品	服务产品
运营模式	拉动型和推动型两者结合,越是上游,用推动;越是下游,用拉动	更多采用市场拉动型,具有完全反应型供应链特征
供应链牛鞭效应的影响因素	库存、需求信号、价格波动、短缺博弈	价格波动、短缺博弈
牛鞭效应的体现	库存堆积等	订单堆积、能力利用率波动等
供应链协调的主要内容	生产计划协调、库存管理协调	服务能力协调、服务计划协调
体系结构	核心企业可能有多个	一般只有一个,通常是服务集成商
绩效评价	基于产品运作的绩效评价,易操作	基于服务的绩效评价,比较主观
稳定性	具有较高的系统稳定性,强调基于信任基础上的全面合作	稳定度较低,首先,最终客户的不稳定性;其次,异质化的客户服务需求使服务企业所选择的服务供应商会随需求有较大的变化

✎ **实训项目**

分别查阅国内大型制造企业或服务型企业的社会责任报告或可持续发展报告,归纳总结企业实施绿色供应链管理的行动措施。

课后习题

一、选择题

1. 绿色供应链管理的目标是(　　)。
　　A. 追求经济利益的最大化　　　　　　B. 实现整个供应链的资源消耗最小化
　　C. 供应链各种排放的最小化　　　　　D．实现经济效益与环境绩效的统一
2. 与产品供应链相比,服务供应链的渠道(　　)。
　　A. 更长　　　　　B. 相同　　　　　C. 更短　　　　　D. 不确定
3. 从供应链运营模式看,服务供应链是(　　)的供应链。
　　A. 靠需求拉动　　　　　　　　　　　B. 靠供应推动
　　C. 先推动、后拉动　　　　　　　　　D. 先拉动、后推动

二、填空题

1. 绿色供应链管理就是指将集成到传统的供应链管理全过程中,既考虑原则,又考虑_____的最小化和_____的最小化。
2. 绿色供应链管理由_____、_____、_____、_____四个关键部分组成。
3. 服务供应链是以满足客户对_____的需求为目的,从_____直到_____组成的链。
4. 绿色物流就是通过技术和管理手段,在保证物流配送效率的前提下使物流过程中的_____及_____最小。
5. 绿色物流主要包括:_____、_____和_____。
6. 生命周期工程是一种在一定的技术前提下评价产品从_____、_____到_____的整个生命周期对环境和经济的影响的方法。

三、简答题

1. 绿色供应链管理涉及哪些过程?
2. 与传统供应链管理相比,绿色供应链管理的复杂性体现在哪些方面?
3. 为什么企业实施绿色供应链管理能产生经济效益?
4. 什么叫绿色采购?
5. 什么是碳足迹?
6. 与有形的产品相比,服务具有哪些特征?
7. 什么叫服务供应链?
8. 服务供应链绩效测度的特殊性体现在哪些方面?

参 考 文 献

[1] 贝利,法摩尔,杰塞,等. 采购原理与管理[M]. 10 版. 北京:电子工业出版社,2009.

[2] 曹翠珍,汤晓丹,陈金来. 供应链管理[M]. 北京:北京大学出版社,2010

[3] 大卫·辛奇-利维,菲利普·卡明斯基,伊迪斯·辛奇-利维,等. 供应链设计与管理:概念、战略与案例研究[M]. 季建华,译. 北京:中国人民大学出版社,2013.

[4] 丁伟东,刘凯,贺国先. 供应链风险研究[J]. 中国安全科学学报,2003,13(4):64-66.

[5] 杜栋,庞庆华,吴炎. 现代综合评价方法与案例精选[M]. 北京:清华大学出版社,2008.

[6] 范林根. 基于契约合作的供应链协调机制[M]. 上海:上海财经大学出版社,2007.

[7] 胡金环,周启蕾. 供应链风险管理探讨[J]. 价值工程,2005(3):36-39.

[8] 黄小原. 供应链运作:协调、优化与控制[M]. 北京:科学出版社,2007.

[9] 黄小原,王静. 供应链中的牛鞭效应问题研究进展:存在、量化与控制[J]. 信息与控制,2004,33(5):579-583.

[10] 霍佳震,隋明刚,刘仲英. 企业绩效及供应链绩效评价研究现状[J]. 同济大学学报,2001,29(8):976-981.

[11] 高萍,黄培清,张存禄. 基于 SCOR 模型的供应链绩效评价与衡量指标选取[J]. 工业工程与管理,2004(3):49-52.

[12] 保罗·卡曾斯,李查德·拉明,本·劳森,等. 战略供应管理原则、理论与实践[M]. 李玉民,刘令新,译. 北京:电子工业出版社,2009.

[13] 李政. 基于波音 787 的全球供应链战略模式研究[J]. 科技促进发展,2012(5):97-102.

[14] 梁志才. 供应链管理环境下的联合库存管理[J]. 科技情报开发与经济,2005,15(9):120-121.

[15] 肯尼斯·莱桑斯,布莱恩·法林顿. 采购与供应链管理[M]. 8 版. 莫佳忆,曹煜辉,马宁,译. 北京:电子工业出版社,2014.

[16] 刘永胜. 供应链协调理论与方法[M]. 北京:中国物资出版社,2006.

[17] 李涛. 企业现金流量信息应用的理论与方法[M]. 北京:中国电力出版社,2008.

[18] 马士华. 供应链运作管理的框架模型[J]. 计算机集成制造系统,2002,8(8):630-634.

[19] 马士华,李华焰,林勇. 平衡计分法在供应链绩效评价中的应用研究[J]. 工业工程与管理,2002(4):5-10.

[20] 马士华,林勇. 供应链管理[M]. 4 版. 北京:机械工业出版社,2014.

[21] 骆建文. 采购与供应管理[M]. 2 版. 北京:机械工业出版社,2016.

[22] 彭俊松. 汽车行业供应链战略、管理与信息系统[M]. 北京:电子工业出版社,2006.

[23] 钱志鸿,王义君. 物联网技术与应用研究[J]. 电子学报,2012,40(5):1023-1029.

[24] 曲立. 库存管理理论与应用[M]. 北京:经济科学出版社,2006.

[25] 苏尼尔·乔普拉,彼得·迈因德尔. 供应链管理[M]. 陈荣秋,等,译. 3 版. 北京:中国人民大学出版社,2013.

[26] 斯科特·韦伯斯特. 供应链管理原理与工具[M]. 蔡三发,邱灿华,王晓强,译. 北京:北京机械工业出版社,2009.

[27] 孙清华,彭志忠. 供应链多级库存控制应用研究[J]. 生产力研究,2008(2):56-58.

[28] 唐纳德. J. 鲍尔索克斯. 供应链物流管理[M]. 马士华,张慧玉,等,译. 北京:机械工业出版社,2014.

[29] 亚太博宇. 中邮物流的一体化服务创新[J]. 中国物流与采购,2003(15):30-31.

[30] 徒君,黄敏,薄桂华. 第四方物流研究综述[J]. 系统工程,2013(12):53-59.

[31] 王长琼. 物流系统工程[M]. 北京:高等教育出版社,2016.

[32] 王长琼. 供应链管理[M]. 北京:北京交通大学出版社,2013.

[33] 王槐林,杨敏才,张晓凤,等. 供应链管理中 VMI 系统的研究[J]. 工业工程,2005,8(1): 12-15.

[34] 徐贤浩,马士华,陈荣秋. 供应链绩效评价特点及其指标体系研究[J]. 华中理工大学学报(社会科学版),2000,14(12):69-72.

[35] 颜波,叶兵,张永旺. 物联网环境下生鲜农产品三级供应链协调[J]. 系统工程,2014,32(1): 48-52.

[36] 杨敏才,王槐林. 供应链管理下联合库存控制的研究[J]. 物流技术,2003(10):22-23.

[37] 周永强. 分散式供应链协调理论与方法[M]. 北京:首都经济贸易大学出版社,2008.

[38] 邹辉霞. 供应链管理[M]. 北京:清华大学出版社,2009.

[39] 张涛,孙林岩. 供应链不确定性管理:技术与策略[M]. 北京:清华大学出版社,2005.

[40] 张军果. 电子化供应链协调问题研究——基于企业间关系的视角[D]. 上海:同济大学,2008.

[41] 赵林度,王海燕. 供应链与物流管理[M]. 北京:科学出版社,2011.

[42] 张存禄,黄培清. 数据挖掘在供应链风险控制中的应用研究[J]. 科学学与科学技术管理,2004(1): 12-14.

[43] 张存禄,黄培清. 供应链风险管理[M]. 北京:清华大学出版社,2007.

[44] 中华人民共和国国家标准物流术语(GB/T 18354—2006)[M]. 北京:中国标准出版社,2007.

[45] BASU R,WRIGHT J N. Total supply chain management [M]. Hoboken:Taylor & Francis,2012.

[46] BILL K,MICHAEL K. 100 Most Logistics-friendly Cities in America [J]. Logistics Today,2003, 44(10):12-26.

[47] BLANCHARD D. Supply chain management best practices [M]. Hoboken,N. J. :John Wiley & Sons,2010.

[48] DELOITTE. Supply Chain Risk Management:Better Control of Your Business Environment [R]. 2004.

[49] DONG WON CHO,YOUNG HAE LEE,SUNG HWA AHN,et al. A framework for measuring the performance of service supply chain management [J]. Computers & Industrial Engineering,2012, 62(3):801-818.

[50] EMMETT V. Green supply chains:An Actionable Manifesto [M]. Chichester:Wiley,2010.

[51] HORVATH L. Collaboration:the key to value creation in management[J]. Supply Chain Management:An International Journal,2001(5):205-207.

[52] MIHALIS G. Management of service supply chains with a service-oriented reference model:the case of management consulting [J]. Supply chain management:An International Journal,2011,16(5): 346-361.

[53] KIM B. Coordinating an innovation in supply chain management[J]. European Journal of Operational Research,2000,123(3):568-584.

[54] LEE H,WHANG S. Decentralized multi-echelon supply chains:incentives and information[J]. Management Science,1999,45(5):633-640.

[55] LIU,J. J. Supply Chain Management and Transport Logistics[M]. Hoboken :Taylor & Francis,2011.

[56] MEULBROEK L. The Promise and Challenge of Integrated Risk Management[J]. Risk Management and Insurance Review,2002,5(1):55-66.

[57] MIN S,ROATH S,DAUGHERTY J,et al. Supply chain collaboration:what's happening? [J]. International Journal of Logistics Management,2005,16(2):237-256.

[58] ROMANO P. Coordination and integration mechanisms to manage logistics processes across supply networks[J]. Journal of Purchasing & Supply Management,2003,9(3):119-134.

[59] SHUMSKY R. Introduction to the Theory and Practice of Yield Management[J]. INFORMS Transactions on Education,2002,3(1):34-44.

[60] SIMATUPANG T M,SRIDHARAN R. The collaborative supply chain [J]. International Journal of Logistics Management,2002,13(1):15-30.

[61] WISNER J D,TAN KEAH-CHOON,LEONG G K. Principles of supply chain management a balanced approach[M]. Singapore:Cengage Learning Asia,2010.